哈佛必知的
名家讲座

Lectures on the Harvard Classics

【美】查尔斯·艾略特(Charles W. Eliot)◎主编
刘庆国◎译

中华工商联合出版社

图书在版编目（CIP）数据

哈佛必知的名家讲座/（美）查尔斯·艾略特主编；刘庆国译. --北京：中华工商联合出版社，2018.6

ISBN 978-7-5158-2276-1

Ⅰ.①哈… Ⅱ.①查… ②刘… Ⅲ.①社会科学—文集 Ⅳ.①C53

中国版本图书馆CIP数据核字（2018）第083138号

哈佛必知的名家讲座 Lectures on the Harvard Classics

主　　编：【美】查尔斯·艾略特（Charles W. Eliot）
译　　者：刘庆国
出 品 人：徐　潜
策划编辑：魏鸿鸣
责任编辑：林　立　崔红亮
封面设计：周　源
责任审读：魏鸿鸣
责任印制：迈致红
渠道总监：姜　越　郑　奕
营销企划：张　朋　徐　涛
营销推广：张俊飞
出版发行：中华工商联合出版社有限责任公司
印　　刷：北京毅峰迅捷印刷有限公司
版　　次：2018年8月第1版
印　　次：2018年8月第1次印刷
开　　本：710mm×1020mm　1/16
字　　数：402千字
印　　张：27.25
书　　号：ISBN 978-7-5158-2276-1
定　　价：78.00元

服务热线：010—58301130
销售热线：010—58302813
地址邮编：北京市西城区西环广场A座
19—20层，100044
http://www.chgslcbs.cn
E-mail：cicap1202@sina.com（营销中心）
E-mail：gslzbs@sina.com（总编室）

向经典致敬

《哈佛经典》代前言

这里向各位书友推介的是被中国现代新文化运动先驱者的胡适先生称为“奇书”的《哈佛经典》。这是一套集文史哲和宗教、文化于一体的大型丛书，共50册。这次出版，我们选择了其中的《名家（前言）序言》《名家讲座》《英美名家随笔》《文学与哲学名家随笔》《美国历史文献》，这些经典散文堪称是经人类历史大浪淘沙而留存下来的文化真金，每一篇都闪烁着人类理性和智慧的光辉。有人说，先有哈佛后有美国。因为在建校370多年的历史中，哈佛培养出7位美国总统，40多位诺贝尔奖得主，政界、商界、科技、文艺领域的精英不计其数。但有一点，他们都是铭记着“与柏拉图为友、与亚里士多德为友、更与真理为友”的校训成长、成功的。正像《哈佛经典》的主编，该校第二任校长查尔斯·艾略特所言：“我选编《哈佛经典》，旨在为认真、执着的读者提供文学养分，他们将可以从中大致了解从古代直至十九世纪以来观察、记录、发明以及想象的进程，作为一个二十世纪的文化人，他不仅理所当然地要有开明的理念或思维方法，而且还必须拥有一座人类从荒蛮发展为文明进程中所积累起来的、有文字记载的关于发现、经历，以及思索的宝藏。”这些文字是真正的人类思想的富矿，是取之不尽用之不竭的智慧宝藏，具有永恒的文化魅力。

从文献价值上看，它从最古老的宗教典籍到西方和东方历史文献都有着独到的选择，既关注到不同文明的起源，又绵延达三个世纪之久，尤其是对美国现代文明的展示，有着深刻的寓意。

从思想传播上看，《哈佛经典》所关注到的，其地域的广度、历史的纵深、文化的代表性都体现了人类在当时特定历史条件下所能达到的思想巅峰，并用那些伟大的作品揭示出当时人类进步和文明的实际高度。

从艺术修养的价值来看，《哈佛经典》涵盖了历史、哲学、宗教论著和诗歌、传记、戏剧散文等文学样式，甚至随笔和讲演录也是超一流的，它们都是那个时代精品中的精品。

《哈佛经典》第 19 卷《浮士德》中有这样一句名言，“理论是苍白的，只有生命之树常青”。让我们摒弃说教，快一点地走进《哈佛经典》，尽情地享受大师给我们带来的智慧的快乐，真理的快乐。

目　录

诗　歌

小　说

戏　剧

随笔与批评

航行与探险

历 史

history

历史总论

罗伯特·马特森·约翰斯顿[①]

在所有思维方式中，只有历史把读者摆在比作者更重要的位置上。历史学家沿着自己选择的坎坷之路（多半只占全部历史的百万分之一），勤勉、艰难跋涉的同时，将一条条坦途也在向读者们铺开。对读者来说，历史代表着跟人有关的、跟过去有关的任何东西；不仅是政治，还包括艺术、科学和音乐，它们各自都有的产生和发展过程；不仅有习俗，还有民间传说、编年史，以及文学作品，都记录了民族间的冲突和伟人的悲剧命运。因为读者只负责阅读，所以他能充分体会到历史的所有乐趣。他没有受到束缚，所以，即便他正专心学习美国的宪法文献，也可以心安理得地甩手而去，去聆听奄奄一息的罗兰吹响的号角在朗塞瓦尔峡谷中回响，或者站在克努特的身旁，凝视着北海的潮汐拍打着那位丹麦老人的脚。

几乎在每一个文学分支上，你都可以发现历史，它如同一条如影随形的变色龙；可实际上，也许并不存在所谓的历史。至今仍然没有一部全人类的完整记录；以后也永远不会有人编写这样的记录，因为它不是人力所能达到

---

① 罗伯特·马特森·约翰斯顿（1867—1920），历史学家，1908年起担任哈佛大学历史学教授。主要著作有《拿破仑传》（*Napoleon: A Short Biography*，1904）、《法国大革命》（*The French Revolution*，1909）和《神圣基督教会》（*The Holy Christian Church*，1912）等。

的。麦考利的历史涵盖了 40 年的时间；修昔底德的历史只包含了伯罗奔尼撒战争；吉本在现代人当中堪称巨匠，虽然有些勉强，但他成功地跨越了 10 个世纪，至今无人能及。事实是，除了天文学之外，没有哪个学科像历史这样，如此浩瀚无边的，而人们对历史了解得又是如此之少。除了教科书上的伪历史之外，历史的总体轮廓完全模糊不清。要想理清它细枝末节的关系极其困难——而学者们真正想知道的正是这些细枝末节。因此，在一篇短文的篇幅之内，把历史上的伟大纪元综合起来，也许是值得尝试的。

人类历史的实际长度持续了大约 3000 年的时间，也就是说，可以追溯到约公元前 1000 年。比这更久远的历史，我们就只有零碎的考古学证据，和那些刻在石头上的图画和文字。这些证据表明了，在远古时代，埃及、幼发拉底河沿岸及其他地区，曾经存在过很多繁荣的君主国。然而，给后来的时代留下深刻印记的，却并不是生存在这些地区的民族，而是雅利安人，他们当时只是一些默默无闻的游牧部落。雅利安人穿越了伏尔加河、第聂伯河及多瑙河等流域的广大平原，最后挺进巴尔干半岛和意大利半岛。在那里，由于大海阻挡了他们继续前进的脚步，他们便定居下来，从而结束了游牧习惯，并在某个遥远的时期形成了城市，其中就包括后来闻名天下的雅典和罗马。大约在公元前 1000 年或稍晚一些，希腊随着荷马一起从默默无闻中脱颖而出。

在希腊正从蛹中破壳而出的时候，一支闪米特人的部族——犹太民族，出现了他们堪与荷马匹敌的人物。在《约书亚书》中，他们用本民族特有的忧郁语调，讲述了犹太民族的十二个部落对巴勒斯坦的征服；在《摩西五经》和之后的一些著作中，记录了他们自己的法律和宗教。我们将从这里开始，即从荷马与约书亚所处的年代开始（对我们的研究目的来说已经足够了），来追踪地中海以至西方世界的历史。

希腊的领袖地位

两条伟大河流（尼罗河与幼发拉底河），以及之后的那片伟大的内海（向西延伸至大西洋）——地中海，是商业和文明的通道。提尔、福西亚、迦太基和马赛成了早期的商业中心，这不仅给骁勇善战的雅利安人带来了东西方的所有商品，还带来了语言文字的基础——字母表。这给伟大的民族赋予了更伟大的天分。凭借这样的天分，希腊人发展出了至今令人叹为观止的文学，并在整个西方文明中留下了深刻的印记。他们把本民族的早期传说，编织成了《荷马史诗》中纯真而优美的诗篇，编织成了埃斯库罗斯、索福克勒斯和欧里庇得斯阴郁而辛辣的戏剧。后来，他们又转向了历史与哲学。在历史领域，他们凭借修昔底德诞生了一部杰作，凭借希罗多德诞生了最令人愉快的叙事篇章。在哲学领域，他们取得了本民族最重要的成果。

希腊哲学终将成为人类最伟大的智力宝藏。因为在希腊人之前，所有其他文明或语言都不曾得出抽象的概念：时间、意志、空间、美、真等诸如此类的概念。从这些虽不完善、但颇为神奇的词语概念开始，那些精力充沛、思维敏锐的希腊知识分子便很快建起了一幢宏伟的建筑，这一建筑在柏拉图、亚里士多德和芝诺那里得到了最完美的表现。但是，从公元前 4 世纪末起，也就是从亚里士多德和他的弟子亚历山大大帝的时代起，希腊开始逐渐走向衰落。

这次衰落，刚好与一些有着巨大政治意义的历史事件同时发生。亚历山大大帝创建了庞大的希腊帝国——从地中海一直延伸到印度。然而，随着他的逝世，这个帝国也土崩瓦解，分裂为很多君主国，如东方的希腊王国。其中，幸存到最后的是埃及的托勒密王国。公元前 31 年，当奥古斯都在亚克兴海峡打败克里奥帕特拉和安东尼时，托勒密王国才彻底覆灭。此时，距亚历山大在埃尔比勒最终打败大流士，恰好 300 年。

在这 300 年的时间里，雅利安人西进的一个分支——罗马人赢得了至高无上的权力。大约公元前 200 年，罗马摧毁了迦太基的力量，控制了西地中海，之后，又把手伸向东地中海。在不到 200 年的时间里，罗马征服巴尔干半岛、小亚细亚和埃及，把地中海变成了他的内湖。

罗马城的历史可以追溯到公元前 1000 年，罗马共和国的传说和历史描绘了从大约公元前 500 年以来大致的历史事实的轮廓。但是，只有在与希腊的文明和语言建立了联系以后，罗马人才真正掌握了文学形式的表达。他们的语言虽然没有希腊语那样的活泼与和谐，它的常用词汇和抽象词语也并不丰富，但由于它简洁、清晰和庄严，因此很适合充当立法和行政的媒介。在外来文化和希腊文明的影响下，罗马很快有了属于自己的文学，这是其所征服的民族创造出的更高层次与成熟的文学回声。它为罗马共和国的最后岁月和罗马帝国的早期历史（即奥古斯都时代）涂上了一道绚丽的色彩。维吉尔对荷马进行了高度精致的模拟，尽管并不完全使人信服。卢克莱修用平稳的六音步诗行，对还不精致的唯物主义宇宙观进行了哲学化处理。西塞罗以德摩斯梯尼为样本塑造了自己，并取得了更大的成功，同时又带有一定的本土化特征。只有历史学家，可以与他们的希腊师傅相携而行，在塔西佗的政治家本能和辛辣讽刺中，表现出了跟修昔底德相等的价值。

正当罗马从共和国转向帝制的时候，拉丁语和希腊语成为地中海地区的两种通用语言。希腊的雅典、帕加马和亚历山大城，引领着精致生活的时尚，并赋予了颓废却精致的批评和哲学以卓越的品质。但第三个影响即将在新近组织起来的地中海政治体系中让人感觉到自己的存在，这就是犹太人的政治体系。

犹太人的贡献

要想理解犹太人所处的地位，我们有必要先回顾一下古代社会和政治斗争的一些特点。从荷马笔下的英雄们所处的时代，一直到亚历山大大帝的时期，国家规模都比较小，基本是一座城市或一个城市群。那时战争接连不断，并常常伴随着毁灭和奴役。几百年之后，国家的规模随着社会的发展有所扩大。雅典试图像迦太基那样创建一个殖民帝国，而其他强大的大陆国家像马其顿和罗马，也先后步它们的后尘。于是，在大约公元前最后一个世纪里，大规模的战争不断发生，而且每一场战争都至少伴随着一个亟须深入思考与衡量的因素。

社会不平等是古代世界的一个基本特征。就其起源来说，希腊城邦都是由门第高贵的家族所组成的一个很小的阶层来统治整个共同体。从贵族到奴隶，形成了尊卑有序的社会等级，战争在以掠夺奴隶为目的的基础上发动，胜利者成为被征服者的主人。罗马共和国对希腊君主国发动的几场大战，都是被寻求财富和奴隶的动机所驱动的，被征服国家的人口当中最有才干、最有教养的部分沦为奴隶。罗马创建了一个伟大的地中海国家，但是也付出了惨痛的代价。她所创建的文明，除了空洞无物的形式主义之外，没有任何宗教信仰，没有灵魂。而犹太人，正好弥补了这个缺憾。

在整个东部，以及西部的部分地区，犹太商人在罗马帝国的城市里组成了与众不同的社群，并树立了精神信仰和严肃认真、品行端正的典范，跟当时社会上盛行的风气形成了鲜明对比。这种社会风气产生的原因是：物质和享乐主义是社会经济繁荣的自然结果；宗教的意义是形式主义的，最终是纵欲狂欢；道德因素几乎完全缺失。但是，一场反叛正在悄然进行，对那个时代灵魂的缺失和邪恶不义进行反抗，人们随时准备投向其他领袖，只要他能提供一套体系，来满足他们饱受凌辱的心灵对良知的渴望，这个体系要能覆盖这个地中海帝国的整个范围。三个犹太人——耶稣、彼得和保罗，他们挺身而出担负起了这个重任。

耶稣是榜样，是善良智慧的人，是救赎主神。他最后定格的这个身份，十分符合亚洲的太阳崇拜思想和救赎观念，而这些恰恰是当时最活跃、最有希望的宗教思路。彼得是进入罗马的犹太人，是一个帝国主义者，一位政治家，有广阔的视野和传教的热情。保罗是进入希腊的犹太人，是亚历山大学派的功臣，他把希伯来的因素融进了埃及希腊人近乎濒临死亡的哲学化进程当中，因此给了它一份续了期的生命契约。这份契约的期限长到刚好足以把亚历山大学派的思想填进基督教的框架里，并赋予这个新兴宗教特有的教条工具。

到公元312年，三百多年过去了，基督教在地中海世界还只是一个比较古怪的教派，完全不同于其他教派，这些教派都要求得到罗马皇帝庇护之下的各个阶级与种族的忠诚。三百年来，地中海地区成为帝国行政、贸易及文化和谐交往的和平之路。这条路上挤满了不同的民族，所有这些民族的血都注入进他们的体内，从撒哈拉沙漠到德意志森林，从直布罗陀海峡到幼发拉底河谷。由那些出身高贵的人——他们曾奠定了这个庞大帝国的基础——所组成的小部族已经消失得无影无踪。机器在自身动力的驱动下不断运转，而战火依旧燃烧在遥远的边境地区，打仗是外国雇佣兵的事，还不足以激起帝国核心地区的尚武精神。实际上，满城风雨的正是经济的弱点：物质主义、漠视宗教和胆小怯懦。

帝国的孱弱身躯是一个脆弱的框架，难以支撑这么庞大的统治体系。皇帝轮流做，好与坏并行存在，或是恶魔，或是圣徒。但都阻挡不住衰落的步伐。军队士兵不得不从野蛮人当中招募；皇冠成了普遍斗争的主要奖赏；帝国已经难以控制，看着这即将倾覆的大厦，许多竞争者纷纷摩拳擦掌，试图凭借武力赢取这大好的河山。

罗马的基督教化

公元312年，一场斗争正在进行，作为竞争者之一，君士坦丁试图寻求一种克敌制胜的法宝，最终他求助于基督教，把自己置于十字架的保护之下。且不论他实际的宗教信仰是什么，但可以肯定的是，君士坦丁的这步棋走对了。就在异教崇拜仍然希望通过习惯和感官诉求留住平民大众的时候，基督教已经把精英阶层聚拢到了自己身边，特别是在帝国的西部地区。行政官员、商人、有地位和影响力的人，都成了基督徒。君士坦丁需要他们的帮助，并且也通过接受他们的信仰，实现了得到帮助的愿望。

如此，基督教经过漫长的斗争并遭受了无数迫害，一夜之间成了帝国的官方宗教。但基督教是排它的，皇帝是它的领导者，因此需要帝国所有公民的服从，而这种服从必须付出代价。平民百姓依然固守着他们古老的信仰，古老的神祇，古老的神庙，以及古老的仪式。祭司、神庙、仪式、雕像，虽然全都保留了下来，但它们却被重新贴上了基督教的标签，在这些“古老”外衣的掩护之下，基督教的观念在不知不觉中得以入侵，一场巨变就这样发生了，今天细心的读者和旅行者依然可以找到这场巨变留下的痕迹。

> 精美的形式，感人的场面，在满是大理石雕刻、玫瑰花环和充满激情的地中海地区，如今这一切正渐渐消失，并成为梦想家们幻想的素材。身着白衣的祭司和烟雾缭绕的祭坛，喧闹狂欢的队列和神秘的仪式也不再是人类感情的纽带。不再有牧羊人吹响胫骨笛向西布利女神致敬，不再有无数令人心醉的神话故事，也不再有用充满诗意的想象力创造出的精美丝网出现在神圣的小树林里和诸神的柱廊之上。日复一日，四季变换，就像阿波罗和狄安娜在天上走着各自的路径一样，世间万物仍在地上有序进行；但如今它们陷入了加利利人的魔套，幻化成一缕五彩斑斓的烟雾，一片过去时代的迷蒙轻纱，虚幻而不可企及。虽然在某些地方，历史学家可以修复几处遗址，诗人也可以再次体验过去的生活，但留下来的仅仅是各个异教物质的外表，因为受到打击的，是异教的心，那是最柔弱的地方。它也曾努力获得良知，但失败了，而此时新的信仰已经在坚硬的岩石上建立起来。基督教通过个人良知的反叛取得了胜利；如今它要尝试完成一项艰巨的任务：创造集体的良知。①

① 约翰斯顿. 神圣基督教会. 146 页.

罗马的衰亡

基督教在罗马的确立，给这个正迅速衰落的帝国注入了些许生命力。君士坦丁一世建立了新的首都君士坦丁堡，从而把帝国一分为二：罗马和希腊各一半。然而，糟糕的是来自边境条顿人的持续压力，如今再也无法被抵挡，他们逐步冲破了边界。在基督教成为地中海世界的官方宗教的时期，日耳曼部落已经凭借武力夺取了在莱茵河与多瑙河的圣地之上占有土地的权力。从那时起，在接下来的一百多年的时间里，日耳曼渗透和罗马瓦解的进程从未停止，并随着公元 375 年日耳曼人的大举迁移和公元 410 年罗马被阿拉伯人和哥特人的洗劫而达到顶峰。

在以后那令人心惊胆战的半个世纪里，罗马世界被许多日耳曼亲王所瓜分。以往的秩序中，只有两样东西被保留了下来：一是以君士坦丁堡为中心的破烂的东罗马帝国，一是极具重要性的罗马主教职位。这一职位不久后就被命名为“教皇”，并且显示出了其特有的功能：他将借助新的手段统治被皇帝们丢掉的大好河山。

日耳曼人粗俗但有尚武精神，罗马人则细腻而平和。当战争的风暴席卷西罗马帝国的时候，罗马人躲进了修道院里寻求庇护。“在那里，在拉丁十字架（它是野蛮人不敢冒犯的标志）的保护下，罗马文明活动所留下的东西也只能在暴风骤雨中不断发抖。不久，当基督的大军用新的武器征服他们祖先的军团甚至都不曾见过的土地时，罗马的文明才重见天日。”①

罗马的教徒们很快就发现了头脑简单的日耳曼人轻信和迷信的特点。他们把崇高的理想和基督教的道德摆放在日耳曼人的面前。教士们不仅利用宗教控制了日耳曼人，而且很快成了各个日耳曼王国的行政官员、立法者和指导者。

此时，文明发生了突出的变化，成了一种由基督教和日耳曼精神占主导

① 约翰斯顿．神圣基督教会．第 162 页．

因素的混合物。从表面上看，也许收获颇丰；不过，从经济和物质的意义上看，却损失巨大。巨大的财富烟消云散，帝国的交通系统破败不堪。商人在地中海地区失去了安全感；罗马的通衢大道日渐荒芜；军事国家的边界线阻挡了旧时的来往通道。在这样的环境下，文明比以前更加局部化，更加衰弱。事实上，在相当一段时间里，日耳曼王国探索出了不同的道路。

封建制度

大约两百年的时间里，欧洲经历了一段苦难的岁月。来自西北的丹麦人和斯堪的纳维亚人，以及来自南方的撒拉逊人先后蹂躏过这块土地。最终，只有莱茵河上游和多瑙河地区（它们一直庇护着丰富多彩的日耳曼文明）逃过了一劫。加洛林王朝的帝国分裂为法兰克、洛塔林（或称勃艮第）和日耳曼等几个王国。其中，日耳曼王国夺取了皇帝的桂冠。如果不是封建制度的出现使不断衰落的文明得以稳定并增强，这次分裂很可能会无期限地继续，直到陷入不可收拾的局面。

只有武力才能成功地抵抗武力，在每一个危险的关头，总会出现类似的局部抵抗。那些愿意战斗并有能力战斗的人保护了整个共同体，于是，他们要求得到某些特权。他们很快就开始修建城堡，把他们的权力和领地传承给他们的继承者。新的领地很快就被看作是跟其他领地密切联系的载体，但前提条件是必须提供军事服务，以及其他服务。教会也是如此，直至 11 世纪，一个通用的模式奠定了西欧观念的基础：每个个体都隶属于某个阶层，位于这个等级阶梯顶端的，或者是皇帝，或者是教皇，或者是这二者的兼有者。阶梯的最高一级是极具争议的一级；而在最低的那一级上，人人都会被接受。

这一时期，封建制度尽最大的努力恢复并创造更加稳定的环境，并力图终结北方和南方的海盗行径。从西西里到苏格兰的边境地区，欧洲由一些规模不大的军事诸侯国所组成，偶尔有些地方，以一些还算有效的方式，被诸如法兰西和英格兰那样的君主国或者被帝国本身整合在一起。每一条贸易路线都被建有防御工事的诸侯国凭借这种保护向商人征取苛捐杂税。而在更和平的环境中，当大型商业城市开始在意大利、德国和尼德兰出现的时候，一场人民与封建诸侯之间争夺统治权的斗争便开始了。与此同时，教会的野心越来越大，并经历了激烈的兴衰变迁。在法兰克人的保护下罗马最终获得了疆土，直至 1870 年 9 月 20 日才被新兴的意大利王国赶了出去。有了这一领土优势，加上强大的古罗马传统和教会的推动，以及教皇格列高利七世（希尔德布兰德）的统治，罗马在再三权衡之后出手，试图抓住欧洲的封建权杖。这一举动遭到了日耳曼帝国（查理曼大帝庞大疆土的分支）的奋力抵抗。由此衍生出了两大党派：教皇派和皇帝派。帝国的支持者和教皇的支持者在很长的一段时期里试图夺取至高无上的统治权力，两派的斗争冲击了德国和意大利。

与封建运动和服务于教会的狂热不可分割地联系在一起的是：罗马一度在斗争的间隙成功地发动了十字军东征，它们既包含宗教性质和骑士精神，也带有经济性质。此次东征从过剩的封建军人当中抽调人马，组成了大军，目标是要把圣地从异教徒驻军手里解救出来。帝国东部被宗教战争及屠杀弄得遍体鳞伤，满目疮痍，除了加害方，没有留下可记忆的结果。对于一向节俭的热那亚共和国和威尼斯共和国来说，十字军东征无疑是一项耗资巨大的运输和贸易事业，它导致了东方贸易的一次巨大扩张；而西部只好再一次训练东部，并重新回归具有较少宗教情怀、满是怀疑精神的状态。从十字军东征时期末（1270 年）算起的 250 年之后，宗教改革、经济活动和怀疑论的发展都是鲜明的事实，而仅次于它们的，应该算是某些新语言的诞生，以及文艺复兴的出现——从某种程度上来说，它是由上述这些力量引发的。

文艺复兴

当时，教皇制度已被 11 世纪和 12 世纪的各种巨大的付出搞得开始走向瓦解。于是当但丁开始用意大利语写作的时候（1300 年），当接下来的两个世纪里法国、英国和德国的文学相继成形的时候，教皇制度所支持的罗马观念便开始衰败。罗马不仅放弃了拉丁形式的信仰，而且还渴望把宗教教义通过新型语言模式进行转化，尤其是渴望拥有一部本国语言的《圣经》。这就刺激了神学研究，罗马人希望创立中世纪的大学，并试图通过阿奎那的努力，复制希腊的黄金时代，从而复活亚历山大大帝带给他的哲学。

然而这一切都无济于事。欧洲感受到一种全新生活和民族主义在自己的体内萌发。发现印度和美洲后，人们的想象力第一次被激发，随后野心勃勃的政治家、军人和艺术家们的贪婪被不断地注入到了大量的黄金故事中。世界的脉搏跳动得更快。君士坦丁堡在建立一千年之后，落入了土耳其人之手。它的手抄本、文化艺术和能工巧匠的故事持续不断地涌入意大利。发明家、改革家、艺术家和革命家不断涌现。恺撒·博尔吉亚试图建立一个意大利帝国，但他没能成功。马丁·路德试图跟教会分道扬镳，他后来成功了。

马丁·路德宣称，一个人可以只凭借上帝的恩典来拯救自己的灵魂，并在此基础上开始了一场理想之争（一场冗长的辩论），从而再一次把欧洲打入了战争的地狱。这场战争一直持续到了1648年《威斯特伐利亚和约》的签订，直到这时候，人们才恍然大悟，欧洲的整个北方地区已然成了新教的天下，而南方仍然是天主教的地盘。

法国和英国

就在这个关键时刻，路易十四开始了他的统治，这使法国在最近两个世纪的欧洲历史上占据一个重要的位置。封建制度的时代即将逝去。最后的大诸侯国在宗教战争中已经疲惫不堪。君主制度使他们丢掉的东西失而复得。在凡尔赛宫的辉煌和壮丽中完成工作，使曾经半独立的封建军人沦为形式上的朝臣。波旁家族取得了很大程度的成功，依旧是法兰西的独裁者，即便是享有特权的教士和贵族阶层也处在他们之下，他们对政府机构有着绝对的控制权。于是他们很快就开始虐待这个政府机构，而它的彻底垮台则是伴随着

1789 年法国大革命的爆发而到来的。

许多琐碎的原因汇聚在一起导致了这一戏剧性的事件发生。且看看其中的原因，包括波旁王朝财政上管理的漏洞、食物供应的匮乏，以及受过良好教育但在政府事务中被剥夺了所有权力的中产阶级的反抗。这一阶级控制着日后国民议会中的三级会议，他们开始行动，希望以自由、平等、博爱的名义消灭波旁王朝的支持者。国民议会经验不足和王室宫廷的软弱无能催生了巴黎暴徒的野蛮，而它最终因激怒了整个欧洲而把法国卷入了战争的泥潭，并把波旁家族和众多高贵而优秀的，以及少数最坏的法国人，送上了断头台。

这场旗开得胜的战争，以及恐怖统治时期之后的共和国政府的懦弱，都不可避免地促成了一个军事独裁政权和君主政体的复辟。于是拿破仑·波拿巴走上了历史的舞台，凭借着铁腕手段，他掌管法国长达 15 年之久。在拿破仑执政期间，他把法国建设成了一个在欧洲空前的国家，他带着一种自大狂妄的征服欲一路猛进，从烈日炎炎的埃及，一直到冰雪皑皑的俄罗斯。而他倒下后，留下的是筋疲力尽的法国，那之后不久，波旁王朝便卷土重来了。

拿破仑发动的战争使得欧洲倾尽全力，来打垮法国和拿破仑。但最后，遥远的俄罗斯给了他最致命的一击。事实上英国才是最为持久、顽固、成功的敌人。法国和英国之间的争斗，在历史上可以追溯到更早期。

在查理曼大帝之后的黑暗时期，诺曼底人一度通过征服控制了法国和英国之间的一个中间地区。在诺曼底公爵威廉的控制下，他们于 1066 年征服了英格兰本土并且在那里建立了一个强大的君主制国家。然而，在法国的根据地，盎格鲁—诺曼底的国王们却陷入了与邻国的冲突，战争在英法两国之间激烈地进行着，一直持续到了 1815 年，期间只有很短暂的停歇。起初，它们的目标主要是占有领土；但后来，经济因素却变得越来越显著，直至 18 世纪，在拿破仑的统治下，这场斗争最终演变成了一场争夺海外殖民地的斗争。

西班牙与哈布斯堡王朝

16 世纪，随着都铎王朝在英格兰的开始，一个新的大陆强国的崛起使英、法两国之间的斗争，变得更为漫长而复杂，在特定的环境下，这股新势力很可能与法国合作！

阿拉伯人于公元 723 年在图尔被法兰克人打败以后，便不断衰退。可是，在之后几个世纪的时间里，他们在西班牙兴盛并发展起来。在那里，他们发展了学术和艺术，并取得了辉煌的成就，而这时，欧洲的基督教依然深陷于黑暗之中。不久之后，位于比利牛斯山脉和阿斯图里亚斯群山的封建诸侯国又开始逐渐联合，到十五世纪末，这些国家合并组成了一个新的联合君主国，征服了最后一个阿拉伯王国，创建了现代西班牙。

就在这个关键时刻，凭借欧洲历史上最引人注目的巧合——婚姻联盟，再加上其他特定的环境，几乎是在突然之间，西班牙王国（勃艮第公爵们的伟大遗产）和匈牙利王国被抛到奥地利的哈布斯堡公爵们的手里，他们使自己的统治者登上了德意志皇帝的宝座，一直持续到了古老的日耳曼帝国的末日（1806 年）。

巨大的权力集中在皇帝查理五世（1519—1556 年）的手里，这使得宗教改革带来的新形势有了一次明显的转变。因为法国（依然是天主教国家）和英国（已经成了新教国家）都不得不面对：哈布斯堡王朝的开疆拓土打破了欧洲的平衡这一事实。这在很大程度上说明了那个时代不断变动的政治调整的原因。直到路易十四统治末期（1753 年的《乌特勒支条约》），哈布斯堡家族的权力才由于一位波旁家族的王子登上了西班牙的王位而基本上达到平衡。此后，法国和西班牙开始联手共同对付英国。

在英格兰，从亨利八世到克伦威尔，宗教动荡大概持续了一个世纪的时间。总体说来，这场动荡不比欧洲大陆发生的动荡那么激烈。其主要结果是建立了英国圣公会，以及新教教派出现，而新英格兰最坚定的移民就是从这一教派当中产生的。

大英帝国的建立

宗教战争期间，英国卷入了一场跟新兴的哈布斯堡—西班牙势力的斗争。在斗争中，西班牙无敌舰队的巡航中发生了一些具有戏剧化的事件：英国海员冲破了西班牙在南部诸海周围建立起来的薄弱屏障。从此，广阔无边的大海，印度群岛的黄金，生产蔗糖、烟草、咖啡的种植园，新世界不断扩张的殖民地和国家，都成了矛盾的主要内容。当西班牙的能量在无敌舰队覆灭之后逐渐耗尽、一个世纪后成为法国随从的时候，这场斗争就成为英法两国之间的斗争。

英格兰在七年（1756—1763 年）的这一世界性的斗争中确立了它的霸主地位。虽然在接下来的一场战争中丢掉了它的美洲殖民地，但是，当它在 1793 年再次与法国狭路相逢的时候，它的贸易和制造业，它无比优越的地理位置和经济形势，以及它精明审慎、公事公办的政治才能，都使英格兰一跃成为欧洲各国之首。它加入了 1793 年抵抗法国的欧洲联盟，除了两次短暂的停歇之外，英国一直在战场上对抗法国，直到二十年之后，在滑铁卢，拿破仑最终被威灵顿和布吕歇尔打败。

在这场漫长的斗争中，法国一直都面对着两个难题：一是大海和英国，二是陆地和它的东北方三国（奥地利、俄罗斯和普鲁士）。在这场斗争即将结束的时候，也就是拿破仑兵败西班牙、陷入跟俄罗斯的你死我活的搏斗中的时候，大陆的问题使另一个问题顿时不那么重要了。但英国一直目不转睛地紧盯着大海、殖民地和海上贸易；结果，当欧洲列强纷纷在维也纳和会（1815 年）上瓜分这个分崩离析、满目疮痍的帝国时，各国发现，英国成了唯一的海上霸主和殖民强国。

现代欧洲

拿破仑倒台之后，紧随其后的是一段反动时期，到了 1848 年，一场革命风暴接近尾声。人口不断增长，交通工具更加便利，这些都不断促进了智力和经济活动，但政治特权受到了极大的限制，政府依旧是老式的。意大利和德国（古老的帝国已经在 1806 年走到末路）已经被播下了新民族主义的种子。从巴勒莫到巴黎，从巴黎到维也纳，爆发了一系列的革命，两年的时间里，欧洲陷入了剧烈的动荡之中。一个新的波拿巴帝国在法国崛起，在意大利和德国，新的民族观念日益成形，尽管还需要二十多年的时间，在拿破仑三世那强大的野心驱动下，被加富尔和俾斯麦付诸实践。

1859 年，法国协助萨伏伊王室把奥地利人赶出了波河流域，这为加富尔和加里波第解放并统一整个意大利铺平了道路。1866 年，普鲁士把哈布斯堡家族赶出了德意志，四年之后，又带领德意志联军进军巴黎，从而巩固了自己的地位，在那里，联军拥戴霍亨索伦家族的威廉成为新的德意志帝国的领袖。

此后发生的事情，主要以争夺殖民地或确立经济上的宗主权为主，但这些都在更大程度上属于当时政治而不是历史的领域。出于这个原因，我们可以将其忽略不计。实际上还有很多别的东西也被忽略了，对这些内容来说，这篇文章的篇幅实在太短。如果可以补充一句话，以帮助读者从我们称之为历史的那个被践踏、被拆解的领域有所收获的话，我们想说：每一件事情都会启发一种新观点，开启新的精神姿态。读者是这场盛典的观众，他必须冷静地判断和辨别，不应带有赞扬的倾向或指责的偏见。当不息的河流以它不停变换的色彩不断展现的时候，他不仅应满足于观察，还要有乐于判断人的行为和动机的智慧，要有愿意捕捉这些生动而真实的戏剧性的想象力，要乐于对无数英雄行为做出心灵的回应。因为正是这些英雄行为，使伟大的人物和伟大的民族变得更加高贵，并且，这样的英雄行为与全人类共存。

古代西方的历史

威廉·斯科特·弗格森[1]

西方世界的历史大体上可分为三个时期，每个时期约 1500 年左右，其中有两个时期属于古代历史。

第一个时期与“那条永恒之链相连接”，这条永恒之链包含了东方文明在它的三个看似迥然不同但实际互相联系的中心（埃及、巴比伦及克里特—迈锡尼）的兴起、昌盛和衰亡。第二个时期从公元前 1200 年到公元 300 年，它也包含了一种文明的生长过程。这就是希腊和罗马高度发达的智慧与物质文明。第三个时期，也称为基督教时期，直到我们这个时代。我们这个时代的 19 世纪也被称为是第四个时期的开始，从全人类的发展角度来看，这是一个有着无限可能的时期。

希腊人像基督徒一样，千百年来也在效仿他们的祖先。他们的古老诗歌——荷马的《伊利亚特》和《奥德赛》在某种意义上来看是克里特—迈锡尼时代的遗产，其活动背景就是那个时代。即便这样，像中世纪及现代欧洲的各民族一样，希腊人之所以会产生自己特有的文明，要归功于他们自己的

---

① 威廉·斯科特·弗格森（1875—1954），古代史专家，1912 年成为哈佛大学第一位古代史教授。主要著作有《希腊化时期的雅典》（*Hellenistic Athens*，1911）、《希腊帝国主义》（*Greek imperialism*，1912）、《雅典娜的司库们》（*The treasurers of Athena*，1932）和《雅典的部落周期》（*Athenian Tribal Cycles*，1932）等。

努力。

公元前8世纪和前7世纪，希腊人成为人类的一个新民族。这一时期，也就是他们从爱琴海民族逐渐发展成为地中海民族的时期，他们挣脱了束缚东方精神的枷锁，并凭借自己的聪明才智，勇敢地直面人类生活的重重困难。当他们接下来开始明确自己的位置时，他们才发现拥有的那些城市同时也是国家。它们之间根本不存在任何政治关联，事实上，那些把米利都、科林斯、叙拉古、马赛，以及当时成百上千地居住在希腊城邦的希腊人彼此联结在一起的情感纽带极其脆弱。需要指出，仅克里特岛上就有23个截然不同的城邦，由此我们可以看到这幅地图的复杂性。在希腊，就如其他地方一样，城邦生活既是城市的也是国家的，事实也证明这样的城市也是最有利于自由制度发展的土壤。

希腊的个人主义

希腊形成时代的背景恰逢个人主义的兴起。诗人们摆脱了荷马的陈旧规矩，不再像从前那样认识古代英雄的行为，而是着手处理自己的情感、观念和经验。他们把叙事史诗放在一边，而采用本土的韵律和方言来书写身边的每一个普通男女。从前习惯于保守、一丝不苟地精心研究某种类型的艺术的雕塑家和画家，如今也意识到，他们的作品在某种意义上就是他们自己的创造。因而他们开始在作品上添加自己的大名，以此彰显自己的权利。

宗教问题已经不可能通过荷马的启示得到令人满意的解决，它们直接诉诸每一个思想个体所关注的焦点。但依然有人固守正统，也有人在对狄奥尼索斯和得墨忒耳的狂热崇拜中寻找庇护，还有人试图把世界解释为自然规律的产物，而不是神的创造。一些人早年由于各自的家庭、宗族和同业公会而默默无闻，现在他们为了各种公共目的而脱离了同这些机构的关系，只承认城邦的权威，这个城邦对所有人赋予权力。政治中有对立者，就像宗教和艺术中也有对立者一样，他们反叛的暴君，是像阿基洛古、萨福、阿尔凯奥斯这样的诗人，以及像米利都的泰勒斯和爱奥尼亚这样的科学家。

总之，在亚细亚的一支希腊人是这个时代的领袖，而米利都则是整个希腊世界最大的城邦。

斯巴达、雅典和底比斯

之后的公元前 6 世纪是一个反动的时代。人们对之前几代人的那种猛烈的爆发敬而远之。那是“七贤”的时代，是信奉“凡事讲究节制”这句金玉良言的时代，是贵族们限制自己私欲和权力的时代。在这个压抑的时代，斯巴达所发展起来的丰富多彩的文化，被缩减为单一的形式——战争及备战。随着斯巴达贵族地位的降低，其所支持的艺术和文化也逐渐没落。斯巴达民族成了一个武装阵营，人们过着军旅，以及清教徒式的简单生活，因为总是小心翼翼，担心奴隶们（每个斯巴达人有 15 个奴隶）起义和屠杀，所以时刻保持警戒状态，唯恐他们在希腊（共有 1.5 万名斯巴达人和 300 万名希腊人）确立的领袖地位遭到颠覆。在雅典，发展的方向却与此截然不同。那里的贵族虽然也失去了对政治权力的垄断，但他们依然承认了奴隶的公民地位。在民主发展时期塑造雅典的那些人本身也是贵族，他们从来不曾质疑过，他们的制度文化将会使民众的生活变得如此高贵。因此，他们不怕辛苦，甚至不惜代价，要自己建造和维护公共角力场和体操场，力图使贵族和平民都能在这里锻炼身体，使之柔韧与优雅，这些做法也使得他们更加富有魅力和激情。他们还举办平民百姓喜欢参加的音乐比赛，在准备比赛的过程中，激发了所有人对文学和艺术的热情，特别是对诗歌和戏剧的唱词及音乐的学习。贵族阶层在雅典消失了，但雅典人成了全希腊的贵族。

这种现象的产生，主要是他们杰出的政治家米斯托克利的功劳。在他富有远见的领导下，雅典虽然有巨大的财政支出，却缔造了一支强大的舰队，以非凡的奉献精神与空前的英雄主义与斯巴达共同击退了波斯人，并建立了属于自己的海上帝国。起初，阿里斯提得斯是米斯托克利的一位并不能构成威胁的竞争对手，后来成了他忠诚的合作伙伴；伯里克利在科学、哲学、法学、艺术和文学上的兴趣使他成了希腊发展巅峰时期最伟大的倡导者。米斯托克利得益于这两个人的协助，完善了雅典的民主制，界定和确立了他的帝国使命。再没有一个位高权重的人比他更能严肃地对待这样一个信条：每一位公民都有资格担任公职。同样，也再没有比他更热心的帝国主义者。事实上，雅典的民主制，如果没有雅典的海上帝国做后盾，它所主张的一切都是空中楼阁。臣服的同盟者对雅典人来说，就像奴隶、工人和商人对柏拉图理想国中的公民一样缺一不可。

斯巴达曾试图消灭这个帝国而发动了一场针对雅典的战争，战争耗时十年（公元前 431—前 421 年），却没能达到目的。斯巴达没有完成的任务，却被雅典的天才亚西比德完成了，因为在他的努力下，民主主义者们发动了给自己带来灾难的西西里远征。他们在叙拉古城下遭受了惨痛的失败之后（公元前 413 年），他们的附庸国便纷纷起义，不再进贡；雅典终究没能打败联手对抗它的西西里人、斯巴达人和波斯人，公元前 405 年，雅典屈服了。不知是否还有过其他这样的城邦：在有五万名成年男性从事和平工作的同时，又有同样数量的成年男性从事战争。当希腊领导世界的时候，雅典领导着希腊。

斯巴达人取而代之，但他们只能依靠他们的同盟者——波斯和叙拉古所给予的支持来维持这一地位。所以，当他们与波斯人发生冲突的时候，他们便马上失去了这样的地位。后来虽然通过公元前 387 年的《国王和约》得以恢复了，但不料在十六年之后又倒在了底比斯的脚下。底比斯的胜利完全倚仗伟大的武士政治家伊巴密浓达。他在公元前 362 年战死沙场，这也意味着底比斯霸权的瓦解，而直到公元前 356 年亚历山大大帝诞生，希腊人苦苦寻求了二百年的梦想才终于实现：欧洲的所有希腊城邦，不论大小，全都再次得到自由，如同公元前 7 世纪那样。实际上，正如普鲁塔克的《德摩斯梯尼传》所叙述的那样，它们活在以派系斗争所提供的机会中，始终怀着对彼此的恐惧和嫉妒，生活在巨大危险的阴影之下，而能够化解这种危险的，只能是走向统一。

马其顿王国

马其顿王国在菲利普时统一了希腊，经济实力强大，因此确保了亚历山大大帝征服波斯帝国，并开始了迅速而持久的希腊殖民历程。正如马基雅维利在他的《君主论》中所指出的那样："他的继承者们需要面对的唯一障碍，是他们自己的野心给自己制造的困难。"然而，仅仅这个困难就已经导致了一场空前的战争，这场战争长达三十年之久。在战争结束的时候，不平衡的势力局面使希腊—马其顿世界陷入崩溃，在这一局面中，托勒密王朝统治下的埃及用巨大的经济实力维持着一支阵容庞大的舰队，控制着马其顿和亚洲。意大利在罗马治下的统一（公元前 343—前 270 年），以及迦太基帝国随后的垮台（公元前 264—前 201 年），把一个远比任何希腊王国都更加强大的军事强国带入了与埃及的敌对冲突中。这个国家有五百万人口，军队在籍有七十五万人，能够连续多年上战场的至少有十万人。这样一支队伍，仅靠希腊世界的联盟是无法与之匹敌的。希腊人再一次因为他们的分裂而遭到了应得的惩罚——在一场艰难的战斗之后，他们最终被罗马统治。

罗马的崛起

征服希腊的罗马人并不讲究"绅士风度"，如一百五十年之后的西塞罗、恺撒和他们同期的人那样，他们的个性只是部分地在普鲁塔克的《科里奥兰纳斯传》中得以展示。这篇传记中有一个传说，虽是传说，但在普鲁塔克时代的罗马人和希腊人眼里却是事实，因为他们可以以此来说明他们在政治斗争中所谓的坚持，以及他们在国内生活中的崇高品德。事实上，他们有很多易洛魁族人的品质，当他们凭借着勇猛占领了一座敌方城池时，他们的士兵常常会屠杀他们在途中见到的每一个活物：男人、女人、小孩，甚至动物。

由此可见罗马人并不是用散发着玫瑰香水味的柔和手段或现代人道主义的方式来征服世界的。

经历了五代人的厮杀之后，意大利人走上了一条被希腊化的阳关大道，与此同时，东部行省对他们的反对作用也很强大。在这个很快去除民族化的时期，曾经引领国家率先走向内部和平，然后取得意大利的稳固领导地位，最终走向世界帝国的罗马贵族开始分裂。罗马帝国养育了许多承包人、放债人、粮食商人和奴隶贩子。他们逐步地把组成元老院的大土地所有者甩到一边，从他们的手里夺取了行省的控制权；然后，对各行省进行肆无忌惮的掠夺，这种行为加速了政府的崩溃，而皇帝的统治则是摆脱这种崩溃的唯一出路。西塞罗青年时期，刚好赶上了贵族阶级的农商之间的自杀式冲突。西塞罗作为一个“新人”，为了在政坛取得一席之地，他不能让自己依附于像庞培那样的大人物，于是，他的政治路线和政治观点都是模棱两可的。但他至少有一项坚定的原则，那就是：要不惜一切代价恢复“秩序的和谐”。可是，这是根本不切实际的。

恺撒和奥古斯都的功绩

罗马帝国还供养了一支常备军，为了使用这支军队来对付条顿人、意大利人、希腊人和高卢人，他们培养了一个个军事领袖，这些人有权对民事政府发号施令。其中最后一位领袖是尤利乌斯·恺撒，他甚至决定不再控制元老院，而是自己取而代之。他的短暂统治（公元前49—前44年在位）是罗马发展史上值得大书特书的一笔，因为他使罗马帝国自亚历山大大帝去世以后再现了一个世界性的君主国。在同时代的希腊文献记载中，恺撒被奉为“全人类种族的救世主”。在他被人刺杀之后，刺客们悲伤地意识到，竞争的候选人之间为争夺军队（恺撒的军队）的控制权而爆发了一场冲突。恺撒的马夫长安东尼最后领着剩下的一半军队去了东部，去完成恺撒生前的计划：征服帕提亚人。他生活在亚历山大城，拜倒在了恺撒的情妇——埃及女王克利奥帕特拉的石榴裙下。克利奥帕特拉不仅是一个能干而大胆的女人，而且也是一位传统政治的继承人，她通过把罗马帝国并入自己的统治之下，从而把埃及带入了罗马帝国。至于安东尼，他只能说是一个低一等级的恺撒。从另一方面来说，奥古斯都倒是个一流的政治家，他是恺撒的养子，他控制了其剩余的军队。他在意大利煽动民众反对安东尼及其埃及情妇的民族情绪和共和主义情绪，但是在公元前 31 年的亚克兴战役中打败了他们之后，奥古斯都又不得不对付另一个由他引来的魔鬼。后来，在共和主义与君主制度之间达成一种诡异的妥协，这种妥协被称为元首制，它保留了下来，其间又恢复到了恺撒的模式，并逐步向彻底的专制统治退化，直到公元 3 世纪爆发了一场大规模军事叛乱才结束了这种局面。这时，罗马的政府体制与希腊—罗马文明一起，开始了极速的衰落。250 年来，六千万人在恪守规矩的政府领导下享受了和平和物质幸福。他们伐掉森林，把沙漠变成花园，建造了成百上千的城市，为正义和伟大建立了不朽的纪念碑，这些从罗马一直渗透到了全世界。接下来，在数十万本国，以及野蛮人的大军面前，他们成了虚弱的囊中之物。罗马帝国的衰亡是人类历史上最大的悲剧。

在实行元首制期间，君王或皇帝的意志似乎是所有行为（不论好坏）的依据。每一个人的命运和幸福，显然取决于君主的意志和品格。所以，在这个时代，人们自然会对传记感兴趣。普鲁塔克既是他所生活的那个时代的“记录者”，也是他所怀念的希腊—罗马世界的一个“叛逆者”。

文艺复兴

默里·安东尼·波特[①]

文艺复兴之前的那段时期，曾被称作“黑暗时代”，直至今天也依然被这么认为。一个不可否认的结论是：一段光明时期总是紧跟着一段黑暗时期。黑夜的面纱渐渐被撕开，世界便会因灿烂的阳光而欣喜，并带着无限的活力开始新的工作。但是，那段被恰当地称作“中世纪”的时期，它的黑暗更多是因为那些给它取了这样一个可怕名字的人视觉出了问题。同理，如果我们把文艺复兴时期称作光明时代的话，那是否只是因为它的魅力使我们陶醉呢？说到底，文艺复兴是中世纪的产物。

中世纪最沉重的一个负担便是蒙昧主义，而蒙昧主义最大的影响就是会“阻挡启蒙，或妨碍知识与智慧进步”。它并没有随着中世纪的结束而结束，而是贯穿了整个文艺复兴时期。它小心翼翼，目不转睛地紧盯着那些视它为仇敌的人，一旦他们因为年迈或体弱而士气低落时，便跳出埋伏去袭击他们，因此它在16世纪大获全胜。只要有人存在的地方，就有蒙昧主义的存在；迷信也一样；恐惧，以及根深蒂固的邪恶，都不可能死去。它们的蛰伏只是暂时的，终究有一天会更加猛烈地爆发出来。如果你高兴，似乎你也可以有条

① 默里·安东尼·波特（1871—1915年），语言学家，1901年执教于哈佛大学。主要著作有《索拉布与鲁斯坦》（*Sohrab and Rustam*，1902）。

理地把文艺复兴时期描绘得比中世纪还要黑暗。马基雅维利、美第奇家族和博尔吉亚家族，长期以来都被认为是以极其可恶的形式表现罪恶。看到这些对事实的各种夸大和歪曲，便可见文艺复兴并不是描绘中的黄金时代，那些恐怖的场景，跟疯子的噩梦比起来毫不逊色。但它也是一个光明的时代。即便是太阳也有斑点存在，文艺复兴时期的光明因为有了阴影反而显得更加强烈。

文艺复兴时期的个人主义

没有一个时代可以用一句话来准确地进行定义，但它提示了这样一个说法：文艺复兴时期是发现人的时代。补充一句很重要的话：它不只是发现一般意义上的人，更是发现人的个性。当然，中世纪就有大量很具个性的人。比如，大贵族格利、图尔的圣格列高利、查理曼大帝、利乌特普兰德、阿伯拉尔和克莱尔沃的圣伯纳德就是最好的例子。文艺复兴的不同之处在于：人们普遍认识到了个体的完美如此重要，并渴望使同时代人和后代认为自己与众不同。

可以说（当然也有一定的夸张成分）中世纪的人就像柏拉图描绘的穴居人，终于成功地出现在阳光之下，于是他们变成了文艺复兴时期的人。所见到的一切都让他们欣喜万分，同时也被广阔的远景所吸引。就好像现实世界束缚了他们一样，他们一定要去发现理想的王国。因为，他们既生活在现在，也生活在过去和未来。

古典时代的复活

学者们带着探宝者一般的狂热，在法国、瑞士、德国、意大利和东方四处寻找手抄本和古代文物，他们的成功所掀起的最大的狂潮莫过于他们发现了黄金国。通向古代的大门一扇接一扇被打开，人们蜂拥而上进入大门，渴望更多地了解他们的偶像，渴望从他们那里获得他们的中世纪老师无法提供的信息。但依然有些人是如此目眩神迷，如此温柔顺从，以至于他们不能摆脱被奴役的命运，而是只选择了新的主人；因为，他们毕竟是比较仁慈的主人。

早在安德鲁·朗格之前，彼特拉克就曾写信给那些已故的文坛巨匠。谈到西塞罗，他说："不考虑那段把我们分开的时间距离，我十分熟悉地向他致敬，这种熟悉源自我对他的天才所产生的共鸣。"在他写给李维的信中，他说："我真希望（要是上天允许的话），或是让我生在您的时代，或是让您生在现在这个时代；在后面这种情况下，我们这个时代会因您的存在而更加绚丽，如是前面一种情况下，那么对我本人更加有益。"蒙田说，他从童年时代起，就是在故人的陪伴下长大的，他早就了解罗马的东西，并且在自己家里拥有任何一件罗马的东西之前；在认识卢浮宫之前，他就已经了解古罗马的主神殿；在知道塞纳河之前，他就了解台伯河。

文艺复兴时期的好奇心

迷恋古代的行为看上去有些让人不可理解，但这种迷恋包含了文艺复兴时期的人对整个世界、对自己、对国家，以及对遥远和邻近民族的浓厚兴趣。彼特拉克喜欢讲述印度和锡兰的趣闻逸事。他的身体里流淌着吉卜赛人的血液，也害怕时光从他所钟爱的书中悄悄溜走，因此他一直是一个"遥远的"炉边旅人的最好实例，他在自己的书房里神游，这就免去了天气的莫测与旅途的艰险带来的困扰。

蒙田"像鸭子一样喜欢雨和泥"，并有着超人一般的人格力量。他说："大自然把我们放在这个自由而不羁的世界，我们却把自己囚禁在一些困难中。""依我看，旅行是一项非常好的活动；在旅行中，灵魂可以一直观察新鲜的未知事物，不断让它接触到诸多的如生命、幻想和习俗所表现出来的多样性，让它尽情欣赏这些不尽的、种类繁多的人类天性的形式，我经常说，我不知道，在枯燥的生活中是否还有比这更好的学校。”

所以，文艺复兴时期的人通过各种不同的渠道获得了大量的信息，并且记住了它们；关于他们无穷尽的记忆，讲多久也讲不完。重要的是我们要知道，他们用这些史实来做什么，他们对史实的激情，会像守财奴对黄金的激情？是没有受过教育的野蛮人对那些闪闪发光、色彩缤纷的珍珠的激情？

每一个事实都是令人愉快并且利于健康的。令文艺复兴时期的人永远自豪的是，他们注重事实的价值，并且不遗余力地要获得事实，因此他们牢牢地抓住现实。他们再也不会只看事物的表面现象，正如但丁所说的那样，他们锐利的目光可以穿透骨髓。比但丁晚二百多年的马基雅维利曾抱怨，与他同时代的人都喜爱古物，却没能从其承载的历史所隐含的教训中有所收获。但马基雅维利的话也并不被完全认可。文艺复兴时期的人都是温柔的园丁，在他们充满爱心的浇灌下，每一个事实，每一种理论，每一个暗示，都在发芽、开花、结果。

当然，他们当中也有些人开始意识到了时代精神中那种多面性的局限。皮埃尔·保罗·弗吉里奥在回顾了这一时期学术研究的主要分支之后声称：文科教育并不代表着要人们熟知所有学科。“因为，即便只是透彻掌握其中一门学科，也足以成为毕生的成就。我们当中大多数人必须学会正确认识自己的能力，就像满足于适度的财富一样。比较明智的做法大概就是从事那种最适合我们智力和品位的研究，不过有一点倒是不可否认，如果我们不能认识到一门学科与其他学科之间的关系，我们就不能全面地理解它。”这些话很可能是今天被留下的，但它们也适用于文艺复兴时期。不过，在这样一个时期，这些话似乎过于谨慎，甚至有些胆怯，因为这一时期有那么多不仅是成就斐然的研究者，还有声望卓著的作家、精明能干的公务员和政治家、艺术鉴赏家、画家、雕塑家和建筑师。只要他们想做，就什么事情都能成功。

发现的时代

每一个兴趣在这一时期都得到了充分发挥。在追求完美的过程中，人们需要一个更加丰富的环境。文艺复兴时代是一个大发现的时代，也是迪亚士、哥伦布、瓦斯科·达·伽马、韦斯普奇、卡伯特父子、麦哲伦、弗兰西斯·德雷克等人的时代，与只是为了满足自己的好奇心而旅行的人比起来，这些人的旅行是向着一个更为艰难的目标进发的。

同样实用的是对天文学的研究。长期以来，星星一直被认为是天空中明亮的指路明灯，是引导人类走向终极目标的向导。对它们的研究结果甚至决定了个人和民族的命运。因此一个聪明的人，理应向它们致敬。研究大自然的奥秘和作用，不仅要理解它们，而且还要让它为自己的研究服务。虽然有过很多次失败，但如果说文艺复兴时期是浮士德的时代的话，那么，它也同样是哥白尼的时代。

在研究世界、天文、过去和未来的时候，文艺复兴时期的人认为自己的研究对象是被创造出来的东西，于是他自己便担负起了创造者的角色。为了逃避这个复杂的世界，他创造了田园牧歌中的阿卡狄亚，那是成人的童话世界。虽然它现在几乎已经从我们的认知里消失了，但它动听的乐曲和醉人的芬芳却依然在空中飘荡。另一个对现实世界不满的表达则相对现实一些，这就是理想国、太阳城与乌托邦的创造。

对美的崇拜

欣赏美的人现在都对文艺复兴时期的乌托邦敬而远之，但实际上那个时代的人对美持有一种超乎想象的喜爱态度。美渗透到他们的骨血中，是一位永远备受青睐的贵客。但丁在他的第一篇颂诗的序言中说："颂诗！我相信，很少有人正确地理解你的意义。你对美的描述是如此精妙而细腻。因此，如果你恰巧走到那些并不能正确认识它的人面前；那么，我请你一定要再次勇敢地对他们说：啊，我亲爱的听众，‘请注意，至少，我是这样美丽。’”很多文艺复兴时期的人对美的崇拜走向了极端，那就是他们在作践自己，委身于美。但大多数人依然保持了健全的心灵，尽管受到怀疑的折磨。尽管屡次跌倒，但还是成功地使自己有资格跟上帝对话。

最后，有人可能会这样问：文艺复兴时期是否不仅是一个暴风骤雨的时期，不仅是连接中世纪与现代中间的一条纽带？与很多时代一样，它也是一个过渡的时期，不过它是一个有着辉煌成就的过渡期。如果有人对此表示怀疑，他只需回忆一下那份令人无法忘记的名单中的几个名字：彼特拉克、薄伽丘、阿里奥斯托、马基雅维利、拉伯雷、蒙田、卡尔德隆、洛佩·德·维加、塞万提斯、莎士比亚。在这份名单中，但丁凭借他跻身于维吉尔与荷马的行列时所表现出来的那种沉稳和自信，取得了他人无可取代的地位。

法国大革命

罗伯特·马特森·约翰斯顿[1]

法国大革命在短短五年的时间里，即从 1789 年 5 月 5 日到 1794 年 7 月 27 日，集合了人类所能想象出的最富戏剧性、最令人厌恶、最振奋人心、最恐怖、最光荣和最令人难过的一切内容。关于这场革命，绝对没有中间地带，一切都是极端的，人的情绪也随之上升到了最激烈的集体表达，表达饥饿、屠杀、压迫、暴政所带来的巨大痛苦，表达决定性的行动和勇攀高峰所带来的欣喜，站在这样的巅峰之上，可以清楚地看到自由和进步正在希望的地平线上向人们飞奔而来。这就是为什么法国大革命比法国历史上任何其他时期的革命都更加让读者欲罢不能的原因。法国大革命设置了崇高的界线、卑贱的界线，潜藏在他自己身上没有得到发展的，或是从未表达出来的一切的界线。

---

① 罗伯特·马特森·约翰斯顿（1867—1920 年），历史学家，1908 年起担任哈佛大学历史学教授。主要著作有《拿破仑传》（*Napoleon：A Short Biography*，1904）、《法国大革命》（*The French Revolution*，1909）和《神圣基督教会》（*The Holy Christian Church*，1912）等。

大革命的反差

想要试图解释这样一场运动是很困难的。即便是有着强烈博爱胸怀的卡莱尔，也无法捕捉到那个不幸女人的身影。于是在一个阴沉的秋日傍晚，她拖着沉重的脚步穿过巴黎空荡荡的街巷，眼神里满是饥饿和绝望，机械地不断敲打着她的那面鼓，悲伤地叹道："Du pain！ Du pain!"（面包！面包!）那羸弱的身影透着心酸。想要把波旁王族从凡尔赛彻底赶出去，使巴黎恢复成为法国的首都，并通过这个改变，使法国历史的整个潮流彻底改变方向——离开它流淌了两个世纪的河流。这就是反差，是随处可见的困难。米拉波是一个昏庸而堕落的人，他的罪行直接侵扰着人民，但同时他也是一个有着宏伟计划的政治家，他的眼睛总能准确地穿透时间的面纱。夏洛特·科黛只是一个来自乡下的单纯的普通的年轻女人；然而她却把一把锋利的刀子捅进了马拉的心脏，并以英雄般的姿态，照亮了一场可怕危机的幽暗之处。

大革命的历史

关于法国大革命，有一个看似奇怪的问题，但是当你一遍遍思考这个问题的时候，它似乎又不是那么奇怪了，这就是：没有一部杰出的大革命史。有三本优秀的书，分别是米什莱、卡莱尔和泰纳的著作。这三本书都具备成为名著的条件，既有知识性的，也有艺术性，这决定了在相当长的一段时间里保存下来。可是，其中任何一本都不能让现代的读者完全满意，无论是它对事实的叙述，它的文学方法，还是它所蕴含的精神品格。对历史学家来说，眼下趋势是把他们的注意力集中在这场运动中数不清的细枝末节上，想要从每一个方面或细节中找出一个合适的对象，需要充分运用他们的勤奋，发挥他们的才智。从这一点来看，在这里我们最好的做法，或许是从大革命的角度出发探讨一下法国和英国的反应，尤其那两本名作：伏尔泰的《哲学通信》，以及伯克的《对法国革命的反思》。

观念的革命

18 世纪初叶见证了法国的一次观念的巨大改变。路易十四的去世，摄政王菲利普·多莱昂公爵的掌权，使辉煌的凡尔赛宫曾经拥有的庄严威望全都烟消云散，并使一位智慧、幽默的浪子成为法国的统治者，而他对壮观的排场和刻板的礼仪不以为然。他按照自己那略显粗鲁的方式享受生活；他参与赌博，鼓励用证券交易进行投机；他放开了对言论的限制，解开了套在朝臣们脖子上的绳子——路易十四曾经用它们束缚他那个时代的文人们。法国的作家们立即冲上了政治讽刺与批评这片无垠的战场。1721 年，孟德斯鸠用他的《波斯人信札》打响了这场战役的第一枪，1734 年，伏尔泰用他的《哲学通信》紧随其后。于是，有许多学者纷纷追寻这些作家们的踪迹。

伏尔泰的勇敢

孟德斯鸠对旧秩序的猛烈抨击之所以能够顺利进行，是因为他用辣椒酱把它的味道调得更加浓烈了，这正符合摄政王那早已腐败的口味。而伏尔泰的书，情况却并不那么乐观，它立即被宣告有罪；当局下令逮捕作者，并扬言要把他关进巴士底狱。为了保全自己，伏尔泰不得不选择逃亡。然而在现代读者看来，《哲学通信》却是十分温和的著作。

只有以法国当时所存在的政治专制为背景，你才能体会到《哲学通信》的大胆。书中，伏尔泰以清新的风格描绘了他对英国的印象，但他模仿了那个扔球的人：把球扔向远处的某个目标，然后试图在它反弹回来的时候抓住它。虽然笔下写的是英国，但他影射的却是法国；在英国的习俗和制度中，他寻找着能够从中衡量本国习俗和制度的范本。

总的来说，伏尔泰更喜欢他跨过英吉利海峡探访的这个陌生民族，虽然他毫不避讳地做出结论：他们的哲学、文学和气候会直接导致抑郁症。在他看来，英国是个让人满意、繁盛、有秩序和政治开明的国度。君主政体受到了坚固的议会体制的制约，特别是在信仰问题上较为宽容。他坦率地表示赞许和钦佩，并号召他的同胞们进行效仿。在他看来，英国是在当时最值得称赞的榜样。但不应忽视的是，他显然畏惧严格意义上的政治问题，因此他总是选择通过宗教的迂回之路，来表达他对宽容的诉求。

一个英国人对大革命的看法

半个多世纪之后，在伯克那里，我们看到了最强烈的反差。伯克不赞颂任何东西，他对一切都进行谴责；他总是预见最坏的结果。首先，大革命现在已经爆发。当骚乱迅速蔓延的时候，当国民会议为了打击波旁王族的无动于衷和冷漠而采取破坏性政策时，它最好的方面已经变得不那么重要了。法国似乎即将面临无政府状态的危险局面。在伯克看来，这比造成这种混乱的长久的暴政更加令人不能容忍。他是个上了年纪的老人，也因此比年轻的时候更加保守。在他看来，威廉三世和辉格党人的光荣革命似乎才是完美的楷模，英国的议会制度才是理想的政府模式。巴黎的动乱和国民会议采取的方法使震惊，他感到了伤害，于是他奋力反抗，并希望捣毁它们。确实，他也承认，他没有资格评判："我并不能装作如同另外一些人那样正确地了解法国。"所以，他把自己定位成一个辩护者的角色。他对大革命的反对之声震撼欧洲的法庭，几乎在每一个让人产生疑虑的地方做出了令人信服的辩驳。直到今天，他的反驳依然是针对现代法国缔造者们的最有力的指控。伯克的书之所以能获得成功，在某些方面归于这样的事实：即书被出版之后，紧随其后便是"恐怖统治时期"，它更有力地证明了作者的论点；但更要归功于它宏阔而高雅的风格，尽管多少有点言过其实。

伯克论玛丽·安托万内特

“从我在凡尔赛宫见到法国王后（当时还是太子妃）以来，距今已十六七年的时间；我想从未见过比她更令人赏心悦目的尤物降临在这个她初次到访的星球。我看到她在地平线之上，鼓舞着这个她刚刚归属其中的冉冉升起的星球——像星星一样绽放光芒，充满生命力和喜悦！怎样一场革命啊！我需要拥有怎样一颗心灵，才能完全理智地凝视它的上升和降落！当她把崇敬的称谓添加到那热烈、遥远、谦恭的爱之名义上时，我无论如何也不曾想到，她将不得不拿上好的解药去化解那深埋胸中的耻辱；我做梦也不曾想到，我会在有生之年看到，在一个有着英勇男儿的国家，在一个荣誉至上的国度，在一个崇尚骑士精神的时代，这样的灾难竟会降临在她的身上。我本以为，即使是看到有人威胁要冒犯她，也应该会有无数把宝剑脱鞘而出。可骑士的时代已经一去不复返了。诡辩家、经济学家和阴谋家的时代随之而来，欧洲的荣耀已经不复存在。”

就这样，伯克孤傲地俯看着法国的灾难，而伏尔泰则满怀敬佩地仰望着英国的繁荣。一个世纪之后的我们，在感叹他们作为文人的超凡脱俗的同时，或许能认识到，作为思想家，他们也许与自己研究的对象过于紧密了。伯克的论点虽值得欣赏，但不能令人信服；而伏尔泰的论点却恰恰证明了下面这个观点：他对英国人的赞美，明显是建立在无法理解他们的基础之上的。

美国领土的扩张

弗雷德里克·杰克逊·特纳[①]

扩张是美国生活的原则。在记录美国连续兼并其他领土的那些条约中，我们可以读到这个民族逐步获得物质基础的过程。从面积和资源来说，这个基础不是与哪一个欧洲国家相比，而是与整个欧洲相比。如果把一张美国地图放在一张按同样比例绘制成的欧洲地图之上，如果把旧金山放在西班牙海岸线上，佛罗里达就会覆盖巴勒斯坦的土地，苏必利尔湖就会与波罗的海南岸紧密相连，新奥尔良在小亚细亚海岸的下方，而北卡罗来纳海岸几乎与黑海东端重合，整个西欧地区会超出密西西比河，那是 1783 年美国的西部边界线。这些条约记载着美国获得如此巨大领土过程的各个阶段，而这片领土的面积相当于黑海以西的所有国家面积的总和。

---

① 弗雷德里克·杰克逊·特纳（1861—1932 年），20 世纪初美国最有影响的历史学家之一，以其对美国边境地区的研究而著称于世。1911—1924 年任哈佛大学历史学教授。主要作品有《新西部的兴起，1819—1829》（*Rise of the New West*，1819—1829，1906）、《美国历史上的边疆》（*The Frontier in American History*，1921）和《地域在美国历史上的重要性》（*The Significance of Sections in American History*，1932）等。

新国家的边界

在1763年的和平之后，13个殖民地摆脱了对法国进攻的恐惧，纷纷宣布独立。美国不顾西班牙的愿望，甚至不顾来自独立战争中法国盟友的压力，通过1783年的条约从英国那里取得了更广阔的疆域，边境界线沿五大湖地区延展，西至密西西比河，南至佛罗里达。除此之外，美国还得到了密西西比河的通航权。西班牙则从英国手里收复了它在独立战争期间占领的佛罗里达。

但这些边界的扩大仅仅是一纸空文，因为实际上英国并没有放弃它在五大湖地区的军事控制，同时还声称美国没有执行条约中关系到亲英人士和债务的条款，而加拿大的官员则鼓励印第安人穿过俄亥俄地区，去阻挡美国人前进的脚步。同样，西南部的西班牙殖民地并不承认英国有权把阿勒格尼山脉与密西西比河之间的领土割让给美国，并凭借它占据着新奥尔良，并拒绝交出密西西比河的通航权。在这段并不牢固的结盟时期，西班牙还鼓动肯塔基殖民地和田纳西殖民地的领导人，试图让它们摆脱联邦管制；并且像英国一样，利用自己对印第安人的影响力，阻挡美国人前进的步伐。

在华盛顿执政期间，印第安战争正在俄亥俄北部如火如荼地进行，法国大革命爆发后，使得英国开始怀疑美国对印第安人的远征实际上是要攻打它留在五大湖地区的军事据点，并且还担心美国有可能会协同法国对它发起攻击。1783年，法兰西共和国停止了它与西班牙之间具有深远历史的同盟关系，准备让美国政府与美国西部地区居民加入攻打佛罗里达和路易斯安那的战争中来。

这些就是1794年促使约翰·杰伊受命出访英国并与其缔结条约的重要条件，根据《杰伊条约》，英国最终同意放弃西部的军事据点。

密西西比河之争

出于对英美结盟前景的担心，西班牙不仅于1795年在巴塞尔与法国结盟，而且还通过当年的《平克尼条约》承认了美国在密西西比河的边界，同时连同该河的通航权一并相让。这一让步对密西西比河流域的繁荣起到了决定性的作用，因为通过这条河流，让移民者们的剩余农产品有了市场。

到1795年，有一点已经很明显了：在美国人向西挺进的过程中，给与之竞争的欧洲国家不断带来威胁，干涉美国内政，骚扰西部边民，这就使美国随时都可能成为欧洲国家体系中一个纯粹附庸国。一半是为了稳固美国对自己的这种依赖，一半是为了帮它的西印度群岛获得一个粮仓，法国如今催促西班牙交出路易斯安那和佛罗里达，并承诺对它们进行保护，抵挡美国的前进。在法国领导者们的眼里，阿勒格尼山脉好像是最合适的美国边界。终于在1800年，拿破仑对西班牙的控制达到了这种程度，使得它不得不把路易斯安那的控制权交给自己；在等待法国军队到来的这段时间，西班牙在新奥尔良的行政长官对美国封闭了密西西比河的商业，西部地区一片哗然。这里居住的人口已经超过38万，他们威胁要用武力占领新奥尔良。就连爱好和平的备受法国人喜爱的杰斐逊总统也暗示：他会适时寻求时机跟英国联合，要求法国交出密西西比河口，并声称，凡是占有那个地方的人都是他们不共戴天的敌人。考虑到将面对英国强大的海上力量并遭到美国士兵进攻的这一现实，拿破仑终于认识到，试图占领新奥尔良并不明智。于是，他索性通过1803年的《路易斯安那购买条约》，把整个路易斯安那地区扔给了杰斐逊，也因此给自己的国库补充了一千五百万美元，并跟美国成为朋友，而且通过将其领土翻倍，以及让它接管北美大陆大动脉的控制权，这使一个伟大国家走向辉煌成为可能。

落基山脉的扩张

西部扩张的胃口越来越难以满足。俄亥俄河谷想得到加拿大，南方想得到佛罗里达，英国对西班牙政府施以压力。正是在西部，打响了1812年战争的第一枪。在1814年的和平谈判中，英国希望能在加拿大与俄亥俄河流域殖民地中间建立一个印第安地区的中立地区，但美国根据条约保住了它从前取得的领地。根据1818年的协定，两国把加拿大与美国之间的边界从伍兹湖沿着北纬49°线延伸至落基山脉，而针对有争议的俄勒冈地区，商定分别向每个国家开放固定的年限，但同时不能威胁另一方的利益。

获得佛罗里达和得克萨斯

同一年，美国加紧逼迫西班牙交出佛罗里达。联邦政府宣称，西佛罗里达和得克萨斯是路易斯安那购买案的重要组成部分，1810年和1812年，美国陆续吞并了前者。尽管未经授权，杰克逊将军还是于1818年成功地进入佛罗里达，这让人们清楚地看到：只要美国愿意，它就完全可以占有墨西哥湾的那块领土。也许是因为美国的威胁，1819年，西班牙拱手让出了佛罗里达，并在它的领土与美国的领土之间划了一条不规则的分界线，只把得克萨斯及西南地区的其他地方留给了西班牙。之后便是1823年承认那些独立共和国，从那以后，美国在获取内陆领土的问题上就必须得跟墨西哥而不是西班牙打交道了。1824年俄罗斯收回了对北纬54°40′以南的领土要求，作为之前的一系列谈判的结果和对欧洲干涉西属美洲前景的考虑。1823年，门罗总统发表了著名的“门罗宣言”，宣布美洲大陆从此脱离欧洲的殖民统治，也不接受欧洲以压迫或控制它们为目的而进行的任何干涉活动。

1830年初，美国的传教士进入了俄勒冈地区，哈得逊湾公司当时在英国的保护下掌管着这一地区。美国的移民者，大多是密西西比河流域劳苦而又勇敢的边境居民的后代，还在墨西哥的得克萨斯地区设立了移民点。1836 年，得克萨斯人揭竿而起，正式宣布独立，同时请求并入美国。1842 年的《韦伯斯特—阿什伯顿条约》解决了东北边界的问题，但俄勒冈的命运依然被搁置。就在同年，美国农民的一场大规模移民开始了，他们穿越平原，翻过大山，进入了遥远的土地，而美国和英国的关系也因此变得剑拔弩张。在得克萨斯，这还牵涉了欧洲的利益，从得克萨斯共和国成立到它被并入美国的版图，这期间的很长一段时间里，英国和法国利用它们的影响力保持了得克萨斯相对的独立性。但与此同时，加利福尼亚则让人担忧，因为英国已经对它表现出了兴趣，而此时的墨西哥，也已经被国内的纷争搞得分崩离析，只能眼看着那些偏远省份即将从它那双软弱无力的手中溜走。

关于奴隶制的争论，如今则被美国扩张的趋势所打断，因为，就在南方对相对独立的得克萨斯有可能被归于英国的保护之下而发出警告，并随时可能把它吞并的同时，那些为奴隶制的扩张和创建新蓄奴州的命运而忧心的北方辉格党人和反奴隶制人士，则坚决反对在西南部进一步获取更多的领土。在 1844 年的大选中——这次选举是围绕“收复俄勒冈和吞并得克萨斯”这个问题展开的——波尔克最终赢得总统一席，他是田纳西州人，这一事件包含了具历史意义的扩张精神。根据 1845 年国会的联合决议案，得克萨斯作为一个州被正式并入美国。这时，正值波尔克宣布就职前夕，同时也在他做出一个重大决定之后，这个决定便是：如果墨西哥把这次吞并作为今后发动战争的理由，那么，它将不得不把加利福尼亚及西南部的其他地方也交给美国，来换取和平。

向太平洋进发

波尔克通过 1846 年的条约，在俄勒冈问题上与英国达成一致，同意将北纬 49° 线作为边境，虽然他的竞选宣言是“要么是 54°40′，要么就是战斗”。

同一年，墨西哥战争爆发了，这场战争以美国军队占领了加利福尼亚及中间地带领土而结束。

伴随着飘扬在墨西哥首都上空的美国国旗，一场轰轰烈烈的运动就此展开，其目的是要占领墨西哥本土，或者至少是占有额外的领土。1848 年的《瓜达卢佩—伊达尔戈条约》从吉拉河的河口直至太平洋划出了一条分界线。在一个要求拥有一条通向太平洋的南方通道的鼓动下，发生了 1853 年的加斯登购地案，美国借此获得了吉拉河南岸的一条地带。

1846—1853 年，美国陆续吞并了超过 120 万平方英里的领土。1848 年，在加利福尼亚发现黄金，而许多的贵重金属、木材和农业资源，也相继在这个广袤浩瀚的新帝国被发掘出来。但最重要的还有一个事实：美国终于在太平洋沿岸扎下了根，也是在那里，它将面临被卷入太平洋及亚洲海岸斗争中的命运。

在 1850 年的妥协案中，南方被剥夺了从这片领土中受益的权利，它希望通过吞并古巴开辟新的市场，但结果一无所获。不过这些地区之间的竞争所引发的内战，消耗了整个国家的元气。在内战快要结束的时候，曾经在英法两国举棋不定时给予北方以道义支持的俄罗斯提出把本国的阿拉斯加地区卖给美国，这项提议得到一致认可。在国务卿西华德的努力下，相关条约于 1867 年获得批准，根据这一条约，美国的领土又进一步增加了将近 60 万平方英里的面积。

在内战之后 30 年左右的时间里，美国的精力主要在对这些广阔土地的经济征服上。1892 年，人口普查部门的负责人宣称，不断扩展的移民点的外部边缘所限定的边界线已不能描绘出人口地图了。殖民化的时代正在走向终结。免费的土地正迅速被人占领，美国日益接近稳定国家的状态。

海岛领地和巴拿马运河

在这期间，长期的扩张行为通过美西战争和海外领地的获取而呈现出一种新的形式。正是 1898 年美国承认古巴独立和插手攻打西班牙的行动，引发了美西战争。战争伊始，对海上军事加强的需要便导致美国对菲律宾群岛、波多黎各和古巴的征服。而实际的战略情形还使得1898年对夏威夷的吞并变得更加容易。

1898年的“和平条约”使西班牙不得不交出了菲律宾群岛和波多黎各，并从古巴撤军，于是古巴在1902年美国军队撤军之后获得了自治。

战争中发生的一系列事件，特别是俄勒冈号从太平洋海岸启程、绕过合恩角、去参加圣地亚哥海战的那次富有戏剧性的航行，推动了长期以来是否由美国来建造巴拿马运河的争论。美国在太平洋地区的势力进一步扩大，使它在加勒比海地区不断吞并新的领地，并在太平洋沿岸地区不断取得惊人进展，因此运河也成了一条不可或缺的交通要道，它几乎成了美国海岸线的重要组成部分。根据1901年的《海—庞斯福特条约》，英国清除了1850年《克莱顿—布尔沃条约》的种种阻碍，美国也因此得到了法兰西公司的各项权利，但这家公司没能实现打通巴拿马地峡的任务。当哥伦比亚在1903年不同意签订有关运河的条约时，巴拿马爆发了一场革命。罗斯福总统出人意料地在第一时间承认了巴拿马共和国，并从中获得了一份他梦寐以求的条约——于1904年接管运河区及其他各种权利。

就这样，在20世纪初的时候，美国逐步削减西班牙帝国实力的过程达到了顶峰。这个曾经不被人注意的大西洋殖民地赢得了一片横跨美洲大陆的宽广土地，并在加勒比海、太平洋，以及亚洲海岸外得到了一些附庸国，现在它又打算利用巴拿马运河把两个大洋连接起来。

哲学
philosophy

哲学总论

拉尔夫·巴顿·佩里[①]

神圣的哲学是如此令人喜欢！
不像愚昧人所以为的那样枯燥、艰涩，
它像阿波罗的箫管音乐一样婉转，
又像是堆满美果佳肴的不散筵席，
不是暴食者统治之地。[②]

自从弥尔顿这样毫不掩饰地表达了对哲学的赞美以来，哲学便成功地摆脱了它那“枯燥、艰涩”的名声。所有对经院哲学、中世纪哲学和弥尔顿时代的既定哲学有所了解的人，都会默默在心里赞同那些“愚昧人”的观点。但在最近三个世纪的时间里，哲学，尤其是英法哲学，在形式上变得越来越自由，越来越充满想象力，越来越富有自我表现力。然而，今天那些批判和贬低哲学的人又提出了新的理由。他们之所以跟哲学过不去，不是因为它没

① 拉尔夫·巴顿·佩里（1876—1957 年），哲学家，1913—1946 年在哈佛大学担任哲学教授。主要著作有《道德经济》（*The Moral Economy*，1909）、《价值通论》（*General Theory of Value*，1926）、《清教与民主》（*Puritanism and Democracy*，1944）和《人性》（*The Humanity of Man*，1956）等。

② 弥尔顿著．朱维之译，《弥尔顿诗选》第 78 页，人民文学出版社，1998 年。

有美感，而是因为它不切实际。阿波罗的诗、琴、音乐本身就不切实际，因为它太不实际，又太遥远，很不适应一个讲求效率和推崇常识的时代。

哲学与效率

我衷心地希望，能够站在效率和常识的立场上向大家推荐哲学。这样，你们才会倾听、理解和相信我。我也能轻松地赢得读者的信任。只要我这样说："请看！哲学在当下已经成了平凡朴实、讲求实际的务实之理。"换一种说法："如果你想有一番作为，那么来试试哲学吧。它会帮助你制造和营销，帮助你打败竞争对手，使你做任何事情都很事半功倍。"如果我向你说出这样的话，那么你的本能和固有的观念肯定会让我赢得你的赞同，但那是欺骗你。因为这样一来，我向你推荐的就明显不是哲学了。因为事实上，哲学既不平凡朴实，也不讲求实际；而且，它也并不是使人成功的手段，如果这里所说的成功是人们日常概念上的那种成功的话。这就是事实，不是偶然如此，而是从根本上就是这样。哲学的立足点就存在于常识的不可靠中，以及对世俗成功标准的武断中。哲学是这样一种东西：你必须进入它的领域才能碰见它，你必须到它存在的地方去找它；如果你坚持要在路上遇见它，那么你遇到的根本就不是哲学，而是一种悲哀的妥协——打着哲学的名义或外壳，而灵魂却早已出窍。不管是谁，如果他不让哲学为自己发言，那他绝不可能真正理解哲学。如果说哲学是有意义的，那也是因为它对我们的生活贡献了某种与众不同的东西，那是某种独一无二的东西；而且，除了哲学本身所呈现的标准之外，人类是不可能再通过其他任何标准来权衡这样的贡献的。

哲学与常识

虽然我们不能通过常识来证明哲学，但至少我们可以把它跟常识进行比较。既然我们要承认哲学与常识有所不同，那我们可以充分利用这种不同。那么，到底何为常识呢？首先，有一点很明确：这不是一个对常识的质疑。因为常识所特有的一个属性就是：它一定不能被质疑，它应被视为本该如此。它由无数的确信所组成，而人们普遍承认这些确信是绝对可靠的；你不能提出任何对它们的质疑，而是要借助于它们来确定什么样的问题才能称为问题。它们是保守的意见，是坚不可摧的信念，人们把它们奉若真理，它们是人类推理的无意识的条件。作为一个有常识的人，我把常识视为生活的依据或思考的依据；它已经成了我和我的同胞们所达成共识的一种实际上和理论上的指导，而我根本不会花费时间去思考它。

现在假设，我们在某种天马行空的、毫无理性的精神状态下去思考常识。结果令人震惊：这个从未被质疑过的权威，轻而易举就被证明是非常容易出错的。它的魔力消失了。举一个明显的例子，这就是：常识也有它的历史，它也是不断随着时间和地点的变化而变化的。昨天的谬论却成了今天的常识，而昨天的常识如今已经不再被人记起，甚至变得诡异。16 世纪的异类是那个说地球是可以转动的人，20 世纪的异类是那个说地球是静止的人。由此可见，我们这样来反思常识，至少可以在一定程度上看出完全非理性的力量，比如，习惯和模仿。人们一直相信的，或一次又一次断言的，从这一事实中获得了稳定性。所以，在日后跟最近的或新鲜的东西相比，它总是更容易被人相信，并不会被怀疑。我们身边其他人所相信的东西，往往会有意无意地反映在我们自己的信念中，就像我们的言谈体现了我们生活环境中的某些特点和风格一样。甚至，一个曾经广为流传的信念，俨然已经成了不可抗拒的权威。它得到了民意的认可，就像任何约定俗成的或正规的东西得到认可一样。而对于那些提出质疑的人，人们往往带着含有敌意把他们看成不可靠的人，不可捉摸的人。“你绝对无法估计他们即将做什么。”甚至他们被当作会对公共治安产生威胁的坏分子而遭到迫害。我把习惯和模仿称为“非理性”的力量，我之所以这样说是觉得它们对真理没有特殊的尊重。它们既能证实和传播正确的思维方式，又以同样的方式证实和传播错误的思维方式。不遵循某些常识就一定会犯错。事实上，我们可以摆出很多理由，来证明常识确实是一位非常出色的导师。但即便这样，接下来还可以凭借其他的理由来证明有些常识是不符合逻辑的；因为它本身并不具备终审的权力。常识虽然稳定而流行，但也正是因为它的稳定和流行而受到批判。虽然我们不能绝对肯定，但它也许确实阻挡了真理的前进——通过陈旧和根深蒂固的东西以毫无根据的权威，关闭了我们的头脑不让新的阳光照射进来。

而哲学家恰恰是这样的人：他们会冒天下之大不韪，向常识发起挑战，坚定地与多数人为敌，目的是引导多数人来质疑由于惰性或盲目而曾被想当然的东西。他们是不计后果的批评者，是不可压制的反对者，他们不知道该在哪里停止脚步。他们有办法扼住人类的智力——当他们思考的时候，它就开始沉睡。每一个时代都有一次对哲学关注的热情，都有一次新的哲学运动，它们周期性地出现。有些有个性的或热爱思考的人，比如，苏格拉底、培根、笛卡尔、洛克或康德，总是喜欢摒弃旧思想，因为他们发现，虽然走老路更轻松，但如果你开辟出一条新路的话，则更有可能达到目标。这样的思想者，总是要求重新审视历史和旧的方法；他把自己摆在一个新的中心的位置，重新设定一个方向标。

所以，只要常识是习惯性的和模仿性的，哲学就无法对常识表示认同；但常识还有其他的特征，真正的哲学天才也与之相悖。只要思考一下那些站在常识的立场被用来表示赞扬或批判的词语，就会清楚地看到这些特征。当一些观念被指责为与常识相悖的时候，人们一般会怎么评价它们呢？我发现，有三个最惯用的批判形式：这些观念分别是“不切实际的”“太普通的”或“无形的”。任何一个有常识的人都会感觉到这些都是谴责之词。它们同时暗示了可以被常识接受的观念应该是“实际的”“特殊的”和“有形的”。为了矫正常识，哲学就必须要证明：这样的判断（不管是明显的还是隐喻的）绝不可能作为最终裁决。

哲学与实际

在通俗意义上，“实际”指的到底是什么呢？我先来举例说明：假设一个人被困在一座正在燃烧的大楼楼顶上，他的朋友们都在周围帮着想办法。一个朋友建议从旁边拿一架梯子过来；另一个朋友建议这个人爬到隔壁的屋顶上，然后顺着排水管下来。这些都是实际可行的建议。然而，第三个朋友却在追问，火灾是如何发生的，此人为何试图逃离。人们很快就让他闭了嘴，因为他的问题根本不是当务之急。或者，你也可以走近一个正在埋头做事情的人，并给他提出建议。你很快就会疑惑，你的建议到底是实际的还是不实际的。如果你发明了一样东西，比如一个物理装置或工业机械一类的，如果它可以使正在做的事情变得更快捷，那么这就证明你是个讲求实际的人，你就有被人们倾听的机会；但是，如果你问一个商人，他为何能做到不辞劳苦去赚钱，并对他的行为价值表示怀疑，他会“在工作之外的时间”去看你，但你已经没有可能再赢得他的信任。因此，“实际”的真正含义是跟你正在做的事情密切相关的。对成年人来说，有事可做、追求某个目标都是正确的。而实际的东西，就是对你正在追求的目标有帮助的事物；不实际的东西，就是除此之外的任何其他东西，尤其是对目标意义与价值的思考。而且，哲学家的建议通常是后者。人们觉得它对你正在做的事情提供不了任何帮助；而更糟糕的是，它有时还会妨碍你的行为。可见，它不适合工作的场所或时间。那么，还有什么好为它辩护的呢？回答是这样：重要的不只是前进，而是要向着正确的方向前进；不只是要把事情做好，而是要做值得做的事情。这很显然是人人都知道的，但却很容易被人们忘记。因此，哲学家的职责就是不断地提醒人们记住它，就是说服人们时常对自己的目标进行反思，并重新考量他们自己的生活方式。有了生活的哲学，也就有了它存在的理由，不只是你所选择的方式有了理由，而且你试图通过这些方式来实现的目标也有了理由。

哲学与一般化

常识还常常非难“太普通”的东西。在生活中，我们通常所面对的可以说是一种“情境”，而不是一种理论。人们更愿意依赖的往往是有经验的人，而经验一般被认为代表着熟悉某一些独特的事实。在现实生活中，一个人真正所需要的不是一般性的概念，而是对具体环境的熟悉；一个人必须熟悉具体的环境和做法，而不是抽象的人和原理。历史学家总是纠结于含糊不清的文明和进步的观念；但更重要的事情是要弄清楚到底发生了什么。在个人的世界里，人们需要的不是空洞的经济价值理论，而是需要掌握当下的成本、工资和物价的具体知识。作为生活的一项必备技能，更重要的是要训练眼睛和双手，使它们能够熟练地辨别和工作，而不是训练理性和想象力。它们由于对广度和范畴的热爱而忽略了细节；有时，在它们对终极目标的探索中可能忽视了眼前要紧之事。常识也不会完全抵制一般化，它极其尊重知识，并知道如果没有一般化那么即使有知识也将无法存在。因此必须有规则，必要时甚至要有法则和理论。与此同时，一般化的精神倾向也必须得到抵制，因为一旦过了某一点之后，它就变得荒诞怪异，脱离事实，犹如“空中楼阁”。有常识的人，就会脚踏实地地来看待这样的思考。

可见，哲学之所以冒犯常识，是因为它的非普通化。因为没有谁能够在完全没有普通化的环境下进行思考，只是因为它不知道应该在何时停止。哲学家是必然要冒犯常识的，因为他不能止步不前。他可能仅仅是被“无聊的好奇心”所推动，想要看看自己在这条路上究竟能走多远。或者，他也许相信，只有对普遍原则的探索和研究才能构成最崇高的人类活动。他也许被这样的思想所激励。他的灵魂能否得到救赎，取决于他能不能跟事物的根本原因和终极理由建立起正确的联系。但不管怎样，他的职责就是阐述事物的本性所包含的最一般的观念。他不能受制于权宜考量所强加给他的任何枷锁。除非他能够比别人更全面、更综合或更深刻地思考，不然，他就会丧失自己的身份特征。他不代表任何一个具体事物或利益的局部群体，他是总体上的思想者。

哲学与明确

有一点很重要：事实通常被认为是“确定可靠的”，但普通化的观念则属于更加虚空或不确定的物质，因此常识的第三个判断标准，同时也是它的一个优点，就是“明确性”。如果我们追根溯源，就能知道所谓明确的，当然就是可以摸得到的。具有怀疑精神的托马斯是一个有常识的人。现在，我们在这里必须涉及人性中最原始和本质的东西。触摸是人类一种最原始的感觉，如果我们纵观活的有机体的全面历史，就会发现，正是“接触”的经验或感觉，在它们的潜意识中扮演了一个最重要、最必不可少的角色。能够与有机体接触的东西，就是一个实体；所以，实体或有形的东西是已知事物中历史最久远、最为人所熟知的实例。而其他所谓的事物，其身份则是值得怀疑的，大脑在跟它们打交道的时候并没有特别的熟悉感，也没有十足的把握。物理科学受到了常识的信任，因为尽管它也可能与实体有差距，并想象一些虚无缥缈的以太和能量，但它总是能从实体出发，最后又回归实体。人类的想象力不可能彻底拒绝做同样的事情，即便人类已经完全认识到它是不合理的。当然，上帝和灵魂都是一种精神性的存在，因为只有那样才会具有最高的权威。但是，当它们在普通人的头脑里，它们就又具有了肉身方面的特质，仿佛如果不那样的话，头脑在跟它们碰触时就会感觉很无助。

哲学并不抵触有形的事物。事实上，哲学必须要承认这样的可能性，说到底，一切真实存在的物质都是有形的。但与此同时，哲学必定还要指出：人们对有形事物的偏爱当中也包含着人类的偏见；它一定要尽最大可能地消除或减少这种偏见。哲学必须发展和保护那些能正确对待经验中的无形方面的理论，保护它们不至于被误解为“超出想象的”的东西。在之前的一代人眼中，哲学通常被称作“精神的和道德的”思想。这个说法虽说有部分的正确性，但并不是因为哲学把自己固定于精神和道德的范围，而是因为必须依靠哲学家才能恰当地认识这些东西，才能避免常识，以及在常识的基础上延伸出来的科学对有形事物的过分注重。

我们无意识的哲学化

哲学完全能够接受反对常识的各种意见，甚至有时以此自夸。因为哲学是不实际的、虚无的。但如果这些术语中所包含的批判是决定性的和终极性的，那么哲学就只能认输了。但哲学并不仅仅只是与常识为敌，它还试图把人们的思想从常识中解放出来，制定更权威的标准，并根据这些标准来验证其自身的正当性。

我本该说服你相信：哲学是一种奇怪的思想，你必须走出自己的家门，到它家里去寻找它，但我现在却试图说服你相信：你一定曾经在不知情的情况下接触过它。如果哲学此时正要进来，你必须从你的头脑里把那些曾经最习以为常的想法清除出去，不过，在你的头脑里，这一哲学也曾经是一位备受欢迎的同伴。只是那时你还年轻，而你的长辈又灌输给你一大堆常识，使你认不出那就是哲学。除非你是一个与众不同的孩子，否则你一定会对那个你知道的“世界”感到非常好奇；很想知道到底是谁创造了它，为什么要创造它，怎样创造了它，又怎样被创造成现在这个面貌，以及在那些超出你想象范围的遥远而朦胧的地方它会呈现什么样子。于是你长大了，并且在不停地成长，你逐渐学会了常识，或者说，是常识找到了你。它像一道徐徐落下来的帷幕，把黄昏挡住，让你看得更明白，但必定也同样让你的眼界受到局限。从此以后，你开始意识到，自己童年时代的那些问题都是一些愚蠢的问题，或者是不切实际的问题，因为任何一个做事情的人都不会纠结于这些问题的。所以，哲学比常识更简单。当你回到这种最原始的好奇状态时，常识就显得不像成熟的启蒙，反而更像是僵化思想，是历经世事的世故和自大。公正地说，哲学的兴趣更自由，常识则更像是被某种带有职业特征的东西所困扰。

但同时还有另外一个更加重要的意义，在这个意义上，哲学在无意识中被你所接纳。它奠定了各种成年行为和兴趣的基础，而这些行为和兴趣的重要性则是被普遍认可的。当你反思这些行为或兴趣时，你就会认识到：它们的确需要依靠哲学。这一点在宗教方面体现得最为明显。我们所有人都置身于某种宗教传统当中，因此大多数人都是这一被视作天经地义的传统的主要组成部分。我们假设有一种生活方式，它无私、坦诚、坚强和友爱，我们不妨把它暂且当作最理想和最好的生活。我们假设，这种生活的价值高于世俗的成功；它预示着一种精神满足的状态，每个人都应该向往这种状态，也愿意为此付出所有的一切。甚至，我们可以假定，这种生活状态是全世界最有价值的东西。因此，我们就可以确定，是某个存在创造出了世界，并掌握了世界的事务，而这种完美的生活在这个存在的身上得到了最完美的印证。那么，对我们来说，上帝就代表了整个宇宙中至高无上的无私、友爱及诸如此类的美好化身。或者，我们可以说，上帝是一个这样的存在——他保佑那些无私而正直的人继承这个世界，并使其得到永恒的幸福。

怀　疑

现在，我们来观察当一个人产生怀疑的时候会有什么发生。一个人可能会怀疑理想的意义。与牺牲自我相比，一个人维护自我岂不是一件更有意义的事情么？一个不担心良心的不安、把全部力量看得比公正更重要的人难道不是一个伟大的人么？谁能评判这样的问题？肯定不是民意，也不是任何领域的权威，因为这些都是教条的。一旦怀疑产生，教条就无法解决问题了。此时所需要的是对理想的思考，是对价值和生活意义的所有问题的反抗性审视。一个承担这样一项思考任务的人，或者是每一个希望解决自我问题而开始这样一项思考的人，本身就已经是道德哲学家了。他正在追随柏拉图和康德，以及穆勒和尼采的脚步，或许他至少在某种程度上跟他们走在了同一条路上。

假设这位怀疑者所质疑的，并非是传统理想的正确性，而是其能够成功实现的可能性。假设他像约伯那样——正直者的不幸命运给他留下了深刻印象，以至于他开始疑惑：事情的自然发展是不是跟正直的事业毫不相关。归根到底，这个世界究竟是不是一个巨大的意外，是不是盲目力量所导演的一出残酷而愚蠢的戏剧？理想究竟是不是一文不值，或者，它们是否仅仅只是无聊的美梦、错觉，还是存在于想象中的游戏？精神究竟能不能促进物质，抑或它只是那些已经超出其控制范围的一个茫然的旁观者？如果问这些问题，那么你就找到了哲学的本质问题；而回答了这些问题，你就创造了哲学。

当然，我们可以通过使用麻醉术来治疗怀疑。但这样的治疗方法并不能彻底治愈怀疑。事实上，对于很多人来说，麻醉术根本毫无用处。他们要求用理性的方式来解决理性的问题；他们的思想一旦被激发起来，在找到答案之前决不会停止。上一代人遗漏的问题，必然还会再次出现，同样困扰着下一代人。但是，即使有可能完全麻痹或削弱批评和怀疑的能力，可降临在人类头上的也还是痛苦的灾难。因为宗教的好处在于它是真实的，既然它是真实的，它就必然能够跟随文明的前进而得到修正。拯救不能通过小心翼翼地怀着轻松舒适的幻想来达到。

拯救我们的灵魂不取决于想象中的事态，而是取决于真实的事态。拯救必须依附于准确的事实，而不是依附于虚构。总而言之，哲学的意义源自形成宗教基础的那些问题的真实性。在宗教方面，就像在其他的活动和兴趣方面一样，不要总是假定事情就是这样。有一点很重要：要时刻带着开放的思想近距离地研究它们。这样哲学才能成为研究生活的理想和希望的基础。

哲学与艺术

让我们转向另一个常见的人类兴趣，这就是对艺术的兴趣。有一种模糊的观点，连鉴赏家也会时常捍卫它，但更多的时候则是被他们忽略或抵制，这就是：最伟大的艺术品一定要表现常见或普遍的东西。所以我们会认为，希腊雕塑是伟大的，因为它表现了抽象的人，而当代雕塑艺术却表现具体的人；文艺复兴时期的意大利绘画展现了基督徒对生命的理解，因此也比印象派风景画更令人钦佩，因为后者只是捕捉了光与色彩的瞬间。现在我一点也不希望把这样的思想看成是判断艺术优劣的决定性因素。它们不应该影响我们对艺术的判断。然而，有一点却很明显：它们表现了一个关于艺术家思想的重要事实，也是有关鉴赏者思想的重要事实。希腊雕塑家和意大利画家明显都有各自的思想。当然，他们很可能完全是在不知不觉中形成这些想法的。但不知为什么，希腊雕塑家必定有一种思想，一种不仅仅是关于模特的思想，更是关于人性，以及一种与之相适应的完美思想。而意大利画家，除了他的审美之外，一定抱有他那个时代人们能达成共识的一种思想——关于事物的比较价值，以及还有精神生命对肉体生命的优越性，或者天国对俗世的优越性。鉴赏者一定也有能力理解这些思想，不然的话，他就无法接受艺术家试图传达给他的某些想法。诗歌的情况大概更简单明了一些。史诗或叙事诗，以及被情人看到或被情人歌颂的爱情诗，明显是着眼于某个具体的情境或某个罕见的、昙花一现的情景上，使人的头脑一时变得狭隘，并把世界置之门外。另外，还有一些诗歌，比如，丁尼生的《更高的泛神论》和《莫德》，勃朗宁的《拉比·本·以斯拉》，华兹华斯的《丁登寺》或马修·阿诺德的《多佛海滩》，在这些篇章中，诗人通过他特有的介质，表达了生活的某种普通化。他有着更广阔的视野，探寻出人在整个事物格局中真正所处的位置。这种视野也许是模糊的，大概从来没能完全清楚地被表达出来；但它体现了一种努力获得光亮的精神——一种，希望把自己从庸俗的标准中拖拽出来的精神。

人们阅读这样的诗歌，一定会被它的精神状态所影响，并把自己的思维拓展到它之中去。

对于我们的目的来说，完全不必带有诗歌的优劣与其观念的范围成正比这一观念。我们只需认识到：观念的宽广度是很多被认可的伟大诗歌所具有的一个真实存在的特征。伟大的诗人通常都是这样一些人——他们的想象力敢于离开地平线，上升到一定的高度，使他们能够以宏观的视野来看待一切事物。没错，这样的想象力就是哲学范畴的想象力，它的推动力跟导致哲学产生的那种推动力是相同的，它同样需要跟常识划清界限，从本质上看它对生活做出了怎样的贡献。但存在这样一个事实：诗人的想象力要么勇敢地预示了尚未论证的结果，要么在不自觉中使用了已有的结论，而哲学就是论证。因为诗歌是艺术，所以必须通过感官的形式来表达成熟的作品；而因为哲学是理论，所以必须呈现它要论证的事物的定义，以及它之所以这样说的理由。诗人和哲学家是缺一不可的，因为对每一个论证来说都要有想象力，而对每一个构想来说都需要论证。

哲学与科学

“科学”这个词如今通常被用来指一些专业的知识，并在物理学的带领下，迅速向未知的领域迈进。首先把未知转变为已知，然后转变为创造，最终转变为文明。科学得到了常识的影响和帮助，这是一项回报颇丰的投资。但是，尽管科学像彼得那样经常拒绝接受哲学并否认对它有任何涉猎，可它的确和哲学有着不可分割的联系。在生活把枷锁强加给我们的头脑自然运行之前，你我都是哲学家，人类的知识也是一样，它首先是哲学的，然后才是“科学的”，此后才又被划分出各个高度专业化的分支，每个分支都有它自己的技术和规划。在很多时候，科学无法隐藏它的哲学根源和联系。比如，不同的科学全都在面对同一个世界，它们的结论必须是一致的。因此，物理学、化学、生理学和心理学全都在人性中找到了共通点，而且不得不协调一致。人类从某个角度来看就是机械、生命和意识的统一体。这怎么可能呢？这个问题显然不是科学中任何单独一门学科所能回答的。它不是一个科学问题，而是一个哲学问题；然而，它却把科学工作和对其结论的评估紧密地结合了起来。

另外，科学使用了很多没有从根本上审视其意义的概念。因此，力学无法告诉我们空间和时间的准确性；物理学对于物质的性质也只做出了徒有其表、形式大于内容的描述；绝大部分生物学和生理学都还没有对谨慎地辨别和定义生命的意义进行尝试，便开始研究它们；而心理学研究人类意识的实例，却并不能明确地对意识的本质是什么说清楚。所有科学都在使用规律和因果关系概念，但它们没有给出支持这些东西的任何理论。总而言之，一些专门的科学有某些大致的工作观念，这对于实验和描述的目的来说倒是足够了，但对于批评性反思的目的来说却还差得很多。我刚才所说的这些概念，只要思考被引导到它们身上，它们就会成为思考的材料。这些概念本身也面临着困难，而且没有一个敢说，科学在专家所研究的有限的意义上，在消除这些困难上给到了任何帮助。然而，即使解决不了这些困难，科学依然能够继续发展，并不断取得惊人的进步，为物质文明的建设提供必要的支持。但是如果一个人问："我究竟身处什么地方？我生活的世界到底是什么样的？我是谁？我应该害怕什么？我可以希望什么？"这样一来，如果不面对这些困难，则没有人能给他回答。除了哲学家之外，甚至没有人会解答这样的疑问。

伦理学的问题

当哲学开始自己的工作时，它证明把问题分开来看是有必要的。哲学没有界限明确的分支，而问题也更加接近本质，它们往往相辅相成，一个问题的解决依赖于其他问题的解决。但就像在其他事务中一样，哲学也不能一心二用，一次只能做一件事。同时，人类对哲学的需要，是在完全不同的方面感觉到的，这便产生了不同的道路和重点。

哲学当中最容易就其本身来思考和衡量的部分，应该算是伦理学，或者说是通常被前人称作"道德哲学"的东西。对伦理学的介入，最好的作品当属柏拉图那篇著名的对话《申辩篇》（*The Apology*）。在这篇对话中，苏格拉底面对无数人的责难为自己辩护，阐释并证明了道德家的职责。苏格拉底说，一个合格的道德家，应该以质问人们从事各自职业的原因和理由为己任。他认为，人们的确都很忙，但是，很多人并不清楚自己到底在忙什么；他们确信的是，他们正在去往某个地方，但不确信的是它到底在哪里。苏格拉底并没有宣称要为他们引路，但他认为有一点可以肯定：这个问题是值得思考的，至少在这方面，他比其他人有理性。苏格拉底所认为的道德是：对于一个人为之而生的“善”，如果没有一个准确的概念，那么生活是不可能被合理化的。善的问题因此成了伦理学的核心。它究竟是享乐、是学习，还是世人普遍认为的成功？它究竟是个人的还是社会的？它到底存在于某种内在的状态，还是在于外在的成绩？应该在现世、还是在未来去追寻它？这些只是同一问题的不同变式，后来的柏拉图、亚里士多德、霍布斯、卢梭、康德、穆勒……一系列道德哲学家都曾提出这样的问题。与此同时，另外一连串特殊的问题也随之出现，与这个问题并肩而立。比如，道德品行与世俗法律是什么关系？在柏拉图的《克利陀篇》（*Crito*）中，苏格拉底教导世人，与人为善的首要职责就是遵从法律，并接受惩罚，哪怕他是无辜的；因为与人为善的生活在本质上是一种有秩序的生活。在这样的生活里，个人就应该顺应他本身就属于的那个政治共同体。而霍布斯也根据不同的理由得出了此番结论。他说，只有当权力和法律都存在的时候，道德才会存在；人若要使自己摆脱他本性中的自私自利的劣根性或是避免肆无忌惮的后果，就只能把自己永远交给国家，除了国家所强加的之外，根本不存在他与生俱来的权利或义务。一个人或者遵守法律，或者堕入那种本性中的自由放任，而在这样的状态中，每个人都是完全利己的，不管他是猎手还是猎物。卢梭的学说却有所不同，他预言了一个完全不同的时代。在这个时代里，人们因为束缚而疼痛难忍，他们渴望挣脱这种束缚，奔向广阔的牧场。卢梭认为，法律应该是为人而造，而人不是为法律而生。人不应该被自己创造的东西所奴役，所以必须努力回归本真的善良和幸福，因为那才是他的合法所得。时至今日，这些问题依然是我们所面对的政治哲学的基础，并使今天的政治党派各执己见，即使他们可能并不了解这一学说。

康德带给了道德哲学一次不同于以往却更为人们所熟悉的转向。在他那里，道德生活的核心观念是“职责”。最重要的不是结局或喜好，而是意志的状态。道德建立在其本身法律的基础之上，远比人为制定的法规更加深刻。这一法律通过他的“实践理性”灌输给了个人，于是在所有影响行为规则的事务当中，它成了终结的定论。因此，康德把重点放在了新教和基督清教所强调的观点上；而柏拉图则鼓励我们追求生活的圆满和完美，可见他是站在世俗异教的一边的。在今天，这种世俗异教就好像基督教出现前期一样充满生命力。

宗教哲学

与道德哲学联系紧密的，是构成了可以称之为“宗教哲学”核心的一些问题。假设伦理学的问题暂时得到了一个答案。善也得到了定义，同时人的义务得到阐释。那么，善的实现到底有多少的希望？我们是否有把握确定履行职责所提出的任务是人力所能及的？因此，人的身份问题便被首先提出。他是否完全是个动物——自然因果链中的一环，最多只能思考自己的无助？或者，他是否拥有着与其理想相匹配的力量，一种掌控自己命运、促进自己为之努力的事业的力量？这就是古老的、众人皆知的“自由”问题。如果你想了解该怎样为人的特权辩护，那么就读康德；如果你想知道当人承载了纯粹的动物身份时，是被什么所造就的，那就读霍布斯。人是否可能在肉体消亡之后继续存在，并开始另一种生活，在那里不再受自然力量的束缚，对于这一点我们又该说些什么呢？人的永生先是出现在柏拉图的《斐多篇》中、后来又在康德的《实践理性批判》中得到了最细致、最有力的论证。但在整个范围的问题当中，最关键的不是人的问题，而是神的问题。说到底，主宰着这个世界上的各项事务的是什么？究竟是盲目的、机械的物质力量，还是那能够保证善的胜利、确保忠于职守的人得到拯救的道德力量？这是人们所能思考出的最深远、最重要的问题，它引出了另一个哲学分支，后来它获得了“形而上学”这个名称。

形而上学

“形而上学”这个术语有一种口语上的意义，因此如果我们掉以轻心的话就会很容易被这一意义所误导。通常是指这样的理论：它们必须处理神秘的或充满玄虚的事物。这种观点有一定的道理，因为形而上学属于思辨哲学，而不完全属于经验哲学，因为它使人们超越了事物的原始表象。但这只是一个方法问题，而不是学说问题。如果想成为一个形而上学哲学家，你就不得不把自己的思考推到最极端的边界，既不能满足于任何最初的表象，也不能满足于任何常识或习以为常的结论。但还是有必要在形而上学与下面这种有关于现实的学说之间建立起某种联系：现实是神秘的、超体验的、超自然的或与此相似的任何东西。形而上学完全有可能到头来得出这样的结论：事物恰恰就是它们从表面上看上去的那样，或者说，自然且只有自然才是真实的。形而上学只不过是一次试图追根究底的尝试，试图弄清楚现实究竟是由什么构成，以及它最初的原因和最后的结果是什么。这里有两个主要的理论：证明信仰上帝是有理有据的，以及怀疑这一信仰的理论。后一理论把对上帝的信仰贬低为人类想象力的结果，是绝对信念的作用，是教会的虚构。这种类型的形而上学的经典例证，一般被称作唯物主义，霍布斯那里可以找到这一理论。而前者的一个经典实例可以在贝克莱主教的著作中找到。霍布斯希望能够证明，唯一的本质是实体；而贝克莱则要证明，唯一的本质是精神。贝克莱认为，精神的本性是在每个人对自身的认知中最初被直接认识的。之后，为了说明独立而杰出的自然秩序，你必须假设导致并维持这一秩序的普遍精神，这种精神也可被称为神的精神，在种类上跟我们自己的精神是同一类，但如果就力量和善而言，它则是无穷的。

认识论

在哲学著作中显得尤为重要的第四组问题被称作“认识论”。虽然在所有哲学研究中，这一理论初看之时似乎是最矫揉造作和不切实际的，但我们只要稍加思考便会体会出它至关重要的意义。比如，假设它是一个科学终结的命题，或信仰合法性的命题，因为这个问题只能通过审视科学方法来找到答案，为的是发现这些方法中是否存在独断专横的东西局限了结论的范围。你就不得不追问，到底是什么构成了真正的知识？一件事物何时可以得到最后的解释？是否必然存在超出人类认识能力的事物？允许期望和理想影响一个人的结论是否合理？现代哲学的奠基人培根和笛卡尔把自己的大部分精力都献给了对这些问题的探索中，以至于从他们那个时代开始，所有哲学思考便都以这些问题为核心。甚至，哲学开始围绕一个非常独特的困境，人类的思想恰恰就是在这一困境中找到了自我。他必须首先从自己开始。当笛卡尔试图把知识还原为首要的、毋庸置疑的确定之事时，他突然发现，能够确定的仅仅是每个思想者对自我存在的认识，对自己观念存在的认识。如果一个思想者以此为核心，那么他将如何在此基础上增加任何其他的东西？除了自身和自我的观念之外，他又将如何肯定其他东西的存在？从另一个角度来说，尽管我们的知识一定是对自己和自我内心的认识，然而如果它不能使我们实现自我超越，它就几乎不是什么有用的东西。这个问题成了哲学的核心难题，而且确确实实是一个难题。而且，除了哲学家之外，每个人几乎都忽略它的存在。对这个难题的思考，使贝克莱得出了这样的结论：如果假定确实是可知的，那么，它只能由思想者和他们的观念所构成。贝克莱的这一结论被整个唯心主义学派所膜拜。这个学派的成员中，包括很多后来各个时代最杰出的思想家。这一言论也开启了德国文学和英国文学中举足轻重的运动。而对同样的难题，却使另外一些学派得出了完全不同的结论。不过，这个难题一直是现代思想的重点，如果忽视这个难题，任何人都无法讨论任何基本问题。

那么，当你从根本上来进行思考的时候，这些就是你马上要面对的问题。哲学就指向了这些问题，或与之类似的问题，因为它体现了人类思想最强烈的躁动，表达了对已有的、习惯性的或司空见惯的观点的不满，表达了自由而无限的好奇心，以及完美地解释世界并满足了生活而对它作出判断的需要。

苏格拉底、柏拉图与罗马斯多葛学派

查尔斯·波默罗伊·帕克[1]

在波斯战争之后的几十年里，也就是苏格拉底长大成人的年代，每一个雅典公民都可以按照自己的喜好，随心所欲地安排自己的生活，无论他多么贫困。苏格拉底暗自决定，要把自己的时间花费在思考真理上，在他看来，挣钱跟这种思考比起来毫无价值。当时，希腊社会人们的思想非常活跃，在伯里克利的统治下，雅典正在逐步成为一个宏大帝国，一些伟大的思想家，或者说他们的思想，都被吸引到雅典来。毕达哥拉斯学派的哲学家们在那些日子里广泛活跃于众多领域。他们不停地发现关于医疗技术的真理；他们在天文学上做了大量有意义的工作；他们在音乐上取得了惊人的进步；他们钻研数学，特别是几何学。其他一些学派的哲学家则在研究火、风、水、土，并认为它们能互相转化，就像我们常说的固体会融化为液体、液体蒸发为气体一样，或者像某些思想家认为气体原子是由电单位构成的一样。另外一些哲学家则被广阔无垠的天空所震撼，并认为发现真理的唯一途径是把宇宙设想为一个巨大的固定球体。还有一些人宣扬原子理论，他们认为所谓的原子，是一种极小的、看得见的坚硬球体，它们通过结合或分离，构成了这个永远

---

① 查尔斯·波默罗伊·帕克（1852—1916 年），古典学家，任哈佛大学希腊文和拉丁文教授。主要著作有《拉丁文著作手册》（*Handbook of Latin Writing*，1897）等。

变化着的世界。

苏格拉底与阿那克萨哥拉

苏格拉底热衷于研究所有这些理论，他听说一个名叫阿那克萨哥拉的哲学家，这个人的观点是思想创造了世界；但在他看来，阿那克萨哥拉似乎并没有表明思想是如何发挥作用的。苏格拉底认为，理性的思想总是在试图得到某种现实的善。只是表明一个有形的事物如何转变为另一事物，或者使另一事物进入运动状态，并没有理性地解释这个世界。尽管阿那克萨哥拉一直在谈论思想，但在苏格拉底看来，他也许没有触及理性活动的关键问题。而苏格拉底，一旦意识到了必须研究理性活动的本质，就决不会把它弃置不顾。研究理性活动的本质，就意味着深入研究人类，并研究人的思维。

苏格拉底与毕达哥拉斯学派

伯里克利时代对人，以及跟人类生活相关的所有活动都抱有极大的兴趣。苏格拉底喜欢与人交流，这使得他跟毕达哥拉斯学派相一致，但后者更关注人的灵魂，并认为人是永恒的。毕达哥拉斯把徒弟们组织成了一个兄弟会，以宗教信仰、简朴生活和崇高思想为纽带，把他们互相联系起来。这个兄弟会希望能够影响并改造他们所生活的那些城邦的政治情况。在苏格拉底那个时代，虽然他们已经极少参与政治，却从未失去对宗教和人类的兴趣。他们所做的工作不仅涉及医学、天文学、音乐和几何学等领域，还试图探究正义、美学、生命和健康的本质。这样的本质似乎使人类生活得以全部实现。奇怪的是，根据毕达哥拉斯学派的设想，这些本质以某种方式跟几何学联系在了一起。事实上，我们自己也在潜意识里把正义说成是正方形的东西；但我们的这种隐喻，在他们看来很大程度上就是现实情况。不同的形式或形态，立方体、球体、棱锥体、三角形、圆形和正方形，在他们的认知中似乎就代表着世界的本质。他们试图找出美学的理念，节制的理念或健康的理念。苏格拉底对这一理论很感兴趣，并下定决心要探究这些“理念”的真谛；但他对毕达哥拉斯学派所持有的那种对事物的几何概念颇不赞同。他想通过与人交流，并按照人类思想中所映射出来的样子来研究生活，来更清楚地梳理现实的概念，这样一来便会给自己和他人带来实际的帮助。一件东西因为自身的美才会被承认是美的。然而，什么是美？对于一位希腊哲学家来说，这是一个无法回避的问题，发现完美的生活这件事本身也值得我们为之而努力。一个行为因为其自身的正义而被承认是正义的。什么才是正义的本质？我们和苏格拉底一样想知道答案。然而苏格拉底发现，这样的探究使人更加迷惑，甚至会使人陷入一种绝望。

苏格拉底的使命

大概就是在这一年代，某一天，由一些对当时的生活高度敏感的势力所掌握的“特尔斐神谕”对提问的人说，苏格拉底才是最有智慧的人。这一说法让苏格拉底本人十分困惑，因为他理智地认识到自己的无知。他迫切地向不同的人提问，希望从他们身上寻找智慧，但他很快发现，他们对于事物真正本质的观念模糊而矛盾。他认识到，他的使命就是要帮助人们理清思想。这是理性思考的基础，即要清楚地界定我们的思想，还要对我们的语言所指代的事物的本质属性取得统一的意见。

苏格拉底与柏拉图

柏拉图的《申辩篇》《克利陀篇》和《斐多篇》，充满戏剧色彩地向我们展现了苏格拉底的思想。它们全都与苏格拉底生命终结前的岁月有关。在这一时期，他的思想几乎处于最成熟的阶段。柏拉图发展了苏格拉底的某些思想，将其推向了逻辑结果，从而超越了他老师说过的话。但除了这些对话记录之外，我们很难找到其他方式进一步了解真正的苏格拉底的思想。例如，他觉得灵魂应该是永恒的事物；灵魂的本质就是活着并承载生命；而正义、克制、忠诚、美等这些理念，则赋予人类世界以实际的永恒本质。《斐多篇》中更加丰富的想象力，以及完善的整个理论，大概只属于柏拉图本人。许多人以为这部对话录中的哲学理论全都是柏拉图的。想要把他的思想从他老师的思想中剥离出来确实有些困难，他们二人的思想实际上是发动了一场伟大的人类思想运动，这场运动对整个世界产生了重要的影响。其中对后人产生的一个深远影响可以在亚里士多德那里看到，尽管后者有很多不同，但他受到了真实本质学说的强烈影响。苏格拉底对后人的另一个影响在斯多葛学派的哲学中得以体现。

芝诺与斯多葛学派

斯多葛学派的创始人芝诺是塞浦路斯人，他以前应该是个商人。在一次航行中他遇上了海难，由于这次现实上的灾难使他转向了哲学。在那个年代，想成为哲学家的人都愿意去雅典，距离苏格拉底两三代人之后的一天，当时身处雅典的芝诺在一位书商的摊位旁坐了下来，书商正在高声朗读色诺芬的《回忆苏格拉底》(*Memorabilia*)。这是一本记述了苏格拉底的一些语录的书。芝诺立刻被吸引住了，于是询问书商，像苏格拉底这样的人生活在哪里。就在这个时候，一个名叫克拉底的人从旁边经过，克拉底是个善良的人，也是个穷苦的人，他一直在依照苏格拉底的生平安排自己的生活。书商指着他说："跟着这个人就行了。"于是芝诺站起身，跟着克拉底离开了。后来，苏格拉底对最高理性、人类灵魂、生命价值和自由的信仰，深深地影响了芝诺的思想。直到今天，我们仍然可以从斯多葛学派的哲学中找出他的一些影响。这一学派的科学、宗教和逻辑学说都有着举足轻重的地位，它们的发展也充满趣味性。但不管怎样，你都可以强烈地感觉到苏格拉底的学说对这个著名学派的影响。

罗马的斯多葛学派

四五百年之后，爱比克泰德（一个奴隶，后来成了自由人）和马库斯·奥勒留（罗马皇帝）在他们关于人类生活的思考和交流中擦出了明亮的思想火花，这一火花是在苏格拉底那里被点燃的，薪火相传，历久不衰。我们往往把斯多葛学派的成员想象成这样一些异类：他们压抑了个人的所有情感，带着严肃的面孔和悲天悯人的心灵在这个世界上游走，用自己的全部力量去承受痛苦。但古往今来最优秀的斯多葛学派哲学家都非常关心人的本性和精神的自由，他们研究人，并认为人的本性在本质上是理性的。对他们来说，最不愿意看到的事情是这一理性精神失去自控能力，在徒然的奋斗中感到迷茫，试图通过对外部世界妥协来找到幸福，为那些自己所不能控制的事情焦躁不安，进而陷入混乱。但对于他们力所能及的事情，他们总是拿出十足的干劲，严肃地去对待。因为他们认为，人的理性思想如同善的力量，而正是这种善的力量，创造宇宙并使其得以发展。在这一点上，他们与苏格拉底殊途同归，奴隶与皇帝的思想跟雅典自由人的思想不谋而合。

现代哲学的兴起

拉尔夫·巴顿·佩里

有人曾经说过，在安安稳稳地沉睡了整个“黑暗时代”之后，欧洲突然在1453年被君士坦丁堡的崩塌唤醒了。我们现在知道，它其实睡得并不踏实，或者说，欧洲一直处在非常警醒的梦游状态。事实是，在1453年之前的几个世纪里，人们一直生活得很有热情，很高贵；其思想的庄严性和崇高性几乎是空前的。这样一个时代，诞生了哥特式艺术，构筑了像神圣罗马帝国这样恢宏的梦想，你怎能说它缺乏想象和启蒙？

不过，在十五世纪，欧洲人的思想确实发生了某些重要的转变，这一点，就是喜欢另辟蹊径的学者也不能否认。它在某种程度上来说并不是一次思想的觉醒，而是方向的改变，后来的现实证明，这次改变取得了惊人的成果，也可以把它定义为“回归源头”。这是它的本质特征，比如，对古代的追溯，对规章制度的重新审视，以及对自然的进一步考察。这次转向使得思考重新回到了事物的起始和本质，这次大规模地加入的新元素，对人的所有兴趣和工作都产生了影响。特别是，文艺复兴时期的哲学的出现，它首先开始对某种古代哲学进行新的研究。米兰多拉的皮科开创了新的柏拉图崇拜；针对阿维罗伊学派的阐述或正统解释，滂波那齐捍卫了希腊人或亚历山大学派对亚里士多德的阐述；蒙田重新复兴了古代的怀疑论。但是，对哲学的未来影响更深远的东西，其实并非来自时代精神对哲学的直接影响，而是来自它间接的影响，通常情况下，先是影响科学，然后再通过科学影响哲学。就哲学的长远发展来说，这一时代的伟大人物除了皮科和滂波那齐，更为重要的是哥白尼和伽利略。

哥白尼的发现

哥白尼①勇敢地宣称地球是运动的。但就算是他让地球动了起来，这一言论给人们的惊讶和烦恼恐怕也是无比巨大的。人们一直相信，地球是永恒不变的创造中心，被太阳和月亮照耀着，被其他行星所环绕，并为人类堕落和救赎的说法提供了背景——这一信念一直都是人类信念的牢固核心。如果不把已经建立起来的事物的整个伟大格局彻底摧毁，要想让地球动起来似乎是天方夜谭，因为，人类为适应这一格局已经进行了几个世纪的准备。在一个既没有开始也没有结束、既没有核心也没有边境的茫茫宇宙里，一个人该在哪里安顿上帝，在哪里安顿人，他们又该如何互相找到对方呢？这就是伟大的殉道者布鲁诺用尽毕生精力去解答的问题，1600 年，他的离世就像是一座里程碑，标志着现代哲学的开始。

布鲁诺发现，再也不能以远处的苍穹为界线，把世界仅仅分为人间和天上两个部分；并不存在凌驾于自然之上或在自然之前或之后的上帝，因为自然本身就是无穷无尽的。宇宙是一个由无数世界组成的系统，每一个世界都是同样的神圣。因此，上帝代表的不是局部，而是全部，他代表着整个宇宙的生命和美。布鲁诺从早期斯多葛派哲学和新柏拉图主义那里重拾这一观念，使之适合于这个被哥白尼抹去了其自古以来的地标的时代的需要，这一观念在笛卡尔潜在的泛神论和斯宾诺莎公认的泛神论中得到了肯定与支持，却在 18 世纪经过了一次衰落，后来再一次被莱辛和赫尔德复兴，并在 19 世纪成为德国浪漫主义运动和黑格尔运动的一个核心观念。

---

① 哥白尼的《天体运行论》(*On the Revolutions of the Heavenly Bodies*) 的献词。

伽利略的贡献

哥白尼为人类思想贡献了一个具有划时代意义的理论。伽利略的贡献虽没能阐释得很明确，却更有开创性：一种新的方法。具体说来，他提出了两种具体的方法：发现的方法，以及精确描述或数学描述的方法。他既不是那个时代独一无二的发现者，也不是唯一的数学或物理学家，但他却是这些运动观念最出色的代表。

1610 年，也就是在他成功制造望远镜约一年之后，伽利略出版了他的《恒星使者》（*The Sidereal Messenger*），扉页上有这样一段话："它宣布了伟大而超凡的奇观，并把它们呈现给每一个人，尤其是哲学家和天文学家，供他们参考；这些奇观是伽利略凭借他最近发明的望远镜观察到的；那是，在月亮的表面，在银河系中无数的恒星和星云中，但尤其是在以非凡的速度围绕木星运行的四大行星中，观察到的奇观。"这是望远镜的创造者伽利略，一个发现时代的先知。但比发明望远镜的伽利略更伟大的，则是发现三大运动定律的伽利略，他也因此成了现代力学的创始人。他阐述了自由落体，但并不仅仅把它们归因于模糊的万有引力，而是阐述了准确的时间与距离的关系，因此能够以数量上的精确性来推导、计算和证明。也就是说，他把数学的清晰性和准确性带进了物理学的领域。

现代经验主义

现在，伽利略的这种双重影响成了现代哲学中新观念最重要来源。培根和洛克都是哲学观察者，他们对感觉的信任超过对理性的信任，并受到了发现精神的激励。笛卡尔、霍布斯和斯宾诺莎都是数理哲学家，也是理性的支持者，他们在开始阶段更注重的不是拓展知识，而是着手于如何使得知识更加具有确定性。

培根（1561—1626 年）是现代“经验主义”（或称感官经验的哲学）的创始人，他批判他所处时代的那些他认为妨碍了清晰视觉的问题，比如，咬文嚼字、拟人化，或过于遵从的传统和权威。他提出了一种新的“工具论”（《新工具》[*Novum Organum*]），一套用以改正和补充亚里士多德的工具论的逻辑学和方法论，并为科学过程奠定了一个基础。但培根的伟大之处，更多的不是因为他所阐述的东西，而是因为他预言的东西。他第一个预见是到了 19 世纪将在很大程度上实现了伟大梦想这一情况，而这个伟大的梦想就是：通过极具耐心地、奋不顾身地对自然的研究，逐渐控制自然。人间王国（《新亚特兰蒂斯》[*New Atlantis*]）将建立在知识的基础之上。“人类知识和人类权力归一；因为凡不知原因时即不能产生结果。要支配自然就必须首先服从自然；而凡在思辨中为了原因而行动则视为原则。”观察自然的目的是你可以利用自然，并且要使它成为人的住处、工具和财富。这里有我们现代世界的最高准则，有其特有的信心和希望的重要依据。

现代理性主义

笛卡尔和霍布斯是现代理性主义的创始人，只不过各自的方式有所不同。笛卡尔（1596—1650 年）发现数学是一个模型。也就是说，他提出人们应该仿照数学的原理来进行哲学的探讨。他并不相信数学，以及它在物理学上的应用，本身就是极限的知识。他阐述了一种逻辑，像数学一样精确，但更基础、更普遍；并以此为证明关于上帝和灵魂的更高真理打下了一个基础。《方法论》（*Discourse on Method*）表达了作者对数学的无比尊重，以及他自己对哲学中一种靠近确定性的探索。

但霍布斯（1588—1679 年）在另一种层面上追随了伽利略的脚步。他所主张的，更多的是利用和扩展数学，而不是模仿数学。他代表了拉普拉斯在百年之后坚定地宣布了一种观念：普遍机械论的观念，在这一观念中，物体运动的定律甚至应该应用于自然的起源，应用于人。人们应该期许出现这样的情况：一切事物都应该像行星的速度和轨道一样确定，并可以有把握地预见。为了实现这个目标，《利维坦》（*The Leviathan*）的作者把人和社会只看作是精细且复杂的机器，为了满足私欲的冲动而工作的机器。

这些就是伽利略想要表达的文艺复兴时期的科学传达给现代哲学的三种形式。培根、笛卡尔和霍布斯先后成为新趋势的鼻祖，而这些新的趋势则主导了 17 世纪和 18 世纪的哲学思想。培根的经验主义，在洛克那里得到了发扬，后者把“极度朴实的历史方法”应用于人类思维的研究当中；之后又被贝克莱所传承并发展，他甚至把这一学说简化为“存在即感知”；但在休谟那里却遭遇了怀疑的危机；并最终作为英国的自然哲学被坚持了下来。笛卡尔的理性主义，为大陆哲学伟大的形而上学体系，为斯宾诺莎的一元论和莱布尼兹的多元论，创造了一个基础，却被沃尔夫改造为纯粹的形式主义和教条主义；但在康德所主张的新理想主义德国哲学中坚持了下来。霍布斯的物理哲学，结合了从洛克和笛卡尔那里吸收的类似成分，发展成了法国与大革命共生的唯物主义运动，并为所有试图从物理学中筑就形而上学的哲学家创建了一个模型。这三种趋势在 18 世纪所采取的形式，特别是它们对事实和必然性的强调和主张，产生了巨大的反作用，这一作用虽然在下个世纪才结出果实，但它其实早已在帕斯卡的信仰哲学中、卢梭的情感哲学中，以及莱辛的发展哲学中初露端倪。

康德导论

拉尔夫·巴顿·佩里

人们普遍认同，康德是一位具有划时代意义的伟大哲学家，就像苏格拉底和笛卡尔一样。划时代的知识分子有两个普遍的特征：第一，他们身上带着他们所处时代的某些普遍趋势，这些趋势一般来自于对上一个时代的更明显趋势的反作用；第二，他们的思想都是开创性的，并且在他们后来的追随者当中得到更成熟的发展，但创立者却几乎认不出它是自己的作品。我们通过康德哲学来探究这两个特征。

对纯经验主义和纯理性主义的反叛

从 17 世纪和 18 世纪的重要趋势当中，下文将选取两种趋势作重点阐述。首先，这两个世纪的突出特征是，把人类知识的两大来源中的其中一个来源单独考虑，并予以过分地强调，这两个来源就是：感性和理性。洛克及其拥护者试图让理性成为感觉的纯粹回声；而笛卡尔及其拥护者，则一直带着质疑的态度来看待感性，认为它扰乱了人的智力，或者只是提供了一种不重要的知识，因此它必须让位于“理性科学”。极端的感觉论或经验主义似乎在休谟那里走入了死胡同；而理性主义则在沃尔夫那里沦为了形式主义和浮文巧语。所以，康德最伟大的作品《纯粹理性批判》（*Critique of Pure Reason*，1789）做出了这样的尝试：它试图通过对感性和理性作强制规定，来中和之前的这些极端观点。他说，没有观念的感性是盲目的；而没有感性的观念则是空洞的。康德的批判首先指向了对感性的过分强调。他强调，单纯的感官印象序列，绝不可能满足科学所需要的联系性、确定性、统一性、规律性等。智力必须自己提供这些，它们组成了康德所说的“范畴”（*category*），当人的思想以那种被称作“认知”的独特方式进行工作时，它就不得不使用这些工具。但是，对于认知来说，仅仅这样还是不够的。它们自己不能以普通的方式被人们所认识，因为它们是人类用来认知的东西。既然它们是工具，那么一个必然的结论便是：它们需要用某种材料来加工，它们不能自己产生知识。因此，感官材料也是必不可少的。总而言之，认知就是系统化借助头脑所熟悉的方式，以及感官所接收的内容。这就是第一批判者康德，是技术哲学的康德，在今天的哲学家当中他仍然有很多忠实的追随者。

重申精神性

17 世纪和 18 世纪哲学的第二个更为重要的趋势，相对而言是对一种特殊需要的视而不见，基本上可以称之为“精神”需要。这两个世纪本身被视为一次反动，是对更早时期被认为过于拟人化的反动。人错误地把自己认知为他的世界。现在，他应该从非人格化的角度完全理性地看待他的世界。他可以选择留下感觉的发现，或理性的必然；不管在什么情况下，他都应该克制自己的偏好与欲望。这时，应该坚定不移地期待，道德和宗教在这方面可以发挥很大的作用。人们相信“自然宗教”的存在价值，没有神秘和教条，一种不惧权威的理性道德，一种既没有启蒙也没有信仰的可论证的神学；但渐渐也会产生一种挫败感。人们把太多外在的东西留给了自己，缺少归属感和安全感。17 世纪早期，帕斯卡声称笛卡尔的数学理性主义在宗教上正式被推翻。自然宗教就这么轻松地被休谟转变成了无神论。而对整个时代精神最强烈、最激动的抗争，来自于卢梭。他坚信，人们需要相信自己的感情，尊重心灵的要求，并回归人性中基本的和原始的状态。雅可比和赫尔德也产生了同样的想法。最后，莱辛在他的《论人类的教育》中，把关注力从哲学转到了文化史上，转到了人类生活对历史产生的作用上。然而体弱多病的书呆子康德，此时竟然成了这场正在兴起的观点和信仰的反叛代表。但事实就是如此。接下来我们就从这个角度来评价他。

康德革命

有一个对康德的最著名的评论：他打算在思想界开创一次哥白尼革命。像哥白尼为行星体系发现了一个新的中心那样，康德打算为人类知识发现一个新的中心。这个新中心就是思维，他认为，之前的错误很大程度上要归因于人们试图在客体身上建立知识中心的努力，人们期望思维应该反映（要么通过感性，要么通过理性）表面的、独立存在的事物的本质。康德说，这种方法必然是或者导致怀疑论，或者导致教条主义，但就哲学的目的而言它们都不是好结果。新的方法认为，客体应该与思维一致。因此，在早期的观点中，自然被认知成外部秩序，人的思维受到它的影响，或者思维根据它自己的推理来发展它；现在，自然被认知成思维的原创。它一切的安排和联系，甚至它在时间和空间里的分布，都要取决于认知者的素质。思维把它的条件强加给客体，并因此挣开了它已经被纳入其中的自然束缚。这一点对人的精神要求的意义是再明显不过的。如今，自然可以任人改造；人凭借自己的智慧成了造物者。事实和必然性的终极世界到头来不过是精神和智力的部分表达。

意志的范围

可能卢梭依旧认为，精神在对物质的对决中虽然取胜但却付出了高昂的代价，因为它使精神的剩余部分严格服从于智力部分。如何能保证，以这种方式披上权威外衣的智力一定会体察情感和良心的要求？康德用他的“实践理性的首要地位”学说作了回答。他说，自然确实是理论能力的产物；但理论能力必须通过事实和规律来认识。理论能力充其量只是某个更深刻的东西（即意志）的表达。思考是一种行为，通常看来，行为有自己的规律，在良心中提示出来，并优先于主宰任何特定行为——比如，认知的法则。这并不说明良心战胜了理解力，也不说明意志可以违背自然；而是说明，良心展示出了另一个比自然更深刻、更真实的世界，它是任由意志发挥其作用的领域。这就是上帝、自由和永恒的世界。它在严格意义上是不可知的，只有自然是可以被认知的；但它必须相信，它是一切行为的先决条件。一个人只要生活，就只能生活在这样一个世界里。所以，康德始于为科学辩护，终于为信仰辩护。

康德的追随者

前面已经说过，划时代者的命运就是：他们的观念很快就被转变为他们自己都未想表达的东西。康德是一个严谨的思想者，用他自己的话说，是一个“具有批判性的”思想者。他关注的问题涉及知识的可能性和信仰的合理性，尽可能避免对世界进行武断的判断。但他的追随者为思辨的激情而疯狂，立即从“批评”过渡到了形而上学。结果引发了伟大的浪漫主义和理想主义运动，这两次运动形成了 19 世纪哲学思想的主流。

在理性主义运动中，康德的知识论跟泛神论结合在一起，这种泛神论甚至可以直接追溯到柏拉图本人。根据泛神论的观点，换一个角度看，自然和上帝其实是一回事。上帝，如果按照透视的方法来看待人受到地球限制的智慧，并把它纳入到一个有限的透视图中冠以概念，那么它就是自然；而自然，如果是圆满的，并且是丰富与和谐的，那么它就是上帝。

在康德看来，自然是智力的产物，而智力反过来又服从于某个更加深刻的精神法则。如果以柏拉图泛神论的传统观点进行解释的话，这一法则就是整体的完美。这一观点有很多可能的变化形式，就像康德所暗示的那样，像费希特肯定和具建设性地坚持的那样，整体的完美可以被视为道德的完美，道德意志的理想。或者，像黑格尔及其追随者所坚持的那样被视为理性的理想；或者，像感伤主义者和浪漫主义者所宣称的那样，被视为一切精神价值的普遍实现，一种超越于首先标准和理性标准的完美，更接近于美的表达，或是神秘洞察力的昙花一现。在这一观点的通俗文学表达中，这些变化被交替使用，或者被不加区分地混在一起。但正是这一观念的某种形式，给一些英国诗人和散文作家带来了创作灵感，并深刻地影响了我们的上一代人，比如，柯勒律治、华兹华斯、卡莱尔、爱默生、丁尼生及勃朗宁。因此，有一股源源不断的思想流，从康尼格斯伯格时代最接近于哲学的思想，直到今天受欢迎的刺激和安慰。

宗 教

religion

宗教总论

拉尔夫·巴顿·佩里

阅读宗教文献的方式有两种。首先，可以阅读与自己信仰有关的书，比如，基督徒读《圣经》。在这种情况下，一个人阅读是为了使心目中的权威得到指导或教育，并在那里找到他的信仰和希望所在。一个人与一部作品之间的这种关系只有在特殊条件下才有可能发生。它是时间、传统和历史共同作用的结果。一部著作，只有对一个人的精神生活产生了最重要的刺激和影响，并给予他启蒙的力量，使得他每当需要激励自己的目标或证实他的信仰时便求助于这本书的时候，它才可以成为这个人的“圣经”。一本“圣经”就是一剂经过实践的良药，一个人为了自己灵魂的健康而热情恳切地求助于它。在他的心中，它与他所要感恩的一切联系在一起，与他希望从中获得的一切联系在一起。因此，它不仅是一种工具，更是个标志。任何一个种族的或历史的宗教，它的圣书当然不是一部个人的“圣经”，因为，一个种族远不仅仅是一个人，一部历史也远不仅仅是一个人的一生。但是，本文想要说明的，是个人与那本成为他的“圣经”的著作之间的关系。毋庸置疑，在这一关系中，阅读者的态度起着决定性作用，并且与他对其他任何书的态度都不同。人们往往以这种方式来阅读宗教著作，每一个人都在阅读属于他自己的“圣经”。

别人的“圣经”

但阅读宗教著作还可以有第二种方式，那些渴望更广泛地阅读宗教著作的人，必须采用这种方式。其实我们也可以阅读“别人的‘圣经’”。但这需要非比寻常的态度，而且这种态度可能还需要培养。它所追求的不应该是一个人在属于自己的宗教书中所能找到的相同的价值；也不应该根据一个人自己特有的精神标准来评判。如果是这样，别人的“圣经”就会让人感觉不近人情、使人讨厌、迷信，以至于是异类。阅读别人的“圣经”也不应该像阅读通俗的文学作品那样，如果这样，它就是怪异的、荒谬的，或者最多算是诗意的。通过想象和同情使一个人能够对别人的见解和需要感同身受是有必要的。伊斯兰教的外在表象在基督徒旅行者眼里只是传统习俗。但哈罗德·菲尔丁在他的《人的心灵》（*Hearts of Men*）中说：“当穆罕默德在夕阳时分祈祷的时候，我希望你走到他的身旁并跪下，把你的心交给他，并等待聆听一定会出现的回声。”它的宗教意义和价值隐含在这种外在表现中，任何宗教著作都不例外。它们的宗教意义与不断提升、感动、启蒙或被敬畏的信徒有关。任何人，如果不能或暂时不能使自己进入信徒的状态，就不可能真正理解宗教意义。

或许，这个要求有些过于苛刻。一个人怎样才能使自己依次皈依佛教、基督教、婆罗门教和儒教？然而，也许存在一个让这种情况成为可能的办法。是否有某种特质是一切信徒所共通的？一个人是否可以摒弃自己的宗教特质而保留所有宗教共通的东西，以此来理解每种宗教？一个英国人试图减少自己的英国特征而拥有其他人的共性来理解法国人。同样，一个基督徒也可以使自己有基督教特性而具有其他宗教共性来理解伊斯兰教。菲尔丁说：“不管你去哪里，无论哪种信仰被冠以什么名字，只要你善于倾听，只要你的灵魂跟全世界的灵魂息息相通，你就会听到同一首歌。”也就是，每一门宗教中都有相同的意义，它是不同宗教之间的联系纽带；了解并感觉到了这种共同的意义，一个人就可以超越他所皈依宗教范围的界限。

但会存在一种危险：许多年前，芝加哥世界博览会期间召开了一次“世界宗教会议”。这是一次影响深远并且令人难忘的会议，因为它对放宽和拓展美国的宗教认识立下了巨大功绩。但与此同时它又造成了这样一个错误的认识：因为所有宗教都一样的，所以它们都是同样的真和善。按照这样的说法，下面这个观点同样合理：因为所有形式的政治组织都是政治的，所以它们都同样健全。所有政治体制都是为了适应秩序和正义的基本需求而产生的，只要能被人们所接纳并持续下去，它们一定是在某种程度上满足了这个需求。要了解外国的政治体制，我们必须清楚，它以其特有的方式，在特定的地点和时代，实现了我们的政治体制所要实现的那些内容。但这并不能就此证明：这两种政治体制原则上一样正确，也不能就此证明：不能参照一种政治体制来补充另一种政治体制。同样地，一切宗教也都是为了满足同样的基本需要而产生的。但一种宗教可能会比另一种宗教更适合、更长久地满足这一需要；它可能建立在一种更确定的关于人或上帝的观念的基础上，因此在批评性的比较研究中值得重点考虑。

宗教不能有个性、只有共性的观点是错误的，避免这种错误十分重要。一种宗教，如果只是由所有宗教的共性内容而组成，那么它也许根本不是宗教。由于人类既有共性的需要，也有个性的需要，一种宗教必须满足具体的群体或个人，而不是仅仅满足抽象的人。也许，有多少信徒或崇拜者，就有多少种宗教。这个理论跟下面这个重要真理根本不矛盾：生活中有一个亘古不变的因素，一切宗教都起源于它，它使得宗教成为一种公共的需要。如果想要研究一种不属于自己的宗教，或者阅读这一宗教的著作，就一定站在这一立场来理解。不仅要关注到一个人的个性需求，而且还要同时关注到更深刻的共同需求，一切宗教正是源自这种共同的需要。

前面已经说过，这种意识需要培养。现在的大多数读者（哪怕是有智慧的读者）也都需要培养，而且毋庸置疑，在欧洲思想史上也是如此。通过习惯和模仿规律而产生的效用，使我们看不到社会实践的意义。很少有人在法律权威和本国特殊政治制度约束下反思过政府的作用？多数人把政府看成是必然存在的政体，他们只关注其中的派系纷争或个人冤屈。同样，对于大多数人来说，宗教作为一种人的制度，并不存在。他们只知道他们独有的宗教区别；或者，他们完完全全地把宗教等同起来，导致他们把异族的宗教视为非宗教。在大多数基督徒眼里，“宗教的”与“基督教的”是一个意思；然而，在最近三百年里发生了一次重大的改变，值得我们简要地回顾一下。

自然宗教与实证宗教

大家都知道，现代思想是对中世纪的一种趋势的反抗而产生的，这一趋势就是：把诸多的东西视为自然而然的。理性应当脱离权威、传统和腐朽。但开始，这只意味着：人只能在物理学和形而上学的范畴里运用他的理性。在17世纪，人们普遍认为，自己的理性可以运用，但不可以质疑国家、教会和现有伦理准则。理性的人的心理和灵魂是自由的，但从外来说却是服从的。总之，制度总是被看作理应如此。但在18世纪，获得解放的理性开始指向了制度本身，并产生了一种理性伦理学，这是一种新的政治学和一种“自然宗教”理论。一百年前，霍布斯是这场运动的先锋代表，在所有社会革命中（只要这些革命是出于观念的改革，而非出自紧迫的实际需要），他是一个极富原创性的作者。关于宗教，霍布斯曾这样阐释：“下面这四样东西：对鬼神的看法，对第二因的无知，对所畏惧之事的敬畏和膜拜，以及把偶然之事当作预兆，构成了‘宗教’萌芽的基础；但由于每个人的想象不同，判断和热情也不同，这个基础也各自发展成了不同的样子，以至于一个人所使用的仪式在其他人看来大多是荒谬可笑的。”这段话摘自他1651年出版的《利维坦》（*Leviathan*）中。1755年，休谟撰写了一本著作叫《宗教的自然史》（*The Natural History of Religion*）。在书中，他认为，多神论是宗教的初始形态，而且，“最初的宗教观念并非源自对大自然的作用的思考，而是来源于对生活中的事件的关注，源于那些能够激发人的思维的希望和恐惧”。焦虑于“对幸福急切的担忧，对未来痛苦的担心，对死亡的恐惧，对回报的渴望，对食物及其他物质的需求……人们怀着好奇，仔细检查未来的前因后果，思考人类生活中各种迥异的或截然相反的事情。在这一混乱的情形中，他们迷离和惊讶的眼睛，看到了最不清晰的神的踪迹”。这些文字表明了一种看待宗教的新角度，具有革命性和先锋性。它们表明，基督教与那些让人鄙视的迷信平等，因为它们全都来源于人类天性或源于同样的普遍情境，而且所有人都身在其中。也是人类对未知命运的担忧，以及对于为自己的利益而渴望进一步控制自然力量，才使他相信宗教，所有宗教都可以清除这种恐惧、实现这种希望的力量。于是，“自然宗教”与“实证宗教”之间的便产生了不同，前者被认为来自人的构造和共同的生活事实，后者则是由某些特殊的规则、历史和教义所构成。而如今我们又有了一个新的标准来评判宗教。正如我们可以依据君主制和民主制作为政府治理工具的作用来与它们比较，我们也可以依据基督教和佛教对一般宗教需要的现实来评判它们的好坏。在如何达到宗教目的这个角度上，究竟哪一种宗教更好？是一个新的向人类的智慧敞开研究课题了，这是探讨作为一个自然历史事实的宗教。

比较宗教学

休谟的《宗教的自然史》主要发展了两个方向。第一，19 世纪对传统和进化的强调和对一切正在发展的事物的起源和多种形式的关注，共同促进了现阶段所谓的“比较宗教学”的发展。传教士、游学者，以及近几年出现的人类学和人种学的研究者，搜集了印度、中国、日本，以及世界各地原始和野蛮民族的宗教资料，并展现了各自的宗教习俗。古代宗教通过不断发展的考古学而被人们认识。对于发现历史来说，最重要的是语言知识的增长。梵语知识开辟了理解古代印度宗教之源的大门；象形文字和楔形文字的翻译揭开了埃及、巴比伦和亚述的古代宗教的神秘面纱。更精细的方法把全新的目标放在了希腊人和早期闪米特人的宗教上。这些丰富材料的掌握，使重新定义宗教的一般性或它的起源及进化成为可能。

泰勒、斯宾塞、马克斯·缪勒、安德鲁·朗格和弗雷泽等人的著作可以说开创了人类知识领域里一个真正的新分支。在这个分支里，宗教作为一种世界性的人类兴趣或生活内容而成了一个不带倾向性、经验主义的研究内容。

宗教心理学

第二，19 世纪心理学迎来了一次巨大的发展，这一点在休谟《宗教的自然史》的另一个延伸中有所体现，并被称作“宗教心理学”。其中有宗教意识起源于诸如恐惧和敬畏这样的本能和心理的问题；有宗教的心理学类型，比如，詹姆斯所说的“病态灵魂”和“心智健康的宗教”；有对神秘体验的细致分析，连同它的“节奏”，它的“断裂”，以及它的典型阶段。特殊的心理学意义，以及它们跟青春期这样一些生理学条件的关系被定义给宗教危机，比如，“皈依”。某些宗教状态与歇斯底里紧密相连，属于变态心理学的范畴，另外一些证明了模仿和暗示的巨大社会力量的作用。詹姆斯教授的伟大著作使它的标题“宗教经验种种”（*The Varieties of Religious Experience*）普及以来，这些不同的类型被受到众多观察者重视、阐释和编辑。

但是，我们看到，霍布斯和休谟都只是在试图给宗教的一般本质定义。在所有的宗教中外在的和内在的是什么？在使人眼花缭乱的仪式、教义和精神呈多样性状态，它们有哪些共性呢？作者把这些宗教归于人对自身命运的影响和恐惧，在这一问题上，他们是否正确？这是一个值得人们深思的问题，这让比较宗教学和宗教心理学领域那些经验主义的研究充满了动力，并形成了宗教哲学的问题。

宗教的起源

宗教的存在要归结于什么样的事实？它到底是否涉及人性的事实？我们总是听说，人拥有一种各不相同的、原创性的能力，这种能力被称作“宗教意识”，凭借这一能力，人产生了神的观念。所有人都具有一样的精神组合，因此在对神的想象上是一致的。但这个观点还是建立在过去的心理学基础之上的。现在人们普遍认为，一个人具有一些与生俱来的本能和能力，使他能够在这个世界立足，但这些本能和能力并不能决定他的观念。实际上，这些观念取决于一个人的经历，取决于他的本能和能力与他需要使用这些本能和能力的环境之间的关系。而特殊层面上的宗教，它调动了人性中各种不同的本能，比如，恐惧或好奇，这些本身并不带有宗教性。也就是说：宗教意识是多元化的、派生的，它是经验的结果，而不是与生俱来的。那么，宗教的普遍性又是什么呢？或许，神（宗教的目标物）是一个常见的、为人们所熟悉的对象，比如，太阳——它是显而易见的，每一个人都熟悉它的概念。如果不考虑前人的看法，用第一个发现者的视角，或者像一个刚刚来到地球的人那样观察你见到的世界，你就找不到神，因为神不是一个现实的存在。赫伯特·斯宾塞试图把宗教追溯到建立在梦中的鬼魂信念之上。对一个单纯地解释梦境的人来说，一个无须争辩的事实是：人在死后又“复生”，并在他们的身体不复存在的地方说话和活动。但是，就鬼魂来说，它并不是神，只是一种怪异的被造物，生活在这个现实世界里。信仰宗教的人总是在具体可靠的物体中寻找崇拜的对象。正是一个被环境所迫提出的、牵强附会的假想，让我们理所当然地认为，人把他梦境的实质转移到了大自然中，并以此来解释对太阳、海洋和造物主的崇拜。神不是一个真实存在的物体。除了在深奥复杂的神学领域之外，他的无形性没有超过其现实性。毋庸置疑，以粗浅或比喻状态，神才可以呈现在他的作品中，呈现在大自然的雄伟中。我们可以从这些表现中来推测或解释他，但却不能确定他就真的显现出来。“诸天讲述神的荣耀，穹苍宣扬他的手段。”注重现实的观察者的眼里，即使把它置于望远镜的前面事实也并非如此。

由此，已经没有其他选择。我们不得不得出这样的结论：只要宗教是普遍的，它就一定来源于人与环境的结合。它的基础是人发现自己所处的环境，这一环境由两个相辅相成的部分所组成：人和他生活的世界。

生活可以广泛地概括为在已有环境下寻求某种东西的过程。人向目标靠近，并受到已有条件的制约。如果我们站在戏剧的立场来看待我们的环境，把主人公的角色由别人扮演，那么，得到的事实是他对环境的依赖。换个角度说，他不惧怕那时危险的环境而存在，他是在这一环境出生；他所得到的一切东西都是从环境中索取的。也就是说，生活必须依照其环境所给予的条件来管理。但在宗教出现之前，我们只能设想，大自然的很多东西已经被生活所获取，并为自己所用。在人有了自我意识的时候，就已经能够控制很多东西了。人可以在地球表面到处走动；人可以凭借自身之力，获取食物和居所；并且，人可以通过个人的勇敢或者通过联合行动来控制他人。然后，在某些范围之内，人就可以遵从自己的意愿来把握自己的命运。当然，在人类发展的早期，这些范围极其有限，但它们似乎从来就没有无限宽广的时候。人可以自欺欺人，他可以吹嘘自己的能力，或者专注于自己要干的事，以此来享受美丽而自足的幻想。可是，与人类曾经有的依赖感比起来，西方的、现代的、“文明的”自我吹嘘不是很完美很有分寸感吗？无论怎样，他总是不断地让我们认为环境中还剩下很大一部分不在他的控制范围内。人总是在谋划，但仍然有些事情超出了他的能力范围。洪水、干旱、瘟疫、严寒、征服、失误、挫败——这些都是不可避免的事实，教会我们领悟和理解这样一个弱点：人是有依赖性的。最令人印象深刻的，也是最难以回答的事实就是死亡。通过辛勤努力取得的全部个人成就，奋斗和成长所获得的一切果实——金钱、权力、友谊——刹那间全都化为乌有，而且消失得如此轻松。

那么，人应该如何从这一痛苦的弱点中抽离呢？如果他还要活下去，就一定不能绝望，因为活着就有希望并可以找到一条逃离困境的道路。活着就要明白，有限和依赖就需要帮助。如果人所不能支配的力量掌控着他的命运，那么他就不得不努力战胜它们，或者跟它们成为朋友。我相信，宗教的本源就在这里：人认识到自己的软弱，才会设法与那些具有决定性的力量联合起来。宗教是一种需要感，是一种这样的信念：它能够为自己获得的、只有世俗的优势都是不足以依靠的，它必须通过与控制自己命运的东西达成一致才可以解决困惑。宗教建立在恐惧之上，在希望中发展。

这也许有些奇怪，一个人怎么可能只阐释宗教而不涉及到神。但这一行为的理由是：神不是宗教的起因，而是宗教的产物。正如我们已经了解到的，神并不是现实的，而是一个人们为了满足宗教需要而向其求助的幻影。我们可以回顾一下宗教所产生的各种不同类型的神。

神的类型

最普遍的崇拜对象是大自然的某个奇特的景观或现象，比如，天空、太阳、月亮、星辰、大地、海洋、江河、风、季节、白昼和夜晚。在科学被人掌握之前，人类是不能控制这些现象的运转的。它们究竟是以适度的雨水、肥沃的土地、平静的海洋和温和的气候来滋养人类，还是用干旱、洪水、风暴和极度的冷热来折磨、摧毁人类，对于这些，人类既不能预言，也不能决定，只能在等待和恐惧中希望和祈祷。毫无疑问，人们的希望和祈祷，是任何生物对自己控制不了的决定自己命运的东西的本能表现。太阳因此被认为能够赐福或毁灭生灵，于是，一个祈求的对象便开始成为神。但还有一个因素，它对于神来说几乎是必不可少的。那就是人们通常说的“人格化”。被人崇拜的是太阳身上的“神灵”，或者说是被解释为神灵的太阳。但我认为，这个因素也是直接来自生活实际的，而不是来自崇拜者任何形而上的理论。它是下面这个普遍事实的结果：我们总是倾向于把兴趣或意志传达到任何可以帮助或阻碍人们希望的事物上。我所指的并不是说对这种结果有什么准确的判断，而是说我们心理上的或实际上的反应等同于我们给予其他生命个体的反应。动物会对攻击的棍棒表现出愤怒，孩子会迁怒于那些“拒绝”堆积起来的积木，就像他的父亲会在自己的膝盖上折断那根不好用的高尔夫球杆来惩罚它一样。同样，一个人喜欢、赞美、爱抚或装饰他可以从中得到愉悦或其他好处的事物，也是出于人的本性。这些表现其实是把一种态度归咎于他们的目标物，当结果是伤害的时候便表现出恶意或敌对的反应，当结果是愉悦的时候便表现出善意的态度。我认为，这就是宗教人格化的根源。太阳，如果它的结果对人类有帮助，就是一个应该对它的照耀表示感激的目标物；而如果结果是有害的，那么它就是一个应该恐惧的目标物，所以祈祷希望以此消除它的敌意，得到它的帮助。这时的太阳，就是太阳神。这种心理状态，包括控制人的力量，究竟在什么程度上与那个显而易见的实体的太阳分离开来，并被当作“神灵”，并不重要；这样一尊神，他自己的历史究竟在怎样境况上脱离了他对人的掌控，也并不重要。对于希腊人丰富的想象力来说，太阳神成了艺术、诗歌和传说中生动表现的对象。但对于像那些讲求实际的民族来说，正如穆尔教授所阐述的那样：“知道神明们在干什么，知道他们的崇拜者为了获得神明的帮助而去做什么，这就足以了，不必要总是想象他们看上去是什么样子。”

第二种类型的神是祖先：实际的人类祖先，图腾崇拜中的神秘动物祖先，以及被指定为祖先的所有神，就像基督教的上帝被他的信徒们尊为“天父”一样。与崇拜对象有血脉关系的观念极为常见，根据到上文所述的内容，其动机是可以理解的。血脉关系意味着同盟，意味着友好和信赖的存在，或者要求得到支持的正当权利。一个已故的祖先属于另一个世界，所以那些他无力掌控的恐怖力量也来自那个世界。他们在那里存在，那里就有自己的盟友。围在一个人身边的，并不是那些毫不相关的陌生人，而是那些通过不可分割的纽带与自己密切相关的人，是站在自己一边的盟友。

第三种类型的神是守护神，这是专门为了满足某种特殊心理需求而幻想出来的神。他可以是个人的、部落的或种族的守护者；也可以是某种个人或社会活动的保护神，比如，掌管农业、战争或航海的神，以及守卫家庭的灶神。这是由于迫切的需要而创造并具体化了的神的实现。

上述这三种神的概念往往会统一在一个地域的部落神身上，“一方面，他与一个人类种族有着天然的联系；另一方面，他与一个自然领域也有着密切的联系”，这样，“崇拜者就与他的生存环境中某些难以控制的部分结成了牢固的长久的同盟”。①

何谓最高神

还需要提出一种神的定义，即最高神。当人们的智慧、想象力和社会交往范围逐渐扩大的时候，人们不可避免地会把一个神崇敬到所有其他神之上，或者把所有其他神摒弃在外，只崇拜这个神。这样一种宗教观念来源于自然统一或人的统一的意识。在自然的力量当中，存在明显的等级制度；由于部分力量低于其他力量，因此把某种力量想象为最高力量也就是理所应当的事了。对感官来说最显而易见的是天在上，地在下。因此在中国人心中“天”是最高神，而在希腊人心中宙斯是最高神。与此同时，守护神和祖先神当中也有等级差异。正如个人、特定领域、部落或者地区的保护神往往在民族神之下，反过来，民族神也总是服从于一个征服这个民族的神。与征服的观念息息相关的，是主宰一切的神的概念：即统治阶级的神。还有，一个守护神得跟他所主管的那项活动一致。一项活动中众多守护神可能被当作一个整体，虽然他们是不同宗教的组合体，由此产生了这样一种神的观念——神应该是普遍的，因为他所掌管的事物是所有人都参与的。而所有人都因为他而尊崇优先于家族、部落和民族的神。因此，有一些独立的需要，便发展成了一种普遍的宗教，比如，基督教，它是所有人的神，不论时间、地点、民族或身份。

那么，从所有宗教（包括高级的和低级的）共同具有的普通意义上看，神就是某种不被人所控制的能力，比人的命运更强大的力量，由于它被解释为友善的或恶意的，所以人类要尽全力获得它的帮助。同时，提出崇拜所产

---

① 罗伯逊·史密斯. 闪米特人的宗教（*The Religion of the Semites*）. 第124页.

生的两种不同的目的也至关重要，它们与崇拜者和他的神通过建立和谐的两种不同的形式紧紧连在一起。或者说，一个人可以有自己的方式，也可以服从于神的方式。下面这个事实把宗教应用阐述得很清楚：有两种情形可以得到心理满足和内心的平静——或者使自己的欲望得到满足，或者满足所获得的一切。因为，宗教一直在这两端之间徘徊。前一种方法是自然的、合理的，这显然是宗教崇拜中比较早的目的。人渴望食物、生命、战胜敌人，他试图在获得这些的过程中得到神的支持。但他不愿意做出让步。他祭祀供奉神，恪守各种禁忌，遵守他的神所规定的要求和准则。一个共同的宗教经验是：获得神的青睐的条件变得越来越苛刻，而可以得到的利益却越来越不明显。因此就产生了哲学家所说的“恶的问题”，我们可以在《约伯记》中找到基督教对恶的经典解释，约伯“完全正直，敬畏神，远离恶事”，痛苦和灾难却不断降临到他的身上。约伯对他的问题的解决办法就是要完全屈从于上帝的意志。“我赤条条出于母胎，也必赤条条归回。赏赐的是耶和华，收取的也是耶和华。耶和华的名是应当称颂的。”① 最终，“耶和华赐给他的，多于他从前的所有。”② 显而易见，一种彻底舍弃自我的宗教根本就不存在。只有通过崇拜才能得到神的赏赐，不然就不会产生崇拜的动机。宗教深化的方向是：在宗教所规定的生活方式里去发现更新更大的善，来代替肉体上的或世俗的恩赐，一开始，人就是为了这样的赐予而祈求神的帮助的。宗教因此变得更具教育性。宗教给予人的，不只是满足生理和世俗需求的方法，更多的是对这些需求的轻蔑，并教育人学会其他的方法。这种自我意志和甘于屈从混合于宗教中，才让敬畏变成了典型的宗教情感。神既是一个人达到自己目的的手段，也是这一目的能够构建的依据。

---

① 《旧约·约伯记》，第 1 章第 21 节。

② 同上，第 42 章第 10 节。

克己的宗教

印度的哲学宗教，或者叫密宗，是最接近于完全舍弃自我的宗教。这一宗教的所有衍化物都反映了一种对生活的基本态度，也是一种感觉：任何善都不可能通过持久的努力产生。达到欲求的努力是无望的。印度人并不沉溺于绝望，在这方面他与他的西方兄弟不同，后者祈求得到神的帮助，在遥远的将来，或者实现个人幸福，或者达到所谓的“文明”的完美，而前者则认为全部努力都是建立在错误的基础之上。它注定失败并不代表真正失败，只是采用了错误的标准来定义成功而已。根据《奥义书》中的教义，哪怕是独立的个体，也是一种因为欲望而存在的幻觉。

在婆罗门（更深刻的世界统一体）中，个体是真正存在着的，并得到了救赎。

神的观念，不是作为宗教的起源，而是宗教的产物，在我们真实思考与衡量佛教的时候就很明确了。因为佛教实际上是一种没有神的宗教，这好像有些自相矛盾。当然，佛陀本人也开始像孔子一样成为宗教的一个目标物。每一个宗教创始人都被他的信徒们神化了。但佛陀并没有，他教导人们把神灵只当作是一次短暂而虚幻的过程。受苦是生存的普遍常态，生存是对欲望的惩罚，重生要经历痛苦，它是命运和前生注定的。命中注定的生存轮回，是因为生命始终在不断创造能够让自己转世和活下去的条件。救赎并不代表生存的成功，不代表欲望的满足，而是通过征服欲望来脱离现世。这种宗教里是没有神的，人们没必要通过它呼唤自己的需求。但它确是宗教，毕竟它是一种救赎手段，目的是把人从困境中解救出来。以别的观点看来，涅槃基本等于毁灭；但从人的方面看（他意识到了自己的弱势和失败），涅槃则代表着救赎。它是一种生活哲学，是人与周围环境之间的一种和谐，这种和谐帮他赢得了他所能想象到的最大好处。

想要理解宗教著作的一般范畴，只掌握宗教的普遍原理是不行的。你必须认识宗教在人类生活中所呈现出来的一些形态；特别是要了解一些它在某些层面与科学、另一些层面与艺术和诗歌之间的关系。

宗教与科学

我们一般理解科学是建立在事实和严谨推理上的知识。而要把宗教文献归于科学，将其解释为人的理论化水平和认知水平的成果，显然是偏离了正道。在当今，这个问题中的复杂内涵也许比过去任何时候都多。质疑的不断增加，以及科学对宗教信仰的批评，引发了各种不同的尝试，希望通过确定的“信仰”行为，或利用它们主观的意识，来延续这些信仰。自从在 14 世纪天主教正统信仰获得主要地位以来，就开始出现稳定的发展动向：要把不断发展的基督教教义——约拿与鲸鱼的故事，《创世纪》中关于世界诞生的记载，甚至还有《新约》中的那些看似荒诞不经的东西，作为符号、传统、诗歌，以至于作为一个信仰系统的个体部分，给予它价值。而评判一个整体的信仰系统，不是依据历史经历，而是根据它对信徒的安抚结果，以及重新获得新生的体验。但是，如果我们意识到宗教能够产生是原始的人类需要，那么毫无疑问，一种宗教想要满足这一需要，就必须以真理为核心。在宗教里，人们很想与未加修饰的事物建立起有帮助的联系。人们也想达到与现实相一致，并以此来达到对灵魂的救赎。但是，如果不了解现实的本质，那么他的整个想法就建立在错误的地基上，便注定不会成功。如果自然的力量不够强大，或者不能满足人们的需求，那么，崇拜它们就没有意义。如果没有办法彰显正义，那么，基督徒的愿望就是不真实的，他的祈求和崇拜就是徒劳的。总之，任何宗教都是发自内心地相信他所崇拜的东西，如果这个东西不是真的，那么宗教就是虚妄的。

虽然每一种宗教里都包含一定的科学，但占的比重很小。因为，宗教与严谨意义上的科学有所不同，从宗教的角度看待事物，他们认为，人是宇宙的中心。宗教之所以对宇宙频频提及，是因为它们关系着人们的命运。因此它的终极不是表现对事实的评估，而是表现在情感中，如希望、畏惧、信任、绝望、崇敬、热爱、感激或自我服从等。它面对的是宇宙，宇宙被崇拜者的崇拜赋予色彩。因此，很多宗教文献，例如，《诗篇》（*Psalms*）或圣奥古斯丁的《忏悔录》（*The Confessions*），从内容上看都是宗教情感的表现，是对神的阐述，使用的是表现崇拜者的感受和观点的语言，而不是使用冰冷的科学术语。

宗教中的第二个非科学问题，是想象力和社会传统所带来的部分。宗教与理论不同，理论出现在信仰之后，而不是之前。只有当宇宙奥秘的某些认知被人所掌握、并成为其生活的普遍知识之后，宗教才是有效的，才会发挥它的作用。当个人开始修行的时候，佛教才成为一种宗教。在一切重要的历史性宗教中，基本教义不仅被个人，而且同时也被社会认同。只有这样，它们才能被社会群体所供奉，成为社会崇拜的对象。宗教想象力的力量，在于使这些科学想象变得充满生机并能够深入人心。有生命力的宗教并不是一系列有关宇宙力量的及作用的讨论，而是这种讨论的意义的实现。在想象力的帮助下，宗教真理被包装得深入人心，并能够引起人们的喜爱，从而激发行动。社会对应物存在于传统和象征主义中，它使宗教情感和宗教实践达到了持续性和统一性。或者说我们希望在一切宗教表达——如宗教文学——中找到某些基本设想，它们可以被转变为科学命题；这些设想被一些想象性和抽象性的表象所覆盖，而它们的价值就是在这种表象之后得以实现。

宗教不同于科学还有另一个重要的层面，那就是它的过程超越了证据的局限。没有任何一种宗教可以达到科学理论所要求的那种论证。宗教是黑暗中运动员，因为，为了现实的动机，它必须对某些问题给出答案，而为了严谨的理论研究，你会审慎作出结论，争取有更多的答案的可能性。生活就是一件要紧的事，有时会处于一个危险境地，或者像威廉·詹姆斯所指出的那样，是一次“迫不得已的选择”。你必须尽快做出决定，否则生活就失去了目标。我们应该如何理解这个世界？为了得到拯救我们到底应该怎么做？信仰意味着要相信具有可能性的东西，而且是深信不疑。因为，如果你似信非信，你就不可能坚持自己的信仰，也就不可能拯救自我。绝对信仰是根据崇拜者所具备的批评和哲学力量的多少而有所区别。但不论在哪一种情况下，都会有一些事实和推论的基础，还有一些“信的意愿”或对权威的依赖。因此，我们在宗教文学中可以感受到轻率和纵情的态度，这在科学中是不允许。

宗教与道德

虽然是这样一篇简短的导论，也依然要提出一个论题：宗教与道德之间的关系究竟是什么？我们是否应该把《箴言》或《论语》等诸如此类的道德说教当作宗教呢？要明确这个问题，我们只要牢记宗教的普遍意义就可以。一种生活方式，只有当你在有安全感的时候追寻它，并把它构想为得到宇宙本质的承认、并铺好了一条拯救之路时，它才会具有宗教性。如果正义成为实现社会福祉的方式而得到肯定，那么它就是伦理性的；如果它是为赢得上帝帮助的方式，或者是作为实现重生的手段，那么它就是宗教性的。当道德生活以某种方式与宇宙生活相联系时，它就具备了宗教的品格。在“伦理性宗教”中，宗教所认定的生活方式通常与道德规范所认定的生活方式相同，正义被看作是救赎的力量。毫无疑问，这样一种道德规范最大程度地增强了它的魅力。在所有以未来来激励人的伦理性宗教中，宗教都在善的基础上增加了对自然的征服力或胜利感。正确的生活方式在表现现实方面，在担当的基础上，增加了信任、鼓励、美好的憧憬和杰出的功绩。哪怕是带有悲观色彩的伦理性宗教中，道德也赢得了敬畏，因为在逃离现世苦难中它起了很大作用。在不考虑它的主张和信仰的情况下，道德从宗教意识中得到了支持，因为宗教鼓励人认真地对待生活。它使人不再局限于激情的诱惑和现实利益的制约，它使宇宙保持丰富的想象力，它让人重视生活的问题，重视它内在的和外在的所有的方面。

现在，可以得出下面的这个公正的结论：宗教具有两个意义上的普遍性。一是，它源于大众的需要；二是，它具有普世价值，不管它有多少缺陷，但总体上它都能够促进生活更好地发展，提高生活的品质。真正的宗教总比假宗教好，同理，有宗教总比无宗教好。

佛　教

查尔斯·罗克维尔·兰曼[1]

释迦牟尼（也称觉者或佛陀）的一生，一共80年，前后可分为两个时期，前35年为前期，后45年为后期，这两个时期以他的"觉悟"或"菩提"事件为界线。前35年又可以再分为两个时期，前一时期是他身为王子的那段时间，也可以说是从他出生到他为探求最高觉悟而抛弃尘世（即29岁开始）的那段时间，后一部分就是为此奋斗的6年，这35年我们有具体的记载。至于后45年，传记中可讲的故事不多，但有一些是关于他的教义的传说。写在佛教经典中的这些教诲，实际也是他最真实的生活。

佛陀的诞生

在佛陀之前的时代，印度就流传着这样一个广为人们所接受的说法：一个人必须经历出生、生活和死亡，而且还有一个令人恐惧的生死轮回的反复过程。因此，佛陀的传记必然包括关于他的前生的记载，须弥陀智者的记载

① 查尔斯·罗克维尔·兰曼（1850—1941年），对梵语有深入研究，1880年主持哈佛大学印度—伊朗语言系（1902年改名为印度哲学系）。最主要的成就是编辑《哈佛东方丛书》（*Harvard Oriental Series*），同时还翻译出版了一些著名的梵文文献。

就是其中之一。所有佛教故事最吸引人的是《本生经》，(*Jataka*) 它讲述释迦牟尼的前生 547 个故事。在讲完这些前生故事之后，就是我们最关注的关于佛陀出生的记录，他的实际出生时间是公元前 6 世纪，这是沃伦的第二个译本《佛陀的诞生》(*The Birth of the Buddha*) 的主要内容。对于研究宗教传说的人来说，把传统经文中的枯燥陈述跟饶有风趣的故事相比较是最有收获的，因为从中可以看到虔诚信徒充满感情的想象力所以用生动的细节来表现那些平淡的故事。佛陀的诞生，就是弥尔顿的赞美诗《基督诞生晨颂》(*On the Morning of Christ's Nativity*) 的翻版。作为古老故事的一个实例，可以加上后来的一个传说：佛陀是从他母亲的右肋生出来的，这个传说不仅出现在《普曜经》(*Lalita-vistara*) 中和圣杰罗姆身上，在很多雕刻描绘的场景中也有。

佛陀的教义

佛陀的教义事实上就是他的真实的自我。在一个陶匠的家里，跋迦梨躺在床上已经奄奄一息。世尊（佛陀）附在他的耳边，和蔼地询问他还有什么想法。跋迦梨说："一直以来，我都想去见世尊，可是我现在已经没有足够的力气去见他。""跋迦梨！见法者就是见我，见我者就是见法。见我这衰老的躯体又有什么用处?"世尊把自己与他的教义完全等同，正如耶稣对多马宣布："我就是道路。"① 但是，虽然佛陀把他自己融入教义中，有两件重要的事情应该知道：一是佛陀明确地拒绝迫于权威而接受他的教义；二是，因为这些教义的优秀本质，才会在长达 25 个世纪一直是世界性强有力的力量。

那么，首先来看看他是怎么看待权威的。世尊云游憍萨罗国时，在伽蓝人的小镇羇舍子逗留了一阵。人们问他："大德！有沙门、婆罗门大家来至羇舍子，尔等只自说。反对者，则驳斥他说、轻蔑、鄙视、抛掷。大德！还有他类沙门、婆罗门都来至羇舍子，尔等即皆只自说，反对者，驳斥他说、轻

① 《新约·约翰福音》第 14 章第 6 节。

蔑、鄙视、抛掷。大德！对那个人等，我等有惑、有质疑——你们这些沙门、婆罗门当中，谁说的是真实？谁说的是虚伪？”佛陀回答说：“各位众生！汝等勿信风说，勿信臆说……虽说［此］沙门是我等之师，勿与信之。伽蓝众！若汝等只自觉此法是不善，此法是有罪，此法是智者所诃毁者……则伽蓝众！汝等于时应断［彼］。”① 他还说：“不疑不惑，无缘他事，是彼智生。迦旃延！如是乃正见。”② 对于20世纪的我们来说，也许很难正确地理解佛陀这一立场的意义。因为他所生活的那个社会和时代，人们几乎完全遵从权威。像他那样与权威抗争，体现了超人的智慧和极大的勇气。

其次，再看看佛教教义内在的优秀品质。从以下几个短语就可以看到佛教教义的特征，它们是日常用语，在经文中并被当作虔诚的佛教徒追求或“修行”的四十个主题之一：“法乃由世尊善说者，于现世不隔时而有果报，可得说来见之法，而导于涅槃。识者各各应自知之法。”③ 在这里对死后所发生事情的认识，佛陀坦诚地予以否认了，因为他更希望解决当下的悲苦问题，并使人们走上正义与慈悲的道路，抵御欲望的诱惑，从而最终解除人间的悲苦。一位自称门徒的人曾经请求他解答关于人躯体死后一些教条问题。佛陀对此避而不谈。这是我们在古代发现的“宗教对教条”的最好范例之一。他认为，圣洁的生活不应纠结于任何这样的问题。

如果在四十年前有人要求当时的一位医生预测医学接下来的发展，他很有可能会预言一些新特效药的发现，比如，治疗疟疾的奎宁，因为医学的主要任务是治疗疾病，坦白说，我们从小时候起就听人说，一盎司预防抵得上一磅治疗。但是，如何才能做到一盎司的预防呢？显而易见就是要找出病因，这大概算得上是现代医学最重要的成果。当今，在精神的领域里，佛陀要解决的，正是人类悲苦的源头问题。他在自己第一次传教中公开提出解救之道，

---

① 《汉译南传大藏经》，慧岳法师编，第19册，叶庆春译，《增支部经典一》，第268—269页，元亨寺妙林出版社，高雄，1994年6月。

② 《汉译南传大藏经》，慧岳法师编，第14册，云庵法师译，《相应部经典二》，第19页，元亨寺妙林出版社，高雄，1993年8月。

③ 云庵法师译，参见上引书第250页。

其中心思想注定要无数大众所了解。

他的关注点是人类痛苦的源头，而且他在对生存（不论这种生存有多高贵）与快乐的欲望与需求中找到了原因。只有克制这些欲望与需求，你才可以得到拯救：达到永恒的涅槃。也就是说，（就今生而言）人只有摆脱欲望、邪恶之念和迷惘，才可以脱离再生的轮回。

佛教与其他宗教

我们不必讨论像涅槃这样一个复杂的主题，也不用妄求公正地评价佛陀所出具的抵抗一切欲求的良方，显而易见的是，他的道德说教，如同他没有缺憾的人格一样，经受了不止千百年的考验。鹿苑传教在自我惩罚的生活与安闲奢侈的生活之间大力提倡中庸之道，并总结出了“八正道”，就是在意识、语言和实际行动保持正直的状态。人们普遍认识到了佛陀教义与耶稣教义之间有很多相似之处值得人们关注的。[①] 我们不用对此感到意外。我们没有理由认为二者是互相借鉴的。如果我对“三角形的内角和等于两直角”这个结论给出一个原创性的证明方法，我的证明在原理上一定跟毕达哥拉斯的证明完全相同，因为数学的原理并不会因人而异、因时而异。善的真理也是这个道理。因此，宣扬正义的伟大导师，他们的很多教义一定是相同的。

另一方面，我们发现佛陀的教义着重强调《福音书》中极少甚至没有提到过的东西。不要慌乱，不要忧愁，简单地生活；不要接受建立在他人的权威或任何其他权威之上的信仰；不要让你的支出超过你的收入；主人与奴仆的关系要好；有行善的责任，不只要与人为善，对动物也要和善。这些都是佛陀的布道所谈的主题，有时还有一丝幽默感，有时候具有同情心，始终是亲切、睿智而真诚的。

---

① 阿尔伯·J. 埃德蒙兹在他的《佛教及基督的福音》（The Buddhist and Christian Gospels，第四版，两卷本，费城，1908—1909）中阐述了这一观点。

儒　教

阿尔弗雷德·德怀特·谢菲尔德[①]

儒教，与佛教和道教并称“三教”，被称为中国主要的三大宗教，但我们很难像定义大乘佛教或罗马天主教的那样把它确定为一种宗教。因为它既没有教义，也没有教士。虽然孔子生活的那个时代也有祭拜仪式，但没有任何形式的礼拜。春秋两季，在中国很多地区，“孔庙”的红墙大殿内由各地方官员主持的纪念仪式，并不是为了表达对这位圣人的崇敬之情，而是一个纪念孔子的非宗教仪式。实际上，在孔子去世几个世纪之后，这种纪念逐渐接近于宗教崇拜，女人甚至向孔子祈求赐子，这被看作是一种迷信的、不合常规，进而在被皇帝诏令制止。实际上，儒教也有自己的“圣经”，其中包括九部经书，都归于这位圣人的名下。但这些经书并不代表神，除书中所记述内容，没有任何有关神的启示。这些书教给人们有修养的生活观念和社会理想。它已经成一种民族的宗教融入到古老民族的自然与祖先崇拜中。你也许会认为，儒教的本质是一种积极的生活态度，它只是对孔子的间接崇拜，这与罗马人当中的斯多葛学派十分相像，把对既定崇拜的忠诚当作一个原则问题。

---

① 阿尔弗雷德·德怀特·谢菲尔德（1871—1961 年），出生于中国北京，1897 年获得哈佛大学文学硕士学位，之后在哈佛大学及其他多所大学任教。主要著作有《旧约叙事》（*The Old Testament Narrative*，1910）和《语法与思考》（*Grammar and Thinking*，1912）等。

孔子的教义

只有把孔子放在他存在的历史背景中才能真正认识他。有人指责这位圣人的思想是倒退的、迂腐的；但你不应该说他只想回到“过去的美好日子里”。当他在周的朝廷上第一次查看祖先神祠、组织每年一次的祭天仪式时，他疾呼：“夫明镜所以察形，往古者所以知今。”① 这是树立了治国的理想，他生活的那个时代距离这个理想还很遥远。周王朝虽然出过几位有才干的帝王，掌控着整个黄河流域，却在公元前 6 世纪日益衰落，甚至只能靠封建帝制来维系。周天子沦为徒有虚名的帝王，古老的帝国疆土分崩离析，落入强大蛮横的诸侯手里，他们都为自己的利益而战。孔子时代的中国，与路易十一颠覆封建贵族权力之前的法国很相像。

第一部儒学经典“五经”就是尊重历史的产物，据说孔圣人是其中四本书的编撰人，这“五经”分别是：《尚书》，内容是过去的文献，涵盖了从公元前 24 世纪至公元前 8 世纪的那段历史时期；《诗经》，收入了三百零五首诗，这些诗的创作年代大约是从公元前 18 世纪至公元前 6 世纪；《易经》，可以说是古代的一本讲解占卜方法的书；《礼记》，汇编了这一时期的礼仪惯例；《春秋》，是孔子的故乡鲁国的编年体史书（公元前 722—前 484 年）。第二部经典“四书”记录了孔子的真正教义。这四部书中，《论语》《大学》，是孔门弟子曾参所作，论述了修身、齐家、治国、平天下的理念；《中庸》是孔子的嫡孙子思编写的一部关于品行的作品；《孟子》，其作者也是一位伟大的儒学家。

儒家学说的一些独有的特征可以总结为这样几点：

第一，孝是最重要的伦理美德。一个孝顺的儿子要在五种关系中尽职尽责，这五种关系分别是：父子、君臣、夫妻、兄弟和朋友。这样的观念，自

---

① 《孔子家语》卷三《观周》。

然会受到中国社会体制的支持，因为当时的社会是家长制的，是以家庭（而非个人）为社会基本单位。在祖先崇拜中对家庭的忠诚已经成为一种具有宗教意义的责任。在此，孔子是在强调他对中华民族习俗的赞同，这一习俗在早期的颂诗中就有所表达，即向亡灵供奉酒食。这种家庭祭祀到底能否称为真正意义上的宗教崇拜，是值得探讨的。有人把它等同于法国人在万灵节上装饰墓碑的习俗。但它牢固了家庭成员之间的关系，在不断逝去的一代又一代人当中牢固树立了家庭统一和永存的观念。

第二，人与人之间应该本着“互惠”规则。“己所不欲，勿施于人。”（《论语·颜渊》）仁爱（对儿子和兄弟之爱的延伸）是对待他人应有的态度，但要避免愚蠢。当被问孔子对老子“以德报怨”的态度时，孔子的回答是：“何以报德？以直报怨，以德报德。”（《论语·宪问》）

第三，“君子”是道德力量的主体。人性本是善的，所有的邪恶都因为不当的教育和不好的样本。而君子的美德则会起引领作用。因此孔子要培育“君子”品格——这样的君子有智慧和道德懂得礼节，以至在任何时候他都懂得什么是对的。拥有这种品格的人正直而沉稳，也可以说是为了美德而实践美德。“君子求诸已，小人求诸人。”（《论语·卫灵公》）

第四，孔子对于神灵世界的态度是虔敬地持有不可知论。对于死亡和未来的情况，孔子通常并不多言。“未知生，焉知死？”（《论语·先进》）他常常提及“天”，他并不是有意回避“上帝”这一人格化的用语，他的言论有许多对人信任的记录，但他将关于存在的本质和世界的命运的思考都仅仅视为白费心思。当听说两个丧去朋友的人用“生是梦，死是醒”的这句话来自慰时，孔子说道：“彼游方之外者也，而丘游方之内者也。”（《庄子·大宗师》）

总之，孔子并没有创立任何宗教体系，但是他却通过传播其伦理意义，建立了一种教义。他的重心在做于社会有用的人，他一板一眼地履行宗教仪式，其目的是为了达到“社会和谐”作用，而不是出于对宗教的热情。“子不语怪力乱神。”（《论语·述而》）——就是理性的克制。

儒家的影响力

长期以来，中国的精神生活都受儒教支配，在西方学者的言辞中，儒教与民族精神两者达到了和谐。实际上，它是在不断遭受非议与诋毁中成熟起来的。孔子去世之后的 200 年里伦理学理论一直在互相对抗着。杨朱提出了一种轻物重生利己主义。墨子提出了一种与这一学说针锋相对的激进的利他主义，提出兼爱来医治社会的混乱。老子对孔子的性善提出质疑，认为人性之向善，就像水之东流，或者柳树条做成器具。面对所有这些争论，孔子最伟大的追随者孟子（公元前 372—前 289 年）为他进行了辩解。但儒教还不得不面对另外一些思想体系，而这些思想体系所表现出来的宗教吸引力比儒教所提倡的更加积极。于是道教粉墨登场，宣扬顺从“天道”，并得到了中国最有智慧的文人庄子的支持。庄子的倡导神秘主义的：“天地与我并生，而万物与我为一。”（《庄子・齐物论》）而这一学说最终被孔子学说打败的原因，大概是正如历史学家司马迁所解释的：“其言洸洋自恣以适己，故自王公大人不能器之。”（《史记・庄子列传》）但孔子对亡灵的解释保持沉默，恰好给佛教提供了机会，后者用大量的细节描述了人死后的状况，而这正是人们的想知道的。其实，佛教的悲观主义哲学跟中国人的本性气质并不相符，但佛教宣传的报应学说和拯救之道赢得了人们的认同。从公元 5 世纪起，佛教与儒教的冲突有增无减，最终走向衰退。但即使在佛教衰败的时候，佛教也为老百姓所信奉的泛灵宗教提供了很多理论和实践。儒教在佛教的衰落时所取得的胜利并不单纯是对孔子和孟子学说的重复。道教和佛教提出了人类必须面对的宇宙论问题。于是，从周敦颐（1017—1073 年）开始的新儒教在《易经》的基础上构建出了崭新的宇宙哲学，从两个角度描述了世界：从物质起源到人的智慧，它们一方面构成了五种基本元素和一切感官素材，另一方面引发了一切智慧和道德伦理。新儒教中最伟大的人物是朱熹（1130—1200 年），他对经文的评注在当今看来都是权威性的，他阐释出的家庭礼仪和举止规矩把儒教的行为准则带入了普通百姓家。

1906 年，孔子被皇帝“奉为神明”。之后，随着共和主义的兴起，出现了一种思潮，它不仅抵制对孔子的封圣，而且反对整个保守的传统。这场运动如今仍影响深远。但是，在西学东渐的知识革新，儒教的未来会怎样，恐怕我们只能臆测。你也许希望，这些曾经对东方民族文化的精神产生深远影响的伦理体系，能够以耳目一新的形式保存了它的生命力。在西方批评者的眼里，孔子赢得了人们对他的尊崇。在现实中，也确实没有任何人能够像孔子一样有吸引力。

希腊宗教

克利福德·赫歇耳·摩尔[①]

希腊的宗教涵盖从历史开端到异教终结生活在希腊土地上的各个民族所有的宗教信仰和宗教行为。与基督教相比，它没有明确启示教义的实体，所有神殿对每一个祭拜者，没有统一的信条或固定的仪式约束，但在各地可能会有自己独特的神话和习俗，一个人的信仰比较随意，只要不公开冲撞传统。没有神职人员会刻意把他们的法令强加给社会，只有本地的习俗可以左右仪式和信仰。

希腊的宗教具有混合性特征。以我们从希腊当地和克里特岛的发掘结果来看，早在公元前第二个千年，这些地方的居民对他们的部分神祇就有了生命的概念，换句话说，他们在自己的艺术作品中，把神祇想象得和人一样；另外，在接下来的几百年里，神石、神树和符号等一些原始意义依然保留着。但是，认为希腊宗教起源于对自然物体和自然力量的崇拜的观点是错误的。当然，对自然现象和无生命对象的崇拜，对祖先的崇拜或对动物的崇拜，对希腊宗教确实产生了影响。但是，现在，想要找到不同历史时期构成宗教的

---

① 克利福德·赫歇耳·摩尔（1866—1931年），精通拉丁文学，1898年执教于哈佛大学。主要著作有《罗马帝国早期异教徒的不朽观念》（*Pagan Ideas of Immortality During the Early Roman Emipirt*，1918）和《希腊人的宗教思想》（*The Religious Thought of the Greeks*，1925）等。

所有因素这一愿望是无法实现的。所以说，希腊人崇拜很多自然存在的灵物，它们存在于整个自然界中，在人类生活的每一个地方都有它们的影子。绝大部分希腊人认为，世界充满了不同层次的神性存在，人们必须得到他们的厚爱与关注，才能通过献祭和祈祷来消减他们的恶意。

荷马与赫西奥德作品中的宗教

最早的希腊文学作品《伊利亚特》和《奥德赛》展现了一个诸神的世界，而他们在一起组成的那种社会组织，与荷马时代的城邦极为相似。为首的是宙斯，他是众神之父，也是众人之父，而他在奥林匹斯山上所掌握的权力，就像阿伽门农在特洛伊城前的希腊人当中所掌握的权力一样；赫拉虽然是宙斯的妻子，但她处于从属地位，与海神波塞冬同等。战神阿瑞斯和爱神阿佛洛狄忒代表了杀戮和爱；火神赫菲斯托斯，阿波罗的妹妹阿耳特弥斯，更高级神祇的高级仆人与随从和人类的伙伴赫耳墨斯，以及另外一些神祇，则算作更低一级；而颇有名气的得墨忒耳和狄奥尼索斯，在奥林匹斯山上更是地位低下，所有这些神祇都被描绘得比凡人高大和强壮、更聪慧，但他们却同样被身体和心灵的激情所控制；他们相对人的优势仅仅在于他们可以长生不死。在希腊世界的每一个角落，都没有过这样一个受崇拜众神体系。它被地方迷信的优胜劣汰过程所创造，并被改造为迎合了爱奥尼亚人的宫廷口味的模式，因为那些史诗原本就是在宫里吟诵的。然而这些史诗中的众神并没有把本地的神祇赶出家门；但荷马的诗歌在希腊却影响到了每一个地方，以至于在很多地方的神祇都被荷马中的神祇所同化，例如，守护女神雅典娜就是这样获得了史诗中赋予她的那些形象。文学和艺术是不断向前发展的，这就是用荷马的方式来表现更崇高的神祇。

赫西奥德（约公元前700年前后）也通过他的《神谱》（*Theogony*），对后世产生了深远影响。这是最早试图对神话进行的评论行为，并希望把各种不同的记述归纳为一个统一和谐的整体。此外，赫西奥德的诗歌还带有某些宗教成分，这些在荷马史诗中基本不可能存在。其中最主要的是对死神和英雄的膜拜。在道德方面，我们也发现了更具体的正义和道德秩序的总结；其中对人与众神，以及人与社会的关系的思考比荷马史诗中的要多得多。

虽然有荷马和赫西奥德的影响，但是没有一个神祇或众神的体系可以完全成为所有人都认可的神，每一个神都具有一定的地域限制。单纯善良的希腊人把当地的神祇设想为独一无二的，与同样名字的其他神祇截然不同，就像今天的希腊农民想象他们的本地圣徒一样。可是，随着城市化的进程，去古老的圣地膜拜渐渐变得很不方便，于是，人们便在城市里建立了新的神殿，作为古老神殿的替代品，雅典就这样出现了宗教崇拜的形式。而且，一座城邦的主神获得了地区守护女神的地位，比如，整个阿提卡地区的雅典娜，但并没有完全覆盖或抵制其他神祇。同时，某些宗教中心得以发展，它们为一个以上的城邦服务，例如，得洛斯的阿波罗神殿，演化为所有爱奥尼亚人的宗教中心，以及奥林匹亚的宙斯神殿，所有希腊世界的代表每隔四年会在那里举行盛会。

个人宗教的发展

由此可见，希腊的宗教具有社会性和地方性的特点。家庭、宗族、部落和城邦的成员被崇拜紧紧联系在一起，在这样的崇拜中，个人依靠美德获得在社会团体中的成员身份，这些条件让社会更加团结，并使宗教成了所有市民共同的关心对象；然而，这种共同的宗教崇拜通常会阻碍一切个人宗教的发展去向。但从公元前 8 世纪起，它们发挥了唤醒个人自我意识的作用。人们开始对城邦的宗教传统表现出不满，他们尝试与神祇建立起个人关系，以便满足他们作为个人的宗教需求。从公元前 6 世纪起，这种需求终于在俄耳甫斯教派那里找到了满足方式，该教派的成员希望通过对狄奥尼索斯和一种稳定的生活方式的崇拜，来达到宗教情感的满足，并得到幸福生活的保证。大约在同一时期，一些神秘的宗教仪式脱颖而出。其中最主要的仪式出现在阿提卡的厄琉息斯，在这个地方，纪念得墨忒耳及其他有关神祇的节日从很久以前就已经存在。这个节日最早是农事性的，目的是为所有参与者祈求丰收和兴旺；但在公元前 600 年前，它便开始接纳那些相信来生的个人加入，进而转变成了一种宣扬末世论的神秘仪式。在希腊宗教中像这样的活动，通常会毁灭人们对社会性崇拜的依赖，虽然这些古老的宗教崇拜一直延续到了异教的终结。然而，在雅典，公元前 5 世纪发生了一起政治事件，在一段时期内阻止了宗教中的个人化运动。在与波斯的冲突中（公元前 490—前 479 年），雅典作为希腊独占鳌头的城邦开始崭露头角；在随后的半个世纪里，雅典得到了空前的兴旺和帝国的地位，这让它的臣民紧紧地团结在一起，虽然政治党派之间的纷争依然存在。但在上一个世纪，庇西特拉图做了大量的工作，在雅典提升和确立奥林匹亚那种类型的宗教；在雅典力量最强期，城邦宗教的理想应该占主要地位。公民们团结协作，把他们的物质财富和最高雅宝贵的艺术贡献给诸神。

希腊悲剧中的宗教

与此同时，生活着伟大的悲剧作家埃斯库罗斯、索福克勒斯和欧里庇得斯，而他们也是伟大的宗教导师。埃斯库罗斯尝试着按照他的理解来解释更高的宗教真理，并设法把这些真理与道德结合起来。他阐述了罪的性质，认为它玷污了后人，而神的正义一定会对罪恶进行惩罚。他的《普罗米修斯》及其三部曲，生动展现了他的悲剧特征。索福克勒斯强调了至高无上的法律和道德责任的神性来源。他认为，即使受苦者没有罪恶，痛苦也有它的一席之地；心灵的纯净，对宙斯的信仰以及神意的认可，是生活的基本原则。这些信条也是《安提戈涅》（*Antigone*）和《俄狄浦斯王》（*Oedipus the King*）的基础。欧里庇得斯从性情气质来谈及后来的理性时代。他对他认为那个时代不存在一成不变的理论。但总的来说，他对抵抗古老的奥林匹亚宗教还是做出了贡献。但他也不断地鼓励人们对一些生活问题提出意见。在他的《希波吕托斯》（*Hippolytus*）中，他笔下那位纯洁的主人公因为不肯向爱情女神妥协，而被带到了死神的面前。于是，神圣的传统被诗人降低了，在《酒神的伴侣》中，他认为宗教狂热和神灵启示应该高于理性。

自公元前 5 世纪末期，哲学开始从传统宗教的角度对人进行思考。但是，哲学并没有与那个时代的宗教各行其是。最终，个人主义和世界主义的思维破坏了人们对国家宗教的信仰，尽管古老的宗教仪式一直到了古代时期才结束，但它们再也无法恢复到公元前 5、6 世纪时的显赫地位。

帕斯卡

查尔斯·亨利·康拉德·赖特[①]

布莱兹·帕斯卡不仅是法国17世纪的伟大作家，他更应该被列为现代文学史上最伟大的作家之一。他在很大程度上影响了当时及后世数不胜数的宗教人士；他是法国文学最重要时代的一位富有个性的大师，很多科学家们也把他看作是一位贡献巨大的数学家和物理学家。

帕斯卡与詹森教派

帕斯卡的名字与詹森教派的历史紧密相连，虽然他在智力发展的各个阶段得到了各种不同的称号，以至于从怀疑论者到信仰主义者；但在性格方面却继承了詹森和奥古斯丁教派悲观沉郁的风格。

帕斯卡出生在一个高度敏感的家庭，那里是奥弗涅火山地区一个阴沉荒芜的地方。帕斯卡从儿时起就有过人的智力，根据一位比较偏爱他的姐姐的说法，这位“可怕的天才”（夏多布里昂这样称呼他）在他还把直线和圆称作

① 查尔斯·亨利·康拉德·赖特（1869—1957年），曾任哈佛大学法语教授。主要著作有《法国文学史》（*A History of French Literature*，1912）和《法兰西第三共和国史》（*A History of the Third French Republic*，1916）等。

“长条”和“圆圈”的时候，就自学了几何学，而且解答出了欧几里得的难题。他的智商发展很快，直到病入膏肓，他经受病痛摧残的一生在不到 40 岁的时候就终止了。他占领了那片知识的领域，论证了一些物理学设想，涉足了人们未知的数学境地，他的思想深入到了论争当中，这就是上帝与他所创造的人类之间的关系。

帕斯卡对宗教的忠诚并不是与生俱来的，他也曾有过多次犹豫，也有过打退堂鼓的时候。作为一个凡夫俗子，他结识了许多聪明智慧的朋友，参与反对耶稣的科学讨论，与他人探讨哲学问题。但对我们的主题来说，他生命的真正意义是从他对詹森派教义的信仰开启的。

比利时伊普勒市的詹森主教把自己的一生都奉献给对圣奥古斯丁的研究，以及阐述这位伟大的教会神父的学说。圣奥古斯丁是一些学说的泰斗，就宗教思想来说，这些人信仰的都是决定论，他们相信宗教宿命论，以及与它相关的所有结论，比如，命定论和原罪学说，对于原罪，人的赎罪的付出显然是没用的。詹森的教义被圣西兰神父传送到了法国，圣西兰神父是一个有着严苛而强硬原则的皇家港修道院神父。当时，皇家港被阿诺家族的成员所掌管，耶稣会在原则和气质上与詹森的学说相悖。詹森的学说是一种注重自我和自省的学说，在几乎每一个方面都和加尔文主义类似，在人的内心里激起了不计其数的关于人为什么及何以会存在于地球上这个问题的担心和疑虑；这一学说跟耶稣会的那些温和的教义恰好相反，后者热衷于用愉悦的风格吸引新的皈依者，而不是用可怕和虚幻的东西恐吓他们。因此，便有了阿诺家族和詹森派教徒在皇家港的合作，皇家港修道院就成了宗教讨论的重要之地。

《致外省人信札》

在辩论的过程中，阿诺家族的一位成员邀请帕斯卡对詹森教派相助。为此，帕斯卡拿出了他的《致外省人信札》(*The Provincial Letters*)，其中大多数书信据说是一个名叫路易·德·蒙达尔的巴黎人写给外省的一位友人的。

因这些信札（是讽刺性辩论的代表），帕斯卡给耶稣会带来了无以名状的毁伤。凭借一些偶尔看上去不是很不公平、但是每一个参与辩论的人都使用过的方法，对一些耶稣会的学说进行了抨击。这些作者阐述的宗教教义（如恩典问题），包括道德上的决疑论——这门学问的研究是为了解决这样一个难题：良心与为不公正的行为开脱之间的矛盾。在 17 世纪发生的一次长时间的论争中，《致外省人信札》出版了，耶稣会最终使詹森教派信徒成为人们鄙夷的不端分子，并且，他们又成功毁灭了皇家港。但是，无论正确还是错误（关于这点，至今依然难以达成共识），帕斯卡到底给了耶稣会士们重重一击，从此他们再也没有从这场打击中站起来，包括法国在内。

《思想录》

在很多方面与《思想录》（*Pensées*）相比，《致外省人信札》不过是转瞬即逝的文学作品。在《思想录》里，我们看到了帕斯卡宗教观的全部内容，这是一部具有法国文学特征的一部杰作。帕斯卡一直都在计划写一部阐述宗教的著作，准备在著作中阐明他对基督教的观点。但是这部作品只是残缺不全的笔记和《思想录》，而从《思想录》中，我们几乎很难揣测出完整作品的鲜明态度。给予我们的依旧是最深刻的思考。

帕斯卡在精神上是个悲观主义者，因此他接受了詹森教派悲观沉郁的奥古斯丁宿命论和他们关于人的罪大恶极和恩典的必要性的观点。他同样深信不疑，人的理性没有能力处理来世的未知问题。帕斯卡深受蒙田嬉笑怒骂的怀疑论的影响，深知无法给出逻辑上的答案。这使他发现，逃离这样的绝境只有一条路，拒绝理性的所有支持和结论，不加思索地投靠上帝。因此，他相信真理和恩典。正是由于这些原因，被人们称为“怀疑论者”“神秘主义者”和“信仰主义者”；并且，有人把他的宗教感情视为异常思维的表达，而另有人却称他为是一个先知对世界的深刻探索。

四分五裂的《思想录》的根本观点是人没有信心，但人自己的天性中始终有种本能在抗拒着这种绝望。我们确信：一切并不是那么糟糕。如果我们接受基督的真理，我们就会得到了一种安慰：我们的受苦受难是有原因的，我们在为人类原始的原罪赎罪，这会让我们宽容自己。所以，我们必须从人开始，证明基督教，进而证明上帝。

然而，《思想录》琐碎庞杂的内容，使得读者无法判断这一论证的具体步骤。读者会发现，让它们保持原样更好，那样的话，他就会满足于想象力丰富的、诗歌式的词句。这样的文字充满了抒情的美感：诗人是一个思想家，他看到了那个浩渺的无底洞（空间的和尘世的），看到无比巨大和无比渺小。在对它们的思考中，他感到了一种恐惧，但同时也感到了一种自信。他认为人虽然是残酷的自然界猎取的动物，是一根无力的小草，受狂风的摧残，但他却感觉到有一种东西让自己无限地提高，因为他意识到，自己是一根有思想的小草。这部作品充满了对神的含糊不清的爱，所以，虽然帕斯卡很有数学头脑，但并没有用几何证明来证实理性的说服力，而是善于抓住感情。帕斯卡也是法国古典主义的直觉主义者，正如他的也是理性主义者竞争对手笛卡尔一般。

帕斯卡对法国思想影响巨大。在他所处的时代，在他的努力下，法国散文及其内容摒弃了某些自觉的拉丁文学者（如盖兹·德·巴尔扎克）的那种做作的修辞。某些文人在他的帮助下得到了一种新的温柔质朴的感情，并且不必以牺牲斯多葛学派的自律为代价。他使得只关注渺小的民族主义情结的作家了解了充斥着这个微小地球的无穷想象。在他的帮助下，那个时代的法国散文变得更清晰明朗，并成了一面灵魂的镜子。这一切，是他用一部著作来达到的，虽然我们只有这部著作零零散散的片段，但也是他毕生努力的结果，他这一生，何其短暂，就其遭受的肉体苦难而言，是悲剧性的，就其精神虐待和智慧活力而言，是与众不同的，这是一个全才的一生，在几个世纪里，这个世界几乎再也没有出现过能与之相比的天才。

政治经济学

plutonomy

政治经济学总论

托马斯·尼克松·卡弗[1]

当经济学这个术语被希腊人最初使用的时候，它的一般意义是家政管理的艺术，或者是管理家政的聪明之法。色诺芬关于这一课题著作的论述，描述的是一种简单的农业家庭管理的收入和支出问题，以及生意和家庭开支问题，然而并没有十分明确地加以区分。在现代社会，特别是在城市生活中，商业或收入来源，非常明确地跟使用这些收入的家庭区分开了，以至于如今这门学科有两个完全不同的分支。其中一个分支，我们现在称之为商业经济学、商业经营或商业管理。而另一个分支现在则被称为家政学、家庭经济学、家政管理、家政科学等。如今这两个分支区分得这样清楚，看上去似乎没有一丝联系，这足以说明我们已经离那种自给自足的农业家庭的简单生活越来越遥远，商业和生活已被我们区分得十分彻底。

色诺芬还写过一本探讨雅典收入的著作。虽然这部著作还不能被公认为论述公共财政的论著，但至少说明他对这一领域比较感兴趣，把这一领域命名为公共家政管理也许是有道理的。每一个政府，作为一个具体的法人来考

① 托马斯·尼克松·卡弗（1865—1961年），经济学家，1902—1925年在哈佛大学担任政治经济学教授，并于1916年当选美国经济学会主席。主要著作有《财富的分配》（*The Distribution of Wealth*，1913）、《政治经济学原理》（*Principles of Political Economy*，1919）和《国民经济原理》（*Principles of National Economy*，1921）。

虑，除了它所统治的人民的需求之外，也都各自有它自己的需求。无论它是一个城市、一个国家，还是一个更小的政治单位，它都不得不解决收入和支出的问题，这一点与私人经济别无二致。后来的一些作者把经济学这个术语应用于我们现在命名为公共财政的这一类问题上，而不再是“家庭经济学”这个类别所包含的那些问题。在君主制国家，王室的经济来源，以及供养王室的支出，可能与家庭经济学非常类似，当收入的主要来源是王室土地时便是如此，而当经济的主要来源是税收时，它当与公共经济学类似，国王仅仅被看作是一个公共官员，像其他公共官员一样被税收供养。

公共经济学的早期观念

在中世纪和现代社会早期，对经济学的主要研究从该学科的私人方面转向了公共方面，但还是主要集中在公共财政的收支问题上，或者转向我们现在所说的公共财政。这一方面的主要研究者是财政大臣，他们负责管理为王室筹集收入的组织，以及国王的建设和军事支出规划。但有一点很明显：国王收入的总额受到了人民财富的严格限制。如果需要更多的收入，也就是让人民缴纳更多的赋税，就不得不使他们更富裕。于是，研究者对国家兴旺的问题越来越关注，直到现在，依然受人们关注，公共财政的收入和支出问题一定处于从属地位。换句话说，现代政策不是为了有更多的税收及其他形式的收入而努力使国家富有，而是为了统治者的私利促进普遍福利，只有当为了促进普遍福利而必须为政府增加收入的时候才会这样做，而且也只能做到这样。

重商主义者和重农主义者

即便是研究者只把他们的注意力集中在普遍富裕上，他们也还是要花费了一定的时间才能形成看待这个问题的真正宽广的眼光。一个学派之所以被称作重商主义，是因为他们强调商业的重要性，尤其是对外贸易，以至于似乎把繁荣跟外贸当成是一回事，比如，这一学派的作者经常指出，提供大量廉价劳动力是外贸发展中的一个十分重要的因素；因为，一旦有了廉价劳动力，国家就能够在国际贸易中拥有很强的竞争力，这明显不是要增加那些提供廉价劳动力的劳动者的经济收入。另一个学派，重农主义者，则强调农业的重要性，认为它是一个实际生产剩余价值真正超过了生产成本的产业。

这两个学派都错误地假设公共富裕与个人富裕之间的相似之处。一家私营企业，如果卖出多于买进，或者说赚的钱多于花的钱，便称之为富裕。重商学派假设，同样的道理也适用于整个国家，却忽视了下面这个事实：在一个国家，让一个人从中获得好处的时候或许会让另一个人受到损失，这好比在某些商人那里，他们出口商品之所以能获取暴利，是因为他们支付给劳动者的工资很少。再比如，一家私营企业，如果它的产出大于它的成本，那么就可以说它是富裕的。在农业中，存在地租，严格说来它不是成本，对土地所有者来说是剩余所得。这笔剩余所得是超过生产成本的产品的剩余价值。由于当时的手工业生产者产生的地租极少，于是重农主义者假设，这些手工业对于整个国家来说并不是什么很赚钱的产业，它的兴旺主要来自于农业，农业积累了主要的剩余，也就是地租。他们像重商主义者一样忽视了下面这个事实：这一剩余可能是（至少部分是）农业劳动者不得不忍受贫困的结果。在效率不变的情况下，他们的劳动越廉价，种植作物的成本就越低，地租就越高。

直到亚当·斯密具有里程碑意义的著作《国富论》（*Wealth of Nations*）问世，研究者们才开始在看待国家福利这一问题上获得了宽广的视野。不同的研究者有不同的专业倾向，但他们普遍认识到，他们的专业意义在于更大的问题上。有时，他们的关注点可能过多地集中在生产和交换上，对分配问题的研究却太少。最近二十五年来，人们在分配问题上所倾注的注意力比其他任何问题都多；但在当代，有一种观念开始出现：受到的关注最少的是消费，但它却是最重要的领域。

财富的意义

既然政治经济学彻底地把注意力集中在国家兴旺的问题上，那么重要的是，研究者在开始研究这门学科的文献之前，应该透彻地理解它的主要方面。其中最重要的方面是财富（*wealth*），但这个术语有两个看似迥然不同、实际却互相关联的意义。首先，它指的是一种幸福的状况，在这个意义上，它与撒克逊人的术语 *weal*（福祉）完全不同，“财富”一词来源于它。在第二个普遍的意义上，它是某类物品的共同名称。物品是满足欲求的载体，但并不是所有物品都是财富。只有那些在极其特殊而实际的意义上，欲求的满足依赖于它的商品时才是财富。人们渴望空气、阳光，以及其他很多并不构成财富的东西。但是，如果他们不只渴望一样东西，而且渴望的数量超过他们现在所拥有的，或者超过马上就会拥有的，那么，这些东西便可以称作财富。他们的满足程度明显地受到这些东西的影响，也就是越多就越满足；反之，它越少就越不满足。虽然离开空气我们就无法生存，但是我们通常不会渴望超过我们所需要的空气。因为有足够的空气满足每一个人，即使略少一点，也不会有人意识到有什么差别。如果在某个特定的时间和地点发生了特殊情况，在这种情况下，没有足够的空气满足每一个人的需求，那么，人们就会渴望超过自己已经拥有的空气，这样一来，空气便成了财富。

在直接而现实的意义上，财富还可以临时定义为福祉或幸福所依赖的那些物品的名字。如果我们的幸福感因为拥有更多的一些物品而增加，因为拥有较少的物品而减少，那么，这些物品就成为财富。它们就成了人类所渴求的目标。因此也成了人类为之拼命的目标。面包越多，幸福越多；面包越少，幸福越少。因此我们说，面包就是财富。广泛地讲，任何东西，如果我们在任何时间和场合都能使用这一准则，那么它在此时此刻就是财富。任何不适用这一准则的东西都不能称作为财富。

这句话需要一个限定条件，那就是，人们可能还不知道他们的福祉取决于什么。他们会视自己认为的福祉所依赖的那种东西为财富。也就是说，如果他们渴望的东西，超过他们现在所拥有的，就说明他们对福祉或满足状态会因为拥有更多这种东西而变得更强烈。他们需求就更多，并千方百计要得到它（或者通过生产，或者通过购买）。这就证明，他们把这种东西当作财富，或者当作获得幸福的手段。所以，有时候会出现这种情况：研究者不得不把某些他们不仅认为毫无价值、甚至有害和不道德的东西归于为财富即满足不良欲望的手段，比如，鸦片、烟草和烈酒。如果一个人很看重这个限定条件，他也许会选择把财富这个词跟幸福分离开来，并把它定义为满足欲望的一种手段。

我们发现，每一个定义都跟另一个曾经非常流行的定义相得益彰，这个定义就是：财富是在交换中有价值或力量的所有物品的共同名称；因为只有那些被渴望并且稀缺的物品才会在交换中有力量。实际上，它们仅仅因为稀缺并且有人渴望得到比现有的更多，才拥有价值，才被买卖。

节约的意义

稀缺是财富概念的特征，这一观念暗示了节约的意义，它是经济学的又一个基本概念。节约则暗示了调整方法以适应目的，也就是克勤克俭，或者说到底，是在一个人的不同欲望当中做出选择，为了更重要的欲望得到满足而舍弃次要的欲望。稀缺的事实使我们不得不做出这样的选择，如果没有稀缺，就不必选择。因为，如果每一样东西都很富足，都能够满足自己所有的欲望，就没必做出任何舍弃。正是那些稀缺物品的使用，才需要节约。这些为最大的满足或幸福而不得不加以克制的稀缺物品，构成了经济物品，财富只不过是它的一个名称罢了。这些就是我们必须加以品评、定价并与另一种物品比较其效果与作用的东西，为的是有限的供应能够分配并尽可能地满足人的欲求，也就是为了它们能够满足更多的、而不是更少的欲求。

稀缺物品的节约，不可能脱离像生产和交换这样一些明显的事实。我们不得不加以节约的物品，会在其他物品都不适用的直接而现实的意义上得到重视和评估。当我们希望得到一样东西，而且希望得到比我们现在拥有的更多时，我们不仅千方百计得到更多（通过购买或生产）；并且我们希望得到更多这种物品的想法越强烈，我们在交换一定数量的这种物品时所甘愿支付的也就越多，我们试图生产更多这种物品的尝试就越艰难。这个评估的过程使得这类物品在交换中拥有优先权，而这一优先权与它的稀缺程度成正比；更恰当地说，与我们希望得到更多同类物品的欲求的强烈程度成正比。无论具体的个人是不是希望得到更多的某种物品，只要社会的某个角落存在这样一种需求，就会使该物品在交换中拥有很高的价值，这一价值将会有效地促使人们去生产它，就好像他们自己非常需要该物品一样。

变动比例法则

从另一方面看，生产过程也需要一种新的节约，因为生产资料在一些条件下同样稀缺，而在另一些条件下却是充足的。说到底，一切工业都是把原材料从一个地方转化到另一个地方。但聪明的人关注的是这个原材料转化过程背后的规划、目标和规则。科学观察者所得出的一个伟大的总结是，所有这些原材料的移动都是为了同一个目标：用合适的比例把物品聚集在一起。当然，所有这一切的背后还另有隐情，但我们看到的实际情况是：每一项工业的目的都是通过用合适的比例聚集原材料来实现的。眼睛所看到的所有这些原材料转化都受到比例规定的控制，生产者的技能，一方面在于了解组合原材料的恰当比例，另一方面在于他把这些原材料聚集在一起的本领。

这个道理适用于任何场合，从化学实验到沙漠灌溉，从艺术家画室里的工作到农民在田间劳动。不同的是，化学家在特定比例规定之下工作，根据这一规定，化学元素在精确的比例下组合，但生产工作绝大多数是在变动比例规则之下进行的。比如，在一块田地的灌溉中，用水量是根据作物的生长情况不断变化的。绝不能说，必须使用固定数量的水，那样就会影响作物生长，或者说一点点变动就会把作物彻底毁掉。在相当大的湿度范围内，作物都可以生长，虽然在这些范围内，收获会根据所灌溉的水量而不同。

只要是适用变动比例规则的地方，或者说只要是不适用固定比例规则的地方，当生产所需要的任何一个因素发生变化时，产量也许就会不同。在土壤中增加十分之一的湿度，极少能使收成也精确地增长十分之一。关于肥料，也可以说关于任何单一的增产因素，关于耕作的劳动，或者说关于决定收成多少的任何单一的因素，都是这样的。而且，这些都适用于任何生产部门，比如说工厂，适用于必须跟它紧密结合的生产要素。

在任何生产部门，不论是车间、农场、工厂，还是运输系统，组织生产要素的工作都需要一定的知识和耐心，就像组织化学元素的化学家，尽管正如前面叙述的那样，因为固定比例规则，化学家必须以严格的精准度遵守明确的规则。

这一变动比例法则很难言简意赅地陈述，但下面的规则也许有助于我们对它的意义和重要性产生一个相对准确的概念。我们暂且假设，为了得到某种被需要的产品（我们称之为 p），需要三个要素 x、y 和 z。

如果 10 个 x 加 20 个 y 加 30 个 z 可以生产 100 个 p，那么，11 个 x 加 20 个 y 加 30 个 z 有可能生产出：（1） 多于 110 个 p，（2） 110 个 p，（3） 少于 110 个但多于 100 个 p，（4） 100 个 p，（5） 少于 100 个 p。

实验表明，增加 1 个单位的 x 导致生产出（1） 多于 110 个 p，或（2） 110 个 p，那就说明，x 与另外两个因素 y 和 z 的比例过低。由于增加一个单位的 x 使得产量大幅度增长，那么由此可见，与更多的 y 和 z 比起来，对更多 x 的需求就会加大。因为，如果这个组合中的 x 太少，那么 y 和 z 就一定太多。可是，如果我们发现，增加 1 个单位的 x 导致（4） 100 个 p——即完全没有增长，或（5） 少于 100 个 p——即比之前得到的更少，那么可见，x 与另外两个因素的比例太高了。所以，与 y 和 z 比起来，对更多 x 的需求就会很小，因为，如果这个组合中 x 太多的话，y 和 z 就一定太少了。但是，如果 x 的增加导致五个单位产品的相应增长，那么，这些要素就接近于合适的比例了。增加一个单位的 x 是否更有利，就取决于 x 的成本和所增加产品的价值了。我们可以假设，x 的增加使得产品增长 5 个单位（105p）。如果 1 个 x 的成本小于 5 个 p 的价值，那么，把要素 x 从 10 个增加到 11 个就是可以产生利益的，否则就毫无利益可言。

诚然，这个规则，以及与之相关的一切，都可以用在 y 和 z 身上，就像对 x 一样，只要它们都被看作是可以变化的因素。x、y 和 z 可以代表普遍工业中的劳动力、土地和资本；它们也可以代表任何工业生产中的劳动力的不同等级；它们还可以代表在任何领域为得到任何产品而聚集在一起的任何一组因素。要明白事情的本质是，在哪一种组合中，最稀有的因素都是限制性的因素，产量的变化跟这种因素的关系非常紧密。与组合中的其他更丰富的因素相比，产量的变化更明显地依赖于这种稀有因素的变化，所以，人们通常把稀缺因素看成是生产力最重要的因素。不管这种说法是否正确，有一点毋庸置疑：它非常受重视，也会因此被赋予最高的价格，而且一定小心地加以节约。这一规则，以及由此得到的结论，对提示作为生产力基础的物理事实是有帮助的，供需规律就是建立在这一事实的基础之上的。

人与人之间的利益冲突

作用与稀缺是决定一样物品价值的两个最主要因素，它的作用在于它直接或间接满足需求的能力。换句话说，就是不管它是消费品还是生产要素，这一点现在应该已经足够明确了。稀缺要素导致节约变得必要，这一点也十分鲜明。它也是人的利益冲突的根源。大多数的道德和社会问题都因此而产生，但这一点就不那么显而易见了，接下来的思考将表明这是真的。稀缺的事实说明，人们都渴望得到大自然没有主动给予的东西。从另一个角度看，这表明人与自然之间缺乏自然的和谐，而恢复这一和谐是生产型行业的目的。

人与自然之间表现为稀缺形式的不和谐，才使得人与人之间不和谐。哪里存在稀缺的场合，哪里就会有至少两个人想要得到同一样东西；而在两个人都想要得到同一样东西的地方，就会有利益的纷争。只要在人与人利益纷争的地方，就有需要解决的问题；对错与否，公平与否的问题；这些在其他条件下几乎都不可能发生。也就是说，利益纷争就是引发道德问题产生的最重要的因素，因此，它牵扯到社会学和道德哲学的最基本的问题。

但这并没有忽略以下事实：人与人之间同样也有和谐，正如人与自然一样。也许存在很多没有导致问题产生这样的情形：因此所有人的利益都是和谐的，我们没必要为之担忧。正如我们前面提出的那样，有很多这样的情形：人与自然是和谐的。例如，有些东西大自然已经为我们提供了，能够使我们所有人满足，所以就不会导致问题发生。对于这些非经济物品，我们通常的态度是淡然置之，或者没有兴趣。在人与自然之间的关系和谐的地方，我们就没有必要担忧。但如今工业世界趋势是对那些人与自然之间的关系并不和谐的地方进行改进，人与人之间的关系也是如此，在这种关系和谐的地方，也就是在所有利益都和谐的地方，我们不必担忧。然而，在关系并不和谐的地方，在利益纷争、不断的地方，我们就要想办法了。事实上，我们一直在想方设法；在经过无数争论之后，创造出了道德哲学体系和正义理论；我们在无数次的争吵中建立了仲裁法庭，把其中某些理论应用于实际冲突的解决中；我们无休止地讨论如何恰当地调整各种不同对立的利益。一定要清楚：它们全都源于稀缺这一事实——人们想要得到的永远比现有的要多。

在所有这些不和谐的外表之下，都隐含着一种深层次的人类利益的根本和谐，这是某些人的坚定信念。但这一信念犹如相信人与自然之间的和谐一样，想要得到确切的证明很难，它寄托在哲学猜想，以及信仰之上。当然，有一点无疑是真的：大多数人，包括最强势的人物，从长远来看，在一个公正政府的管理下，一定好于无政府状态，在无政府状态下，每个人都可以随心所欲。在这种情况下，所有人，都会试图努力去共同维护一个公正的政府。但论据却模棱两可，因为仅从文字而言，其意是，不同利益之间的纷争是这样猛烈，如果没有一个政府来制约，势必发生不断的冲突，浪费社会的资源，到头来每个人都会吃亏，甚至是受到极其严重的损害。这是一个支持政府必要性的强有力的论据，但对于支持人类利益的普遍和谐来说，这个论据是最糟糕的。

所以，从根本上讲，我们必须考虑两个实际问题：一个是工业的；另一个是道德的。前者关系到如何调整人与自然之间的关系，后者关系到如何调整人与人之间的关系。这两个最重要的问题又密切地纠缠在一起，它们要处理的因素又是多样化的，致使排在第二和第三位的问题让人数都数不清。

人与自然之间的冲突

人与自然之间的冲突究其根源到底是什么？人是否对其在某些方面负有责任？或者说，这完全归罪于大自然的无情或小气？当然，大自然的富饶在不同的环境里各不相同，但在所有环境中都有两个条件，而人在一定程度上要对这两个条件都负有责任，其中任何一个条件都会使得经济贫乏。一个是人的欲望的无止境，另一个是人口的不断增多。

我们都知道，人类欲求的不断增加从古至今一直是世界各地的道德家们注意的重点。“货物增加，吃的人也增加。物主怎么办，只能眼看而已。”这是《传道书》作者的观点。正是生活的欲求，使人摆脱了与自然的和谐，加强了斯多葛学派的原则：“遵循自然而生活。”它就是意味着把欲求限制在大自然能够提供的力所能及的范围之内。认识到生活中最好的东西不费吹灰之力，而最短暂的快乐却最难得，由此可见，斯多葛学派的哲学中蕴含的经济智慧。然而，虔诚的佛教徒为了寻求涅槃，忽略了真正的要点——膨胀的欲望超过了大自然满足欲望的能力，而正是这种膨胀，无可避免地使人脱离了与自然的和谐，引发了毁灭灵魂的冲突——从欲望本身看到了邪恶的根源，在根除所有欲望中求得解脱。

人与自然的冲突是邪恶之源，这一观点引发了两个差别很大的关于社会管理的实际结论。如果我们认为，自然是仁爱且慈善的，人总是贪婪的，那么就会自然而然地得出这样的结论：人必须克制欲望，与自然构成和谐，这与斯多葛派哲学非常相似，虽然本质上并不一样。反之，如果我们认为，人性是完美的，那么，唯一的实际结论是：必须改变自然，与人的欲望达成和谐，为满足人的欲望而提供更多的东西。与这一理论疯狂追逐物质与奢华的现代工业精神相符合。

即使个体的欲望没有增长，但有一点很明确：不论在哪里，人口数量的不断增长早晚都会导致自然物质的减少，从而把人类卷进与自然或与他人的冲突中。从人类学上讲，人口不可能无限增长，就人这种经济动物而言，限制其数量的也不是因为生殖能力的关系。在人这里，它是一个生活资源的问题，但这种生活资源是有一定条件要求的。如果拥有预见经济的眼光，他的繁衍就不能超过他能够维持自己相应的生活水平的范围。但是他的生殖和壮大家庭的本能十分强烈，以至于他倾向于更多地繁衍，直到很难维持现有生活水平。无论他最初的生活水平如何，人数的增加都会将他置于低标准的尴尬之中。也就是说，我们通常很难过上我们认为应该有的那种美好生活，因此，没有得到满足的欲望，经济匮乏便不可避免。这是一种无法避免的矛盾：它来源于人与自然的关系。

内在的利益冲突

这些考量突显出了第三种形式的冲突——个人自己内部的利益冲突。如果无限制地满足生殖和传宗接代的本能，就不可避免地因为人数的增加，而导致满足欲求的条件出现匮乏，即使这些欲求非常适度。即使这些物品能够确保充足，也不能完全满足上述本能。这样的困境留给我们的通常是各种各样的欲求无法满足。因此我们被引向了两个方向，这也是一种无法摆脱的困境。不过，这只是那种摧毁个体的内在冲突的一个有力证据。匮乏这个事实一定寓意着：如果想要满足一种欲望，就必须牺牲其他的欲望。我的钱购买了奢侈品，就不可能再买其他物品了；我花钱买了衣服，就不可能再买食物了。这就需要节约，因为节约只不过是选择哪些欲望应该得到满足，并且要清楚，由于这个原因，另外一些欲望就一定是相应地得不到满足。无论如何，节约总代表着三种冲突：人与自然之间的冲突，人与人之间的冲突，以及同一个人身上不同利益之间的冲突。

恶的问题

恶的问题是具有双重性的。在最广泛的意义上，恶只是不和谐，因为任何一种不和谐都是个人痛苦的来源。但是，人与自然之间产生的不和谐，是没有道德意义的。一棵倒下的树被野兽践踏，或者被细菌消耗，这些都是恶。但是，这种恶，如果不是别人的错误导致的，就不可能给予它任何道德上的意义。一个人抢劫别人，欺骗别人，或者有意无意伤害别人，都是恶；我们把道德意义给予这种恶——就等于赋予任何源于人与人关系之间的恶。但是，我们知道后一种形式的恶（道德上的恶），是从前一种恶（我们称之为非道德的恶）当中产生的。因此，有关道德恶的起源问题，一切真正的解释都一定是始于人与自然之间的不和谐。

我们可以想象，有限的个体生活在一个舒适的环境中，他们的所有需求都能充分地得到满足，并没有任何节约的必要。在这种几乎完美的与自然和谐相处的状态下，不可能产生个体内部的冲突，因为一种欲望的满足不会牺牲另一种欲望；也不可能产生个体之间的利益冲突，因为一个人欲望的满足不会妨碍他人的欲望得到满足。既没有个体内部的冲突，也没有不同个体之间的冲突，因此也就不可能产生道德问题，就如天堂一般。但是，假设欲望在不断膨胀，或衍生出新的欲望；或者假设满足人的本能冲动，人数增长到超出自然供给的能力，天堂必然消失。不但劳动和苦役不可避免，而且利益纷争和道德问题也会接踵而至。人的智慧必须对其进行引导，不仅要引向提高土地生产力的问题，而且要引向调整利益冲突的问题。正义和公平的问题开始让人精疲力竭。

在这个实例中想要找到原罪或任何遗传污点的线索是很困难的。那种使人数得以增长的行为，在道德上是无罪的。但它产生的后果却是对已有和谐的破坏，反过来又引发人类利益的冲突。这并不是说人性的“堕落”或改变，倒是预示了条件的改变，在这样的条件下，同样的人的素质会导致完全不同的社会后果。这个例证的可靠性并不取决于它的历史品格。

这个关于恶的起源，已经被具体化为一个家喻户晓的故事，用不着为了让它有一个深刻的意义，而把它解释为拥有一个历史根基。很久以前有一座花园，一个男人和一个女人在里面生活，他们的一切生存需求都由大地的野生果实来满足。他们不用为生存而拼搏，也没有利益的冲突，对他们而言那就是天堂。但某种欲望的满足导致人数的增长，人数的增长导致了物质匮乏，于是天堂最终消失了。从此以后，人就要靠自己的劳动来养活自己。为生存而进行的奋斗开始了。为了夺取满足自己需求的方法，只能与自然为敌或与竞争对手展开激烈的搏斗，每一种形式的贪婪和欲望都是为了生存。当他早上醒来，看到这些争斗，这时，他明辨了善恶、利弊，他成了一个“经济人”，一个通过调整方式以满足欲望的人，一个在快乐与痛苦之间进行选择的人。简单地说，工业文明和社会演化有气无力地开始了。人类屈从于一张强有力的大网，从此以后便再也没有从这张网中挣脱出来。人类就在一股来势迅猛的潮水中随波逐流——无人知道自己将去向何方。

制度的起源

在由稀缺所导致的利益冲突中，财产、家庭和国家的制度便来源于此。因为，当所有人能足够丰富地拥有所需要的东西时，不会渴望拥有对它的财产权。可是，当没有充足的东西可供分配时，部分地供应就变成了对某个人的特殊待遇，如果社会本身没有确定某些物质应该属于谁，就会出现对需求的争夺现象。当然，所有权并非财产。但是，当社会承认一个人对一件东西的所有权，并承诺对他的该项权利进行保护时，那就是财产。凡是将社会组织起来，承认这些权利，并为它们提供某种保护措施的地方，就形成了一个国家；凡是有一个小的群体，他们的血缘和亲属关系可以胜过任何自然竞争，并形成利益统一体，这就是家庭。这个群体内部的经济利益统一体，可以把它与周围的其余部分区分开来，或者与其他类似的群体分开，但是，在这些群体之间，自然的利益竞争依旧在继续。且不说妻子和孩子本身就被视为财产的那种野蛮民族，即便是在更高级的社会里，人们也是渴求保护那些依靠自然感情的纽带、通过财产利益的共有而跟自己紧密联系在一起的人，而正是这样的本能需求，为家庭产生的法律定义奠定了基础。

经济学的基本地位

与财产权密切相关的还有另外一组权利，例如，契约权、转让权、赠予权，以及律师们为之忙碌的许多其他权利。在整个法学、伦理学、政治学或所有关于这个问题的社会科学中，想要找出什么问题不是源于经济匮乏这一最原始的事实，以及紧跟其后的人与人之间的利益冲突的确很难。这表明了一切社会科学的内在统一性，它明确了统一的原则是一项经济原则。即便是所谓的群居本能，也极有可能是生存斗争的结果，反过来，生存斗争又是匮乏的结果——集体行动的优势在这一本能的发展中起到了选择性的作用。但与其他诸多问题一样，这个问题超出了已有知识的范畴。但还没有使经济学成为“主科学”，其他社会科学都处于附属地位；但是，如果真的存在“主科学”，经济学则最有资格得到社会科学中的这一称号。经济问题是最根本性问题，是其他一切社会和道德问题的起源。

经济竞争

如果社会不对人与人之间的这种对抗加以控制，那么在本质上就跟野兽之间的生存斗争没有区别。但任何一个人类社会都会以不同方式对这种对抗进行控制。事实上，组织化社会存在的一个作用，就是要控制生存冲突，并把它引向生产方向。自私的个人并不在意“生产”，他关注的是“获得”。但如果最容易的获取方法是生产，那么他就会生产。如果有更容易的捷径，他就会选择捷径。法律和政府的目的就是要运用其他方法进行的获取的成本提高并处于危险境地，相反，最简单和安全的办法则是生产，或者是任意而自愿地交换产品，这两种方法实际都离不开生产。只要国家在这方面上取得了成功，并使所有个人都通过生产的手段来获取，那么，就证明了它的存在是合理的。

当生存之争被引向生产方向时；当人们都发现，只有通过生产或者拿等价物品跟其他生产者交换，才能得到所需要的东西时，残酷的生存竞争就转化为经济竞争。完全的经济竞争，是在一系列制度下进行的，所有人都发现，通过某种生产性或服务性的努力所得到的是最有价值的，正如亚当·斯密所说："在规范促进个人利益的同时也促进了公共利益。"

当个人对社会其余部分的价值是他的生产减去成本的剩余价值时，那么他在产业中的地位就依赖于他的积累，我们就能知道把获取与生产等同起来有多重要。这一点可以通过下面的法则来表述：

个人的价值＝他的产出－他的消耗

他的竞争力＝他的获得－他的消耗

当他的获得＝他的生产时，他的价值＝他的竞争力

国家的作用就是要使获得＝生产

文艺复兴时期的政府理论

奥利弗·斯普拉格[①]

在有关政治和社会问题的著作当中，对思想的发展和关于社会问题的政策决定发挥过深刻而持久影响的作品不多。亚里士多德的《政治学》和亚当·斯密的《国富论》堪称典范。更多政治学著作在它们被创作的那个时代有着非凡的影响力，但现在除了历史意义之外再无其他。

另外，还有路德的《告德国贵族》和《关于基督教自由》，以及卢梭的《社会契约论》也是其中的名作。但是，马基雅维利的《君主论》和莫尔的《乌托邦》则不能简单地归为上述两类中。它们并非人类知识赖以取得丰硕成果和伟大进步的起点，在任何时期和任何国家制定立法或政策时，它们都不是最重要的因素。虽然与路德的作品相比，它们对形成当代舆论的直接影响不大，但它们完全有资格代表那个时代的思想，因此具有非凡的历史意义。此外，尽管马基雅维利和莫尔的结论在实践中从未被检验，但他们在各自的著作中表明了两种截然不同的观点，却在作家们论述政治和社会问题的方法

---

① 奥利弗·斯普拉格（1873—1953 年），著名经济学家，生于马萨诸塞州，曾获哈佛大学多个学位（1894，文学学士；1895，文学硕士；1897，哲学博士），1913—1931 年担任哈佛大学银行与金融学教授。主要作品有《国家银行体系下的危机史》（*History of Crises Under the National Banking System*，1910）、《贷款与投资》（*Loans and Investments*，1916）和《银行业的理论与历史》（*The Theory and History of Banking*，1917）。

和结论中频繁提及。

《君主论》和《乌托邦》都成于16世纪20年代，而那时，那些文艺复兴时期的各种不同的影响，正波及到教育、艺术、道德等领域，实际上已经显现在人类活动的每一个领域。人类精神在几乎每一个方向上都挣脱了中世纪的传统枷锁，政治和社会秩序更倾向于哲学理论和研究，也在摆脱古代观念的束缚，并不在意最后可能得出什么开拓性的结论。在这一时期的政治学作家当中，马基雅维利和莫尔的作品明显地受到文艺复兴精神的影响。马基雅维利力图使政府机构的政策能经受住实践的检验。莫尔更是轻视政治安排和社会安排能够接受实践的理想检验。两个人都以为，社会秩序中没有任何事情是绝对完美的，即便现在是完美的，不可能永远完美。制度和习俗的好坏应该根据结果来确定，如果有更好的规划，那么现状可以改变。这是现代的观点，也是文艺复兴时期的观点。现代史就始于文艺复兴时期。

方法的对比

在当今时代，以严谨科学的飞速发展为标志，事实检验看上去也许是研究政治和社会问题的一种可行而有前景的方法。《乌托邦》中所主张的理想检验，让我们的语言中有了一个新的形容词“乌托邦”的，意思是“不切实际的”“空想的”，甚至有点是“幻想的”意味。马基雅维利也发明了一个形容词“马基雅维利式的”，其含义更尖刻。如果让事实检验转变成真正的检验，所有重要事实都需要检验，而理想本身就是社会发展和运行中十分重要的事实。马基雅维利的方法一般而言是科学的，但他对人性的低估使得他的很多分析本质上缺少准确和科学性。

马基雅维利的局限性

在我们认为有重要意义的事实的范围里，马基雅维利的分析也完全算不得全面。在他发表著作时，是在一百多年之前，意大利当时分裂为好多个政治实体，其中大部分都处在政治动荡中，跟现在的很多中美洲国家差不多。马基雅维利在他的分析中恰当地使用了比较的方式，但由于他所关注的主要是在当时如何取得和维护个人统治的方法，所以，他的结论没有普遍有效性，它们对当时正处在发展过程中的幅员广阔的中央集权政府并不适用。那里的统治者们已经掌控了权力。而有一点特别明显：在解决现代政府的问题上，他的分析几乎没有实用价值。马基雅维利的观点，颇似互相竞争的老板之间低层次的权力斗争。而《君主论》更是缺少医治民主政府这种病症的良药。

在国际政治领域，马基雅维利的分析明显在一定程度上与他自己那个时代及之后的现实相符。在各国家的相互来往中，道德的约束力量薄弱。一个重要的问题是：马基雅维利的忠实拥护者最多的是那些关心对外事务的政治家。

在设置许多限定条件之后，我们仍然要承认，在《君主论》中，马基雅维利向着政治问题的切实方法的发展方向前进了一大步。但是，在他自己的那个时代，以及接下来的二百多年里，并没有得到研究政府问题的学者们的大规模响应。君权神授和自然权利的理论，而不是政府治理问题，却吸引了很多政治学者的注意力。在 19 世纪，更有效的方法在这一领域被运用，如同在其他的知识领域一样。

作为一种政治批评形式的理想王国

不仅柏拉图的《理想国》，莫尔的《乌托邦》是把一个理想中社会的设计作为分析社会和政治现状的最好案例。在中世纪，整个欧洲的理想和现实达到了统一，不能给这样的作品带来任何启示。新大陆的开辟证明了欧洲世界理想的社会的存在。欧洲世界的结论性的设想失去意义并被削减，起码那些有反省与思考精神的人应该这样认为。“乌托邦”无论安放在新世界哪个地方，莫尔都要对他那个时代的读者大肆地宣扬他的想象效果。从开头的幻想场景到结尾都备受关注。成功地给读者展现了他的模式：证明他的社会改良的想法是切实可行的。

后来一些乌托邦作者都急切地想拼凑起来一个理想社会，这样一个社会，必定要被经济学、社会学和政治学专家们所批评。无疑，社会绝不会突然变成精心策划的研究者所想象出来的那种样子。必须明确，在将来，社会发展变化是不可能预料的。像《乌托邦》这样的著作，可以削弱对现有社会秩序彻底满意的感觉，这种感觉，对人类社会的改进毫无用处。

实际效力绝不会与作者所构想的那个理想社会成正比。理想社会只不过是揭露和批评现有事物的方式。也就是说，它是作为文学著作、而不是作为科学论述来衡量这些理想共和国的。拥有文学品质使得它们很少产生实际效果。莫尔的《乌托邦》便是如此。

《乌托邦》与现代条件

了解了莫尔所处时代的社会状况和政治的另一层次，将会发现这本书的重要性和可读性。但是，时代的更替、社会的变革都是循序渐进的，而人性的改变也是缓慢的，对读者来说其中很多内容是具有暗示性的，包括那些只了解现实的读者。在通常情况下，我们身处的这个社会，不可能是莫尔时代的所构想的那样，甚至有些相去甚远。特别是在我们这个社会，跟农业活动比起来，制造业和商业的活动更重要。所有人都认识到，已经发生的变化使我们的生活比过去更好，尽管它们跟“乌托邦”的理想各行其道。《乌托邦》中的政府显然是贵族式的。对一个现代理想主义者而言，不管从形式上，还是从实际上，民主社会在一切能够想象到的社会中无疑是最优越的。奴隶制，虽然是经过改进的那种奴隶制，是乌托邦政体的根基。我们能找到的最佳的例证，也许莫过于一个人在摆脱自己所处环境的影响上所经历的重重困难，即使他有异常人道的精神和丰富的想象力，或许可以奢侈地向往：遥远的未来，社会的变化可能实现比现在能够想象到更好的状况。

亚当·斯密与《国富论》

查尔斯·杰西·布洛克[①]

从 1752 年至 1764 年，《国富论》的作者一直占据着格拉斯哥大学道德哲学的讲台，他的作品是他大学课堂讲义的集结。沿袭从希腊哲学那里传录下来的一种传统，斯密把道德哲学的范畴设想得与人类行为的整个范围一样宽广。斯密说："一个人，不仅应该作为一个个体来思考，而且应作为一个家庭、一个国家和人类大社会的一员来思考，他的幸福和完美到底在哪里，这正是古代道德哲学一直尝试进行研究的问题。"斯密自己的讲课严格按照这一计划进行。

斯密哲学的基础理论

应该说，在斯密那里，很多传统的课题得到了全新的理解和发展。1759

---

① 查尔斯·杰西·布洛克（1869—1941 年），著名经济学家，1902—1935 年在哈佛大学经济系任教。主要著作有《经济学研究引论》（*Introduction to the Study of Economics*，1897）、《美国货币史论集》（*Essays on the Monetary History of the United States*，1900）、《经济学原理》（*The Elements of Economics*，1905）和《经济学论文集》（*Economic Essays*，1936）等。

年，斯密出版了伦理学专著《道德情操论》，由此他成为一个享有国际声誉的哲学家。他在这部作品中说："道德判断从根本上讲是一种对人类行为的动机和结果的公正的同情表达。"从同情的角度出发，斯密总结出了正义感，它是"社会结构的主要支柱"。这本书贯穿着 18 世纪最普遍的仁慈的自然秩序理论。该理论认为，造物主把宇宙安排得井井有条，使之能够最大限度地满足人类的幸福。由此看，哲学的问题，就是要发现那些为上帝造物的幸福而产生的自然规律。在这些规律当中，最主要的是：每件事情安排得如此有条不紊，以至于人们在正义所限定的范围内追求他们自己的幸福时，通常也会对社会的普遍幸福有所助益。在这个自然和谐学理论的基础之上，斯密创立了他的天赋自由理论，按照这一理论，所有人"只要不违背正义的法律"，就有以自己的手段追求自己的幸福的天赋自由。

斯密还准备撰写一部论述法学和政府的著作，可惜未曾出版，在他的授课中，这两个主题紧随伦理学。他的《国富论》（出版于 1776 年）论述了在他的讲课中紧随政府治理这一课题之后的政治经济学。

斯密的财富与政治经济学观念

《国富论》结合了对原理的把握和对经济生活的深刻认识，而这些都与作者的阅读和个人观察是分不开的。斯密的总结大都有经济生活现实的基础，通过这种方式，他给这部作品营造了一种其他经济学著作中所没有的现实意境。他并未轻率地定义，而是迅速深入到了对国家富裕的原因的探讨中，不过，在"导言"的最后一句话中，他写道："真正的财富是社会的土地和每年劳动的产出。"他把一个社会的年收入看作是切实的财富；而在他之前的大部分经济学家，都把财富假设成一个社会所拥有的耐用品的累积。而且，斯密在还没有为政治经济学定义的情况下开始创作这部著作，而最符合这样一种定义的词语，可以在第四卷的第一句找到："政治经济学，作为政治家或立法者的科学的一个分支，提出了两个现实目标：第一，为人民提供足够的收入或生活资料，更确切地说，使他们能够在这样的收入或生活资料上实现自给自足；第二，为政府或国家提供足够的收入以便用于公共事业。这一行为的目的是使人民和君主都富裕地生活。”

生产和分配

有的批评者认为《国富论》的论述不够系统化，但这样的论述实际上非常符合斯密的目的。第一卷探讨生产财富，然后是在劳动者、企业家和土地所有者之间分配财富的情况。它为这个学说打下了基础：现代社会工业生产力的提高要归功于劳动分工。对这个问题的讨论堪称是一篇经济学的典范之作，读者应该不难发现，斯密在这里找到了他最重要的学说的一个实例：经济状况的改善是由自私自利，而非政府的行为导致的。劳动分工以交换为前提条件。因此，斯密接下来顺理成章地考虑货币和价格。他对价格的研究，引发了对价格的各个构成要素的研究——工资、利润和地租。紧接着斯密充分考虑了财富分配的问题。他的价值理论被以后的作者所继承并发展为生产成本理论的经典；而从另外一个层面来看，它同时又成了马克思和社会主义者劳动者的理论。他的薪资理论，又被后来的学者，发展为英国古典学派的薪资基金理论。他的利润理论为他的继承者提供了不少素材，特别是关于不同的资本用途中利润的差别问题上。而他的地租理论，或者说他的三种不同的理论，则要在李嘉图的改造下纳入到我们已有的经济学原理中来。

资本的性质和作用

《国富论》的第二卷是研究“股本”的性质和作用的内容，它是一种使劳动者开始工作、使产业开始运转的动力。斯密认为，资本来源于储蓄，它的用途是保持生产性劳动，它或者是固定的，或者是流通的。

我们应该意识到，非生产性的劳动是非常有用的，值得注意的是它不生产耐消耗产品。节约或储备使生产性劳动资本的加大，而消费则会耗费雇佣生产性劳动的资金。

个人的节俭，原本是渴求生活得更好，它是导致资本增长和国家富裕产生的原因。而政府所能提供的事情，仅仅是保护个人，并允许他随心所欲地运用任何方式来获得最大利益。最后，斯密研究了资本与就业。农业生产性劳动多于制造业，但二者又都远远超过运输业和贸易。国内贸易提供的就业多于外贸，而外贸则多于运输业。

所有这些就业都有它的好处。但是，一个资本匮乏、无法吸收所有劳动力的国家，要想迅速提高它的富裕程度，就必须优先把它的资本应用在农业上，然后再用于制造业和国内贸易，并遏制它们进入外贸和运输业，一直到资本的自然增长使这样的做法变得有优势。政府只要尽量不干预，这就是工业发展在个人利己的自由作用下实际上形成的过程。斯密的这一部分论证非常重要，因为它为贸易自由学说奠定了坚实的基础。

斯密的贸易理论

斯密在第三卷中充分研究了欧洲各国所运用的各种政策之后，在第四卷中针对政治经济学中的重商主义发起了那场有名的挑战，斯密提出：重商主义者的限制规定阻止了人们的互相服务，而不是增加公共财富。他像大卫·休谟那样猛烈抨击贸易平衡理论。他论证了天赋自由的理论在任何地方都是合情合理的，并坚称繁荣不是政府带来的，而是来自于“每个想让自己的生活变得更好的个体的自然努力”。在排除重商主义者之后，斯密开始着手驳斥政治经济学中的“重农主义”。重农者认为，土地的净收益是国家财富的唯一来源。这一学派的经济学家始终认为，彻底的自由是把年产出提到最大值的唯一规则，于是斯密认为，他们的学说是“到目前为止关于政治经济学领域最接近于真理的学说”。

公共财政

在第五卷里，斯密论述了公共财政。论述君主开支的那一章是对这个问题最早的哲学研究。第二章有一篇引人注目的对税收问题的论述，其中那段著名的格言，被经济学文献多次引用。斯密相当成功地把他的税收理论与他的财富生产和分配理论联系了起来，并在实践方面提出了一系列改革方法，其中有很多建议被采用。论述公债一章，虽然有些悲观，却强烈地抨击了英国及其他国家在18世纪所实行的愚钝的财政政策。由此可见他关于公债性质的理论无疑是正确的。

《国富论》获得了很大成功，在作者生前就有五个版本，并在短时间内被翻译成法语、德语、意大利语、西班牙语和丹麦语。在美国独立战争结束之前，许多政治家们就开始引用它，于1798年在费城出版了美国版。亚历山大·汉密尔顿撰写的政府文件，就是最有力的证据，表明他从斯密这部杰作中受益颇多。之后，这本书开始对立法产生影响，也对废除针对工业和商业的那些不合时宜的限制政策做出了卓越的贡献。它作为经济学经典著作的地位是不可动摇的。

美国宪法的发展

威廉·贝内特·芒罗①

如果历史能很好地履行作为一种记录手段的职能，就要公平而准确仔细、客观地记录人类事件。不然，子孙后代所吸取的历史教训就必然会让人进入误区。现在，要想了解过去几代人的社会中所发生过的一切，最可信的信息当属历史记录与事件亲历者的回忆，以及那些确定新的历史标志性的政府公文。历史的创造者是最有资格撰写历史的人，他们是最有资格对自己的经历进行著述的人。

这些著述就像历史桥梁的根基，任由历史学家在上面筑造自己宏伟的叙述之桥，况且，历史基础它的建筑更牢固。美国的历史资料丰富，它经历了三个世纪，人们在这个时期记述了许多他们在那个时代有代表性事件。当然，即便是最有智慧、最开明的作者留给我们的记录，也会因为人性的弱点而打些折扣。但同时代的材料仍然是唯一可信赖的，我们对历史的认识就建立在这样的基础之上。因此，在早期探险家们的编年记事中，在那些率先来到大

---

① 威廉·贝内特·芒罗（1875—1957年），著名政治经济学家，1912—1945年在哈佛任教。他的主要著作包括《欧洲城市政府》（*The Government of European Cities*，1909）、《美国城市政府》（*The Government of American Cities*，1912）、《美国的政府》（*The Government of the United States*，1919）和《欧洲的政府》（*The Governments of Europe*，1931）等。

西洋彼岸落脚的殖民者的叙述中，在殖民地特许状和各州的法律中，在总统们的公文和政令、外交条约、法院判决、官员们的公共通信中，或者更广泛地说，在大量官方和非官方文献记载中，美国的历史最值得研究。

美国政府的开端

美洲的英国殖民地在一个半世纪里，遭遇了诸多难题。在英国殖民者前期，与印第安人之间的冲突与争端，之后，又是接连不断的跟北方的法国人的斗争。最后，印第安人最终屈服了，法国人也被赶出了他们在美洲的领土。而接下来又是宗教麻烦，这些麻烦有时候使殖民地支离破碎。其中有些殖民地是为了反对国内的狭隘宗教而建立起来的，但他们并没包容自己领土之内的异类。那些没有服从宗教惯例的人，被驱逐出了这片土地，这一规定在马萨诸塞州的严格执行，使罗德岛和康涅狄格州成为单独的殖民地。

另一个难题是，如何才能建设一个相对完善的公民政府的问题。每个殖民地都有一系列的试验，具体化在各自的特许状、基本法和自由典则中。因着久远的历史感，让人读起文献来觉得非常受用，它们真实地反映了美国人民早期的政治理想。即使这些法典试图控制公民日常行为，但还是可以从字里行间捕捉到忠于下面这个原则的影子：政府应该基于法治，而非人治。对宪法保证公民自由的信任，可以追溯到美国政府困难重重的早期。

与英国决裂

然而，在关于殖民地的所有问题中，最难的莫过于确定与母国之间合适的政治关系问题。在各殖民地还都很弱小而又容易遭受外来侵扰的时候，这些关系并没有引起人们的关注。但 1760 年之后，美洲的经济利益在很大程度上得到提高，而北方边境那支虎视眈眈的法国军队也撤退了。在早期一些问题也许会很容易调整，可现在变得矛盾重重，裂痕加深，对母国政府权威的抗拒与排斥随之而来。

然而，请记住，美国独立战争的根本原因不是表面上的，它的原因是多重的。《独立宣言》列举了殖民地的委屈，就像殖民者们所看到的那样，名目数量巨大。

如果没有某种形式的中央政府，十三块殖民地不可能顺利地进行它们的独立斗争，于是他们成立了一个代表大会（定址费城）来满足这一需求。这个机构存在的早期一直没有法律依据，最终制订并采用了《邦联条例》。在之后的十年里，它其实是各州实体的一部切实可行的宪法。然而这些条例给予中央政府的权力很小，它们在那个时代为了一个目的而服务，使战争结束时很多问题顺利解决，但是，它们无法提供一个永远令人满意的联合基础。

联邦宪法

《邦联条例》的缺点是明显的：没有给中央政府提供有保障的收入，缺乏保证商业管制的统一性的制度。为加强邦联条例这方面的紧急需要，于 1787 年春天在费城召开了制宪会议。提意见的相当一部分领袖人物都是制宪会议的成员，如华盛顿、麦迪逊、汉密尔顿和本杰明·富兰克林等。人们意识到，仅仅通过修订《邦联条例》来实现这一目的不切实际，因此必须制定一部全新的宪法。这项任务持续了 1787 年的整个夏天，文件最终完成后，它被呈送给十三个州希望得到通过。但是有些地方，新宪法中许多规定遭到了强烈的反对。支持它的人极力为它进行辩解，汉密尔顿和麦迪逊在一场论战中发挥了极大的作用。最后，所有十三个州全部都通过了这份文件。汉密尔顿和麦迪逊撰写的拥护新宪法的论述，后来以“联邦党人文集”为题出版发行，成了论证联邦政府原则的一部经典著作。新成立的中央政府马上开始履行它的职责；在首个任期的就职典礼上，华盛顿向代表们发出号召，要他们采用所有可以“赢得世界尊重”的方式，“奠定国家政策的基础”。

联邦的巩固、领土的扩张和对外政策

三个显著的特征象征着美国政治史在国家融合为一个联邦组织之后的头三十年的发展方向。第一个特点是宪法赋予中央政府的那些权力逐步扩大。联邦最高法院成立六年之后，约翰·马歇尔获得最高法院首席大法官的职位，他一直沉稳而严谨地履行自己的职责，1835 年。马歇尔是中央政府的拥护者。他确信，这也正是宪法缔造者们试图建立的政府。二十四年来，他几乎全身心地投入这样一项工作中：从国家的这部基本法中验证它赋予联邦当局的司法裁判权。在他的努力下，最高法院迈出了具有时代意义的一步，宣布联邦宪法授予联邦政府更多的权力。除此之外，凡是宪法把一项权力授予国会的时候，它都把使用方式及权力的选择权托付给了国会。“如果目的是合法的，并且在宪法允许的范围之内，那么，所有方式，只要是合理的，并且适用于该项目的，都可以使用，只要与宪法的文字和精神标准相一致，就都是合宪的。”当马歇尔在 1835 年卸任时，宪法作为全国和联邦政府的最高法律，已经具有稳固的地位，并可以在民族生活中管控一切，这一切，是通过他卓越的法律技巧得以实现的。

第二个特点是这三个十年包含了一个领土扩张的时代，接二连三的扩张步伐我们在本书的另一篇讲座中具体讲解。

第三个特点是，在 19 世纪的前二十五年里，是处在美国与欧洲列强之间的关系良好的节点上。法国和西班牙先后撤出，消除了一个可能存在的危险隐患。与英国之间的战争（1812—1815 年）肃清了一切不利的国际因素。在这个比较规范的时代伴随着它的结束出现了五大湖地区的实际中立——这是政治家英明谨慎的一个大动作。没过几年，“门罗主义”的宣布阐明了美国在与新大陆国家的外交政策。在 1803 年至 1823 年间的二十年里，共和国已经确定了它的南部边界，消除了北部边界潜在的威胁，明确宣布了它与邻国之间未来政策的基本原则。

法与自由

罗斯科·庞德[①]

法律秩序为何存在？我们希望通过政治组织实现什么目标？立法的终极目的是什么？这些是法律和政治哲学最重要的问题。法律思想和政治思想的历史，主要是人们用什么方式来探究这些答案的历史。

法律的目的

1. 原始社会

在原始社会，法律秩序的存在只不过是为了维护和平，人们试图通过法律秩序来保护自我，立法的目的是为了和平解决纷争。因此，我们力求做到公平，维护和平及公正地解决纷争是实现公平的方式和获得公平的产物。原始社会的法律体系把和平变成了目的。我们当今对于伤害想到的是赔偿，而

① 罗斯科·庞德（1870—1964 年），法学家，自 1910 年起在哈佛大学法学院任教，自 1916—1936 年担任哈佛法学院院长。主要著作有《法学讲稿》（*Outlines of Lectures on Jurisprudence*，1914）、《法哲学导论》（*An Introduction to the Philosophy of Law*，1922)、《普通法的精神》（*The Spirit of the Common Law*，1921）、《法律与道德》（*Law and Morals*，1924）和《美国刑事司法》（*Criminal Justice in America*，1930）。

原始的法律想到的只是调解报复的需求。我们今天力争给所有人他应得的东西，或者尽可能最接近公平。而原始的法律只是试图给他报复的替代品。

2. 希腊与罗马

希腊哲学和罗马法已经超越了原始社会里关于法律秩序目的的粗浅方式。它们认为法律秩序应该为了维持社会现状而存在；人们希望通过法律秩序保证每个人各得其所，并防止与他人之间的矛盾。这一点，在希腊的政治哲学中是明确的。因此，柏拉图的理想是，国家让每个人找到一个他最适合的位置，法律要对他进行保护，目的是达到社会的和谐统一。在圣保罗著名的教诲（《新约·以弗所书》第五章第二十二节及之后，以及第六章第一—五节）中，他呼吁所有信徒对自己所属于的那个阶层尽力履行各自的职责，这些劝诫以相同的观念为出发点。罗马的法学家们把他们的政治哲学观点转变为法律。在那部伟大的著作《查士丁尼法学总论》中，我们得知，法律有三个目的：有尊严地生活；不侵害他人；给每一个人他所应得的东西。这种观念是，国家和法律是为了稳定地维持现有的社会秩序。至于他人的利益（你不能侵害这些利益）他人为什么所得？这些问题全部留给了传统的社会组织。

3. 关于宗教改革

罗马帝国瓦解之后，日耳曼入侵者们保留了原始可怕的念头：赎买复仇，并以死板的审判模式和硬性的法则主观地解决纷争，来维护和平。但在中世纪，这些想法开始逐渐给古典观念让位：法律秩序是维护社会稳定的一种方式，后者得到了圣经文本和罗马法那无可置疑的肯定。此外，自 13 世纪以来，越来越多的哲学家们希望通过理性来塑造权威，于是，他们为 17 世纪发展出来的一个新观念奠定了基础。因为那时，有两件尤其重要的大事，迫使法律和政治哲学进行革命。首先是宗教改革使法学和政治哲学与神学分离，并使它们摆脱了教会权威的束缚。这要归功于 16 世纪新教法律神学家们。其次是紧随其后的那场因为中世纪统一的、普遍的权威——教会和帝国的崩塌而引发的民族主义运动之后，日耳曼学者彻底改变了这样一种观念：在现代欧洲，罗马法的权威很有约束力。因此，为法律和政治权威寻找新的基础很有必要，这些基础在理性和契约，或者说是个人的赞同和协定中找到了。

理性和自然权利

在17世纪和18世纪，理性成了衡量所有义务的标准。17世纪的法学家和政治哲学家们认为，法律的存在，目的就是为了顺从理性动物的天性。而事实上，虽然他们已经跟权威本身分离开来，但他们都认同罗马法体现了理性，在它的指引下，人们几乎不会触碰没有权威的东西。所以，罗马人的信条——不伤害他人，给每一个人他所应得的。尊重人格和既得权利始终是两项最重要的正义原则。但这些原则引发了两个问题：（1）人格中因何使侵犯成为一种伤害？（2）因何使一个人应得某种东西？答案也许存在于自然权利理论中，或者说是这样一种理论：个体本身具有某些天生就有的品质，并被理性所证明，社会、国家和法律一定要帮助他得以实现。根据这一理论可知，正义是个人自我主张的最大化；确保个人可以自由行动是国家和法律的职能所在。因此，法律的范围被局限于限制和强迫的最小化，必须使得每个人自我主张的最大化，而这种最大化，同时又受到所有人同样的自我主张的制约。这种纯粹个人主义的正义理论，在18世纪十分具有代表性的《人权宣言》和《权利法案》中表现最充分。

到18世纪后期，19世纪和18世纪的理论基础被伊曼纽尔·康德摧毁。但他为“正义是个人自我主张最大化”这一观念给出了一个全新的形而上学的基础。因此，这一观念又存在了大约一百年的时间，并在19世纪的政治学、经济学和法学著作中得到了发展。在欧洲，到19世纪中期，现实的法律已经跟这一观念完全不同，而在美国与此分离则要等到19世纪的最后十年。

19世纪，法哲学家和政治哲学家们一致认同，法律秩序的目的、政治组织的目的，以及立法的目的，都是要取得并保护个人自由。历史学家在历史中发现了这一观念并作为历史经验予以公布。法哲学家假设自由意志是基本准则，在此基础上得出一套理想的、得到法律保护的自由原则体系。功利主义的立法者认为个人自由是带给人们幸福的一种可信的方式，是一切立法的目的。约翰·斯图亚特·穆勒的著作《论自由》是详尽论述19世纪的这种绝对自由观点的范例。而且，从“社会立法”的态度来说，从限制弱者因为压力而用他们的自由作交换时所认为的绝对自由来说，这部著作比同时代以致后来的其他著作都更加合乎情理。

现代的社会学观点

现在，关于法律秩序的目标，社会哲学学派带给我们一种新观点。不是个人主张的最大化，我们如今的目标是最大限度地满足人的需要，那么自我主张只是其中十分重要的一项。因此，今天在正义理论和政治理论里考虑更多的是利益，也就是一个人可能提出的权利主张，考虑最大化地获得或保护这些利益，同时又将牺牲他人的利益最小化。除此之外，还有公共利益，也可以说是组织化的政治社会可能提出的权利主张，以及社会利益，也就是全社会的权利主张。最后，一切利益（包括个人和公共）都可以得到维护，因为这样做是社会利益之所在。但这并不代表应该忽视个人利益。反之，最主要的社会利益是个人的道德生活和社会生活，因此个人利益在很大程度上与社会利益是相符的。然而，在保证个人利益方面，在承认个人主张仅仅是人类的一个需求上，政府的宽容，也许更为合适。但在19世纪思想者那里，它们大概不能容忍。在这方面，穆勒的《论自由》有着永恒的价值，虽然我们对于法律和国家的目标的认识已经彻底发生变化。正如17世纪，对公共利益的过度化必定对个人的道德和社会生活产生阻碍，而《权利法案》和《人权宣言》中对个人利益的坚持，目前也面临同样的处境：过分看重某些社会利益，政府的放任将会成为目标而不是方式，并且会使法律秩序的真正目的受挫。因此，虽然我们站在社会的角度，但我们还是要顾及个人利益和个人可能提出的最大的权利要求：坚持自己个性的权利，轻易地使用上帝赋予他的意志和理性的权利。我们一定要坚持社会利益高于个人的道德生活和社会生活，但我们也应该牢牢尊重：那是一个拥有自由意志的人的生活。

诗歌

poetry

诗歌总论

卡尔顿·诺伊斯[①]

人的内心总是会憧憬着另一个比现在所认识的这个世界更加美好的世界。任何一个人，不论他的精神世界多么黑暗，不论他多么孤陋寡闻，都或多或少会向往更广阔的地平线和更纯净的天空。在某一个幸运的时刻，地球好像为所有人创造了更远大的前景。然而当这一刻过去之后，世界再一次关闭，和从前一样实际、毫无保留而冷漠。但是，有些人被赋予了丰富的想象力，那是一种更锐利、更长久的观察力。世界给他们的心灵提供了一片更为广阔的前景。地球为他们穿上了美丽的外衣，无声的状态正诉说着存在，生活的奥秘展现着自己的意义。对于他们来说，足可捕捉那灵光闪现的瞬间，但对于大多数人来说，这一刻却是转瞬即逝；而且，他们被进一步赋予了造型的力量，可以用持久的形式重现那个瞬间。凡是拥有丰富想象力的人，大多数都是预言家，是先知；这些重现启示的创造者，可谓是艺术家和诗人。

我们每个人都在寻找和追求着什么，诗人已经找到。我们要迈步时，却对方向感到茫然，而诗歌具有跨越性。在我们长年积累的经验中，并不是没有发现世界的美，也并不是没有感知到事物在某个地方呈现出的意义。诗对

① 卡尔顿·诺伊斯（1872—1950 年），美国作家和学者。担任哈佛大学英文讲师和副教授。主要作品有《艺术的乐趣》《欣赏之门》《走近沃尔特·惠特曼》等。

这种美和这种意义做了丰富和形象的揭示。诗人让我们看到这个我们已经有粗浅认识的世界的另一面，虽然它是一个被美化了的世界。诗人从我们所有人都可以使用、但有些异乎寻常的积累中提取他所需的东西。诗人的视觉更清晰、更具洞察力，可以把事实美化，能展现那些未知的美。诗人对这种美的清新观察，激活了他身上那种惊奇的、快乐的情绪，并使他将其表达出来。在这种重新组合中认识这个世界，诗人从公共积累的经验中选择那些具有情感色彩的形象。诗人用语言造塑这些形象，用独特的方式创造出他所看到的美，并透过外表赋予其更为深远的意义。正因为他能比别人看得更远，感受得更强烈，所以他才是个诗人。另外，正因为他有能力用震撼人心的文字来表达自己的体验，而这些文字可以在我们的心底激起想象和意义。于是，诗人创造出了人们想象中的美好的世界。借助诗人的艺术，我们永远拥有了这个世界，如果这是诗歌的职责和任务的话，那么我们完全可以发出这样的疑问：它到底从什么地方得到灵感？借助什么达到高远的目标？

叙事诗的起源与流变

一个民族的古老诗歌都是以一个故事为蓝本而创作的。孩子们大都喜欢听故事，由于小小的心灵总是通过虚构一个不存在的世界，来找到安慰，逃离他还理解不了的现实世界。而年轻人的想象力，还没有被世俗的现实所纷扰，所以对现实的束缚还不认同。精神是人类童年时期的客观对象，他们总是为自己的内在生命所感动。自然力量可以随意影响人的命运。一个比其他人更狡诈、更有能力的人，成了英雄或被神化，久而久之便成了传说。一个孩子就是用这种方式赋予他小小世界里的寻常事物以勃勃生机，它们有各自不同的命运，和他那活跃且富于幻想的目的相适应。他把自己也安排进游戏中充当角色，上演不同的故事，这些故事就是孩子们围绕这些角色编织起来的。孩提时代的想象力是有情节的，一般是人们以往的行为和讲过的故事——众神和英雄的奇幻冒险，王子和少女，骑士和被俘的贵妇，神仙和精灵混乱纠缠的命运。神话就这样在无拘无束的想象中诞生了。

人类对故事的热情从未有过半分的消减。在每一个国家和民族中，在整个漫长的历史中，诗歌对生活中所有可以想象得到的事物都充满浓厚的兴趣。然而诗歌的小溪来源于众多源流，在自己淌过的河道里呈现出不同的颜色和形态。从《伊利亚特》到《伊诺克·雅顿》，主题和形式，都经历了诸多深刻的变化。这种趋势，如同各民族发展自己的艺术和文化，也是从一般到优秀；从整个民族的利益，到个体的私事。从整个民族激昂和奋斗的表达中，个体艺术家或诗人逐渐发展出来。

原始诗歌的特征

在更久远的年代，所有人都在一起劳作和休息。部落的单个成员或个体公民都融入在部落或城邦的统一体中。他的福祉取决于群体的福祉，他的利益与整个社群的生活不可分割。这一事实可以对任何民族早期诗歌的范围和特性做出解释。所有民族都有它们自己独特的开始，它们广泛地分布在不同的时期。因此，“早期”这个提法有相对性。早期诗歌的典范，有《伊利亚特》和《奥德赛》——虽然它们代表的是一个时代的巅峰而不是开始，但是比较早；此外还有英格兰的传统歌谣。从时间上来看，这两个实例彼此相隔了差不多 2000 年，然而作为早期诗歌，都有一个相同的特征：这些作品都不属于任何个人。像这样的诗歌不是被创作出来的，而是自然产生的，它是群体生活中一种自然而然的表达。整个民族共同关心的一个事件，涉及所有人命运的一个形式，为故事提供了原因和契机。一定会有一个人，无论是谁，甚至是无名无姓的，会给它开一个头。于是故事被不断地讲述：从不同人的嘴里被一次次地演化。最后，又是一个人，无名无姓的一个人，确定了它的形式。于是，诗歌就这样被记载、保存下来。然而它依旧是一个民族的诗歌，不属于任何单独的一个人。

这样的诗歌通常有某些特征，可以证明它是大众的或是民族的。像《伊利亚特》和《贝奥武甫》这些范围更大的诗篇，通常来处理宏大的情节。诗歌颂扬的是宗族或种族共同拥有的英雄，或者是国王，或者是孔武有力或骁勇之人，并在民族的传说中广为人知。而众神也没有被忘记，他们在故事中一般扮演占支配地位的角色。同样，在口耳相传的民谣中，故事中的人物，虽然出身卑微，却产生了传奇般的魅力，从而成为颇具代表性的人物，而且通常在故事发展中非常重要。这类诗歌被民族的宗教信仰，或者被有关事物的性质和意义的模糊问答所刻画，并被赋予色彩。它通过这种类型的人物，开始丰富生动起来，通过他们的所作所为和他们所感受到的激情，使得诗歌成了全民族想象的最美好生活的反映和表现。它是一个民族对自己的解释与述说。

除了有韵文的形式以外，这些故事还具有使得它们成为诗歌的一个特征：它们追求与怀念的那个世界被美化了。它们的产生，是为了迎合人们对故事的喜爱，但它们所表现的情节，并非日常的细小事务，而是被提高被美化的，蕴含着所谓的“浪漫的魅力”。自由的想象在驰骋，为的是创建一个更美好、更深刻的世界。它们描绘的故事属于久远的过去，那是一个快乐幸福的黄金时代。它们认为，这才是世界的真正面目，要是现在和从前一样，或者能够重返过去，那是多么美好的事啊！放下不切实际的渴望，隔着遥远的距离，遥望那些已经离我们而去的清新的晨光，远古时代的人们被英雄的模型所刻画。他们的贤德、他们的热情，以及他们的弱点，都比普通人更加尊贵。他们身处的那个世界，是一个更明朗的地方，可以呼吸更自由的空气。这种对事物的美化，使之变得光明、猛烈、富有更深远的意义，这就是诗歌的精神所在。

个人主义的发展

随着文明的发展，个体开始渐渐地从其所在的群体中显现出来。群体通过共同努力创造了生活的艺术，通过努力使得文化更加丰富了。随后，一种新的发展趋势出现了，即：各种各样的分工越来越倾向于分配给部族中的个体。终于有一天，出现了一个有着歌唱天赋的人。因为他意识到如今自己是一个独立的个体，他运用父辈们曾经讲过的故事，用线把这些古老的传说串联起来，又把它们组成新的图画。像早期的诗歌一样，来表达集体理想，此时的诗歌由个体创作者在自己特殊的环境中酝酿而成，赋予了浓厚的个人情感色彩，并反映了他自己眼中的那个世界。如此，诗歌成了他对个人生活的反映。

于是，叙事诗产生了一种新的精神。它的自发性、非个人性和客观性变得越来越少，它越来越多地向一种刻意而自发的艺术方向发展，诗人的自我感觉决定主题和表现形式。他选取素材的范围离他的生活越近，他笔下的人物就更贴近日常生活，更具有感染力。支撑情节的人物更恰当、更准确地表达了诗人的想法与感受。他之所以选择描绘这些人物，是因为他们具体地展现和说明了他对某个耐人寻味的场景所形成的想法。乔叟的《坎特伯雷故事集》记述神话中的英雄贝奥武甫，以及他与海怪格伦德尔战斗的故事。在这些故事中，诗人网罗了形形色色的人，高贵的、低贱的、僧侣、俗人等，都是以一种幽默且忠实的态度从生活当中提炼出来的。他们讲述在朝圣途中的所见所闻，每个人都有鲜明的个性。谈到诗歌的这种新走向，最典型的要数修女讲的关于牧师的故事：

> 从前有个穷寡妇，青春不再，已过中年，
> 住在一间狭小的草屋里，
> 坐落于溪谷中，依傍在森林旁。

故事的主人公竟然是一只公鸡，名叫“乔恩特克里尔”！这只公鸡摆出一副很有学问的姿态来讲述他的梦，为了表现权威性，他还借用了一些古代伟人的名字。然而他还是无法逃脱无情的厄运（由“狐狸拉塞尔”来表现），而仓院内的居民们则为他的悲剧而齐声吟唱。从他模拟的豪迈的角度来看，这首诗是在讽刺浪漫史诗的那种宏伟叙事方式。不过，它所提示的远不止是这

些形式上的诙谐，诗中反映了乔叟对生活的批判，虽然有些尖锐，但实际上是很友善的，令人十分享受这种与诗人个性的亲密接触。自觉艺术的所有叙事诗都是这样的，不管是《仙后》《失乐园》，是济慈的《恩底弥翁》，还是《伊诺克·雅顿》；不管它是描绘浪漫传奇和神话传说中的人物，还是关于上帝之路与人类之路的奇妙辩论，或者是底层小人物的悲剧，我们都清晰地看到了一个更夸张的、更鲜明的世界，它始终为诗人表达自己设想的生活方式来服务。

抒情诗的兴起

在表达方式上越来越个人化这一形式彻底改变了叙事诗的意义，同时也促使一种性质和目的都与从前不同的诗歌的产生。当个人带着明确的自我意识在人群中崭露头角的时候，他就清楚地意识到，他所面对的生活，与其他人相比，有着明显的不同。他有自己的世界，自己的激情，事件跟他自己的经验联系起来，从而具有了各自不同的意义。头顶上广阔的天空，一片蔚蓝或点缀朵朵白云。广袤的土地向各个方面延伸，无数的色彩、形态、声音和骚动，汇成一幅宏伟的画卷。在所有活力所交汇的一点上，站立着一个在思考、感知和憧憬的人。来自周围世界的所有有影响力的光芒都聚集到作为焦点的这个人的身上。在对这些冲击做出回应的时候，他意识到，在这躁动的感觉和闪光的理念之中，有一种出人意料的美的和谐，他的存在充溢着丰富情感。他的愉快、惊异、敬佩之情，在内心波涛汹涌，渴望表达。在混乱之中，他建立了一种新的秩序，得到了他所感知的形象。他以文字为媒介，将这一形象在物质形态中具体化，让它根据自己的感知成形，把它塑造得与自己的情感相契合。大自然的充沛脉动使他放声高歌，用和谐的音符表达他的观察和感受。就这样，在世界的美及其内在意义的促进之下，抒情诗从此诞生。

它不在那洒满阳光的山冈上，
也不在那光芒四射的阳光里，
既不在奔腾的浪花里，
也不在那静静的溪流里。
但有时蕴藏在人的灵魂里，
渐渐地穿越他的痛苦。
那优美朦胧的月光
洒满了他的脑海和心田。

如此，客观世界一直用美好编织着玄妙的图画，有时极为含蓄，但基于面对人类心灵的热忱探求，最后总是会坦露它们的秘密。虽然，抒情诗看上去好像是自然而然的情感表达，但往往是从面对世界的满腔喜悦中爆发出来的。

夏天来到了我们中间，
鹧鸪鸣叫，
麦田发芽，草地开花，
林木也葱郁，
鹧鸪在歌唱！

母羊在与小羊赛跑，
牝随犊奔，
牯羊在跳舞，雄鹿在欢跳，
鹧鸪在和鸣！

鸪鸟，你啼得美妙，
不要停止。
鸟呀，你婉转的歌声

将万世飘扬![1]

对鸟的啼鸣，诗人做出了反应，他的喜悦、热情自然流露，并化为形象，他的音乐奏响了春天的旋律！上面这首诗是早期的一首英语抒情诗，不论是从它的精神、形式，还是从它的内容来看，它都是名不虚传的极具抒情诗性的春天的赞歌。

因为抒情诗发乎情。所以，歌唱是它感人的精神。

我吹着牧笛从山谷走来，
我吹出欢乐的乐章，
我看见云端上有一个幼童，
他笑着对我说：

“吹一曲羔羊的歌!”
我就愉快地吹了起来。
“吹笛人，请再吹一遍。”
我又吹着，幼童流下了眼泪。

“放下那欢乐的笛子，
唱起你那快乐的歌儿。”
我再唱起那支歌，
他听着，泪眼儿汪汪。

“吹笛人，把他写成一首诗，
好让大家都能看到。”

---

① 中世纪英格兰著名抒情诗，朱湘译，参见《番石榴集》，第145页，商务印书馆，1936年。

他说着就从我眼前消逝，
我拿起一根空心的芦草，

用它做成土气的一支笔，
蘸着清清的水，
写下了快乐的歌曲，
让每个小孩听出了欢乐。①

抒情诗来源于对音乐的冲动。但抒情诗那脆弱的、精美的载体，更有能力承载无穷的变化和无比丰富的内容。它可以抓住刹那间的情感，就像一缕芳香；也可以把它放到成熟的经验里。抒情诗更适合：唱出来，它是自由的，从广阔无边的天空和大地，到内心深处隐秘的角落。

抒情诗的范围

抒情诗是诗人的情感最丰富的表达，比起任何其他诗歌形式，它更能反映诗人的心境，表达他的情感程度。但它也能担负思想的重荷，唯一的条件是：应该给思想插上翅膀，让它冲破抽象的束缚，化作充分具体的生命，并有着温暖生动、丰富多彩的形象。从最简单的意义来看，抒情诗只是一声呐喊。一份出人意料的对美的生动设想，释放了欢乐的深度之源，而情感，和着优美旋律的节拍，发展成汹涌、热情的文字。

你好啊，快乐的精灵！
你似乎没有展开翅膀，
从天堂或天堂的旁边，

---

① 袁可嘉译，参见《布莱克诗选》，第 37 页，人民文学出版社，1957 年。

以波澜起伏的乐章，
自然淳朴的艺术，倾吐你的衷肠。

向上，向高处飞翔，
从地面你一跃而上，
像一片飞翔的轻云，
掠过蔚蓝的天空，
永远歌唱着飞去，歌唱着飞去。

地平线下的太阳，
放射出金色的光芒，
晴空里霞光万丈，
你沐浴着阳光飞翔，
你是充满喜悦飞向远方的精灵。①

一只云雀在歌唱，拨动了诗人那乐于描绘和点缀性情的琴弦，幻化成一支难得一听的乐曲。它让我们浮游在鸟儿的歌声之上，这就是诗歌的精神。

另一位诗人更直接地表达了这种对美的刹那感受：

轰响的瀑布
似激情；震荡着我的心，
高崖、峻岭和苍翠而幽深的树林，
那斑斓的色彩激起我欲望的冲动，
这是一种激情、一种仁爱，
没必要思维提供间接的魅力，

① 江枫译，参见《雪莱诗选》，第120页，中央编译出版社，2004年。

无需用双眼换来情趣。①

清晰直观的视觉可以伴随着洞察力让诗人看得更深远，感受到更多的情感，并把更丰富的蕴意倾注到他那宝贵的诗行中：

我学会了观察自然；
不再像粗心的年轻时那样，
我时时倾听着无声而忧郁的人性之歌。
这阴柔的歌声
却蕴藏巨大的力量，
使心灵变得如此纯洁平静。
我的内心被深深地打动，
让我感到灵魂升华的快乐；
这是种庄严感觉，
感到落日的余晖、浩瀚的海洋、清新的空气、蔚蓝的天空和人类心灵，已经深深地交融在一起；
这是一种巨大的精神动力，
激励着所有的人，
在世界一切事物中前行。②

作为诗歌，这些韵文本身并不仅是冲动的抒情。它们和庄重的音乐相类似，能使平静的心灵升华。在诗中“强烈情感的自然流露”变成了“宁静心境中的回想”。但是，它们描写，而非述说抒情的心境。它们依旧充满了情感，正是这种情感，提升和增强了构成这些诗的实际素材，因此，它们才是真正的诗歌。但是，思想的重担通常会阻碍那种感情的升华，而这种升华才

① 黄杲炘译，参见《华兹华斯抒情诗选》，第 79～80 页，上海译文出版社，2000 年。
② 黄杲炘译，参见《华兹华斯抒情诗选》，第 80 页。

是抒情的本质。

人类的精神能力制约了抒情诗的范围，它的范围与人的精神和心灵的高度与深度是相同的。一首抒情诗，就是诗人用心灵的眼睛去发现语言形象的魅力。通过创作音调和节奏，使灵魂能够歌唱，对美、奇迹和深奥的秘密所作出的某种阐释，是根据他所认识和感受到的事物对生活所做的诠释。它可以用生动的短语描绘一只蝴蝶或一个世界；它好像可以在灵光闪现的一刹那，用内涵丰富的词语揭露出生活的巨大秘密，并发现真理。抒情诗可以是一支动人心弦的歌曲；它也可以是一支有力的颂歌，解决争执，赞美万物。没有哪一种心境会抵制抒情诗，欢乐和悲伤，希望和悔恨，号啕大哭和放声大笑，全都囊括其中。它典型的格调是突出的个性。但真正的诗人往往把他在地球上所看到的属于自己的一隅美景幻化为宇宙的图画，向无边无境的远方展开，把他个人的快乐和痛苦转变为强大而普遍的激情，让每个人都可以到达幸福的彼岸。

诗歌形式的要素

跟其他人相比，诗人更敏锐、更富有创造性，他看待生活的方式更富有激情、更具有美感。大自然通过展示斑斓的色彩和多变的姿态，令人印象深刻，他被这种展示所带来的壮丽或柔情深切感动，对塑造生动形象的世界深切感知；对人类目标和命运不断变化的意义的深刻洞察，激活了诗人深邃的思想。他的情感驱使他表达自己的认知，同时巧妙地传达思想的负荷，用语言符号组织起井然有序的画面，这一画面再现了源自外部世界的形象，但赋予它们以想象，蕴含了更深远的意义。

闪光，
从未有过的光芒，无论陆地还是海上，
那是给神的献礼，是诗人的梦想。

就这样，在感情的驱动下，凭借洞察力，他改变了世界和生活，这就是诗人的魅力和秘密。因此，诗歌的范畴可以扩展到整个宽广而复杂的经验世界，从中获取灵感，搜集材料。可是，生活能够用诗歌来设想，而观念却要用文字来表达。要想赋予诗歌的表达，韵律就必须贯穿整个主题，不管它披着什么样的外衣，都有强烈的情感爆发，刺激诗人用语言的画面来表达他的想法，这种词语的画面就是一首诗。

诗的冲动，来自想象和情感，表现为语言，然而语言是依照有节奏的律动流淌的，在它的规则中浇铸成型。就如同吟咏诗歌旋律的素材既是理性的又是感性的，这些要素同时也构成了最后的总体形式。这一形式，由词语的有节奏的律动和它们在词语画面①中的最终排列而形成，这就是诗歌。而且，这一形式既非偶然，也非随意，而是被人类心灵和精神的本性所激发的。

韵律的性质及来源

在每一首诗歌里，都有一种韵律在跃动，如同活体内奔涌着血液的一样，这种韵律就是诗歌的灵魂。实际上，韵律就是世界的心脏。白天黑夜，潮起潮落，春去秋来，我们的一呼一吸，天空中的斗转星移，都回荡着它雄壮的音乐。不论是生活中一些渺小的事务，还是地球在恒星间的运动，在这其中，韵律永远都是一项运动原则，一切连续不断的活动都自然而然地遵循这一原则。它使得运动更自如，如同劳动者——不论是铁匠的锤子在铁砧上的有节奏的敲打，还是纤夫漫长而整齐的号子。士兵迈着一致的步伐，减轻了长途跋涉的辛劳。运动有了韵律变成令人愉快的一件事，犹如轻歌曼舞。所以，对外部事物中的韵律感受，是轻松而愉悦的。所以，无论从主观方面还是客观方面来说，韵律本质上与人的精神是相协调的。

---

① 这种把诗歌比作一种“画面”的联想，还要感谢 J. W. 麦凯尔教授在牛津大学所作的关于诗歌的讲座。

情感像宇宙的秩序一样充满了生动的韵律，只要不停止，它通常会在韵律中表达自己。对美的感悟所带来的情感，或者是深刻观察生活真理所伴随的兴奋，都使人心跳加快；这种激情迸发的状态转化为文字的表达，再现了它们那种本源的刺激性和有节奏的跳动。如此，一首诗诞生了。有些学者曾经说过，从其最初形态来看，诗歌仅仅是工作和游戏中身体运动的韵律所带来的有节奏的声音①。一个女人在两块石头之间碾压玉米，通过没完没了的吟唱、毫无意义的语言来保持节奏。一支古老纺纱歌谣的片段回响在奥菲莉娅不知所云的语言中："你得唱啊噢，你叫他啊噢。嘿，翻来覆去，多么协调！"② 一些男人高声吼唱着他们的战歌，同时踏着舞步转圈。少男少女交替吟唱一首歌谣的诗行，不断重复着叠句。整个漫长年代里诗歌的发展变化也同样适用这个原理。从早期的到最近的诗性冲动的表现中，在物体运动的本能音色中，在成熟艺术高度精练的创造中，事物核心中那深刻的音律得到了表达。

看噢，与古人一起，
人的本性之根，
纺织着歌谣
那永恒的激情。

在世界心灵的深处
坐落着它的根基，
与万物纠结在一起，
与万物孪生。

而且，除了向着音乐，

---

① 参见弗朗西斯·B. 格梅尔——"诗歌的缘起"。

② 此处为卞之琳译文，参见《莎士比亚悲剧四种》，第 142 页，人民文学出版社，1988 年。

向着和谐的声音和韵律
无休无止地接近，

什么才是自然的本身？

端坐在宝座上的神祇
是最老的诗人：
整个宇宙都向着
他的节奏靠近。①

这就是诗歌中韵律的开始和缘由。不论诗人的心情怎么样，不论它是满腔喜悦的爆发，还是深思熟虑的宁静，他的诗行都是其情感的表达，而且这种表达可以听得到。同时，向着和谐的韵律迈进。荷马的六音步抑扬格诗行那快速而持久的音符，讲述着英雄们的所作所为；弥尔顿的五音步抑扬格诗行那肃穆典雅的行进，表达着天堂和地狱的戏剧。雪莱的云雀冲入云霄的翱翔，还有勃朗宁的疯狂骑行中沉重的蹄声。不论是向前猛冲，还是稳步行进，或是展翅高飞，诗歌的轻快节奏都传达了紧张的情绪及其内在的张力。

韵律的效果

诗歌把自己的能量传递给听者，并引起他情感的共鸣。诗歌跟其他各类文学有很多共性。散文能够展现得到升华的世界图景，如同在长篇小说中一样；它也能够激发行动，如同在演讲中一样。事实上，想象力丰富的文学作品，尽管其表现形式不同，但在其内部都可以有一种持久不变的因素。能够把诗歌与散文区分开来的，主要是这一因素当中明确的韵律。借助韵律，诗

① 威廉·沃森。

歌的感染力变得更直接、更强烈。心理学家会说，在我们的有机体内，“模仿活动”在运行，在我们身上唤起相应的情感。韵律还使得感知更简单，因为其本身就是一个快乐的源泉。如果控制得当，它还对强调诗行的智性内容有所帮助。诗歌形式中的韵律并不是一种机械的装置，而是内在激情的必然反映。在正常状况下，它不是一成不变的。它并不是一连串交替节拍有规律地反复出现，或者说是“单调的节奏”不断回响，而是通过重音的微妙变化，与情感的推动和词语的意义相结合，它可以在起伏的波动中展开。内在潮水的波涛汹涌，可以在舞动的波浪上停止，光与影的不断变化，在中心统一体的表面之上呈现。音节在不断变换步幅，附和着内在的规律。

来吧，美丽而使人心安的死亡。
围绕着世界如波浪一样起伏，并安详地走来，走来，
在白天，在黑夜，对全体，对个人，
轻灵的死亡迟早会来临。①

就这样在一首特别美丽的诗歌中穿行。音节在这里并非主角，但我们还是可以很容易地感觉到一种深长的律动紧紧抓住了我们，把我们带进了它的感情中。对这样的诗，我们心怀感激赋予诗歌之名。

但是，一首诗仅有韵律是不够的。只是不知所云地、单调地重复一些词句，并不是诗歌。重复中一定要有前进，重复一定要把自己构建成一个图案。哪怕是点滴的体会，也要真正理解，至少要有所领悟，一定要作为一个整体来理解。在外部世界的纷扰中，人的精神要追寻秩序和意义。大自然使诗人在寻找自己的韵律，这就是他的灵感。当今，诗人都设法使大自然顺从于自己的表达目的，这是他的技艺。他的性情气质在宇宙的势力范围内有所震撼；而今，他的灵魂，也就是形成他的感知和意志的控制力与组织力，进入了一个统一体。在与韵律的组合，他创造了和谐。就这样，他的诗展现了印象的

① 赵萝蕤译文，参见沃尔特·惠特曼《草叶集》，第580页，上海译文出版社，1991年。

全貌。他所描绘的图画是通过重复单一因素建立起来的：音步组成了诗行，诗行组合为诗节，诗节模仿一个常见的设置，逐一推进，直到最后。这里，结构也不是机械的或任意的，每一行诗的节奏都与感情的起承转合相契合，整首诗的形式是一致，符合这首诗所要表达的情感或观念。

诗中的语言

诗的载体，或者说表达方式，是语言。画家创作时使用色彩，雕塑家用形态，音乐家用音符。作为感觉，色彩、形态和音符本身是令人愉悦的，它们依据它们想要表达的对象达到的力量，进而变得更美，并且更有意义。语言也一样，其本身就具有价值。当它们被用来表达美和感情的工具时，它们便能够给一首诗的韵律添加旋律。这一般通过押韵来实现，进而达到完美和谐。除了给语言增加音乐价值之外，如果娴熟地把握押韵的话，对诗歌的内容表达，突出语言的意义也有益的。旋律因素中不太重要的成分有半谐音、头韵和音色。半谐音是音节内同一元音的重复，但跟随不同的辅音，比如“形状”和“伙伴”。头韵，结合重音，是盎格鲁—撒克逊诗歌最根本的韵文原则，如今人们冒着由于过度装饰而掩盖意义的危险来使用它。音色的旋律品质更加深奥玄妙，它是通过声调的品质及其音节的音值来表达词语的意义，比如，在“在充满芳香的昏暗中，她的头发松懈开来”这句诗中，元音音质的缓慢变化好像给形象带来一种声音上的朦胧感。这些都是诗人的全音阶中的音符，是诗歌全音阶的注释，用来加强其技艺在感官上的感染力。

然而诗歌不只是在情感和感官上的表达。依据词语这一载体，它适用于表达智性的观念——从某种程度来看，绘画、雕塑和音乐的艺术并不适合表达这样的观念。但是，在表达这些观念时，它并不是依靠抽象的词语、而是用具象的方法来增强其表现力。词语不是色彩或形态，但它们能够依靠形象来暗示色彩或形态。情感一直有一个对象，它唤起情感，表达情感。诗人用词语中的形象表达自己的感情；对于有着相似情感的其他人来说，这也是象征和默契。观念就是这样使自己变得具体、温柔而生动，激发读者的想象力，触发他们的情感。语言的这种激发想象、唤起情感的力量，正是诗人的技巧，很难对其进行分析。它依附于语言音节的声调之美，表现在语言的本身和韵律的组合中。它来自于生动的形象，源自于丰富的联想，这种联想就如同浸入肺腑的空气附着在语言的四周。

灿烂的星！我祈求像你那样坚定——
但我不愿意高悬夜空，独自辉映，
并且永恒地睁着眼睛，
像自然间耐心的、不眠的隐士，
不断望着海涛，那大地的神父，
用圣水冲洗人所卜居的岸沿。①

这种语言音乐的魅力很难说得清！它只能意会。所以，除了遣词造句的普遍意义之外，语言还有更丰富的表现力。这种意义就是诗人的创作，通过他对文字进行恰当地运用，将人们所熟悉的语言恰当地表现出来。诗人的技巧就如音乐家的谱曲。

内容与形式的统一

诗歌的形式通过它的韵律，唤醒整个生命并与之产生共鸣；通过旋律优美的音符，使读者感到快乐；它和谐优美的和声使人的心灵得到慰藉；通过文字形象唤起大脑的想象力。所以，诗歌通过事实增加了它的自身价值，以及它的感情价值。然后，形式与内容融为一体。在抒情诗中，这种融合最为

① 约翰·济慈著，查良铮译，《穆旦译文集》，第 3 卷第 415 页，人民文学出版社，2005 年。

紧密。我们可以体会到，用其他方式，很难达到这样的效果。诗歌的精髓和奥妙在于歌唱。

一首诗便是生命在一个瞬间化为圆满的片段。它使人的感官所唤起的印象变为美的形式，并由此幻化出一个更美好的事物。它在事物的核心捕捉有力搏动的韵律，使它们成为赏心悦目的图画；它的文字旋律唤醒了人们灵魂中所渴望的天籁之音。它用非同一般的光亮映照着生命，但它也是虚幻的，这是由于它所表现的超越了大自然的真实，了解了人们内心总是愿意相信的美好是上帝永恒的华丽服饰。诗歌其实是现实了更高，更明朗的形象。诗人会围绕生活，并很好地把握它。他既不是一个自然过程的观察者，也不是一个被动的观众，只是冷静观看人类命运的看客，他倾心他的所见所闻。就如同对一个情人。世界在他的手里生产出了诸多美好。凭借丰富的想象力、创造性的视觉力量，他从客观角度看待生命，虽然只是惊鸿一瞥。灵感幻化为完美的形象。对诗人来说，真实是作为美而展示出来的，但这种展现没有止境。所以，一切伟大的、真正的诗歌，都是灵感的呐喊。它是一个不断实现而又不断想要超越世界的梦想。用一位智者的话说："诗歌是所有知识的开始和终结——它像人的心灵一样千古不朽。"

荷马与史诗

查尔斯·伯顿·古立克[①]

史诗也可以被认为是这样一种诗歌：在这一领域，达到杰出水平的诗人非常少。荷马、维吉尔、弥尔顿，是我们尝试给这一诗歌类型下定义时闪现在脑海里的名字，然而除了这三个人以外，很难再找到一个诗人，可以成功地用庄严、宏伟和美来处理一个庞大的主题，而这些，正是英雄史诗不可或缺的东西。

这是由于我们在最初就设置的标准，当我们分析这些杰出诗人的写作手法和写作目的时，在所有人当中荷马便作为一个至高无上、独一无二的大师而凸显出来。因为，在《失乐园》中，弥尔顿过于频繁地由于神学论战而分心，偏离了诗人的真正任务；而维吉尔的《埃涅伊德》则是一个自觉时代极其深谋远虑的产物，是为了宣扬罗马帝国的伟大而有意创作出来的。

---

① 查尔斯·伯顿·古立克（1868—1962 年），古典学家，哈佛大学希腊文教授。主要作品有《古希腊人的生活》（*The Life of Ancient Greeks*，1902）等。

荷马的前辈

与维吉尔相比，荷马的艺术是更天真无邪，更无刻意的作品，但如果你认为——就如同18世纪的人们所坚持的那样——荷马代表了人类种族的幼年时代，那就错了。清新、活泼、自觉、敏锐，他向以前的诗人学习了很多。在前辈那里，他传承了诗律、修辞和短语，而这些可以追溯到希腊人从蒙昧状态中崭露头角的最早时期。

最早的史诗，素材非常简单。最初，部落众神是人们赞扬歌颂的主角，部落首领的祖先被看作是众神之子，是从神过渡到人。而同时代的一些有卓著功绩的人还没有被人们忘记，于是，宗教赞美诗就变成了英雄赞歌。它充分表达了人们的心声和宗族的自豪感。从这个意义上看，它就是地方歌谣。它永远是天才所拥有的专利，他们的职业是一代一代传承下来的。

史诗的发展

在公元前12世纪，一场巨变发生了，包括迈锡尼灭亡及其文明最终瓦解。新的领土之争开始了，一些自称是亚加亚人、伊奥利亚人、爱奥尼亚人或维奥蒂亚人的，他们说希腊语这些民族大规模移民到小亚细亚的沿海地区。迁徙中的部落动荡不安，他们的战士英勇顽强，同一种族的人们在一个居民还处于蛮荒状态的边缘地区相融合，产生一种前所未有的民族自豪感，这为史诗的发展提供了有利条件。他们来自故乡的传说，开始更大范围地扩展。阿喀琉斯与赫克托耳或许是南部塞萨利与维奥蒂亚之间边境地区两个相互竞争的部落首领，在诗人的想象中变成了两位卓越的君主，他们为民族的生存而战。他们建立功勋的情景从古老的家园流传开来。移民的想象力随着他们的生活范围在新地区的扩大而不断丰富，他们的传说也逐渐涵盖更多的内容，展现出更灿烂的色彩，发出了更嘹亮的民族自强的声音。

阿伽门农在希腊大陆的权力绝不仅仅局限在迈锡尼的一座修建在阿尔戈斯的山峦之间的温暖而舒适的城堡里，他的领地通过后来的这些史诗作者们的爱国热情，已经扩大到了相当于帝国的规模。他们激起了亚该亚人与特洛伊人之间、希腊人与野蛮人之间、东部与西部之间的大对立，于是开启了希腊化的进程。

历史上的特洛伊

特洛伊的故事，尽管有神话美化的细节，却反映了历史事实——实质上反映了亚加亚移民、伊奥利亚移民与特洛伊本地居民间的冲突。《伊利亚特》是一个天才的作品，是一系列战争的结果，其中也有对历史题材的借鉴、改变和扩展。

但是它在细节上也存在着矛盾，在趣味上也时有差错。“就连了不起的荷马也不免会打盹”，贺拉斯这样说道。然而，虽然他会打盹，但他从不呼呼大睡。

比起《伊利亚特》最终成型的时期，《奥德赛》的成书时间大概稍晚一些。奥德修斯的漫游展现了亚加亚人后代的新体验，他们的祖先曾在亚洲那些动人心魄的战斗中获得了胜利，现在他们驶过地中海，准备与腓尼基商人进行竞争。《奥德赛》以《伊利亚特》中的那些事件为蓝本，与《伊利亚特》不同，它不是一个战争的具体故事，而是围绕着一位勇敢的战士展开的冒险故事。

它构建了一个神奇美妙的新世界，其中包含着不可捉摸的逃亡，海难及狂风巨浪的恐怖力量，怪兽、女巫和巨人，以及海盗，其实是对荒漠之地、天涯海角和地下世界的探险。它塑造了诸如辛巴达这类冒险家的原型，是格列佛和吹牛大王的前辈。它给后来的诗歌提供了食莲族和塞壬海妖这样的素材，给语言提供了海上女妖斯库拉和卡律布迪斯的谚语，它以具于吸引力的人物形象使现在的儿童文学作品更加五彩缤纷。作为对主人公的颠沛流离和坎坷经历的安慰，它描绘了田园生活的美好，展现了一位女人忠贞的高贵形象。

《奥德赛》的结构

《奥德赛》的戏剧结构一直被人们称赞。主人公的姗姗来迟，目的是情节发展的需要，从而引出他可爱的儿子忒勒马科斯，其中还有一些读者在《伊利亚特》里熟悉的人物。紧接着，我们来到卡吕普索的小岛，发现奥德修斯被监禁在那里。然后是离去、波塞冬的愤怒、海难，以及在费阿刻斯人的土地上获救。剧情推移到费阿刻斯人的国王阿尔喀诺俄斯那金碧辉煌的宫廷，在国王面前，奥德修斯讲述了他在到达卡吕普索的小岛之前所经历的冒险。在费阿刻斯岛，奥德修斯遇见了瑙西卡——希腊文学中最动人、最光彩的少女形象。荷马与维吉尔之间的不同，在于瑙西卡的离别之言与狄多在埃涅阿斯离开她时的情感渲泄。《奥德赛》中的这一部分也十分有趣，对诗人德摩多克斯用来表现史诗歌谣的传统和方法很重要。

故事的后半部分是从费阿刻斯人把奥德修斯带回家开始的。他乔装成一个乞丐，经过了接连不断的险遇，运用了戏剧的手法，后来在希腊的戏剧舞台上表演得非常出色。他向忒勒马科斯坦白了自己的秘密。不久，他的老狗阿尔戈斯在一个极其悲伤的场景中认出了他。最后，在经受了多重考验后杀死了众多求婚者，丈夫向妻子和年迈的父亲介绍了自己。故事有大量重复的情节，说明史诗诗人很喜欢他的故事，他们的读者也很渴望让故事延续下去。

荷马史诗的原作者

希腊人喜欢讲述他们伟大人物的生平细节，可是他们却不能提供一个真实的荷马。关于荷马的生平事迹的传说少之又少，甚至彻底被亚历山大城的学者们所忽略。今天在希腊和马其顿的乡村通俗歌手的作品中，他的失明经常被提及。在那不勒斯博物馆里有一尊广为人知的半身雕像，这一特征被完美地刻画出来。现在有七座城市都宣称是荷马的诞生地，它们多数在小亚细亚的海岸或邻近岛屿——这一事实对以前诗歌中所记载的信息是有力证据，那就是它们最终的创作者应该是爱奥尼亚的希腊人。早在游吟诗人把它们带到大陆之前，这些诗歌就已经在小亚细亚海岸流行了若干年。我们不了解，它们最初在何时成为文字。虽然希腊人早在公元前 9 世纪就学会了书写，它在这些诗歌的早期传播中并没有占据举足轻重的位置，只是在暴君庇西特拉图统治雅典时期，也就是在公元前 6 世纪，它们才被整理出来，并用我们今天所看到的形式明确地记录下来。因此，这些诗歌其实是得益于雅典人保护的，公元前 6 至前 3 世纪，雅典人一直是文化的领导者，后来又得到了亚历山大人的庇护，他们拿出了带有注释的详尽版本，它们分为若干“卷”，每卷二十四首，这就是我们今天看到的样子。

中世纪的西方世界常常借助于罗马版本的特洛伊的故事，然而随着学术的发展，荷马几乎是一步登上了古人之首的宝座，从那以后，他就得到了所有有文化的人们的青睐。

但　丁

查尔斯·霍尔·格兰金特[①]

但丁（1265—1321 年），被称为中世纪伟大诗人的杰出代表，这是公正的。在他的身上完整地体现着中世纪的精神，古往今来，除了但丁我们还没有发现一个人像他这样能如此全面地反映一个伟大时代的精神。那是一个强有力的缔造者和神学家辈出的时代，是宗教势力如鱼得水的时代，是坚定、好战的时代——是产生大教堂和《神学大全》的时代，是十字军东征的时代，是圣伯纳德的时代，是圣方济各的时代。从本质上讲，但丁是上帝的一位诗人，以至于人们经常把“Divine”（神的）这个词语跟他所著的神曲联系在一起。他的建筑天才是显而易见，以至于人们自然而然地把他的诗歌与一座巨大的哥特式教堂进行比较。永远活在他的文字中的一系列人物代表了从市民到教皇等所有类型的同时代人，人物的多样化并没有掩盖他的设计图的对称轮廓——这一设计非常庞大，几乎包含了世俗科学和宗教科学中所有重要的内容。

① 查尔斯·霍尔·格兰金特（1862—1939 年），语言学家，1896—1932 年担任哈佛大学罗曼语教授。主要作品有《但丁》（*Dante*，1916）、《但丁的力量》（*The Power of Dante*，1918）和《从拉丁语到意大利语》（*From Latin to Italian*，1927）等。

《神曲》的设计图

《神曲》共三卷，数百章，讲述了一个灵魂从罪孽开始，通过悔恨、思考和惩罚，直到进入一种纯洁状态，便可以见到上帝。迷失于邪恶中的诗人突然恢复了理性，他尝试着摆脱邪恶，但无济于事。理性在神恩的召唤下，一步一步引导他完全看清了邪恶，认识到了他的所有丑陋和愚蠢，最终远离了邪恶。他接下来的任务就是要通过忏悔，把自己的灵魂变得纯洁，直至慢慢达到清白。后来，他得到了神启，不断向上提升自己，越来越高，直到造物主的面前。所有这些情节，都是用寓言故事的方式表现出来的，情节的发展是在维吉尔的指引下进行旅行：穿过“地狱”，上至“炼狱”孤寂荒芜的大山，来到伊甸园，再从那里到达旋转的星球，最后进入“天堂”。

中世纪的世界观

在我们眼中，中世纪的宇宙好像非常小。……我们的这颗星球，一个实心的、静止的，被气和火包围着，是物质世界的中心。围绕地球，不停的九重天旋转着，它们是透明的壳一样的空心球，承载着太阳、月亮、行星和恒星，它们共同构成了“自然”的力量。在这个圆形的宇宙之外，是纯洁灵魂的天堂，是上帝、天使和被赐福者的幸福乐园。天使作为上帝的使者，管理着天体的运行，因而塑造了所存在的物和人。地球表面有一半以上的地方是水，而在它的另一面是三叶草形状的欧洲、亚洲和非洲大陆，两股力量统治着基督教世界，一是精神的，二是世俗的，二者都听命于上帝，这两股力量就是教皇和皇帝，分别是基督和恺撒建立。各自的野心使他们陷入相互的争端。

我们对古代历史，对古典文学和艺术的一切财富知之甚少，而且只有为数不多的作品被翻译成现代的语言；由于历史感发展不足，这些对我们现代人来说这是非常珍贵的。在中世纪人的观念中，所罗门、亚历山大、恺撒、查理曼大帝在某种程度上是一样的。异教罗马的作家当中，最引人注目的幸存者有维吉尔、奥维德、卢坎、斯塔提乌斯、西塞罗和李维。此外，还可以算上基督徒波伊提乌和圣奥古斯丁，还有后来的学者和神学家。希腊语早已失传，然而，亚里士多德披着拉丁文的外衣，在13世纪开始主导欧洲人的思想，柏拉图主义对大概八百年前圣奥古斯丁学说的形成影响巨大。

但丁掌握了他那个时代的诸多学问——大阿尔伯特的科学，亚里士多德的哲学，圣托马斯·阿奎那的神学，还有残存的拉丁文学的碎片。在这一方面我们找到了许多例证，不但在《神曲》中，还有在他未完成的作品《飨宴》里，后者是一部近似于百科全书，以作者的某些诗歌的注释为表现形式。

他的拉丁文写作很流畅，生动活泼，除了他的书信和两首田园诗之外，他还写过一部专著《论君主制》，讨论国家与教会的关系，同时撰写一部探讨诗歌形式和意大利语的使用专著，被称作“俗语论”；还有一篇讲稿被后人认为是他的作品，题为“关于水和土的问题”，探讨的是一个自然地理学的一些问题。虽然他的事实、观念和兴趣都属于他那个时代，然而还是有一些特征把他和他的同胞们区分开来：他跟彼特拉克一样有丰富的感情和突出的个性，跟乔叟和薄伽丘一样有深远的见识和能描写生动戏剧的天赋；然而他对大自然更宽阔的艺术反应力和惊人的想象力，却是任何人都不具备的。在语言方面，他也与他的前辈和同时代人不同。生动鲜明的形象，丰富多样的语言，从古典时代以来从未有人创作过。其实，在他之前，教会使用的拉丁文被看作是正规语言。他在哲学和宗教阐释中使用本地方言是一次大胆的创新，他在《飨宴》中坚持了这一创新。在他自己的国家，现代语言特别不受重视，在14世纪之前，意大利语的文学作相对较少。

中世纪的文学风格

长期以来，叙事诗歌、战争史诗和宫廷浪漫史在法国北部得到很大的发展——表现为国王和封建领主的吟唱，遥远国度和久远时代的骑士冒险（特别是圆桌骑士的故事），戏剧从宗教仪式中获得发展。长期以来人们在古代诗歌和圣经的解释中非常熟悉的象征手法，已经进入了创造性的艺术，产生了13世纪《玫瑰传奇》这样的经典。讽刺诗结合寻找爱的主题，在列那狐的故事中找到了独特的表达形式。许多这样的文学样式被带到了意大利，如同被带到欧洲其他国家一样。其中，法国南方的恋爱抒情诗流派的名声与法国北部史诗齐名——这种诗歌，尽管题材受到限制，然而在艺术上非常优雅，在12和13世纪的意大利宫廷受到人们的喜爱，被吟唱和模仿。但是，直到腓特烈二世时期，我们才发现用意大利语创作的诗歌。围绕在伟大皇帝的身边的一群被称作“西西里诗派”的爱情诗人，他们虽然聪明却常很做作。在托斯卡纳，有一群尽管缺乏灵感、却有创意的打油诗人，他们用本地语言进行抒情，这些人大多数是普罗旺斯模式的模仿者。在著名的大学城博洛尼亚，13世纪中叶新艺术开始受到重视。圭多·圭尼采里就生活其中，但丁认为他是自己的老师，是第一位正确阐释了“甜美的新风格”爱的理论的诗人。

但丁的爱情观

依据这一学说，爱是“幽雅”心灵特有的属性。它始终在沉睡，直到被有价值的目标唤醒。那个唤醒这种“幽雅”之爱的女人，必定是天使的象征，对她的爱就是崇拜。在圭尼采里之后的那一代人当中，他的学说在一个天才作家的小圈子里迅速流行，他们把诗歌引入了佛罗伦萨，那是一个兴旺的商业城市，大抵是意大利最繁华的小共和国。这个文学小圈子的成员除了但丁本人，还有但丁的“第一个朋友”卡瓦尔康蒂。的确，我们看到在但丁的有些作品中，爱情的观点没有新意：在献给一位曾经同情他丧亲之痛的年轻女士的一些甜美诗歌中，在他不经常唱和的十四行诗和歌谣里，在他给称之为“皮埃特拉”的年轻人的那些充满激情的美妙歌声中。但在他献给“哲学女士”的“短歌”里，我们发现了在寓言里适用情诗的形式最好例子。至于这种新思想更原始的表达，我们一定要看在他认为的理想女性贝雅特丽齐的启发下所创作的那些更成熟的作品。在他心爱的人逝世多年以后，但丁从他以前的诗作中选择了一些能够表明他的生活受到贝雅特丽齐影响的那些片段，并且围绕它们写了一篇优美的散文说明，这就是《新生》。

弥尔顿的诗歌

欧内斯特·伯恩鲍姆[①]

虽然我们当中许多人都认为，弥尔顿是英国文艺复兴时期的巨人，从他年轻时期的一些并不怎么出名的诗篇中，我们就能感受到其魅力，然而要想亲近他的那些更重要的作品，那些倾注了“大师精神”的作品，貌似有许多很难逾越的障碍。我们知道，拜伦曾嘲笑他笔下的天使，我们可能会认为他的神学观念一定是枯燥无味或很费解的。我们翻开《失乐园》，几乎在每一页都能看到生疏的短语和隐喻。我们的当代文学和新闻报道总是从耸人听闻、千奇百怪和不同寻常的事件中寻找轻松舒畅的快乐，那些以严肃和刻板为特征的艺术，很难吸引读者。用约翰逊博士的话说：“我们逃离大师，而寻求同伴。”似乎是为了鼓励我们逃避，有些人提出了很多质疑，然而不论他们质疑的是什么，弥尔顿终究是一位大师。

---

① 欧内斯特·伯恩鲍姆（1879—1958 年），1907—1916 年在哈佛大学教授英国文学。主要作品有《敏感的戏剧》（*The Drama of Sensibility*，1915）、《18 世纪的英国诗人》（*English Poets of the Eighteenth Century*，1918）和《美国历史上朝圣者的地方》（*The Place of the Pilgrimsyn American History*，1921）等。

弥尔顿伟大的来源

虽然有一些胡言乱语似乎想要摧毁诗人长期以来建立的名声，但一些严肃谨慎的人还是认为：每一个优秀的文学家，从德莱顿到梅雷迪思，都曾授予弥尔顿最高桂冠——一定是一个值得去亲近的人，而且可以肯定，走近弥尔顿的是完全可能的。他的伟大主要来自三个方面：他丰富的想象力，和谐的诗歌，以及深邃的思想。假如读者能够接受一些实际示意的话，其中每个来源都会变得非常突出。要了解弥尔顿在《失乐园》《复乐园》《力士参孙》，甚至《圣诞颂》中所表现出来的丰富的想象力，你在翻开这些作品之前，首先要去阅读《圣经》中的相关段落，这些的段落都非常短，但它们展现诗人创作主体的轮廓。几乎不用多言，我们可以感受到，《圣经》中诸如亚当和夏娃这样的故事都有一种简约质朴、令人心醉的美。然而，当你离开这些篇章，去追踪那部伟大史诗的发展进程时，你就会发现，弥尔顿以宏大的想象力扩展了我们对过去的、遥远的及的想象。他所揭示的，已然超越了我们还不曾探寻过的领域、力量和精神。你可以读一读记述参孙或基督诱惑的那些简短篇章，虽然描述性的语言不多，然而却特别生动。你就会发现，在《力士参孙》和《复乐园》中，弥尔顿以非凡眼力，深刻洞察了英雄、上帝和魔鬼的心灵。

有一个错误，会阻碍我们全身心地感受弥尔顿无韵诗的音乐之美，那就是默默地阅读它。除此之外，如同散文一样错误排印也是其中原因之一。盲诗人都是大声地吟诵出最优美的无韵诗，你也要大声地朗读它。所以，只有唤醒我们内心中沉寂已久的美感，才能敏锐地感受到英语中产生的最优美的韵律和共鸣。就如同大海上的波涛，不断奔涌，有着永不衰竭的力量，它使我们激情澎湃。随后，我时刻准备接受它想要灌输给我们崇高的思想，由于声音提高了我们的兴致，使之进入了兴奋状态。如果有人以这种方式开始感受弥尔顿的艺术魅力，那么他也就在文学修养上向前迈出了决定性的一步。

从此，他就很容易辨别想象力是软弱还是强大。他的耳朵，如果适应了大师的“宏伟风格”之后，也就再不会喜欢那些粗糙或浅薄的诗篇了。

作为先知的弥尔顿

然而，弥尔顿运用他的诗歌力量，绝不仅仅是为了享受这种力量所带来的纯粹的快感。在他那里，就如同在以赛亚那里一样，伟大的艺术家同时也是伟大的先知者。从《失乐园》来看（这部作品被公认是他的启示最为充分的表达），有人错误地把前两卷奉为经典。事实上，这两卷非常好地展示了他的艺术感染力，但不是他最重要的观点。由于它们描写的是堕落的天使，我们一直会产生这样一种错觉：撒旦是《失乐园》的主人公，这个最高的反叛者夺走了诗人最多的兴趣。最终，在我们这个时代，在人们对一个人格化魔鬼的信仰衰弱无力的时代，有可能产生这样一种印象：弥尔顿把他的天才奉献给了对于我们来说没有多少道德意义的主题，不论它们多么生动别致。于是，我们就得出了一个可悲的结论：他是作为一个纯粹的艺术家而受到称赞，而不是值得倾听的先知者。但是，假如从整体上来看，他的启示足以打动我们每一个人的心灵。

《失乐园》的主题

弥尔顿的主题并不是撒旦，也不是上帝和天使，而是人类。《失乐园》不仅在开头几行就展示了“人的不服从”这一主题，而且人的命运贯穿了整首史诗：它是普通造物中的每一个事件的结果所造就的。所以，弥尔顿并非在撒旦密谋反对上帝的时候开始叙述他的故事，而是这个破败的魔鬼准备向人间的未来居民复仇的时候。在这个新世界中，上帝庄重地创造出人来，上帝给予他们精神上的生命。是为了让人免于堕落，才讲述了天国的反叛。在作为核心的作品中，我们看到了人性的光辉和软弱。最终，未来世界的历史被传递给亚当，目的是为了让上帝的孩子们深信他对他们的不变的爱，而不是为了显示上帝的绝对权力或憎恨撒旦的无济于事。总之，这个主题描述的不是神学，而是宗教；不是上帝和撒旦的本性，而是善与恶的力量与我们的联系。如果读者把注意力集中在《失乐园》中人的存在上，尽管偶尔有些细节不能理解，但是他一定会体察到弥尔顿的根本思想，对天堂和地狱的描述——这些与读者关于极乐和痛苦状态的观念不完全契合——将淡化为背景，随着它们的呈现，读者会清晰地理解弥尔顿关于人生的真正意义和观念。

弥尔顿对人性的看法

将弥尔顿对于人生的真正意义的观念简化为散文套话，就是贬低它，降低它的价值，然而，简单描述它的一般特性，我们便能想到它对个人良心的非凡意义。一方面，没有一个诗人比他更崇高地想到了人的非凡能力。在弥尔顿眼中，人并不是机遇的可怜玩偶，也不是环境的奴隶，而是无拘无束的命运主人，上帝亲自赋予意志以自由，以及让人们能够利用这种自由的所有宇宙精神。另一方面，没有其他诗人比他更深刻地体会到人的兴奋状态所带来的危险。除非他从他的自由中舍弃所有尘世的诱惑，否则他将由于背叛灵魂的法律而受到惩罚，这种惩罚不仅用在他的身上，而且还施加给他无辜的同胞。《科马斯》（*Comus*）中的那位夫人、《失乐园》中的亚当、夏娃和基督，以及撒旦所遭遇到的道德困境，并不是例外，他们代表了人在生活中的每一瞬间的真实状态。这里有一个非常好的机遇，同时也是一个致命的危险，决定权绝对地掌握在他手里。然而，没有恐惧，没有要救援的哭喊，灵魂就像没有任何干扰一样宁静平和。在尘世上坚强地独立，在上帝面前诚实地保持谦卑——这就是让我们最后得以救赎的美德。

对弥尔顿思想的简短了解，使我们追踪到了他的力量之源。在他早期的伟大诗歌《圣诞颂》中，他渴望听到天籁之音和赞颂神的真理，而凡夫俗子是从来听不到这样的音乐。从那时起到他生命结束，在尘世的混乱和喧嚣中，他不断倾听上帝的声音。得到启迪以后，他使求助他的人获得新生，给予他们以更勇敢的灵魂，更宁静的心态，以及重新被唤醒的良知。华兹华斯悲切地注意到那些尘世偶像的崇拜者，大声呼喊：

弥尔顿，你真应该生活在这个时代！

而在以后的几代人中，那些最杰出的人对这一情感产生了共鸣。怀疑论者可能会质疑弥尔顿学说中的一些内容，然而他们动摇不了其核心，——那早已经深深植入了英国人最笃定的道德信念之中。最崇高的美国传统，建立在新英格兰殖民地，同时，对这一传统的背叛就是对内在自我的一种背离。这一传统就是摆脱人治的自由理想和在良心上服从上帝的坚定意志，这就是弥尔顿的观念。所以，了解弥尔顿，就得到了爱国启蒙，得到了宗教观察力和诗歌修养。

小 说

novel

小说总论

威廉·艾伦·尼尔森[①]

1

当文学史家尝试着选出各个时代最受欢迎的文学形式时，他们注意到，在我们这个时代是非常轻松的。中世纪的人喜欢长篇浪漫叙事诗，伊丽莎白时期的人钟情于戏剧，安妮女王及早期乔治王朝的人痴迷于宗教性质的讽刺诗，而我们这个时代的人则对长篇小说情有独钟。几乎所有的文学类型都在一直出版新作品，然而不论是从出版社的书单、公共图书馆的统计数据，还是日常谈话中，我们都能找到许多例证，证明小说这一种喜闻乐见的文学形式在数量上占有绝对的优势。

① 威廉·艾伦·尼尔森（1869—1946），作家、学者和教育家，先后于1900—1904年和1906—1917年间在哈佛大学任教，自1917—1939年担任史密斯学院的校长。主要作品有《诗歌的要素》（*Essentials of Poetry*，1911）、《关于莎士比亚的事实》（*The Facts About Shakespeare*，1913）和《英国文学史》（*A History of English Literature*，1921）等。

早期小说形式

虽然优美的故事有一种本能的爱好，小说或许如同人类的语言一样古老，但我们一般认为的小说，相较而言更为现代。通俗易懂的民间传说，代表作品有格林兄弟的故事集，情节和人物个性都不够生动，而且范围过于狭窄，只能被认为是小说的先驱。被认为是伊索的《寓言集》（*Fables*）也只是一些带有道德寓意的奇闻逸事；地中海和北欧国家的神话大多和人类生活没有关系；因其韵文而使的情感不断升华的史诗，其核心内容常常既不是个人性格，也不是爱情故事，而是涉及民族、国家的重大主题。虽然中世纪的传奇故事经常集中于个人命运，也关涉爱情，然而处理手法稚嫩，结构松散，主要是以险峻的情节而引人入胜。同时期的寓言故事①加上文艺复兴时期的小说②，都属于现代杂志短篇小说的雏形，大部分强调单一的情境，缺乏表现整个生活中复杂的细节。从构思上看，它们与长篇小说很相像，同时也有人不承认这种共性，说它们不是落后于就是超前于现代散文体小说的观念。

小说的兴起

尽管初期各种各样的带有一定虚构叙事的作品在一些重要的方面与现代长篇小说存在差异，然而它们在很多方面为今天有比较优势的文学形式做出了贡献。比如，在十六世纪，所谓的流浪汉小说③最初出现在西班牙，之后是在英格兰，往往是用第一人称叙述故事，主人公是个品行不端的仆人，在他经常更换主人的情节中，揭露他的无赖品行和他所处时代的黑暗。寓言与中

---

① 如米勒的小说和乔叟的《坎特伯雷故事集》。
② 如薄伽丘《十日谈》中的故事。
③ 如英语小说纳什的《杰克·威尔顿》。

篇小说也常常有这些情节，并与主人公的身世相结合，但后来也在不断发展变化。我们现在英语版的萨克雷《巴里·林登》可谓是艺术的顶峰。

伊丽莎白时期的传奇小说，代表作品有菲利普·西德尼爵士的《阿卡迪亚》(*Arcadia*)。如果从现实主义的角度来看，这类小说距离我们所说的长篇小说较为遥远。但如果从丰富的情感和频繁的道德说教角度来看，它同时又有一些流浪汉小说所没有的元素。在此之前，除了戏剧之外，其他形式的小说都很少会着意刻画明显的人物形象，这是十七世纪发展起来的，这种独特的作品被称为“人物速写”。此类作品并不属于小说范畴。人物速写是一种短篇形式，描绘当时的典型人物，目的在于讽刺社会，就其应用而言其实非常普遍，着力于刻画个人形象的作品也比较多。

我们看到，在阿狄生和斯蒂尔为《旁观者》(*Spectator*)杂志撰写的德·柯弗利爵士文稿中，这种形式在一些场景和叙述中被细致化了。大约一代人之后，当现代意义的小说兴起时，人物速写所贡献的分析和描绘典型人物的手法被普遍采用。

小说和戏剧

与浪漫冒险故事或人物速写相比，或许是戏剧做出了更大的贡献。在十七世纪的戏剧，特别是在喜剧中，从王公贵族的英雄主题到对当代平民社会生活的勾勒，这个术语并不像我们理解的那样具有现实性，但是却真实再现了作者当时的生活环境。它刻画了逻辑严密和栩栩如生的情景，人物与情节之间的相互映衬——所有这些都能够变成散文体叙事作品。十八世纪中叶，小说取代了戏剧，变成人们休闲娱乐的主要方式。由此可见新旧之间的必然联系。在莎士比亚甚至更早时期，剧作家干脆把人们所熟知的历史、传奇和小说中的故事改编成戏剧。有时候，通俗戏剧的故事也被编成散文体叙事作品。很多畅销小说后来都被搬到了舞台上，由流行戏剧改编的小说也比较多。当然，改编后的内容不是有明显的差异，由这些差异可以看出来哪些故事适宜小说形式，哪些故事适宜戏剧，但是小说和戏剧的共同特点仍旧是生动地讲述故事。

笛福和理查森

丹尼尔·笛福和萨缪尔·理查森为现代英语小说奠定了基础。笛福小说的统一性主要建立在主人公的个性上。他的小说作品往往是一系列事件贯穿于男女主人公的整个生活里。笛福的很多小说，就其专注于犯罪阶层而言，与流浪汉小说很接近，就连最受欢迎的《鲁滨逊漂流记》（*Robinson Crusoe*），与其说是长篇小说，不如说是冒险故事。他最明显的特征是超现实主义，即通过巧妙选择事实细节来实现，这产生了一种与现代新闻报道相类似的情境效果。虽然现实主义非常精明，但主要是外在的，对人物或动机缺乏精细的刻画，这在他的很多小说中都有所体现。

毫无疑问，理查森的三部大作《帕米拉》（*Pamela*）、《克拉丽莎》（*Clarissa Harlowe*）和《查尔斯·格兰迪森爵士》（*Sir Charles Grandison*）都是长篇小说。他不仅达到了情节的统一，围绕主题，把复杂多样的人物、创作目的和社会环境构建成一个有机整体。而且，他还精心刻画了人物的内心世界，最大限度地赋予作品激情，如今这一点已成为这种文学形式的传统。事实上，在他的笔下，情感往往表现为多愁善感。在他的叙述中，他总是用不疾不徐、浓墨重彩的笔触，钟情于那些动情而感伤的元素，目的在于尽最大可能地产生悲剧效果。

菲尔丁，斯莫利特，斯特恩，戈德史密斯

在某种程度上，正是由于这种对感伤情绪的夸大，以及为了找机会营造悲戚的效果而对主人公进行理想化的描绘，这使菲尔丁开始创作《约瑟夫·

安德鲁斯》（*Joseph Andrews*）。这是他的第一部长篇小说，是对理查森的《帕米拉》的效仿。帕米拉被描绘成一个品德高尚的女仆，为保持贞洁而拒绝了年轻男主人的追求，而菲尔丁则创作了另外一个故事，描述帕米拉的哥哥约瑟夫对他的女主人怀有类似的激情，借此来讽喻理查森的荒谬的处理方法。然而他很快就对主人公本人产生了感情。在这部作品中，特别是在他的名著《汤姆·琼斯》（*Tom Jones*）中，他以非常真实的笔触来刻画人性，这种真实为他赢得了他的弟子萨克雷那句有名的赞誉，“他是最后一个敢于刻画人的英语小说家”。

在托拜厄斯·斯莫利特的那些无耻下流的故事中，我们可以发现菲尔丁的影子，也许更多的是笛福的影子。劳伦斯·斯特恩则将理查森式的感伤情绪推到了顶点，然而又以一种不同寻常的方式融入了幽默，最终又回到感伤中，整体风格与夺人眼球的个性和聪慧机智相照应。就在这一时期，奥利弗·戈德史密斯构思了一部长篇小说《威克菲尔德的牧师》（*The Vicvar of Wakefield*），这部小说以细腻的笔触描绘了当时社会的一个方面的情景，塑造了一批典型人物，并以幽默的语言给予了同情。

浪漫主义运动中的小说

同一时期，在英格兰，如同在别的地方一样，一场被称作浪漫主义的运动开始了，这是针对十八世纪知性主义的一次复杂的反作用运动。其中较为突出的阶段是对中世纪重新燃起的兴趣。但其中有用的内容不多，大多是带情绪的，有关这一点，最好的例子就是所谓“哥特式传奇小说”的兴起。这样小说往往被认为发端于霍勒斯·沃波尔的《奥特兰托城堡》（*The Castle of Otranto*），作者是辉格党大臣罗伯特·沃波尔爵士之子，也就是那种当时伦敦时髦但并不专业的业余作家。对于中世纪的精神，沃波尔并没有真正领会，但他对中世纪的盔甲、家具和建筑非常痴迷，出于好奇，他并不在行地写起小说来。但是，在这类“惊险小说”的创作中，真正的领袖是雷德克里夫夫人，紧接着是克拉拉·里夫斯和许多次要的模仿者。这些太太、夫人们的小说，其背景都是遥远的骑士时代，场景是古老的城堡，情节基本上是可恶的叔伯或邻里对家庭财产的掠夺，或者是失踪的继承人和女主人公经历的劫难。小说中的人物都是一般情节剧中雷同的角色。在马修·刘易斯作为领袖的“恐怖派”中，这种类型开始转变。马修的绰号“刘易斯修士”来自于他的长篇小说《安布罗西奥，或修士》（*Ambrosio*，*or the Monk*），这部作品将哥特式传奇小说中恐怖和淫荡的情节向前发展了一大步。

总体而言，这是没有价值的文学样式，随着许多没有意义，或者说属于历史类型的长篇小说的尝试，令人诧异的是，这一形式在沃尔特·司各特的传奇小说中发展到极致。但是，在司各特的训练和广泛阅读中，他打下了历史小说和传奇小说的基础。他摒弃了哥特式传奇小说的忧郁和荒诞，用他的历史和传说加大了它的力量，以理智和幽默使它不断稳定，用他塑造的一批生动的人物形象提升它以趣味性。从司各特时代以来，小说在艺术上进步很大。现在，故事的节奏不断加快，情节更为曲折，对话更形象生动，人类的悲剧也更贴近生活。司各特那些生动形象的描述，依旧具有独特的魅力，他笔下的人物都栩栩如生。他不但为英国，而且为欧洲创作了大量历史小说，所有欧洲作家都乐于以他为师。

优雅现实主义——社会风俗小说

在约翰逊博士的时代，一位享有盛名的音乐家的女儿，同时也是女王的侍女范尼·伯尼，把她在伦敦上流社会的经历整理起来，作为素材写成《伊芙琳娜》（*Evelina*），这是一部视角独特犀利、叙事准确生动的社会风俗小说。她与司特处于同一时代，也是简·奥斯汀的前辈。简是一个外省牧师的女儿，她对世界的认知极为狭窄，仅囿于她所生活的那个郡和她有时候去度假的温泉疗养地，例如巴思。然而她机智地把她的作品[①]圈定在她熟悉的生活里；对这种生活以至生活中的乡绅、牧师、老妇女、勤劳的妈妈和未出嫁的女儿，都以超于常人的细致而忠实的笔法来描绘。她文笔流畅，在讽刺中有一丝飘忽不定，使得她的个性难以捉摸。有限的范围、普通的事件、刻意普通的人物类型，使得她的小说成为一幅完美的社会生活画卷。

在有些方面可以与奥斯汀的英格兰外省生活小说一较高下的有：埃奇沃斯小姐描写爱尔兰生活的小说[②]，费里尔小姐描写苏格兰田园生活的小说[③]。这几位女士共同引领着一个仍然充满生机的小说流派。在美国，这一流派通过不同地方的小说反映了整个美国的生活，比如新英格兰的威尔金斯小姐、朱伊特小姐、里格斯夫人，南方有詹姆斯·莱恩·艾伦、乔治·W. 凯布尔和托马斯·尼尔森·佩奇，中西部有梅瑞迪思·尼科尔森和布思·塔金顿。

维多利亚时期的伟大小说家

五十年前，有两位伟大小说家在阅读界平分秋色，这两位小说家虽然各有不足，然而他们仍位于小说创作之巅。有人认为威廉·梅克皮斯·萨克雷在菲尔丁的小说中寻找榜样，主要着力于描绘从安妮女王到维多利亚女王时期的英国社会。从他的人生观来看，他对人类场景的观点有点局限。他对人性中更卑劣成分的敏锐洞察，冲淡了他的自然情感，甚至使得他的小说有着强烈的讽刺意味，以至于有人错误地认为他是个典型的愤世嫉俗者。他的文风超凡脱俗，对人类情感有着深切的理解和观察，完全可以表现生动鲜活的社会生活的各种场景，在这些方面，萨克雷不愧是一位大师。

他的同时代人查尔斯·狄更斯的作品在某些方面更受读者的青睐。狄更

① 如《傲慢与偏见》（*Pride and Prejudice*）、《理智与情感》（*Sense and Sensibility*）、《艾玛》（*Emmo*）。

② 如《拉克伦特堡》（*Castle Rackrent*）和《缺席者》（*The Absentee*）。

③ 如《婚姻》（*Marriage*）。

斯的早期经历使他比萨克雷更熟悉那个底层的社会，同时也使他对那些更加不幸的社会成员所遇到的不幸有了更深入的了解。这使得他的不少小说着力申诉社会冤屈，因此他与现代人道主义运动联系紧密。虽然狄更斯对他所处时代的影响甚大，但有一点好像很明显：他所抨击的社会罪恶的特定性质，一定会损害其小说的永恒性，就好像它总是削弱其艺术价值一样。然而我们仍旧欣赏他那种轻松愉悦的幽默和亲切感，他那些使人眼花缭乱的情节和人物的魅力，可以与漫画相提并论。

小说中的科学与哲学

虽然萨克雷和狄更斯的作品中都有许多幽默的内容，然而在他们那里，长篇小说却是一种非常严肃的文学形式，成为传播道德说教和社会现象的载体。在著名的大师手里，它往往都是严肃的。从达尔文理论广泛传播到科学观点的盛行，在小说发展史上都留下了不可磨灭的记录。乔治·艾略特的哲学和科学知识，在她的小说中的表现是，强调规律在个性中的支配地位。而且，虽然她也有十足的幽默感，但她的前辈们那种放纵戏谑的状态已经不见了，而是自命不凡的对艺术和生活的感知。在托马斯·哈代身上，我们也能够很明显地感受到科学的影响，以及环境的巨大力量，呈现出强大的威力，甚至使读者产生不可抑制的无助感，没有丝毫的仁慈信仰和控制力。但是这些作家具有深邃的心理洞察力，对于推动小说艺术向着越来越全面而深刻地再现人类社会的发展过程做出了卓越的贡献。

乔治·梅瑞迪斯的小说在风格上并不沉郁，在技巧上才华横溢。他的作品风格晦涩难懂，这影响了他的作品的广泛传播，然而其他作家都把他奉为大师。梅瑞迪斯曾经受狄更斯影响很深，然而他最终为自己获得了一个独特而不同凡响的位置，他大抵是最有智慧的英语小说家，换句话说，至少是最强调人物思想过程的小说家。这并不是说他的作品在情感表现方面比较贫乏，从其悲剧性的结局来看，很少有小说场景能比《理查德·法弗尔的考验》

(*The Ordeal of Richard Feverel*)中的结尾更让人愁肠百结。

除了受到现代科学的影响之外，英语小说后来在很大程度上受到了外国典型的影响，尤其是法国和俄国。追溯这些渊源使我们思忖那些仍在写作的人，把我们卷入许多没法在此处描绘其特征的创作。对于这些创作，迄今为止我们还不能奢求找到一个恰如其分的视角。在英语小说领域，哪怕仅仅是对其历史的匆匆一瞥，亦足以表现出其伟大作品的巨大数量，这一数量将会向读者展示：为什么想要在《哈佛经典》系列中完整呈现是不现实的。然而这些作家的作品很容易找到，在文学作品中，这是现代读者最关注的，但是，它也是最有可能被粗浅略过的一个方面，因为人们压根不去思考其目的和方法。因此，如果我们试着去理解其目标及其卓越成就的条件是很有意义的。

2

小说的目的

在考虑小说创作的目的时，了解一些著名作家谈到的关于从事小说创作的缘由会非常有趣，也非常有价值。那些狭隘的个人动机我们就不说了。金钱和声名当然是许多作家像大多数平凡人一样所渴求的，但对于我们考虑文学的目标，它们显然不是重点。但是，有些人写作，既不是为了金钱，也不是为了追逐名声，比如简·奥斯汀，她去世时仍有许多作品没有发表，很明显她生前也没有打算发表。因为人们的动机往往比较复杂，我们能够有把握地设定，即便是那些直言为生计写作的人，或者承认有野心诱惑的人，也一定有其他的想法，追求名利和那些深层的利他的目标并非水火不容。

最后提到的那一类目当中，最普遍的理由是提高读者的道德水平。对于这一点，说得最明白的要属理查森，《帕米拉》的序言非常典型，值得在这里引用：

假如是为了消遣和娱乐，同时也要引导和提高青年男女的思想；

假如是为了灌输宗教和道德的信念，用这样一种轻松愉快的方式来进行，也会使宗教和道德令人愉悦、使人受益；

假如是为讲清楚父母、子女和社会的责任，那么就用示范的方法来阐明；

假如要描绘罪恶，那就用恰当的色彩来描绘，要使它自然而然地令人憎恶；

假如要描绘美德，那就把它置于温柔和蔼的光亮中，使它看上去美丽动人。

假如要公正地刻画人物，那就毫无保留地支持他们；

假如要以这样诚信、这样自然、这样生动的方式来实现所有这些美好的目的，那么就需要激发每一个敏感读者的热情，吸引他们对故事加以关注；

假如这些建议值得推荐或赞赏，那么下面作品的编辑就能够坦荡地说，所有这些目的都达到了。

以相似的倾向，他的《克拉丽莎》被奉为“女性的典范”，被刻画得既完美，又“符合人性的弱点”，她的缺点被发现，主要是为了避免“神的恩典和纯洁的状态”无用武之地。

菲尔丁同样直率。关于《汤姆·琼斯》，他说道，“在这篇记述中，我真诚地赞颂善良和清白”，他“极力用笔触让人类摆脱他们喜爱的愚蠢和恶行”。关于《阿米莉亚》(*Amelia*)，他说：“这本书真诚地想要宣扬美德。”萨克雷常用的讥讽口吻，以及他对人类动机本质的分析，表明他如同菲尔丁一样希望通过嘲讽，让人们完全放弃他们的愚蠢和恶行。

狄更斯的特征是把个体进步与制度习俗的改革结合起来。谈到《马丁·朱泽尔维特》(*Martin Chuzzlewit*)，他说：“在这个故事中，我的主要目标是要从多个方面来展现最常见的恶行，表现自私是怎样自我繁殖，起初的小恶是怎样发展成大恶的。”他还表示：“我利用任何可能的机会来证明，在那些被人遗忘的贫民窟，公共卫生多么急切地需要改进。”

不同于这些道德主张，司各特认为，“我为大众娱乐而写作”，这听上去非常谦虚，但是他经常说这句话，他希望能“缓解人们内心的焦虑”，“熨平因日常劳累而紧皱的眉头”。偶尔，他也和那些更严肃的作家们的道德目的相类似，“提倡用好的意识取代坏的意识”，“引导无事可做的人学习本国的历史”。

带有目标的小说

与这些更古老的关于目标的表述形成强烈对比的是，在更严肃的现代小说家中流行着这样一种假设：小说主要目的是描绘生活的图景。这个假设的提出，不只是为了阐释他们自己的作品，也是一种对其他人作品价值的检验，与目的无关。这样的假设表明了“带有目的的小说”的危险性，不论这个目的是个体的还是社会的。他们指出，理查森的“示范”方法，不论他示范的是值得模仿的美德，还是应该避免的恶行，往往因为过于泾渭分明，而使形象失真。因为人性是善与恶相互交织的，这样泾渭分明会使有效性大打折扣；因为读者在自身的经历中找不到证据，其真实性无法使人相信。同样，小说家尝试着用相关理论去证明，无济于事的济贫法、肮脏的监狱、愚蠢和残忍的官样文章和法律延误，就如同狄更斯的作品中所呈现出的那样。去证明妇女的权利、卡尔文主义的虚伪、商业婚姻的罪恶，如同在现代作家的作品中那样。这样，他有可能通过夸张、虚构、对世界的自然法则的干预，来实现自己的目标。由此通过展示“诗意的公正”来弘扬高尚的品德，这样的目的容易招来别人的反感。结果都是真实性和有效性的落空。对于讽刺或娱乐目的，其结果可能同样如此。首先，过于强调你要讽刺的那些特点；其次，不可思议、莫名其妙的逗趣，有可能是以牺牲自然为代价。最终，读者的怀疑会阻碍他接受对现实的幻想，而这种幻想对于享受乐趣或者从虚构的情节中得到快乐是不可缺少的。

现实主义的种类

倡导追求真实生活图景的热情，反驳“寓教于乐”的古老理论，是现实主义这一表现形式的组成部分。其实，这一表现形式最极端的拥护者有时候对此坦率直言，比如，左拉说：“我们应该努力描绘性格、激情、人类和社会的现实，就如同医生和化学家研究无机物，心理学家研究活的有机体一样。”依据这一理论，他坚信自己能创作出独具个性的小说，虽然他没有严格按照他所预想的那样去做，但结果是小说中罗列了大量几乎是真实的事实，不计品位、习俗是不是适合于小说。

然而并非所有现实主义者都这么古板地诠释他们的信念，很多人坚持反映真实的生活，并不是这样偏激：如真实的记录，不掺杂个人情感。事实上，现在人们普遍赞同的这种绝对的客观性，是不可能也是不应该的。因为涉及任何人类事件的一切事实，不可能一件不落地记录在书中，它们数量庞大、纷繁复杂，要完整地叙述，必然牵涉很多的其他事实，它们自身也牵扯到整个生活史和遥远的先辈。因此，即使是在最严格的现实主义作品中，选择也是不可或缺的，要选择什么内容对作者来说是意义非凡的；要进行这样的选择，个人因素必然融入进去。而且，作者的观点决定了对一些问题描述的轻重缓急，性格气质和想象力都会影响那些所记录的事件和环境氛围。

艺术真实与现实真实

于是，我们发现了艺术真实与现实真实之间的不同。这个不同是每个人在日常交往中都司空见惯。但是，在艺术探讨中，哪怕是专业批评家偶尔也会混淆。我们知道，描述一个行为的基本事实或一次谈话中的实际语句很容易给听者留下错误的印象。另一方面，对人们言行的认识，包括相关的人物、动机和语调的正确含义，完全能够传达出来，根本不用任何意义上的事实再现。艺术家的创作所依托的是一般性的，持久性的特征，而不是个别性的；临时性的事实；是精神，而不是语句。

我们许多人都听过人们在讨论一本书时，某个评论家极力说明书中的某个事件是虚假的，而此时，作者的一位朋友洋洋自得地回答道，作品中的事的确是真实的。如果这个批评是公正的，那么，下列两个理由有一个是真的：或者，作者没有理解生活中所发生的真实事，没有弄清楚真正的因果关系，所以他对事实的判断不准确；或者是，他对事实的描述不符合真实的情况，因此读者没法了解真实的事实。很显然，还有第三种可能也不应该被忽略：他们所讨论的事情或许是“不正常”之事，如同一头八条腿的牛犊出生，虽然历史上曾经发生过这样的事，但事实上不符合自然规律，所以事实本身作为真实生活图景中的一系列事件中的一个环节是不适合的。当然，这种反常是有原因的，但这个原因的不明朗使这种可能性成了我们的一个特殊的例子——很难根据事件的真实原因来表现。

作者的人生哲学

那么，如果只记录客观事实，不糅合作者的个性也是不可能的，而且如果试图这么做的话，可能会违背真实的事实。因此，不管是在素材的选取上，还是在对素材的处理和呈现上，艺术判断力都是非常重要的。这种判断的背景，在很大程度上依托作者本人持有的世界观和人生观。这一看法是作者一生的观察和思考的结果。它涉及的结论，影响他对自己观察的所有事物的解释。对作者的艺术追求的影响，首先表现在主题的选取上。特别的人和事都会引起他的关注，如果它们刚好是作者认为的普遍真实的典范，他就会想到对之进行艺术加工。在加工的过程中，他会按照自己的意识修改它们，使之更恰如其分。他会选择白芝浩眼中的具有“文学性”的主题，也就是适合表现的主题，就好像他把适合绘画的主题称为绘画性主题一样。他认为两者都是以单个实例抽象出某些特征，而这些特征标志着它们所属的整个类型。

为有目标的小说辩护

现在，我们把上述关于小说合理目标的结论与理查森的道德目标作比较。事实上，更多的区别在于理查森表述理论的方式，而不是他的实践。理查森对生活的观察使他认为，帕米拉和克拉丽莎等人的行为与这两个女主人公的行为大体相同，她们的命运基本上被她们的性格和所处的社会所决定，这些都是理查森的小说中所呈现的，他只是比较合适地运用这些作为例子，借此说明生活经验使他树立了正确的人生观。但是，当他在叙述人物的性格或经历时，并没有完全还原世界的原本面目，而是描绘成他希望人们信服的那个世界，他在艺术上是失真的，他所描绘的图景是虚假的，现代读者既不感兴趣，也不相信。于是所有问题归结为作者认为什么最重要，是艺术真实还是客观。如果认为客观效果更重要，那么他的"有目标的小说"就应该遭到人们鄙视，正如这个短语通常的含义。如果他认为真实更重要，他的"目标"只是作为真实的一个特殊例证，不论这种真实在人们心中会形成怎样的结论，都不会有实际害处，反而有可能极大地为他所描绘的生活图景增加趣味性。

小说的价值

假如小说家的功能是表现现实生活的这个观点是对的，那么，我们就必须解决这样的问题：这个结果的价值究竟是什么。答案有两方面：知识价值和情感价值。

普通人所拥有的经历，其数量和范围终究是有限的。我们中的许多人都待在特定的地方，在一个仅代表少数个体的社会圈子里工作生活，醒着的大部分时间都消磨在了单调乏味的本职工作中，以及享受那些几乎不变的休闲娱乐上。在这样的生活中，往往没有太多的机遇，毕竟，那些令人激动兴奋的冒险经历只是无限复杂生活中的极小部分。好在我们具有想象力，而这些正是小说家擅长的运用。当然，有鉴赏力的小说读者可以通过对小说家的熟悉给他的认识而丰富自己的经验，当然，这些经验不是一手的，但作家总是能够把一些场景和人物诉诸笔端，展现在我们面前，相比我们通过自己感官的直接感受，这种经历使我们的理解和认识更加全面。因此用来理解人和生活的材料便极大地丰富了，同时，用来概括人生的材料也增多了，正是这些概括，构建了我们的人生哲学。

所有明智的利他活动，其根基都是同情，而同情又是建立在想象力的基础之上的。因此，了解小说中那些生动的人物，不但能使我们熟悉不同个性的人并理解他们，并且还为我们情感练习，使我们能思路清晰地站在别人的立场上考虑问题。所以这种了解在一定程度上能矫正狭隘和偏颇。通过增强想象力来拓展视野和感情范围。同时还有一种伦理道德的效应，远比“示范”、警告和诗意的公正这种老套的办法更为有效，而且完全没有强迫人们相信这些训诫就是真理的意味。

小说的写作方法

关于小说的写作方法，还有一些重要的技术问题我们需要简单地说一说。

不论作家描绘的生活场景多么真实，但假如其本身并没有给读者留下深刻的印象，那么价值还是不大。因此效果问题非常重要，在有些作家眼里，为了效果甚至完全不顾及真实性，这样的情况很多。

结构是最综合的效果因素。如果一个故事没有很好地组织起来，情节都是凌乱的片段，没有一条线索，没有高潮，没有结局，很难让人有读下去的欲望，就算勉强读一遍，也不会使人产生兴趣，所以不管是理性方面还是感性方面，都不能给读者留下清晰的印象。它所欠缺的，正是结构的统一性。因此，小说家的职责就在于尽量创作结构严谨、组织合理的情节，在表面上或真实性上都不能违背自然规律。这是作者面临的最大的技术问题，因为就连粗心的读者也会对结构进行鉴赏，这是最低限度的鉴赏能力，相反读者不能把作品作为一个整体来审视，他（她）也不可能有判断和欣赏小说的完美品位和能力。

在处理较小范围的情景和事件上，也需要相似的能力，很多作家能够孤立地、生动地呈现这些情景和事件；但优秀的作家并不是把它们视为相联结的一根线，而是当作一幢大楼中的砖石。

反过来，情节和故事要与人物密切相关。人物不但要刻画得充分立体，看起来好像是我们熟悉的人，而且所发生的事情，以及导致并承担这些事情的人物，必须能够彼此相互解释。关于小说中主要人物分析是否合适，一些作家认为，只能让人物的言行来诠释人物，就如同他们在戏剧中所表现的那样；而另外一些作家则无所顾忌地亲自走上前台，清清楚楚地阐明其笔下人物的动机和感受。许多事情很自然地由做这件事情的方式所决定。萨克雷躲在他笔下人物的背后与读者友好闲聊的方式往往深受读者注目，而作者的明确表达使我们的阅读变得容易，并且避免了重大误解。另外一方面，得出我们自己的结论势必有着极大的满足，如果允许演员展示他们的个性特征，不用喋喋不休的主持人帮忙，一定能获得令人满意的感受。

有人曾试图采取不偏袒任何流派的派性态度概括小说艺术的主要原则，在这些原则的范围之内，有各种类型作品的发挥空间，比如浪漫主义和现实主义；冒险传奇的历史和寻常事物的记载；细致入微的心理解读和情节扣人心弦的传说。异彩纷呈的人类生活提供了丰富多彩的主题，主题的性质会恰如其分地导致作品不同的倾向，有的着重外在，有的强调内在，有的专注寻常事物，有的注重非常之事，所使用的技术方法同样各不相同。尽管有诸多变化，但还是要求尽可能地忠实于人性和人类生活中最永恒、最根本的特征，在表现方法上充满活力和趣味。

从读者的角度看，在小说中能得到怎样的快乐呢？诚然，小说的主要目的是得到快乐。快乐在很大程度上是由那个想要得到快乐的人决定的。有的读者认为的快乐，只是那种张扬个性、拓宽视野和同情范围的感觉，这是小说的主要价值。也有人认为，小说应该给人留下明晰生动的印象，最大限度地吸引读者的兴趣，我们就在诸如此类的要求中满足那些寻求快乐的人。最大的快乐，是多彩而热烈的生活，是在一个每时每刻都缤纷灿烂的世界上感受自己，优秀的小说总是能给我们带来这样的快乐。最杰出的现代小说艺术大师之一亨利·詹姆斯认为，我们受小说家的款待，因为我们靠他掏腰包为生，这真是一个既真诚又机智的总结。

大众小说

弗里德·诺里斯·鲁宾逊[1]

这次讲座上讨论的作品在时空上分布得很广泛，比如：《伊索寓言》(*Aesop's Fables*)，这部作品集被认为是公元前六世纪一个希腊奴隶的作品，然而事实上，这部作品是在他之前和之后许多代不断发展出来的；《一千零一夜》(*Arabian Nights*)，包括了来源广泛的东方故事；中世纪的爱尔兰传奇，代表作品为《达德伽旅店的毁灭》(*The Destruction of Da Derga's Hostel*)；民间故事以格林兄弟或其效仿者汉斯·克里斯蒂安·安徒生为代表。在一系列范围如此广泛的作品中，题材和风格一定是多种多样的，粗略一看可能没有什么共同特征。但上述的所有作品都是散文体大众小说，安徒生童话集是对类似作品的艺术性模仿。

“大众”的含意

当然，这里仅是在技术层面上使用“大众”(popular)这个术语，并不是

---

① 弗里德·诺里斯·鲁宾逊（1871—1966），出生于马萨诸塞州，1906—1939年任哈佛大学英文教授。最重要的贡献是他编辑出版的《乔叟全集》(*Complete Works of Geoffrey Chaucer*，1933)。

指通俗意义上的时兴或流行。对这个术语进行严格界定，大众作品是匿名的，是连续多个作者的创作。在写成文字之前一般要经过长期的口耳相传，所以，它们是通过习俗的或传统的，而不是以个人的风格和形式构建而成。关于大众作品的确切属性和范围，一直说法不一。就民谣诗的情况来看，在成群结队、载歌载舞的人群中，偶尔能够观察到共同创作的过程，但从散文体故事的情形来看，就没有集体创作的过程了。哪怕是先后有不同的叙述者对同一个故事进行再创作，使之成为共同作品，那也不能说是哪一个作者的职责。散文体和韵文体的大众作品表现了艺术技巧的不同发展阶段，以盎格鲁—撒克逊人的史诗《贝奥武甫》为例，它由一位水平很高的诗人所著，《一千零一夜》也是类似的情况。你可能会怀疑，它的风格和结构在某种程度上是由技巧娴熟、受过文学训练的一个作家或一群作家创造的。关于这一文学类型整个的历史，或者关于某些特定作品的准确属性，有很多尚未解答的问题，但无须怀疑的是，大量文学作品的存在，是真正意义上的公共财富——从它们来源和传播来看，它们是大众的，由此决定了它们的特征。

大众文学的现代品位

几代人以前，在文学或教育类的作品集里，我们研究的这类作品也许并没有那么突出的地位。因为，受过教育的人对大众文学产生兴趣，至少是真正的关注过，在某种程度上是在十八和十九世纪发展起来的。早些时候，特别是在古典文学盛行的时代，文学方面主要是对诗歌、哲学或演讲名作进行研究，批评艺术主要在于从这些范例中找出规则和标准。即使平民的作品，文人也是以正式的标准来评论，就像阿狄生称赞《切维·蔡斯》（*Chevy Chase*）的歌谣在很大程度上沿用了《埃涅伊德》的叙事方法。然而近代以来，文学批评的走向有所改变，作家甚至走向了另一个极端，吹嘘所有的大众作品，夸大作品中平民百姓的角色，直到把《伊利亚特》和《贝奥武甫》看作整个社会的实际创作。随着这种对大众文学重新兴起的赞赏，激起了对所有大众或半大众作品的浓厚兴趣，许多学者致力于世界各地民歌和民间故事的整理和研究。最大的兴趣一定集中于诗歌，在像《伊利亚特》或《尼伯龙根之歌》这样的伟大史诗上投入了大量的劳动和创造。但是，许多散文体大众叙事作品的卓越品质也得到认可，对其研究不断深化。

大众文学对艺术文学的影响

虽然大众小说在文学史著作中并没有占据重要的地位，但是长期以来对更高雅的文学形式产生了重要的影响。在古代世界，这一点非常突出，戏剧和史诗依托于神话，最初往往是关于众神和英雄的大众传说。作为道德智慧的化身，寓言故事自然是演说家和作家们不竭的资源，如在十二世纪的玛丽·德·弗朗丝或十七世纪的拉封丹这样的诗人手里，它实现了自身最高的艺术价值。《一千零一夜》被引入欧洲文学的时间虽然不长，但构成这本故事集的东方故事在十字军东征时期就在欧洲颇受欢迎，为中世纪的小说提供了许多素材。十九世纪，诗人们在“好人哈伦·拉西德”时代的传说中找到一座资源丰富的宝库。北欧的民间传说，以凯尔特人和斯堪的纳维亚人的传奇或现代德国格林兄弟的故事集为代表，很长时间以来都是许多高雅诗歌和传奇小说的来源。许多优秀的戏剧或诗篇，在内容上能够追溯到一段童话或某个传说，例如受迫害的灰姑娘的故事，或父子不经意间卷入生死之战的故事。亚瑟王璀璨的浪漫传奇许多素材来源于大众传说。最初的故事，在宫廷诗人和文人传奇作家手里，往往经过了艺术加工，面目皆非。故事的动机被改变，它们被提升到了高度文明的背景中。改编这些故事的作者大多没有觉察到这些素材的历史或意义。但是，十九世纪批评研究的主要成果却表明最高雅的文学艺术作品来源于大众传说。

大众叙事文学的特征

从历史的角度来看，大众小说在文学教育中未必居于显著的位置。但就其本身来说，不考量历史标准，许多这样的作品都拥有现实的人性意义，丝毫不逊色于艺术文学。安徒生和格林兄弟的故事集，叙事方式很简单。这些故事营造的都是简单的情节，当然是本土化的，但大多数没有显而易见的民族特征或个人特色。从吸引力来看，它们是世界性的；从实际发生地来说，它们也可以是世界性的。伊索寓言也展示了叙事文学的一个十分简单的阶段。爱尔兰的英雄传说是比较复杂的作品。这里有情节的构建，与史诗结构有些相近，在情节中有鲜明的人物（一半是历史的，一半是传说的）。这些故事反映了北欧英雄时代的生活场景。穿插在英雄传奇中的叙事散文和诸多诗歌，都证实了在古老的吟游诗人中在许多方面依旧是原始的文学传统。《一千零一夜》在不同层面上表现了更为复杂微妙的发展。基本内容还是怪兽寓言、神仙故事，以及关于爱情、勇敢或阴谋的大众逸事，但它们是在较为富裕的安定的文明的背景下构建出来的，并以历史的手法，描绘了中世纪伊斯兰世界的生活和习俗。如前面说到的那些作品集，大部分出自无名小卒，显然是许多人历经几代才完成的作品。它们显示了完整的传统文学的风格，没有姓名、不计其数的贡献者都是文士，而非口耳相传时期单纯讲故事的人。虽然《一千零一夜》不处在个人作者的阶段，但严格意义上它处在大众作品的范围之外，文学作品的领域之内。

然而，即便它发展到最成熟的阶段，大众小说和通常的现代小说或叙事诗仍然完全不同。它没有一个强调因果关系、不断发展的情节。比较典型的是，和当代小说不同，大众小说缺乏对人物的研究以及对各种问题的理性分析。大众传奇小说的重点主要在于事件、冒险和并不复杂的阴谋上。只是在重复大家非常熟悉的、并能够接受的道德说辞。总体来看，它们代表的是一种本能的或传统的、而不是高度思辨性的生活哲学。由于上述这些原因，它们被认为是儿童文学，然而除了上述原因，还有以下事实不能被忽略，它们主要产生于人类文明的童年时期，或者来自于更先进时代里的那些简单淳朴的民族。但不容忽视的是，在大多数情况下，事实上它们并不是为儿童所写的。已经长大的成人们，如果忽视这些作品，那将是一笔重大的损失，势必减少年岁增长所带来的收益。

马洛里

古斯塔夫·霍华德·迈纳迪耶[1]

在英语作家当中，托马斯·马洛里爵士可以被认为是独一无二的。他的名著《亚瑟王之死》（*Notre d'Arthur*）是在1470年左右写成的，由英国最早的印刷商威廉·卡克斯顿在1485年印行。所以，在他写作的那些年代，各种欧洲语言开始在印刷业的影响下变得更加稳定，他离我们这个时代很近，近到足以使他成为第一个这样的英语作者：我们可以在不用专门研究的前提下，轻松愉快地阅读他的作品。除了个别单词需要查阅词汇表之外，马洛里的文字就如同最新的杂志或小说一样通俗易懂，虽然其文法和遣词造句颇具古风。但是，他写作的那个时代，欧洲文明的世界在物质和精神上仍旧荒芜。西起大西洋，南到撒哈拉沙漠，远东是近乎神秘的中国，文艺复兴的影响力几乎没有涉及意大利以外的地方。除了极少数学者之外，对大多数人来说，对希腊、罗马和巴勒斯坦等古老世界的了解，完全是依靠诗歌中的故事。历史被扭曲得很严重，以至于大卫王、恺撒和亚历山大大帝都披上了中世纪的盔甲，上朝听政的派头如同卡佩王朝和金雀花王朝的国王们一样壮观。在精神上，

---

① 古斯塔夫·霍华德·迈纳迪耶（1866—1960），美国文学史家。主要著作有《英国诗人笔下的亚瑟王》（*The Arthur of the English Poets*，1907）等，编辑出版的著作有《笛福文集》（*The Works of Daniel Defoe*，1903）和《亨利·菲尔丁文集》（*The Works of Henry Fielding*，1903）等。

马洛里很像中世纪的人，好像死于200年前，而不是死于40年前哥伦布启航探索大西洋奥秘。难以置信的是，在他去世后的半个世纪，英国人便在哈佛和剑桥读着荷马，路德把《新约》翻译成德语。又过了几年，欧洲的一些主要国家着手谋划它们的殖民帝国，最终发展成如今的世界强国。幸亏他正好生活在那个时代，马洛里才给我们留下了他的《亚瑟王之死》，这部充分展现中世纪精神的作品，虽然在风格上有一种中世纪的意味，然而几乎没有中世纪的语言困难。

传说与浪漫传奇

哪怕《亚瑟王之死》没有这种独特的风格魅力，它在文学中仍然非常重要，由于它给现代世界提供了丁尼生所谓的“最伟大的诗歌主题”最通俗易懂的中世纪版本。在欧洲思想和艺术的宝库中，在中世纪做出的几项有价值的贡献当中，最丰富的一定是大量的传说——故事的主人公有圣徒和殉教者，有本地稍有名气的骑士，有几个闻名天下的骑士，他们都成为伟大史诗的主要人物。在几乎每个实例中，诗意的名声都有历史事实的基础，但大部分上层建筑及其一切装饰，都是流传久远的故事。齐格弗里德就是这样一位英雄，现在成了日耳曼英雄时代的典型人物，但起初和其他6个勇士并没有什么显著的差别，像维罗纳的迪特里希，他们的故事是四、五、六世纪日尔曼各民族在动荡不安的迁徙中发展起来的。另外一个英雄是查理曼大帝，不论是在中世纪传奇中，还是在历史上，他都是个大人物，后来在公元800年的圣诞节那天加冕为神圣罗马帝国皇帝。中世纪更为卓越的史诗英雄是亚瑟王，在某种程度上，正是由于托马斯·马洛里爵士，使他远比其他英雄更为英语读者所熟悉。

历史上和传说中的亚瑟

亚瑟王传说的历史基础是盎格鲁—撒克逊人征服不列颠。在300年里，日耳曼入侵者在这个岛屿上建立了第一个殖民地之后，不列颠人慢慢地被赶进了威尔士和坎伯兰的大山里以及康沃尔半岛，或者越过英吉利海峡，把阿莫里凯变成了布列塔尼。与此同时，他们经历了几乎一样的惨败。然而，大概在公元500年前后，他们一度赢得了胜利，在接近半个世纪的时间里阻挡了撒克逊人的前进。他们的领袖是亚瑟，一位杰出的将领，然而可能不是国王。现在，崭露头角的人总是要给自己招致一些故事，不计其数的与亚伯拉罕·林肯相关的逸事趣闻就是例证。在文明程度不高的民族中，这样的故事就充满了预兆和神奇。英雄传说也是这样诞生的，亚瑟王的传说也是这样发展起来的。可能，亚瑟离世后不久，通俗故事就开始使他小有名气。亚瑟在赢得胜利的300年之后，不列颠修道士奈尼斯撰写了一部所谓的编年史，也就是从他的叙述中，我们才可以在文学上目睹这个正在形成的浪漫英雄传说，由于奈尼斯把这位不列颠领袖跟几个超自然的神奇故事关联在一起。据推测，在海峡两岸的不列颠人当中——由于亚瑟赢得胜利是在大规模移民阿莫里凯之前——用相似的方法把奇迹和冒险跟民族捍卫者联系起来的做法是十分常见的。慢慢地，这些英雄故事传到了不列颠人的邻居们那里。由于它们的趣味和诗的魅力，它们在法国和英格兰都变得广受欢迎。

但是，诺曼人的征服激发了人们对所有与不列颠相关的事物的巨大兴趣。在征服者威廉的孙子斯蒂芬统治之初，蒙默思郡的牧师杰弗里凭借不列颠传说的宝藏，随心所欲地改动，大胆出版了一部《不列颠诸王史》(*The History of the Kings of Britain*)，这是一部用拉丁散文写成的编年史。于是，我们第一次有了文学形式的不列颠国王亚瑟的故事，描述他的英勇善战，他死于叛徒莫德雷德之手。紧接着，其他一些作者，也许是受到盎格鲁—诺曼人影响的人，着手运用与杰弗里相似的材料。他们赞扬亚瑟的圆桌骑士，还有杰弗里没有提到的各种各样的骑士。到 13 世纪初，亚瑟王和他的骑士们的故事成了世界性的文学主题，由于杰弗里的“编年史”和最早的法文亚瑟王传奇都被改编或翻译成了西欧的每一种语言。不论它们传播到什么地方，这些故事都保持了同样的特征。全都有充满诗意的奇迹，全都有地理差错和历史混乱，国王、骑士和贵妇都和作者处于同一时代。没有 6 世纪的粗鲁行为，倒是充满了中世纪的骑士风度。除了杰弗里的作品之外，起初的亚瑟王传奇都是韵文，不同骑士的冒险构成了不同的传奇作品。

中世纪和中世纪之后的作者都没有对历史差错加以修正。亚瑟王和他的骑士们始终都是骑士时代经典浪漫传奇的典范。但在 13 世纪初，作家们开始转变诗体传奇故事为散文。紧接着，他们开始将某个骑士的冒险故事和另外一个骑士糅合到一个传奇故事里，直到慢慢发展为庞大的传奇大杂烩，拙劣地想要表现一个包罗万象的关于亚瑟王和他的主要骑士们的冒险故事。因为材料来自许多地方，还有抄写者的纰漏，这些综合在一起的故事有时候互相矛盾，非常混乱。其中晚期的一个抄本好像是马洛里的主要原始材料。他可能依据其他抄本的资料修改了这一素材，并凭借自己的独立判断把这些材料整理在一起。不管怎样，他并没有从混乱中梳理出秩序。但是，大体来看，马洛里的作品具有一定的结构。它是中世纪留给我们的有关“亚瑟王和他的圆桌骑士们”最丰富、最清晰的综合故事。

圣杯传说的历史

和圆桌骑士的故事一样，圣杯的故事也来源于岛民凯尔特人古老的民间传说。不列颠人和盖尔—凯尔特人都听过可以起死回生、包治百病的类似于圣杯的物件的故事。他们常常把这样一个器皿和一杆矛（偶尔还有一把剑）联系在一起。甚至有一个爱尔兰的神话故事，说神仙们有一口锅、一杆矛、一把剑，还有一块“命运之石”，可能与“漂在水上”的石头有点关系，加勒哈德就是从这块石头中拔出了他的命运之剑。有人觉得，凯尔特人古老传说中的异教护符，就是凭借这种形式在中世纪传说中演化成了基督教的教义，而这样的解释只不过是猜测而已。毋庸置疑，在1175年前后圣杯传说融入庞大的亚瑟王传奇之中，总体趋势是使之变得越来越具有中世纪基督教的意味，这或许是由于那个被称作圣杯的神秘器皿揭示了圣礼杯的奥秘。所以，在十三世纪初杰出的世俗骑士、第一个圣杯英雄珀西瓦尔被加勒哈德所取代，后者是一个名不见经传的传奇作者虚构出来的，很显然，主要的目标就是树立一个理想的禁欲主义的英雄形象。圣杯作为基督教徒在最后的晚餐上所使用的杯子，是圣餐杯的象征。有一篇很长的叙述，描述圣杯从巴勒斯坦到不列颠的旅程，然而并没有被收录在《亚瑟王之死》中。故事中的奇迹按照《圣经》解梦的方式来进行解说。加勒哈德的父亲兰斯洛特爵士“出自我主耶稣基督后第八世”。这位修道士在这棵古老的异教之树上嫁接了许多内容。其中就有所谓的“所罗门王和他的妻子的故事”和他们的三个纺锤，所罗门的船，所有这些充其量只是个笑料，而非“神奇”。

假如说在引入中世纪基督教的迷信和无知方面，马洛里版的圣杯传说是中世纪传奇的典型例证的话，那么，他也引入了神秘之美。从他对人的引诱理解不够来说，加勒哈德可能也缺乏对人的同情，但他是纯真少年的真实写照，由“一位善良的白衣老者”引领，坐在了危险座上，身披红色甲胄，穿着“红绸外衣”，肩披一件貂皮披风。他必定是个十分固执的不可知论者或是愚昧的清教徒，当圣杯奇迹般地出现在亚瑟王的宫中时，他既没有因“圣灵对骑士的恩典”而心生敬畏，也没有被圣杯之城卡本内克和撒拉的弥撒仪式所感动。

从世俗的角度来看，马洛里描述圣杯故事的篇章也是典型的中世纪传奇。“高贵爱情”的习俗；对骑士誓言的坚守；诚实、贞洁、谦恭、扶危济困的骑士精神，以及在狂热激情中对这些誓言的背弃——所有这些，都能够在马洛里描绘圣杯故事的章节中找到，也可以在《亚瑟王之死》的其他部分中有所发现。正像卡克斯顿在此书序言里所说的那段经常被人引用的话中所说：“这里可以看到高贵的骑士精神，谦恭、仁慈、友善、吃苦耐劳、坚信爱情与友谊、怯懦、谋杀、仇恨、美德，以及罪恶。”但它给我们留下的整体印象是善而非恶，是“充满欢乐、令人愉悦的历史，以及人性、优雅和高贵的骑士精神”。

塞万提斯

杰里迈亚·丹尼斯·马赛厄斯·福特[①]

米盖尔·德·塞万提斯于1547年在西班牙大学城阿尔卡拉·德·埃纳雷斯小镇出生，父亲是个穷医生，一大家子颠沛流离，居无定所，拖家带口从阿尔卡拉迁移到不同的城市，比如瓦利阿多里德、马德里和塞维利亚。米盖尔也许没有上过大学。据推测，他取得了教书的资格，并在马德里的一所学校担任老师。不论怎么说，在1569年，他成了意大利高级教士阿库阿比瓦的随从，后者作为教皇特使来到西班牙，当年年底，塞万提斯跟着阿库阿比瓦去了罗马。

他在罗马没待多长时间，于1570年成为一名绅士志愿兵，在一艘军舰为奥地利的堂约翰效命，在勒班陀海战中土耳其人被打得落花流水。战斗中塞万提斯左臂受了很重的伤，留下了永久的残疾。在意大利康复了一段时期之后，他又参加了其他战斗。他讨厌战争，1575年9月，带着军队长官和那不勒斯总督为他写的推荐信，乘船去往西班牙。他原来希望凭借这些证明材料在家乡能得到重用，到后来却成了他的劫难，他乘坐的那艘船被摩尔海盗劫

---

① 杰里迈亚·丹尼斯·马赛厄斯·福特（1873—1958），语言学家和教育家，1907年起执掌哈佛著名教席之一——法语和西班牙语史密斯教授席位，1911年起担任罗曼语系主任。主要作品有《意大利韵文中的骑士罗曼史》（*The Romances of Chivalry in Italian Verse*，1904）和《西班牙文学主流》（*Main Currents of Spanish Literature*，1919）等。

获，他也被劫持到了阿尔及尔，在那里，由于这些信，海盗们认为他是个地位很高的人，想在他身上敲诈一大笔的赎金。

他的家人和朋友拿不出这一大笔赎金，他只能在阿尔及尔当了5年的俘虏，遭遇了他人生中非同寻常的经历。最后，由于一次幸运的机遇，他被释放了，回到西班牙。戏剧《阿尔及尔的交易》（*El trato de Argel*）和《堂吉诃德》（*Don Quixote*）“俘虏”那一节他提到了自己在阿尔及尔作为俘虏的经历，有关这一经历，有更多的传说。看来，他好像曾多次领导基督徒俘虏试图逃跑，然而并未受到惩罚，其中刺刑是经常见的一种惩罚。大概是，俘获他的人觉得他是个疯子。

塞万提斯的文学创作

回到西班牙，他大概又在军队中服役过很短的一段时期，然而，在1584年，他认真严肃地着手自己的文学创作，就在那一年他完成了他的田园浪漫史《伽拉泰亚》（*La Galatea*）。这部作品水平一般，从他对牧羊人和牧羊女生活的处理来看，如同很多本地和国外的这类作品一样矫揉造作、冗长乏味。但是，它有时候也传达出一些真情实感，有人认为，这部作品促成了他对卡塔利娜·德·帕拉西奥斯的求爱。作为一个身无分文的男人，现在要承担起家庭的责任，塞万提斯想到了一个好办法，他可以为西班牙舞台剧编写剧本，借此养家糊口，那个时期西班牙舞台剧正步入一个辉煌时代。事实证明这个办法并不好，这一时期他编写的二十多个剧本没有一个取得金钱上或艺术上的成功。失败之后，他必须在一位财政大臣手下做一名低级官员获得微薄薪水度日，因此在1587年之后的那些时间里，他不断为皇家军队征收供应品，或者从那些非常不情愿的臣民手中收税。

我们拥有的可靠史实使我们相信，塞万提斯一直过着贫困的生活。毋庸置疑，他的确是这样的，然而就算为生活奔波，他仍然笔耕不辍，源源不断地创作了许多赞扬某个朋友或庆祝某个事件的诗篇。有人认为，作为一个抒情诗人，塞万提斯的品位很低，他的诗想象力不够，也缺乏生动。然而，有时候，当他谱写出庄重的音符时，也能达到伟大诗歌的高度。然而在这一时期，塞万提斯并不只是吟诗作赋，同时他还在卑微的职位上做着自己的本职工作。而且他还在做着一件更加重要的事情：构思《堂吉诃德》。有人说他是在监狱完成《堂吉诃德》的，但是这个说法的依据是建立在对小说序言中的一个段落毫无道理的推测之上。或许，有关这部作品的最初构思是他在身陷囹圄的空当中产生的，他非常有可能在1590—1604年完成了第一部作品。1605年，第一部作品的出版，便引起了强烈的反响，在国内外很快出现四个新版本，并被翻译成多国文字。

训诫小说

然而，此时塞万提斯还有11年的寿命。在余下的这些年里，如同我们了解的那样，他的世俗生活并没有过得更好，虽然因为出书使他有了一些其他的收入，还有赞助人雷莫斯伯爵提供的慷慨资助。《堂吉诃德》的第一部的一章里，塞万提斯提到了一篇被命名为“林孔内特和科尔塔迪略”的流浪汉小说。这篇小说连同另外11篇短篇小说，被收录在一本题为“训诫小说”(Novelas ejemplares)的短篇小说集中，于1612年出版。如果他只写“训诫小说”，他在西班牙文学史上的名气应该会很牢固。它们是迄今为止用西班牙语写成的结构最严谨的短篇小说，文章引人入胜，手法真实。这些短篇小说在国外引起强烈的反响，关于这一点，我们可以从下面这个事实中找到证据：像弗莱彻、马辛杰、米德尔顿和罗利这些英国戏剧家都借鉴小说的某些情节来丰富他们的戏剧。

在创作这些戏剧作品的同时，塞万提斯也在抓紧创作《堂吉诃德》第一部的续篇。在知道一个笔名费尔南德斯·德·阿维亚乃达的人创作的第二部于1614年出现在阿拉贡的塔拉戈纳之后，他急忙完成了这本书的第二部以及堂吉诃德和桑丘·潘沙冒险的结局，并于1615年出版。塞万提斯一直在工作，直到生命的最后。在临终的长榻上，他给《贝尔西雷斯和西希斯蒙达历险记》（*Los trabajos de Persiles y Sigismunda*）续上了最后的几笔，这是一部关于爱情和冒险的长篇小说。1616 年 4 月 23 日，塞万提斯在马德里去世，看起来跟莎士比亚于同一天去世，但事实上没那么精确，因为英国和西班牙的历法不一样。据推测，他应该长眠于西班牙首都一个救赎派的社区之家。

《堂吉诃德》的目的和意义

对整个现代世界来说，《堂吉诃德》是塞万提斯的作品中最应该受到关注的一部。之所以这样说，是因为它是到目前为止的最优秀的长篇小说，它是西班牙贡献给全人类的唯一一部具有世界意义的小说。因为贡献了这部作品，西班牙拿出了一份珍贵的礼物，给全世界千百万芸芸众生的头脑和心灵带来了真诚的愉悦。虽然自堂吉诃德第一次动身出发以来，已经过去了 300 年的时间，但这种愉悦依旧新鲜如初。

塞万提斯在计划写《堂吉诃德》的时候就准备把它写成一部讽刺骑士传奇小说，早在一个多世纪之前，这类传奇小说就凭借记述一些荒诞不经的英勇行为，来迷惑西班牙人的思想。它们只是影响西班牙人的头脑，用早已消失的中世纪精神各个方面的魅力来吸引西班牙人的兴趣，把人们的关注点从有着严肃日常工作的现实世界中转移开来。实际上，早在十六世纪末，骑士传奇的影响就开始急转直下，然而正是《堂吉诃德》给了它们致命的一击，而《堂吉诃德》出版之后，再也没有新的同类型作品出现。塞万提斯是如何达到他的目的的呢？非常简单，就是通过采用骑士传奇的办法，展示把它们应用于现代世界所产生的荒诞。一句话，就是要证明：它们已经过时了。然而塞万提斯构思了一个远比他最初筹划的更加宏大的结构，由于他的作品在他的手中发展，超越了他当初的计划，最终成为一部优秀的现代小说，数以万计的读者饶有兴趣地阅读，完全不清楚也不介意它曾是为了攻击一种文学类型。关于这部作品有一位批评家莫瑞尔·法悌欧说：“塞万提斯手中那支流浪汉的笔，只被当时的灵感所控制。在这支笔下，他的《堂吉诃德》当初产生于一个很简单的想法‘嘲弄骑士小说’，不曾想过有什么大的发展。然而，这部小说逐渐发展成反映 17 世纪初西班牙社会的卓越小说，这部小说，体现了这个时代的所有标志性要素，它的感情、激情、偏执和制度，都找到了自己的位置。所以，这本书的强大乐趣不仅是说它作为一部虚构作品以及作为实践哲学领域一部值得敬佩的专著的价值，还有就是拥有一个额外的优势，那就是：将一个民族在其存在的某个确切瞬间的文明状态定格，并向我们展示了其良知的深度。”

曼佐尼

杰里迈亚·丹尼斯·马赛厄斯·福特[1]

早在十三世纪时，意大利人就开始展示出爱讲故事的欲望，他们一直沉迷于这一爱好，直到现代。但是，在十九世纪之前，他们更倾向于短篇小说或故事，而不是那种被称作长篇小说或浪漫传奇的散文体叙事小说。这类小说篇幅更庞大、更加雄心勃勃。哪怕在十四世纪薄伽丘就写出了他的《菲亚美达》(*Fiammetta*)，哪怕在十四世纪末或十五世纪初安德里亚·达·巴布里诺就写出了《法国王室》(*Reali di Francia*)，哪怕在十五世纪或十六世纪就出现了田园浪漫小说（《阿卡狄亚》）、冒险小说以及其他充斥着色情、感伤或道德教化精神的小说，我们还是认为这些小说或者风格贫乏，或者在很多方面比散文体小说更加重要，如同《菲亚美达》《法国王室》和桑纳扎罗的《阿卡狄亚》(*Arcadia*)一样。十七世纪和十八世纪基本上杰作很少；十九世纪初，意大利真正的长篇小说始于福斯科洛的《雅可波·奥蒂斯的最后书简》(*Le ultime lettere di Jacopo Ortis*)的出版（1802）；随后曼佐尼的历史传奇《约婚夫妇》(*J Promessi Sposi*)在1827年首次印行，奠定了意大利长篇小说

① 杰里迈亚·丹尼斯·马赛厄斯·福特（1873—1958），语言学家和教育家，1907年起执掌哈佛著名教席之一——法语和西班牙语史密斯教授席位，1911年起担任罗曼语系主任。主要作品有《意大利韵文中的骑士罗曼史》(*The Romances Chivalry in Italian Verse*，1904）和《西班牙文学主流》(*Main Currents or Spanish Literature*，1919）等。

的永久性成就。

曼佐尼的生平

亚历山德罗·曼佐尼于1785年3月7日在米兰的一个贵族家庭出生。他的外祖父是有名的政治家切萨雷·贝卡里亚侯爵。他起初主要求学于米兰，喜欢纯文学，非常勤奋地阅读，天才的种子逐渐萌发。他在一位他非常尊重的意大利诗人蒙蒂的引领下走上了文学道路。1805年，他母亲带他去了巴黎，在那里，他常常出入沙龙，而这些沙龙几乎全是理性主义的和伏尔泰式的氛围，在这种氛围的熏陶下，他开始痴迷于怀疑论的学说。但是，这些并没有在他身上形成持续的影响。在这一时期，他与法国学者和文人克劳德·福瑞尔成为好朋友，从那时起以后的许多年里，此人帮助曼佐尼形成成熟的思想。1809年，曼佐尼回到米兰，同年和新教徒恩里凯塔·布隆德尔结婚。两年后，她皈依天主教，而曼佐尼，受他妻子的影响，再加上与生俱来的那种潜藏不露的爱，也开始跟着她去教堂，后来成为一个虔诚而真挚的领受圣餐者。曼佐尼一直住在米兰地区，1821年，在那里他写了一首非常有名的颂诗《5月5日》(*Cinque Maggio*)，来纪念拿破仑去世，大概在这一时期，他着手创作《约婚夫妇》。当该书于1827年完整出版的时候，他举家移居佛罗伦萨，并获得大公爵的恩宠——他用《约婚夫妇》中描绘的场景装饰他的宫殿墙壁——并获得上层社会的政治家和作家的欣赏，比如朱斯蒂、卡普尼、尼可里尼、莱奥帕尔迪等人。不久之后，他返回米兰，然而不幸痛失妻子（1833）和女儿朱莉娅，朱莉娅的丈夫是马西莫·达泽里奥，也是一位小说家。在这一时期的痛苦悲伤中，他的朋友，给了他莫大的安慰。一位是虽然鲁莽冲动却才华横溢的哲学家罗斯米尼，另一位是小说家托马索·格罗西。1837年，曼佐尼再次结婚。在1848年那些动荡不安的日子里，他表现出自己是坚定的意大利爱国者，他鼓励他的三个儿子英勇抵抗奥地利军队，当时奥地利军队正忙着征服他的老家伦巴底地区。伦巴底人失败之后，他主动在马焦雷湖畔的一处乡村别墅隐居，然而1859年伦巴底再次解放，他重新受到人们的关注。国王维托里奥·伊曼纽尔授予他荣誉，并给了他一笔养老金，让他能够度过困境。1860年，他当选为参议员，在宣布建立意大利王国的那届议会中，他起了非常重要的作用。不久之后1864年，他在国民大会中投票支持把首都从都灵迁往罗马。他从来没有造访过那座圣城，但在1872年，他被推选为罗马荣誉市民，并给市长写信感谢这番盛情，信中他表达了对意大利统一的喜悦之情。曼佐尼在1873年5月22日离世。

诗人兼评论家

在现代意大利诗人当中，曼佐尼的地位很高。除去一些抒情小诗和应景诗之外，他还写过《圣歌》，在这首赞美诗中，他用诗歌的形式表达了基督教的高贵和圣洁，着力强调了慈爱、希望和对人类所有疾苦的最终慰藉；皮特蒙德自由党的斗志雄心和付出的努力都在颂诗《5月5日》和《1821年3月》（*Marxo*，1821）中有所提及。他还创作了两部诗剧《卡尔马尼约拉的伯爵》（*Conte di Carmagnola*）和《艾迪尔欣》（*Adelchi*）。这两部悲剧都是意大利浪漫主义的杰出作品，属于意大利语历史剧最早的典范。其中，《卡尔马尼约拉的伯爵》讲述了在15世纪，著名雇佣兵船长弗朗切斯科·布索内（人称卡尔马尼约拉）冤死于他的雇主威尼斯人之手的故事；《艾迪尔欣》描述的是在伦巴底发生的事，年代可以追溯到伦巴底国王德西德里乌斯和他的敌人——征服者查理曼大帝的时代。

在曼佐尼的一些不重要的散文作品当中，需要留心的是一些文件。在这些文件中，他探讨了法国的统一体系应用于戏剧创作的有效性（《致肖维特先生的一封信》）和意大利浪漫主义流派的目的。在不同类型的作品中，他讨论了一个争议颇多的问题，真正表达意大利文学的语言形式是什么。他持理智的态度，倡导来自半岛各地的意大利作者使用佛罗伦萨人的语言。

《约婚夫妇》

曼佐尼的代表作自然是《约婚夫妇》，就像我们已经了解的那样，在 1821 年曼佐尼着手写这本书。这部小说的创作及付梓印行共花了大概 6 年时间。不过因为坚守如下信念：佛罗伦萨语言才是有文化的意大利人的标准语言。所以书一出版，他便开始清除其中的方言和法语词汇，结果，在第一版重印了 75 个版本之后，这部作品以纯托斯卡纳语的完美形式于 1842 年再版。小说的主体情节很简单，核心故事是：农民洛伦佐和他挚爱的露西娅好事多磨的婚姻。当地的一个恶霸在臭名昭著的意大利亡命徒的帮助下，想方设法阻挠他们的结合。露西娅所在教区的牧师的任务就是不顾一切主持婚礼，然而在恶霸堂罗德里戈和他那些凶残无比的帮凶的恐吓下，教区牧师不敢为他们主持婚礼。最终瘟疫带走了堂罗德里戈，这对有情人终成眷属。怯懦胆小的教区牧师唐阿邦迪奥，在他高贵的上司、红衣主教圣卡尔罗·伯罗米欧的教导下，为他们主持了婚礼。

曼佐尼坦言他是模仿沃尔特·司各特爵士的写作方法，以历史为背景，使之与当时在文学界占主导地位的浪漫主义情感相契合。他选择了 1628—1631 年这三年作为小说情节发展的时期，在此期间，西班牙人称霸米兰，再加上可怕的饥荒和瘟疫，意大利的这一地区变得凄凉荒芜，他把人物的活动设定在他非常熟悉的科莫湖与米兰城之间。在开始撰写他这部巨著之前，他仔细研究了有关这场瘟疫及其发生的那一时期的行政事务的著作。紧接着，凭借一个真正艺术家的直觉，在拥有分析人类最微妙情感的能力的前提下，他汇集了许多不同性格的人物，通过这些人物的活动，为我们描绘了一幅反映十七世纪早期伦巴底的生动画卷。

除了但丁和阿里奥斯托，曼佐尼可能是意大利最伟大、最受欢迎的作家。他的作品很快就在国外赢得了认可，德国的歌德、法国的夏多布里昂、英国的司各特，都对他赞赏有加，而且司各特对自己能够被一个这样天赋异禀的天才所模仿而感到骄傲。

戏 剧

drama

戏剧总论

乔治·皮尔斯·贝克[①]

大部分人都有过想要假扮别人或假扮某个其他东西的冲动。从古到今，无论是野蛮时代还是文明时代，在一切语言中，我们都能在模仿行为中看到这种与生俱来的快乐，而模仿恰巧是所有戏剧的核心。模仿的本能造就了演员，想通过模仿创造快乐的冲动而产生了剧作家，而希望以非常典型的描写和令人难忘的对话来提供这种快乐的欲望，便产生了戏剧文学。虽然戏剧文学作品为数不多，但是，以模仿行为来表现的戏剧娱乐，从早期希腊酒神节的有关活动中看到它以来，就在持续进行；从上帝创造人类以来，这种戏剧表演本能就一直活跃着。我们并没有限制戏剧，事实上我们并没有由于不鼓励最杰出的戏剧而局限它的吸引力，然而我们也变相助长了其中最差的东西存在。1642 年，面临战争的英国议会关闭了一切剧院，禁止所有演出。可是人们私底下修改以前颇受欢迎的戏剧，私下里演出；有人从以前的戏剧中选取幽默的部分，使之平民化，在集市或公共集会上演出。很明显，这种对戏

---

① 乔治·皮尔斯·贝克（1866—1935）戏剧学者，自 1888—1924 年执教哈佛英文系，1908 年发起创办哈佛戏剧俱乐部，1914 年当选为美国艺术与科学院院士。主要著作有《莎士比亚作为一个戏剧家的发展》（*The Development of Shakespeare as a Dramatist*，1907），《戏居技巧》（*Dramatic Technique*，1919）和《现代美国戏剧》（*Modern American Plays*，1920）等。

剧的渴望如此强烈，以至于如果民众看不到新戏、甚至连完整的老戏也不能看的时候，他们宁愿选择品质低下的娱乐也不愿接受没有戏剧的日子。虽然接下来的混乱时期并不利于戏剧的发展，但政府还是不得已在 1647 年撤销了这一禁令。哪怕在美国，直到相当晚的时候，在许多社群，人们都是怀揣疑惑来看待剧院的，拉洋片也广受喜爱，共和军的地方组织在南北战争时期曾给热情洋溢的观众奉献了《夏伊洛的鼓手》。现在，许多不去戏院的人也会选择看电影。任何人都不能抹杀像岁月一样古老的人类本能：立法禁止它。只能使好的作品受到压制。我们必须做的事情是：让不想要的东西丧失吸引力。

戏剧和大众品位

这个结果，完全依托于人们对优秀戏剧的广泛喜爱。虽然情况并不像乔治·法夸尔所写的那样："戏剧如同晚餐，诗人是厨师"，但萨缪尔·约翰逊的话仍旧是在描述事实，他说："戏剧的规则是看戏的人拟定的。"奉上这份戏剧大餐的人，是严格按照他理解的大众品味来烹制的，他仅仅是在写戏剧，他并非创作戏剧。试图找准大众的口味，就如同在茫茫大雾的日子里力求击中快速移动的靶心一样。另外，一个公共演说者，如果想要对大众表明他演讲的主题，而大众对相关主题一无所知，他对自己的听众也一无所知，那么，他就必须在他演讲的内容中找出有吸引力的内容，能巧妙地吸引听众的兴趣。剧作家也是如此，他不可能为没有幽默感的观众写一部滑稽戏或喜剧，也不可能给爱笑的公众写悲悲戚戚的故事。假如他的观众对以往的杰出戏剧了解得非常全面、准确，那么，只有他写的剧本称得上是杰出戏剧，观众全神贯注并产生默契的机会才会更大。

如何阅读剧本

在阅读剧本的时候，一直不能忘记，不论哪一个剧本，不管它怎样精彩，如果没有看到它在舞台上的表演，那还是有很大差距的。就像约翰·马斯顿在1606年所写："喜剧是用来说的，而不是用来读的，切记戏剧的生命在于表演。"或者如同莫里尔所言："喜剧是用来演的，而不是用来读的。"所有戏剧都是这样设计的：只有通过不可或缺的场景、灯光和表演，才能产生精准的效果。表演指的是演员的姿势、动作和声音。而最重要的是声音，是向观众传达作者思想的一个工具，并且如同音乐一样表现情感。自言自语地读剧本绝对不是好的办法，以至读不出戏剧本来的面目。正是由于读者没有注意到戏剧与其他形式的虚构文学之间的差别，他们便失去了在阅读中本来可以得到的效果。阅读戏剧需要比短故事或小说更用心，我们在想象剧中人物时，剧作家没有通过分析、解释和评论来引导我们。反之，他所运用的，只是少数关于情节发展的舞台指示和他在对话中所选择的简洁精练的词句。遗憾的是，许多读者总是粗略阅读，就如同阅读杂志上的短篇故事一样，没有把剧作家给他们的内容联系起来，而只是剧本中的表面语句。这种阅读剧本的方式不会真正理解它。阅读剧本，首先要在头脑里构想文字所描绘的场景；然后，用脑子去读，用心去读，必要时要放慢阅读速度，想象剧中的人物登场和离场时的样子。所有优秀剧本的台词所表达出来的意味，都不仅仅是简单浏览所看到的那些。作者之所以刻意用词，并非由于剧中的人物会怎么说，而是因为这样说能推动情节的发展，因为这样的语言比其他语言更能调动观众的热情。应该持有一种共鸣的，而不是批判的心态。阅读剧本的初衷是想象，因为想象了才会进入境界，才会体会到身临其境之感。才会产生激动不已的效果，然后再调动你之前接受的批评训练来判断你欣赏的正确与否。切忌让偏见（不论是道德还是艺术偏见）产生先入为主的判断：阅读的时候尽可能以宽容的心态。一个作家也许会把非常成功地处理某个你从未注意的主题，使你从此开始关注它。他也可能把一个你不可以接纳的主题处理得让人可以认同，并且有助于你。不要因为一个剧本和你所熟知的那种剧本不同就断定它非常不好。就像《哈佛经典》的主编所说：“正是这种与其他时代的人的心灵碰撞，才拓宽了饱学之士的视野。”当不同国度或不同时期的一部戏剧最初不受欢迎的时候，不要认为它会始终这样，而是要去探究为什么会有这一结果，例如舞台和观众的状况。这能够把一个看上去好像枯燥无味的剧本变成一部引人入胜、生动活泼的艺术作品。不管怎样，当你读完合上剧本的时候，要认真评判，除非你可以说明对你来说是毒药的剧本对观众而言也是毒药，否则就不要说“这个剧本不好”，而只能说“这个剧本不合我的胃口”。在戏剧史上的一切重要历史时期的题材和主题选择绝对自由，个性化处理手法也绝对自由，以及观众渴求身临其境地欣赏戏剧的热情，都产生重大的成果。假如观众能以上述态度阅读以往的戏剧，把它们看作现代正在上演的戏剧来评判，那么，对于我们的剧作家而言，将是福音。

戏剧的本质

然而，戏剧是什么呢？广义上讲，戏剧是所有能够带来愉悦或兴趣的模仿性表演。教堂圣歌中的插段是中世纪最早的戏剧，在这样的表演中，三个玛丽走向圣墓发现耶稣已经升天，在那之后她们高兴地一路前行，三个玛丽彼此之间没有差别。所说的台词配有音乐，只是起说明的作用。在这里，就如同以后的年代里一样，是表演，而非人物塑造起重要作用，设计对话不是为了塑造人物，而只是为了对话而对话。当然，初期的戏剧太直白，太简单，没有太大的文学价值。就好像在十一十三世纪增加了表现复活、基督诞生或其他《圣经》素材的插曲一样，故事情节也是围绕起初的插曲发展的。为了使人信服这些不同的插曲，不可避免地出现了人物，因为只有人物彼此有差别，其中的某些插曲才可以产生。对话也不再只是说明性的，而开始表现每个人物的个性特征。后来，它便有了吸引力、趣味性、幽默机智，换言之，就是有了自己的特征。当戏剧进行人物塑造的时候，我们也就有了戏剧文学，正是由于这种人物塑造使戏剧成为揭示人类行为和塑造人物形象的对话，而对话本身也具有了魅力。

随着时间的推移，剧作家开始注重故事情节，刻画人物，以及对话、情节和人物几乎同样重要的戏剧。优秀的经典剧作中，一切因素——情节、人物和对话——全部融合为一个整体。韦伯斯特的《马尔菲公爵夫人》（*The Duchess of Malfi*）是一个情节剧，展示了大众品位的变化。对一个现代读者而言，他们可能不太关注故事本身，而是对公爵夫人这个人物更感兴趣，最后一幕无疑缺乏趣味。在约翰逊的《炼金术士》（*Alchemist*）中，主要是人物吸引了我们。谢里丹的《造谣学堂》（*School for Scandal*）和康格里夫的《如此世界》（*Way of the World*）一样，对话和人物同等重要。而在《哈姆雷特》（*Hamlet*）、《李尔王》（*Lear*）、《麦克白》（*Macbeth*）中，故事情节、人物形象和对话完美地结合在一起。

悲剧的本质

人们曾经认为，悲剧和喜剧的本质区别在于素材的不同。德莱顿认为，悲剧讲述的一定是在非常情况下地位尊贵的人的故事，用适合他们特殊情况的语言表达出来。亚里士多德在他的《政治学》中最早提出这个观点，这是他根据对希腊悲剧的观察所得出的结论，后来一些研究戏剧批评理论的学者将之光大，直到它在夸张的英国英雄剧中，和在高乃依及拉辛的一些崇高庄严的悲剧中，得到了完美的表达。十八世纪前三十年，英国的感伤戏剧（Sentimental Comedy），以及相关的法国的“泪剧”（Drama Larmoyant）和德国的“小资剧”（Burgerliche Drama）出现，都表明在各个阶层悲剧都可以存在，从上流社会到底层社会，从受过教育的精英到不识字的平民。

那么，悲剧到底是什么呢？在伊丽莎白时期，人们认为，结局是死亡的戏剧就是悲剧，然而近些年我们逐渐懂得，有时候活着远比死去更具悲剧性。

一部戏剧称作悲剧的充足条件并不是呈现悲剧事件，因尽管许多戏剧是以欢乐收场的，但其中也有震撼人心的插曲。那么，为什么我们都认为《哈姆雷特》、《马尔菲公爵夫人》、《钦契》（*The Cenci*）是悲剧呢？是由于在这些戏剧中，人物与自己冲突，与环境冲突，或者和其他人物的性情气质相冲突，通过悲剧性的情节发展，走向最终的灾难，这是我们一个合乎逻辑的结果。所谓的“合乎逻辑”，就是结局是在事件中发展出来的，符合人物的性格。换句话说，这符合我们熟悉的人生经验，或者符合这位剧作家向我们展示的人生经验。

情节剧

有时候一些悲剧环境并非通过人物的刻画来呈现，比如，在表现克丽奥帕特拉的某部戏剧中，特定的场景能使我们感动，即便它并没有呈现一个由于任性和苛刻的爱情最终导致灾难的人物。所以，我们得到的是广泛意义上的情节剧。在这个意义上，在戏剧一开始，人物刻画上的不足就显现出来了。从技术上讲，在十九世纪初这个名词传入英格兰，表示一种源自法国的舶来品，它有着煽情的场景，不时有音乐伴奏。当这种奇特的组合消失后，情节剧这个名称仍旧用来表示那些离奇的情节，而人物刻画不到位的戏剧。

何谓故事剧

故事剧处于情节剧和悲剧之间，大部分情节剧和悲剧都有引人入胜的剧情，然而只有悲剧能用人物的性格对剧情做出合理的解释。故事剧融合了喜剧和悲剧的轻松和庄严，而最终结局是快乐的。《威尼斯商人》（*The Merchant of Venice*）被认为是巴萨尼奥和鲍西娅的故事，很明显它不是悲剧，而是故事剧。但是，假如我们按照现代演员的表现来理解夏洛克的话，我们不禁会发问：它不是一部悲剧么？在这之中有一个非常重要的差别。喜剧和悲剧在素材方面并没有实质性的区别。所有方面都取决于剧作家的创作意图，他通过艺术的设计，设法牵制了观众的视角。夏洛克受审的场景就有力地说明了这一点：对巴萨尼奥的朋友而言，就如同对大部分伊丽莎白时期的观众一样，这种迫害犹太人的把戏令人非常开心，但对夏洛克来说，那就是折磨和煎熬。

高雅喜剧、滑稽喜剧和笑剧的区别

喜剧有高低之别。低级喜剧即滑稽喜剧，和风俗习惯有直接或间接的关系。琼森的《炼金术士》里对不同风俗进行了直接描写，不论是单一特征的人物还是鲜明个性的人物都是如此。展现阴谋的喜剧，大多围绕一个爱情故事展开，涉及由此而展开的情境，然而它的特点是间接地展现风俗人情。《鞋匠的假日》（*The Shoemaker's Holiday*）或许是这类戏剧的典范，也有人说弗莱彻的《竹篮打水》（*The Wild-Goose Chase*）是个更典型的例证。正像乔治·梅瑞狄斯在他那部经典之作《论喜剧》（*Essay on Comedy*）中所说的那样，高雅喜剧处理的是深思熟虑之后的笑声。这种笑声来源于作者让你马上意识到了对照或比较的价值。比如，在《无事生非》中，当我们时常把培尼狄克和贝特丽丝所看到的自我与我们在剧作家具有启发性的描写下所看到的他们进行对比时，恰似高雅喜剧可以让我们放声大笑的时候。

笑剧把虚拟的事看作真实的事来处理，把不可能的事当作可能的事来处理。在第二种情况下，它总会沦为滑稽戏。阿里斯托芬的《青蛙》（*The Frogs*）形象地展示了什么是滑稽戏。在如今最杰出的笑剧中，我们经常在某个关于人物或情景的荒谬开场进入情节，然后非常合理地走向结局。

戏剧的社会背景

但是，即便我们明白了这些差异，仍旧会发觉，欣赏以往时代的戏剧在开始时还是有一定的难度。从公元 980 年起，现代戏剧通过罗列事件来表现简单的拉丁文开始，发展到了刻画人物，以及剧情发展而呈现人物的感情，一直发展到以英语、法语或德语写出的相似作品。后来，在刻画人物上渐渐获得了很大的发展，直至十五世纪末，一些神话剧和道德剧出现了，赶上甚至超过了直到马洛时代为止的所有英国戏剧。然而在所有这些道德剧和神话剧的后面，是一个还没有分裂的教会。随着宗教改革的兴起及其对个人价值的判断的坚持，说教戏剧开始被娱乐戏剧取代——五幕剧的幕间插曲和开头。但是，就如同伊丽莎白时期和詹姆斯一世时代的一些戏剧一样，在这些戏剧中我们也发现了粗俗的基调和滑稽戏的场景，还有为了情节而编撰的故事，这些经常是不堪入目。除此之外，它们的创作总是忽略我们的观点。它们通过合唱、独白和旁白来说明的方法——在我们眼中有些过时了。除了其中最优秀的经典剧作之外——大部分是莎士比亚的——伊丽莎白时期的戏剧，乍看好像都有些不合常理。只有知道它是在什么情况下发展出来的，我们才能清楚它的真正价值。

即使是埃斯库罗斯、索福克勒斯，或在较小范围内还有欧里庇得斯的经典戏剧，我们最好是在了解了这些戏剧依托的希腊生活以及他们为此而创作的那个舞台之后再去阅读。对于这些戏剧，大多数观众都是带着对它们所表现的那些故事和神话的基本认识去观看的，这和我们以前的人对圣经故事的普遍熟悉相类似。我们应该持有相同的态度来对待伊丽莎白时期那些一直欣赏《罗密欧与朱丽叶》(*Romeo and Juliet*)、《尤利乌斯・恺撒》(*Julius Caesar*)和《哈姆雷特》的不同版本的观众。甚至还有别的剧作家用更现代、更娴熟的手法处理同一个神话，并非由于是新的才这么做，而是由于这是一个新的剧作家在用自己的方式处理一个古老的故事。伊丽莎白时期的观众也持有同样的态度，他们喜欢《罗密欧与朱丽叶》《尤利乌斯·恺撒》《哈姆雷特》的续集。在评判希腊戏剧或伊丽莎白时期英格兰的戏剧时，一定不能忘记这个事实。

当人文主义精神普及，人们渐渐赞同塞缪尔·约翰逊“以广阔的视野从中国到秘鲁审视整个人类”的观点时，戏剧就开始反映这一主题。这个世界开始宽容纨绔子弟和浪荡哥儿的猖狂和放荡，而是开始同情他的夫人、未婚妻或深受其害的朋友。复辟时期的喜剧生动阐释了喜剧与悲剧的区别只是在于表达的重点不同，它摒弃了不假思索的笑声，而投以同情的泪水。然而伤感喜剧所表现出来的心理事实上仍然是传统与浅薄的。正是在十九世纪，对大众来说较为敏感的戏剧经历了巨变。在法国和德国，它跨越了伪古典主义的桎梏。几百年来，戏剧被这种桎梏禁锢在空洞的说教和呆板的人物塑造上，歌德、席勒、雨果、大仲马和阿尔弗雷·德·维尼向我们展现了一个戏剧传奇的历史。而这种浪漫传奇又产生了以科学精神为基础的现实主义，抛弃了旧的价值观。

戏剧中的现代心理学和社会学

对行为、性格、对错，甚至是普遍层面上因果关系的完整审视，我们可以在易卜生和他的追随者的作品中看到。他们深深植根在方兴未艾的心理学，他们坚持本位主义，并在这样的思想支配下，要求理清每一种普遍认同的观念来源或立场。最近半个世纪的剧作家顺利地拓展了戏剧艺术领域，他们从简单的讲故事发展到创作伦理戏剧。经过实践，他们坚信，在非常有限的时间内，一部戏剧最多只能展现一个主题或描绘一种社会现象。他们开始只是描绘场景或提出问题，并非尝试着给出答案。就像我们已经看到的那样，在十八世纪，创作伤感戏剧的作家也展现了社会现象，然而只是根据纯粹的直觉。现在，我们走到了另一个极端，我们发现了剧作家创作空间的狭小，对相互矛盾的心理学理论深感困惑，对错综复杂的人类精神而绞尽脑汁。因此我们肯定地说，人们所关注的较为重要的问题在瞬间解决是不可能的，也不会有任何的捷径。现在的许多剧作家只是描绘邪恶的社会状况，等待另外的人来发现它或解决它，或许，可以找到解决的办法那就再好不过了。高尔斯华绥的《正义》(*Justice*)，如同白里欧的《红衣》(*La Robe Rouge*)，没有提出任何解决办法，然而两者都改变了所描写的情景——就说前者，是监狱生活的现象，后者则是法国小法官生活中的阴暗的一面。

歌舞剧和电影的威胁

现在，美国的年轻一代狂热地追逐剧院。他们三五成群地涌向剧院——假如剧院这个词除了表示演舞台剧的地方外，还指歌舞剧院和电影院的话，在国内，以往还从来没有这么多人涌向剧院。去老式剧院，人们往往要从很远的地方过来，而且必须先存钱。而歌舞表演和电影的票价非常便宜，几乎每个家庭都可以支付。但它们所展现的东西在艺术上有时就如同价格一样廉价。但也不能说一定没有杰出的歌舞剧，肯定有合适的法律来限制歌舞剧或电影中出现低下污秽的内容。不过也得注意，有一些内在的危险是法律触及不到的。歌舞剧和电影可以更多为人们提供廉价的、舒适的娱乐，与此相比，我们剧院的包厢和楼座里的享用的人则有限。剧院的这种状况一定会影响许多戏剧上演，因为只有当剧院经理一定要赢得相当多的观众，至少比一般情况下光顾交响音乐会的观众多，才可以允许一部戏剧上演。歌舞剧，如同我们在火车上阅读的短篇小说一样，一般只是一个消遣的需要，不需要我们聚精会神。在歌舞剧中，一旦有什么东西吸引我们的注意力，我们就会感兴趣。如果“一个场次”下来，没有可吸引我们内容，我们就会坐着等“下一场次”。我们不用费神费力，因为总会有我们感兴趣的。然而戏剧要求有文学价值，就像我曾经指出的，我们在阅读的时候要聚精会神，要认真地去想象其中的情境。表演戏剧需要很忘我，根据剧情的发展与剧中人物产生共鸣。这些是最基本的要求，对于歌舞训练出身的演员来说可能性不大。同样，电影最多也就是剥离了其他元素只有动作的戏剧。戏剧中最吸引人的东西：声音，也失去吸引力。然而，像电影放映机和留声机这样一些机械装置的组合，在人的意义上，在效果的真实上，在说服力上，能否比得上人——那种在最高水平的戏剧中真正看到和感受到的东西呢？电影放映机和留声机的组合至多也就是弗兰肯斯坦的那台会表演的机器人而已。戏剧文学的确受到了电影和歌舞剧的威胁[①]。

现代教育中的戏剧

早在十六世纪的英国和欧洲大陆，学生表演发音练习受到重视，包括吐字和仪态举止。赫特福德郡希钦公立学校的老师拉尔夫·拉德克利夫以前就为他的学生们写过许多戏剧。先后在伊顿公学和威斯敏斯特公学任教的尼古拉斯·尤德尔，给我们留下了《拉尔夫·罗伊斯特·多伊斯特》(*Ralph Roister Doister*)，这是英国戏剧早期的里程碑作品，吸取了早期英国戏剧的实践经验和拉丁文喜剧里有益的内容。在欧洲大陆，父母们在一起充满慈爱地观看孩子们用拉丁语或本国语表演戏剧。现在，在全国各地的中小学，有智慧的教师都用相同的方式引导他们的学生，用多种多样的形式展示他们的戏剧本能。现在的许多中学都有一个小舞台，作为配套的一部分设施，上演一些经典作品和从当代戏剧中挑选出的最杰出的戏剧片断，有时还会有学生们自己创作的剧本。参与这样的表演，不只是在发音、吐字和仪态举止方面有收获，对于经常接触最卓越戏剧文学的年轻人，他（她）的文学水平一定会有所提高。用这种令人愉悦的方式学习戏剧，就会在一定程度上减弱歌舞剧和电影的诱惑。然而必须有广泛的训练范围：我们的年轻人一定要熟悉当代和以往最优秀的作品——喜剧、悲剧、笑剧和滑稽戏。

---

① 译者注：本文写作于20世纪初，当时电影还只是一个新生的事物，当时有教养和品位的阶层对其机械制作的性质表示疑虑和否定是普遍看法。

假如在国内不能真正地理解过去最优秀的经典戏剧，那么永远不要说年轻人的戏剧训练是彻底的。否则，长辈怎么能明白年轻人的想法，因为他们可能没有注意到戏剧所能产生的价值和魅力。年轻人一定会去剧院寻找娱乐，长辈就一定要关心那里提供的是什么娱乐。这是一种很公平的分工。

一年又一年，我们在艾利斯岛①迎接来自世界各地的人们，有些人不是很习惯这里公民的责任，这种责任更适合于一个相对同质的民族，这个民族在几百年来地依托于个人责任的政治力量日渐强大。我们该怎样向这些移民表达清楚，美国生活的多样性意味着什么，为什么让他们融入这个国家呢？为了解答这个问题，社区活动中心在戏剧中找到了很好的方法。南欧人或东南欧人情感丰富，喜欢表演。在社区活动中心，通过精选的戏剧，他们学会我们的语言。

如何评定戏剧艺术的水平

为了对全体人民这种广泛的兴趣给予回应，全国各地的人们都在忙于戏剧这一高难度艺术。为了满足他们的需要，我们的大学纷纷开设戏剧创作的课程，尽管说在十年前这门课还没有开设。然而对这些剧作家而言，早晚都要面对这样一个问题："我到底是应该写一定能够赚钱的戏剧，还是应该坚守我认同的戏剧艺术标准，直到我赢得自己的观众呢？"从后一个方面来说，结果肯定是，大部分公众非常理解和热爱以往优秀的经典戏剧，并且在今天的戏剧中看到希望。他们从以往的戏剧中总结出评价现在戏剧的标准，而这些标准经过今天剧作家的实践，又为下一代提供更宽泛的标准。戏剧是一个巨大的文学宝藏，它是从人类种族的永恒渴望中发展起来的。戏剧是一位优秀的社会生活再现者，如果运用得当的话，它可以起到社会教化作用。你压制它只会让更低劣的作品走上舞台。所以受过教育的人一定会试着理解戏剧。

---

① 译者注：纽约的这个小岛曾经是移民过境检查站的所在地。

但是如果要弄懂它，你一定要认真阅读，带着同情心广泛地阅读。

为了达到这样的效果，如同本丛书所收录的这样一组作品，充其量只是一种激励，促使人们拥有理解更多戏剧的渴望。本丛书所收集的，只是伊丽莎白时期和詹姆斯一世时期很小的一部分。但是，通过数量不多的戏剧名篇，还是可以看见十九和二十世纪的法国、德国、英国、斯堪的纳维亚、意大利、西班牙及俄国巨大的戏剧宝库。现在，舞台上经常上演英国戏剧，其中只有为数不多的作品超越了十七世纪以来的一些作品。年复一年，戏剧在创造历史。在现在的英国和美国，令人惊讶的是，戏剧非常活跃，很有雄心，针对丰富的主题不断寻找最佳表达方式。但是它经常是粗糙的，尤其是在美国。只有等到观众要求它更精细化，更合乎常理地刻画人物，更严格地避免虚假，人们才会知道它多么需要改进。这样的改进，其背后一定都有热爱戏剧的公众做支撑，实现这样的改进，不但要观看今天的戏剧，而且还要广泛阅读以往各个国家和各个时期的戏剧。

舞台与戏剧的关系

所有戏剧的存在都不能离不开表现戏剧的舞台。在一个杰出的时代，戏剧都会使它的舞台服从于它的要求而变得具有可塑性。但在低一层次的戏剧盛行的时期，戏剧则为刻板僵化的舞台让步，让生活去适应舞台，而不是让舞台去适应生活。所以，就好像不同的时期看到同类型的戏剧一样，不同的时期也目睹了不同类型的舞台。在圣歌插段中，教士们在祭坛旁边的高台上表演，后来随着演出形式的不断变化，他们又到了唱诗班屏风前面的空地上，在中殿和耳堂的交汇处，位于教堂穹顶的下面。因为大教堂无法容下许多人，在中殿和邻近的耳堂中，挤满了跪着或站着的虔诚礼拜者。经过几代人之后，教士们就把他们的戏剧搬到了教堂正前方的广场上。那是很好观看位置，最终他们升高了演出的平台。在这个时期，这些戏剧的掌控权已经从教会人士的手里转到了戏剧业的手中。演出搬到了彩车上，它的结构和我们用于游行的彩车不同，有上下两层，底层可以当作更衣室。工人拉着演出车，从早到晚，一站一站地穿过像约克或切斯特这样的城市。每一站都挤满了人，临街的窗户也满是探出的人头，广场的四周搭满了临时座位，屋顶上也都站满了人。相比之下，在欧洲大陆尤其是在法国，舞台的构造和房子的正面、城门相类似，或者是可以很轻松地为奇迹剧搭建巨大的固定舞台的墙壁，建在城里的某个大广场上。所有喜欢看戏的人都蜂拥而至。不应该忘记的是，在剧院还没有出现的时候，舞台指的是某个公共场所的一个露天平台，大小不一，可以移动。假如是活动舞台，就简单地布置一下，后面有一道帷幕，隔出一块空间，能够在里面换衣服，提词人也可以站在那里：没有布景。假如是固定舞台，就需要经过精心设计布置，有搭建表示房屋、船只、城墙等等的布景。然而从表演开始到结束这些东西都是不能动的。房子、城墙等，不需要的时候就忽视它们。

十六世纪，当戏剧演出从同业公会转到演员团体手中的时候，演员们就远离了喧嚣、简陋的公共广场，到旅馆的院子里寻找安全。在那时，旅馆院子的四面都有廊台，和我们现在剧院里的楼座相似。演员在临街入口的对面搭起一个高低不平的台子，在第一层廊台的边缘悬挂一道帷幕，一直拖到舞台上。他们就在帷幕后面的房间里换服装。就这样，他们有了前台和后台。在所有这些高台的上面，还有一层或多层廊台，一般用来代表天国，神和女神在那里出现。院子里站着观众，买高价票的观众坐在侧面或对面尽头的廊台上。

现代的舞台

1576 年，伦敦在主教门外建起第一座剧院，它是圆形的，与纵狗逗牛的竞技场相似。舞台伸入一个围场，后台在楼座下方，演员们其实在重复他们在古老的旅馆院子里早已司空见惯的情景。就像在早些时候，是不可能有布景的，只能是把廊台后面或下方悬挂的那块画布当成是布景。从那之后，伊丽莎白时期的戏剧家所关注的事就是由剧本中的暗示或描写来安排他们的场景。一个世纪以后，一部没有舞台背景的戏剧一定要从自身内部赋予它以真实，抑或是魅力。但是，观众渐渐地喜欢日益精致的宫廷面具表演，他们于是强烈要求剧院经理尽量地复制那种辉煌的、美轮美奂的场景。然而在宫廷戏中，在舞台这样的场景上，位于一个拱门的后面，这和现在的舞台相类似。所以，1590—1642 年，舞台都拱门的后面去了。以后的两百年里，舞台布置得非常精致，后面有画幕，侧屏安装在滑槽里。需要注意的是，在十六世纪下半叶之前，由于照明不方便，演出大多是在白天进行。后来，当夜场演出变为时尚时，一直使用蜡烛来照明，直到有了汽灯给剧院照明带来了光明。大概在 1860 年，背景画幕和彩绘侧屏被一种能够把整个舞台关在里面的所谓厢式布景（box set）所取代。毋庸置疑，麦克里迪、查尔斯·基恩和亨利·欧文爵士的那些华丽精致、颇具想象力的布景已经达到顶峰。但是，戏院老板和戏剧家们仍旧坚持不懈地努力，最大化地把舞台打造得美轮美奂。因为一是现实主义要求舞台要精致；二是，诗剧和幻想剧要求它把我们的想象变为视觉。为了满足所有需求，现代科学的发明给予了戏剧很大的帮助。电的发明为舞台照明提供前所未有的坦途。现在，尤其是在德国，最精美的装置已经出现，它可以用最快的速度更换布景。在其他地方，特别是在俄罗斯和英格兰，在用尽全力激活观众的想象力上激发了技巧和艺术性，它们用暗示，而非细致入微而令人困惑的细节表现来激发观众的想象力。现在，人们经常在舞台上悬挂帷幕，随处装饰一些道具，或者在后面悬挂画幕，给出一切必要的暗示，从而改进过去那种精心制作的布景。现如今最好的舞台变化灵活，反应快捷，与十六世纪单调的舞台形成鲜明对此。现在的舞台反应要求建筑师建造更灵活的舞台，要求物理学家和艺术家把灯光设计得如梦似幻，需要优秀的设计师来给它装饰。总之，在戏剧史上，舞台不断地变化并力求满足戏剧家的需要，现在的舞台变得具有极大的可塑性。

现代戏剧的世界性

戏剧不仅在上述方面发生了许多变化。以前，戏剧几乎纯粹是民族性的。那时正是由于一部戏剧带有本土的味道，它在其他地方才不容易被人们理解。十九世纪七十年代，于美国民众而言，小仲马和奥日埃的戏剧就是如此。现在，随着人们的旅行越来越方便快捷，国家之间的交流方式越来越多样化，使得观念的交流变得非常快捷，如今在莫斯科、圣彼得堡、斯德哥尔摩、巴黎、伦敦或马德里那些杰出的戏剧很快在世界范围内交流，并把不同的国家联系在一起，不同国家的共同利益不断地增加，思想和道德的教育也从国家性的变成世界性的。所有这一切，使得一个世界性的民族化问题处理都会引起人们的兴趣，以至整个世界对本土问题都产生了浓厚的兴趣。这是世界发展中最明显的变化，这种自由思想交流会使一个民族能够理解另一个民族的幽默感。

现在的戏剧已经成了世界性的。在百老汇能够看到莱恩哈特为柏林的剧院构思的作品，而巴黎和柏林能够看到百老汇的《命运》(*Kismet*)。百老汇对高尔基、白里欧、施尼茨勒非常了解和熟悉，英国和美国的戏剧在欧洲大陆也有许多青睐者。经过了两代人的努力，戏剧一直在践行它的信条：“我属于人类”。现在，戏剧获得了这一权利。在每一个地方戏剧都以精致细腻的特点引起观众的共鸣，受到热烈欢迎。它反映了社会，用快乐和悲伤向人类展示了这个美好的世界。

希腊悲剧

查尔斯·伯顿·古立克[①]

“drama”（戏剧）这个词是希腊文单词，是“行为”的意思——或者，就好像希腊人对它的用法的限制那样，指的是我们眼前所发生的行为。他们用这种方式，把剧院里上演的戏剧和历史或史诗中的行为加以区分，就像希腊人所理解和书写的那样，历史和史诗都具有高度的戏剧性。

希腊戏剧史的三个发展时期，大体上符合三个世纪。公元前六世纪是准备阶段；公元前五世纪目睹了雅典天才的百花齐放；公元前四世纪即所谓的新喜剧时代，主要受欧里庇得斯的现实主义的启发，初步形成描绘风俗习惯、家庭生活和社会时弊的喜剧类型。

希腊戏剧的起源

查看任何一部戏剧，马上就能注意到合唱的显著地位。为了探究这一点和戏剧结构中的其他特征，我们一定要追溯悲剧和喜剧的起源。

---

① 查尔斯·伯顿·古立克（1868—1962），古典学家，哈佛大学希腊文学教授。主要作品有《古希腊人的生活》（*The Life of the Ancient Greeks*，1902）等。

这样的探究，虽然必定是半途而废，但是不可或缺，由于正是希腊人的成就，古往今来各个国家所熟知的那种戏剧才得以发现和发展。

戏剧是在宗教中兴起的。在希腊人的观念里，戏剧来于对狄奥尼索斯的崇拜，狄奥尼索斯是阴间的神祇，是最晚进入希腊万神殿的神，他的故事不仅充满了胜利和喜悦，也充满了苦楚。他代表了自然力量，他既是葡萄神，也是酒神。在葡萄收获节上，乡民们以载歌载舞的方式来赞颂他。他们把酒渣涂抹在脸上，把山羊皮披在身上模仿山羊的模样，扮成酒神的仆人，被称作萨梯（satyr，森林之神）。所以，他们吟唱的歌曲（tragoedia）是“山羊之歌”（tragoi），后来才变得庄重起来。公元前七世纪末，科林斯的诗人阿里翁出于个人目的改编了这首民歌，并以赞美酒神歌的名义，赋予它文学声望。这首歌有很多形式和内容上的变化，但是它独有的哀婉感伤不变。合唱部分在讲到酒神的故事时表现了喜悦的呐喊，或是同情与恐惧感情的集中爆发。副歌部分在重复相同的词句，一直穿插在里面。

酒神赞美歌始终是纯粹抒情的，直到公元前六世纪，不知道经过何人之手，它经历一次意义非凡的改变。有个天才，可能是泰斯庇斯，想出了这样一个办法：在礼拜者合唱队面前扮演酒神或者与酒神神话相关的英雄。他戴着面具，拿着其他符合其特征的道具，和合唱团的领唱对话，总是被合唱队的评说打断，同时伴着舞蹈和不同的姿势。

在所有欧洲文学中人们对泰斯庇斯的名字很熟悉，他是伊卡里亚岛本地人，出生于阿提卡的位于潘特里科斯山脚下的一个村庄。很多年前，一些美国探险家发现了这一地区，至今人们把它称作狄奥尼索斯。它位于通往马拉松的山谷，稀疏的废墟被橄榄林和葡萄园掩映着，根本看不出是欧洲戏剧的发源地。公元前六世纪下半叶，泰斯庇斯曾在这里进行演出。

他的作品无一存世，起初也许只是简略写了大概，走的是即兴创作的套路。亚里士多德说，这种方法在戏剧的早期阶段非常流行。

最早的剧院

公元前五世纪从真实姓名开始表现了更多的进步，向着令人敬仰的目标前进。这时，城市已经有庆祝乡村酒神节的习俗了。早在公元前六世纪中期，酒神就被人们用隆重的仪式迎请到了雅典，并且在雅典卫城的东南开辟一处地方，专门供奉他。在他的神殿旁边，人们修整出了一块地面，搭建了一个巨大的圆形舞台，中间有一个祭坛，观众在雅典卫城的斜坡上排成队。神殿就位于圆形舞台的对面，和舞台隔着一段距离，神殿后面的伊米托斯山便成为一个遥远的背景。除了自然景观之外，没有任何布景，不久就形成了一个惯例，来自雅典城内或邻近地区的演员从观众的右边入场，而来自一些遥远地区的演员则从左边入场。

初期的悲剧作者们需要给演员谱写乐曲，设计舞步，教合唱队唱歌。那个时候只用一个演员，这位演员在旁边的棚屋里更换面具和服装，扮演不同的角色。他的对话者是合唱队领唱，扮演着更重要的角色，假如我们依据埃斯库罗斯的戏剧来看的话，最初期的诗人之一普律尼科司（Phrynichus）用他崇高的爱国主义精神、愉悦的抒情诗、聪慧的创造力——他运用历史题材，例如《米利都的陷落》（*The Fall of Miletus*）——以及在分配给男演员的角色当中引入女性角色而闻名于世。就像亚里士多德说的那样，进步是缓慢的，试探性的，但有一点非常明确：观众并不喜欢过多地违背宗教起源和演出场合所限。保守派不断地抱怨说："这和狄奥尼索斯根本没关系"，试图使作者不敢盲目地背离传统，悲剧的崇高目的和严肃性更多的并不在于其开端中潜藏的萌芽，而是要归功于当时诗人们的庄严意识和深刻的宗教信念，那个时候，与波斯之间的冲突一触即发，其重要给他们留下了深刻的印象。

悲剧之父：埃斯库罗斯

埃斯库罗斯出生于希腊圣域附近的埃莱夫西斯，在马拉松打仗的时候正好三十五岁，祭祀得墨忒耳、珀尔塞福涅和狄奥尼索斯的宗教仪式就是在这里举行。这些仪式对他的心灵产生一些影响，也影响了他的戏剧创作和对宗教的理解——比如罪和神的正义。从外在影响的角度来看，埃莱夫西斯的祭司们华美的祭服使他产生了改进演员服装的想法，同时正是他自己的天赋，促使他迈出关键的一步，使他成为“悲剧之父”。下一步就是开始引入第二个演员，这使得呈现两个具有鲜明对比的人物、两组观念或目的成为可能，并在合唱队和观众面前呈现冲突。据黑格尔说，悲剧的本质正是这种理想的冲突。

酒神赞美歌是相对比较短的作品，因此初期的悲剧也比较短。当他的才华不断增长的时候，有一点变得非常突出：在一出戏的范围之内不能够处理完一个主题，于是出现了在三联剧中处理一个主题的惯例，在此基础上，后来又加入了一出森林神的戏（与酒神节有关）。在这出戏里，合唱队充当森林神的角色，如同在古代一样。所以，在如今唯一存世的一部三联剧《阿伽门农》（*Agamemnom*）、《奠酒人》（*Libation-Bearers*）和《复仇女神》（*The Furies*）中，犯罪，转罪和恕罪的宏大主题有了开端、中间和结尾的完整部分。《被缚的普罗米修斯》（*Prometheus Bound*）很明显不完整，我们失去了这部三联剧中反叛的提坦与他的死对头宙斯之间实现和解，使宙斯的正义得到彰显的那部分。

《哈佛经典》中收集的所有希腊戏剧都产生于雅典打败波斯之后的扩张时期。诗人、画家、雕塑家一起赞颂希腊的成就，他们使欧洲在千百年的时间里摆脱了对东方专制统治的恐惧。由于探险和贸易，新的财富被带入了当时控制着海域的阿提卡。诗歌和戏剧天才的集中爆发，在历史上只有摧毁西班牙无敌舰队之后的英格兰可以与之相比。

索福克勒斯

悲剧作家索福克勒斯是最纯正的古希腊人的代表，萨拉米斯战役获得胜利的那一年他只有十几岁，他英俊潇洒，聪明机智，是第一个在剧院里运用新希腊艺术的剧作家，是他引入了布景画。在这之前，哪怕是埃斯库罗斯，也一直局限于在表演区中央放一个祭坛，神像远离观众。索福克勒斯现在建起了一座背景建筑，观众面对的是一座宫殿或神庙的正面，中间有一道门穿过，两边的人可以停留在此。埃斯库罗斯的这一举动，使我们看到了，虽然《阿伽门农》的场景简单，但与初期的条件相比，已经是一个非常大的进步。索福克勒斯还把合唱队从十二人增加到了十五人，确保了声音足够大，和动作和姿势的多样化。从那以后，我们发现，演员的重要性越来越显著，索福克勒斯把演员增加到了三个。

欧里庇得斯

不管是说戏剧创作的资源还是他处理的道德问题，在欧里庇得斯身上，我们看到了勇敢的创新者，但是，他却无法彻底摆脱传统。有个奇怪的现象，这一时期最后一部戏剧《酒神的伴侣》（*The Bacchae*）又回到了最初悲剧的主题：狄奥尼索斯打败了那些迫害他的人。然而欧里庇得斯的表现手法使得他的一些设计受到了严厉的谴责。他的人物形象不再是神，情节发展中的推动力也不再是神的力量。他们是普通的人，经常被卑贱而琐碎的劳动所驱使，令人怜悯。在亚里士多德眼中，他是最具有悲剧性的人物，他的戏剧最容易打动人心，由于他的角色都是普通人。悲剧的效果——怜悯或恐惧——越来越真实，受难者和观众也同样都是凡人。在情节上，他的技巧无法与索福克勒斯的作品相比，有时候他希望能有出乎意料的机遇，解开他自己所系的复杂结扣。但是，即使是神的出现，就如同在《希波吕托斯》（*Hippolytus*）的结尾中那样，也由于其壮观的效果而显得合乎情理。

伊丽莎白时期的戏剧

威廉·艾伦·尼尔森[1]

当欧洲那场被称作“文艺复兴”的伟大运动到达英格兰时，戏剧对其进行了最充分、最持久的表达。一连串事件发生使得这一艺术和思想的推动力在一个重要时期影响了英格兰人民。那个时候，这个民族正在经历一次急剧的扩张，民族精神高涨，语言和诗歌达到了发展的顶峰，使得这个国家取得了有史以来最为鼎盛的文学成就。

莎士比亚之前的戏剧

纵观中世纪，如同其他欧洲国家一样，大多英国戏剧也具有宗教性和说教性。戏剧主要采用宗教剧的形式，表现为简单的对话故事，源自《圣经》和圣徒传；还有道德剧的形式，通过讽喻和抽象的拟人化的方式，传授指导生活的训诫。这两种手段有极大的局限性，没有用广阔而多样的笔触来描写

① 威廉·艾伦·尼尔森（1869—1946），作家、学者和教育家，先后于1900—1904年和1906—1917年间在哈佛大学任教，1917—1939年担任史密斯学院的校长。主要作品有《诗歌的要素》（*Essentials of Poetry*，1911）、《关于莎士比亚的事实》（*The Facts About Shakespeare*，1913）和《英国文学史》（*A History of English Literature*，1921）等。

人类生活和人性。随着学术的复兴，开始学习模仿古代经典戏剧，在一些国家，这被认为是未来流行的戏剧类型的主要因素。然而在英格兰，虽然我们能够追踪到塞涅卡和普劳图斯的典范之作在悲剧和喜剧中所产生的效果，然而伊丽莎白时期戏剧还是具备本土性的特征，集中反映了当时英国人的兴趣爱好和精神面貌。

历史剧

在众多形式的戏剧中，所谓的历史剧最先达到顶峰。这一戏剧的代表是马洛里的《爱德华二世》(*Edward II*)，后来莎士比亚创作了十部相同类型的作品。这些戏剧反映了伊丽莎白时期的人对本国英雄的历史的热爱。在这类戏剧尚未流行时，舞台上上演的几乎都是前三百年整个英国的历史。作为一种戏剧艺术的形式，历史剧有许多不足和局限。并不是所有历史事实都适合用戏剧来表现，尝试把历史与戏剧融合常常会让两者都受到伤害。但令人惊奇的是，剧作家往往利用这种研究人物的机会，例如马洛里悲剧中的国王，像莎士比亚的《理查三世》(*Richard III*) 中的那种真实的戏剧结构或者像《亨利五世》(*Henry V*) 中表现的精美语言和民族精神。不应该把这些戏剧与现代戏剧的现实主义作比较，以此对它们进行评价。剧作家想尽办法给演员优美的词句，而不是故意模仿现实对话的举止仪态。而且，假如故事讲得饶有趣味并有吸引力，就不必再寻求幻想。假如说这可能会有所损失，那它同时也有可能造就精美的诗歌。

伊丽莎白时期的悲剧

悲剧的早期发展与历史剧密切相关，然而在寻找主题的过程中，剧作家们很快就放弃了事实，人们为呈现悲剧主题而搜遍了虚构叙事的整个领域。

虽然塞涅卡的戏剧在某种程度上诠释了某些特征的流行，比如鬼魂和复仇动机，然而莎士比亚从马洛里和基德这些人的尝试中发展起来的悲剧形式，真正是一种完全不同的、新的形式。比如抛弃了时间和地点的统一性，悲剧与喜剧完全分离等等的古典束缚，产生了一系列戏剧。虽然总是缺乏制约，缺少统一的风格，但展现出一系列被痛苦和罪孽所影响的人类生活的情景，从其丰富性、多样性和想象力的角度来看，堪称史无前例。

莎士比亚是最优秀的悲剧大师，在悲剧领域他达到了顶峰。他最杰出的作品有《哈姆雷特》《李尔王》和《麦克白》，它们代表了英国天才最高贵的巅峰。其中，《哈姆雷特》也许是它所产生的那个时代最受欢迎的戏剧，它所引发的兴趣和讨论，可能是其他时代或其他国家都没有过的。

这在某种程度上要归功于其中的独具魅力的诗歌、跌宕起伏的情节，以及栩栩如生的人物形象。作者非常巧妙地把个性与一般的典型特征结合了起来，让全世界各个种族的人们为之倾倒。但更大程度上还是要取决于主人公的塑造，其人物的性格和复杂的动机，成为给我们探索奥秘的能力挑战。《李尔王》的魅力，更多的并非激发人们的好奇心，而是它那种以非常强烈的痛苦展示给我们战栗敬畏的力量，这种痛苦或许是人类的愚蠢和邪恶所致，是人性应该承受的。虽然其动机错综复杂、繁枝末节较多，然而其对我们所产生的影响是非常强烈的。相较之下，《麦克白》是一部相对简单的戏，但你在任何其他地方都不能找到比它更精彩地对道德灾难的描写，这样的道德灾难降临在那个看到了光明、却选择了黑暗的人身上。

虽然是第一人，但决不仅仅是莎士比亚一人创作出伟大悲剧。和他同时代或稍晚的人有琼森、马斯顿、米德尔顿、马辛杰、福特等，他们全都创作出了非常优秀的戏剧。然而在悲剧性的强烈程度上，约翰·韦伯斯特（John Webster）的《马尔菲公爵夫人》是一个最好的范例，他使人产生恐惧和怜悯，尽管他的范围题材远逊于莎士比亚，但他遣词造句的能力无人能及，这些语句总是在激情迸发的瞬间，把一束灿烂的阳光投射进你的心灵深处。

伊丽莎白时期的喜剧

就喜剧的性质而言，我们不需要它深刻地挖掘人的动机，也别寄希望它能引起我们内心深处的同情，就如同我们在悲剧中所发现的那样。喜剧传统上的大团圆结局，使它不能像严肃戏剧那样忠实地呈现生活。但是，莎士比亚的喜剧并不肤浅，他在中期创作的那些作品，例如《皆大欢喜》（*As You Like It*）和《第十二夜》（*Twelfth Night*）不但以超凡的技巧展现了人性的诸多方面，而且还用无比轻快和优雅的手法，给我们展示了他塑造的那些极具魅力的人物，他们那些富有诗意的台词，透着幽默机智的光芒，把一系列使人快乐的场景呈现在我们面前。与之相比，《暴风雨》（*The Tempest*）更让我们认识到了初期戏剧的魅力，同时又洋溢了作者的成熟与智慧。

《炼金术士》是本·琼森的代表作，是莎士比亚从来没有涉及过的现实主义喜剧。它是对一千六百年前后伦敦流行的各种不同的骗术（炼金术，占星术等等）的真实讽刺。情节设计得严谨而巧妙，作者由此而声名大噪，它的趣味性主要是对于那个时代描绘。并且，它还穿插了一些十分优秀的诗歌，比如在伊壁鸠·马蒙爵士的演说中。德克的《鞋匠的假日》基调更轻快，让我们发现伦敦生活的另一面。琼森和德克为城市所做的事情，恰好也是马辛格在他最著名的戏剧《旧债新还》（*A New Way to Pay Old Debts*）中为乡村所做的事情。除了莎士比亚的作品之外这部戏是一直上演到现在的伊丽莎白时期的戏剧。如同琼森笔下的人物一样，马辛格的人物多数是典型人物的化身，与莎士比亚戏剧中的人物相比缺少个体存在。但是这部戏有激发情感的力量，也不失道德意义。博蒙特和弗莱彻的《菲拉斯特》（*Philaster*）如同《暴风雨》一样，也属于浪漫戏剧（因为其皆大欢喜的结局）。这类戏剧理应属于喜剧，然而也包含了几乎是悲剧格调的段落和插曲。在刻画人物上不像莎士比亚那样逼真，但个别场景所呈现的艺术效果让我们折服，在人物对话中穿插着极富魅力的诗句。

在世界史上，时代精神能像伊丽莎白时期的精神那样在戏剧中得到了恰如其分的表达是很少有的；很少有一种文学形式，我们可以如此完整地看到它的发展、成熟和衰落。然而，除了这些历史因素之外，我们之所以被莎士比亚及其同时代人的戏剧所吸引，还由于他们对人类的深刻认识和同情，由于他们所表现出来的痛苦和快乐、罪孽和尊贵的可能性，由于他们展示故事的艺术技巧给我们带来的愉悦，还有他们的剧本中的优美诗篇。

浮士德的传说

库诺·弗兰克①

浮士德传奇是许多匿名作者的通俗传说的集合体，多数来自于中世纪，在十六世纪下半叶和一个名叫浮士德的真实人物联系起来，这个人是一个伪科学骗子、耍把戏的巫师，他在十六世纪前四十年有一段声名狼藉的经历，在德意志的每个地区都可以发现。这些故事最早的一个版本是1587年的《浮士德书》（*Faust Book*），具有明显的神学内容。它把浮士德描写成一个罪人和败坏道德的无赖，把他的经历——与恶魔靡菲斯特订立契约和后来被罚入地狱作为一个例证，来证明人的贪婪本性，并作为一个警示，告诉人们要坚持基督教救赎的正统方式。

---

① 库诺·弗兰克（1855—1930），教育家和历史学家，1884年应邀到哈佛大学教授德语，1896年被哈佛任命为历史和德国文化教授兼日耳曼博物馆馆长。主要著作有《德国文学中的社会力量》（*Social Forces in German Literature*，1896）、《现代德国文化管窥》（*Climpses of Moderm German Culture*，1898）、《德国文学史》（*History of German Literature*，1901）和《德国精神》（*The German Spirit*，1916）等。

伊丽莎白时期的《浮士德博士》

根据1588年出版的英译本《浮士德书》，马洛创作了悲剧《浮士德博士》(Dr. Faustus，写于1589年，出版于1604年)。在马洛的戏剧中，浮士德被描写成一个典型的文艺复兴时期的一个冒险家，一个渴求巨额的财富、力量、享乐和世俗声名的超人，拥有很难被打动的铁石心肠。靡菲斯特是中世纪的魔鬼，冷酷而凶残，专门引诱别人，根本不懂人类的企盼。特洛伊的海伦是个女恶魔，是摧毁浮士德的终极杀手。浮士德的一生几乎没有什么伟大的成就。在靡菲斯特的帮助下，浮士德表演了很多魔术、戏法和奇迹，没有一样涉及深层的生活意义，大部分只是虚荣和消遣。契约的从始到终，几乎没有什么可以让浮士德的内心靠近天堂或地狱。然而剧中有个性坚毅的人物，有着跌宕起伏的紧张情节。在浮士德最后那令人恐惧的极度痛苦毁灭中，我们感受到了人类的悲怆和荒谬。

德国民间戏剧的传奇故事

十七世纪德国表现浮士德题材的民间戏剧和它的衍生品——木偶剧的代表作品是马洛的悲剧和1587年的《浮士德书》，虽然里面包含了一些原创情节，特别是开始的魔鬼会议。但是，潜在的情绪依旧是对人类的不计后果和穷奢极欲的愤恨。在有些戏剧里，通过大胆而不满的狂妄不羁的浮士德和那位跟他演对手戏的卡斯帕勒的诙谐、快乐而满足之间的鲜明对比，突出了野心勃勃的虚妄。

在最后一个场景中，当浮士德在悔恨和绝望中等待午夜钟声的敲响(那是他生命结束的钟声)时，守夜人卡斯帕勒在城里的大街小巷打更巡逻，吟唱着传统诗篇告诫人们要恪守规矩。

到十六、十七世纪，浮士德成了一个罪人和反叛者，违背生活的永恒法则，对抗神性。他摧毁了美好的自我，毁灭了自己。到十八世纪，他不再以这样的形象出现。因为十八世纪是浪漫主义和理性主义的时代；极力颂扬人的理性和情感；当时的口号是人的权利和尊严。浮士德被当成是张扬人性的代表，自由和真理的捍卫者。是人类为生命而奋斗的一个象征。

莱辛的版本

正是莱辛给浮士德传说带来这次转折。《浮士德》力求捍卫理性主义，然而很遗憾，它只包含少量零碎的概括。其中非常重要的片段是这部戏剧的序曲：一次魔鬼会议。撒旦正在听部下的报告，描述他们给上帝的国家造成的损害。第一个报告的魔鬼说他放了一把火，烧了一个虔信的穷人的棚屋；第二个魔鬼报告说他让一支高利贷者的舰队葬身大海。两个魔鬼都让撒旦觉得憎恶。他说："虔诚的穷人更穷，只会把他和上帝更牢固地联系在一起。而放高利贷的人，如果不让他们殒身大海，而是让他们至达航行的终点，他们就会在遥远的彼岸制造出新的罪恶。"

令撒旦满意的是第三个魔鬼的报告，他偷偷地亲吻了一个年轻而纯洁的女孩，因此把欲望之火带进了她的血液。由于他在意识里制造了罪恶，而且这罪恶不断，与在肉体里作恶相比，这对地狱来说是一次侥幸。然而撒旦给予赏赐的，是第四个魔鬼。他有一项计划，"从上帝那里夺走他的宠儿"。而浮士德就是上帝的宠儿，"一个孤独落寞、喜欢沉思的年轻人，除了对真理的激情之外，他放弃了一切感情，全身心地专注于真理，完全为了真理而活着"。从上帝那儿夺走他，是一次胜利，整个黑夜王国都会因之雀跃。撒旦沉迷于这个计划，与真理对抗正是他的本质。所以，必须摧毁浮士德，并且用他的理想摧毁他。"他不是渴望获得知识么？这可以使他毁灭！"他对真理的渴求会使他堕入黑暗。在欢呼声中，魔鬼们散去了，紧接着开始他们的引诱计划。就在这时，神的声音传来："你们不会得逞的。"

歌德的剧本大纲

必须承认的是，歌德关于浮士德起初的构想，也就是 1773—1774 年的《浮士德初稿》(*Urfaust*)，他在“狂飙突进运动”时期构思的浮士德从根本上说是个浪漫主义者。歌德是个梦想家，希望真的见到上帝，希望弄清楚自然的内在规律，醉心于宇宙的奥秘中。然而他也是一个放浪的个人主义者，鄙视人们普遍认同的道德，与格雷琴之间的关系除了导致悲剧性的结局外，很难看出还会什么其他的结果。只有歌德在十八世纪的九十年代末构思的《浮士德》——这个版本是他第二次构思——才打开了广阔的视野，看到了生活的高度。

这个时候，歌德完全不同于七十年代那个轻率的年轻人，他正处于创作的成熟期，创造的激情一触即发。他同时也是一个政治家和哲学家。在魏玛的宫廷里他目睹了家长式统治的范式，保守但带有自由主义倾向，热衷于高雅文化。在与冯·施泰因夫人亲密的精神交往中，他那如疾风骤雨般的感情有了一个可以停靠的港湾。在旅居意大利期间，他体验到了古典艺术的神奇。在研究斯宾诺莎和他自己的科学研究中，他更加坚信完全一元论的世界观和对普遍规律的信念，这一普遍规律使得恶本身成为善的一个组成部分。席勒的实例和他的自身经历，使他明白：无拘无束、率性而为的生活，必须与为人类的共同幸福而努力工作相结合。所有这些都在 1808 年完成的《浮士德》第一部中得到反映，并在第二部中得到最充分的表达，那是即将逝去的诗人留给人类的遗产。

坚持不懈地努力，勇往直前奋斗，生活领域从低层次到高层次，从肉体到精神，从享受到工作，从信念到实干，从自我到人类——这是歌德最后完成的那部《浮士德》所经历的心路历程。我们在这里看到的浮士德，是一个勇敢的理想主义者，他虔信上帝，遭到鄙视理性、讥讽唯物论的靡菲斯特的引诱。但我们从上帝的口中听到，诱惑者不会得逞。上帝允许魔鬼胡作非为，因为他明白，他会让魔鬼的计划失败。浮士德虽然会误入歧途——“人在奋斗中犯下的错误”，然而他决不会放弃他的理想。在经历了迷途之后，他会找到他的本质指导下的正确道路，他不会含垢忍辱。尽管在与靡菲斯特缔结契约时，他那根深蒂固的乐观主义依旧。浮士德与魔鬼打赌，不过是一时的失望之举，他不渴求从中得到什么，他坚信他一定会赢。他明白，肉体享乐不会使自己满足。如果醉心于自我满足，他就不可能有机会说：“请留步，你真棒！”从一开始，我们就能够感受到，通过履行契约所规定的款项，浮士德不会受到它的影响；通过激情和世俗经验的较量，他得到提升和壮大。

整个戏剧中的所有事件和所有人物，都成了构建这个宏大而复杂的人物的背景。瓦格纳和靡菲斯特，格里琴和海伦娜，荷蒙库鲁斯和欧福里翁，皇帝的宫廷和希腊过去的影子，中世纪神秘主义的幻想和现代工业主义的务实上进，十八世纪的开明专制和未来的理想民主——这一切，还有更多东西，都在浮士德的生命里，他大步前行，一个一个的经历，一项一项的任务，用行动来救赎，即使不断失去自己，又不断重新找回自我。晚年被“忧愁夫人”吹瞎了眼睛，但他体会到内心的光亮在闪烁。临终时，他遥望着远方。即便在天堂他也不断地向更新、更高、更美好方向攀登。正是这种永不松懈的奋斗精神，让歌德的《浮士德》成为现代人的经典。

随笔与批评

essays and criticism

随笔与批评总论

布利斯·佩里[①]

一切文学形式当中，最不拘一格的莫过于随笔，从其所涉及的主题来看，除了抒情诗之外，范围最宽泛的，还是随笔。但是有一个主题，能激发人类永远的兴趣，随笔作家永远钟情于它，总是能找到新东西可说。这就是“书”和“读书”的主题。在这一永远吸引人的主题的随笔当中，一直存在对文学判断的表达，这种判断所传达的，是种族和民族的信念，是在一代人或一个流派当中占主导地位的观念，或者是个人的喜好。这些判断，在适当的搜集和分类之后，成为文学批评史的资料。诚然，大多数划时代的批评文献事实上都是随笔，不论是从文学形式，还是从性情气质的角度来看。

随笔在文学评论中的地位

就批评学说的形成和不朽而论，随笔的重要性不言而喻，你只要打开文

① 布利斯·佩里（1860—1954），美国学者和编辑家，1907—1930 年执教于哈佛大学。主要著作有《沃尔特·惠特曼，其生平与作品》（*Walt Whitman，His Life and Work*，1906）、《美国精神》（*The American Mind*，1912）、《文学中的美国精神》（*American Spirit in Literature*，1920）和《诗歌研究》（*A Study of Poetry*，1920）等。

学批评史就会发现。从亚里士多德时代以来，论述艺术（包括文学）的专著不断涌现。就像我们所知道的那样，在十八世纪下半叶的德国，美学得到了发展，在形式上，它是康德及其他很多哲学家的哲学体系中非常重要的组成部分。然而这些论述涉及并分析了自然界和艺术作品中所存在的美，可阅读并研究它的主要还是思想家和学者，而非普通读者。而像歌德、席勒和伯克这样的一些天才人物，有能力以随笔形式来论述美学理论的哲学基础，并使得它们对一般读者而言也颇具吸引力和教育意义。然而通常情况下，论述艺术和历史的专著，只能吸引一定数量的读者。真正让一般读者凝神静听的论述，是一些有出色才华的人，在批评或捍卫某个文学原则的行动中，在给著作或戏剧撰写序言时，或者是在某篇对话、小册子或短文中提出一个有关美的新论点、一种诗歌或散文理论里偶然发表的意见。

什么是随笔

想要弄明白真实的批评的历史，你不得不研究随笔。它是一种不拘一格的高度个性化的文学形式：有时候和餐桌旁的长篇大论或亲密交谈相类似，有时候又是一封写给朋友的信。在此处，它是某个哲学理论的大段文章中一个闪光的片段；在彼处，它是一小段逆论、质疑或猜想的结晶。在这里，它是某场关于悲剧或喜剧的历史性大讨论的反响；在那里，它是某个新观念所带来的一场喧嚣。然后，过段时间，这一新观念就会随着各种学说的波浪而摇摆。它会受民族特性或历史期刊样式的影响而改变自己，就和别的文学类型一样，在一定条件下经历着变化和发展。它可能在一个时代盛行，而在另一个时代则震落，但是，就如同戏剧和抒情诗一样，随笔也具有长久存在的品质。

批评随笔

对文学批评感兴趣的读者不久就会发现，对于在不同的人或时代之间交流文学理论而言，随笔是一种非常便捷的途径。虽然“批评随笔”一般也符合“随笔”的易变规律，然而它常被用于特殊的目的。它面对的是评论意见的出现、再现和消失，它以一种非正式的但同样有效的方式，记录了欧洲对一些作品的评判。例如，查尔斯·兰姆的《论莎士比亚的悲剧》是这种类型“随笔”的一个非常好的例子，它是个性化的、即兴的。它以这样一句话开始：“那天，我正在修道院里散步，忽然被一个人装模作样的姿态所吸引，我不记得以前是否见过这个人，仔细端详之后，原来那是著名的加里克先生的全身像。”然后，兰姆用一种看似很质朴的手法，从演员的动作和技巧，自然引出一个深刻的问题：在舞台上能否充分表现哈姆雷特和李尔王的个性。这篇个性化的文章，以它的奇思妙想和别出心裁，一步一步深化，成为一篇很高水平的批评随笔，它明确阐述了英国人本身对英国最伟大诗人的态度。

相似的是，维克多·雨果为他的戏剧《克伦威尔》撰写的序言也是个性化随笔的最佳样本，这篇随笔为捍卫作者自身的文学观念而“大放议论”。然而这一信条后来正是年轻的法国浪漫主义者们的文学信条。他们汇聚在《克伦威尔》序言的周围，就如同士兵们在旗帜的周围集合一样，这篇文章成了一场批判古典主义新运动的具体化身，成为现代欧洲文学史上一份具有重要意义的文献。

随笔中的民族性格

我们上面提到的这两篇文章，从其品格来看是个性化的，但是，因为它们代表了一代人或一个流派所推崇的学说而意义倍增。你可以根据年代顺序，将它们作为民族观点的标志进行研究。这样你能够发现，在伊丽莎白时期，在十七世纪以后，英国的批评随笔反映了在英国人对欧洲批评理论接受的过程。虽然当代学者研究提供了素材，然而并非每一篇英国批评随笔都是以个人风格为特征，也不以特有的尖锐的批评为特征。诸多毫无特色的书评，例如许多关于作家、关于戏剧及一些当代艺术形式的风言风语，往往是极具价值的例证，由此可以发现英国人思维的本质。在某个特定的时期，一个热爱读书的平凡英国人怎样理解“悲剧的”、“喜剧的”、“英雄的”、“三一律”、“诙谐”、“品位”、“幽默”、“自然”这些词呢？历史学家在大量的随意表达中寻找答案，其中每一种表达都带有时代和种族的痕迹。英国人依据他自身所处的时代和环境，来界定欧洲批评所运用的术语和原则，英国民族的性格特征就在这样的文艺评论集中得到展现。

“随笔”产生的历史

如今，我们不管随笔与评论之间的关系如何，力求准确地搞明白“随笔”（essay）这个词的意思是什么。英文里这个词更古老的形式是“assay”，也就是实验或试验。它来源于晚期的拉丁文单词“exagjum”，意思是标准重量，或者说，是称重的动作。单词“examine”来源于同一个拉丁文词根。根据《世纪词典》（*Century Dictionary*）的界定，“essay”的意思包括：1. 试验、努力或尝试；2. 实验性的测试或检验；3. 对金属的化验或测试；在文学上，涉及一定主题的随笔，一般比专题论文要短，也没有规则，更不精致。塞缪尔·约翰逊博士就是他生活那个时代非常著名的随笔作家之一，他在自己的世界里认为“essay”是“头脑的一次轻松突围；不规则的杂乱文章；既不正规、亦无条理”。大概，正是约翰逊博士对这个含义颇多的单词进行的“突围”给了后来的作家扎布里斯基先生以启发，促使他得出了下面这个很有水平的界定：“严格来说，随笔就是一些收集起来的笔记，揭示了一个主题的某些方面，或表明了有关它的某些想法……它不是一次正式的突围，而是针对这一主题的一系列的突围、尝试或努力。”正是这个原因，扎布里斯基先生把随笔作家称为文学的短途旅行者，文学的垂钓者，是沉思者而非思想者。他指出，由于德国人不满足于只突袭一个主题，不满足于只是到此一游，所以，德国人的思维不适合随笔。他们总是要从始到终把一个主题研究明白，离开这个领域时它已经完全被征服了。

最早的现代随笔作家

现代随笔的第一人蒙田认为随笔在本质上属于自传。他直言，他写作“不是为了发现事物，而是为了裸露自我”。他说过，随笔理应是自发的，摆脱一切人为的束缚。它应该有推心置腹、主题多样、范围宽泛的谈话特点。“我对着纸在陈述，就如同对着我碰到的第一个人诉说一样。”培根勋爵的第一本随笔集在 1597 年出版，他比蒙田更注重条理。他把素材更紧密地集中在他的主题周围，用充实的语言去述说。他过于一丝不苟了，不可能运用蒙田那种稳重地、个性化的手法。他冷静地、仿佛是没有感情地讲述他精炼的处世哲学，并且喜欢颇有深意的开头和结尾。他说：“要写得如同论文一样，对作者而言需要时间，对读者而言需要有闲，这就是我之所以选择写一些简短笔记的原因，我把它们称之为随笔。这个词最近才有，然而这种表达方式早已经有了。盖因塞涅卡写给吕西留斯的《书简集》，如果你准确地界定其特点的话，仅仅是随笔而已——或者说，散漫的思考。”最终，就如同蒙田和培根呈现了文艺复兴晚期一样，阿迪生的随笔完整地概括了十八世纪早期，他在强调这一文学形式的非正式品格时一丝不苟：“一旦我选择了一个不可以用别的方式来处理的主题时，我就把我对这一主题的想法统统聚拢到一起，没有任何规则和秩序，这样一来，它们可能更多地呈现出一篇松散和自由的随笔，而非一篇规整的论文。”

早期的随笔

毋庸置疑，“此物古已有之”。和现代随笔有着相似的风格，还有它优雅、自由、灵活的讨论方法。在柏拉图的《对话录》中，在普鲁塔克的《名人传》中，在西塞罗、贺拉斯和小普林尼的书信里，在奥卢斯·格利乌斯的《阿提卡之夜》（*Attic Nights*）中，在埃皮克提图的谈话录中，在马可·奥勒留的《沉思录》中，都能发现。太阳底下都是一些稀松平常之事，一些希腊和罗马的绅士，完全可以和蒙田一样，写得轻松、坦率、独特，同时还充满疑虑的开明态度。虽然他们总是表现出现代随笔作家的精神，但他们还是不断地探索着适合的文学形式。蒙田的卓越成就，就是在对一系列，近百个已定主题的“突围”、“进攻”和“尝试”中下了一个赌注，并最终幸运地获得了成功——这样看来，他的创作就成为文学上所有小型的战斗树立了典范。假如没有他的示范，兰姆、爱默生和史蒂文森的那些随笔或许不会存在。

文艺复兴对随笔的影响

毋庸置疑，文艺复兴本身催生了蒙田的整个理论和实践。这次人类思维的“再生”，这次知识和生命的能量的重新焕发，关涉到看待世界的新视角。都会、帝国和封建制度显然在江河日下；新的民族，新的语言，都要仔细看待；新的大陆得以开拓；新的创造改变了平常生活的样子；新的智力自信、研究和批评，取代了中世纪对权威的顺从。现实世界正在发生变化，内在的世界同样也在变化。对于个人的能力、建议、经验和品位，都持普遍的好奇态度。整个“起伏不定、瞬息万变的”事物发展是随笔作者心境的直接反映。反之，从其松散、模糊不清的和宽泛的角度来看，随笔的形式非常适合于这一时期的精神。

书与随笔

文艺复兴时期的随笔，致力于随性地研究古典世界和中世纪世界的片断。像泰勒的《中世纪的古典遗产》（*The Classical Heritage of the Middle Ages*）和《中世纪的思维》（*The Mediaeval Mind*）、（*The Italian Renaissance in England*）、西德尼·李爵士的《法国文艺复兴在英格兰》（*The French Renaissance in England*）、斯平加恩的《文艺复兴时期的文学批评》（*The Literary Criticism in the Renaissance*）以及森茨伯里的《文学批评史》（*The History of Criticism*）诸如此类的一些现代著作，以丰富翔实素材，把文艺复兴时期的随笔作家对历史知识的深度与广度的掌握呈现在我们面前。卡克斯顿为古典和中世纪著作撰写的那些淳朴的《序跋集》（*Prologues and Epilogues*），菲利普·西德尼爵士那篇孔武有力的《诗辩》（*Defense of Poesy*），以及爱德蒙·斯宾塞那篇向沃尔特·罗利爵士说明《仙后》（*The Faerie Oueene*）写作目的的文章，都充分说明了典型的英国人对以前充满幻想的生活态度。格里高利·史密斯编缉的《伊丽莎白时期批评随笔集》（*Elizabethan Critical Essays*）提供了一份很全面的十六世纪英格兰从欧洲那里借鉴的批评观念。以后的三百年时间里，英国批评随笔的演变，主要是这些观念在智慧力量和不同的社会和文学环境的不断冲击下，延续、更新或变化的故事。

随笔对生活兴趣的表达

另一种随笔，起源于文艺复兴时期，是蒙田的最爱，它最主要的特征不是关于书，而是关于生活本身。新的文化，新奇的智性力量，即刻改变了有关人的责任和命运的公众理论。对于这些问题，蒙田并不会立即得出结论，他仅仅提出问题，提示某些可能的答案。极具思辨性的随笔，哲学和科学随笔，社会随笔，全都在一种觉醒了的兴趣中找到了它们的丰富素质。十六世纪，人们兴致盎然、津津有味地探讨他们能够看到的所有话题，这种热情和兴趣仍旧是令人难以忘记的随笔中非常重要的部分。一个人也许满腹悲伤、一脸严肃地开始撰写他的正式论文，然而，极具天赋的随笔作家，虽然他明确地知道，他对那片未征服区域的袭击一定只是一系列突围和撤退，然而他依然兴致满满地发动袭击。如同兰姆和史蒂文森一样，他们并非传教士，却在布道；如同赫胥黎和廷德尔一样，当他们描述某一事物的时候，他们只是计划告诉人们一点什么。这种对生活充满兴趣的天赋，是可以表达并有感染力的。

自传性的随笔

还有第三种随笔，根植于文艺复兴时期对个人主义的重视，并体现在蒙田、阿迪生、哈兹利特、德昆西、爱默生、梭罗和另外上百人的文字中。这就是自传性质的、“以自我为本位”的随笔——在这样的随笔中，几乎没有自我的高傲，只有不厌其烦地对自己的好奇，以及完全自愿地公开讨论这个问题。假如你喜欢那种喋喋不休的人，那这种随笔便是最令你快乐的了。然而它如同抒情诗（最具个性化的诗歌形式）一样，往往总是暴露太多。当在坦承己见和骄傲自大之间达到绝佳的平衡时，或者如同爱默生一样，当你完全娴雅而有自知的时候，表明自我内心的随笔就可以证明它的合理性。其实，有些批评家曾经说过，随笔的基本特征包括主观性和抒情性。所以，A. C. 布拉德利教授认为：“简短、质朴和单一的表述，强大的个性，主观的魅力，主题和处理的恰当范围、通过排斥所有躁动的心绪和狂热的激情而形成的秩序之美——这些都直接源于抒情成分的内在优势，而且，这些都是随笔常见的特征。”

也许，我们可以进一步说，上面提到的几种类型的随笔在文艺复兴时期全都表现出强烈的民族主义的色彩。法国的文学批评，在十六世纪就如同在十九世纪一样，十分法国化。英国的文学批评，在德莱顿和阿诺德那里，极其英国化；弥尔顿的短文和塞缪尔·约翰逊的《诗人传》(*Lives of the Poets*)中的道德说教，梭罗谈论“散步”的随笔和洛厄尔谈论“民主”的随笔中的个人自信，带有明显的英国味和美国味。在随笔中，就像在别的地方一样，出身会透露一切。

作为历史文献的随笔

其实，通过《哈佛经典》可以进行的最吸引人的研究之一，就是探究不同历史时期不同民族的性情气质。仅举十八世纪英国的随笔作家的例子，这里收录了一些被赋予了不同天资但经历都很丰富的人的经典语录，例如阿迪生和斯威夫特，斯蒂尔和笛福，西德尼和塞缪尔·约翰逊，休谟和伯克。然而，研究十八世纪的学者，不论他正在研读的是休谟或伯克的“品位”，是约翰逊表明他那部优秀词典的计划，是笛福为摆脱非国教徒的世界而设计的具有讽刺意味的方案，还是阿迪生在威斯敏斯特教堂那斯文而感慨的深思，他都会注意到，在不同的风格和个人思想的相比之下，存在着非常明显的种族、民族和时代的痕迹。所以，这些随笔是十分重要的历史文献。读着它们，你可以深入地理解马尔伯勒和沃尔浦尔的英格兰，皮特父子和四位乔治国王的英格兰。就像卡莱尔曾经说过的那样，任何一个世纪都是以往世纪的直系后裔，认真阅读十七、十八和十九世纪的英国随笔，是学习那一时期历史非凡教诲的最佳途径之一。

亚里士多德与批评随笔

尽管这些随笔的读者并没有专门学习过英国史，而且迄今为止，对一个思想流派的继承者关注很少，他也一定会发现，我们所说的“随笔”和更专业的“批评随笔”有一定的差异。“随笔”在一个圆周上绕圈子。它的轨道总是回到自身。你可以说，这样的随笔在蒙田那里已经完成了，从那之后，它就没有任何实质性的进展。我们只有一系列的随笔作家，完全根据蒙田的形式去做，当然其中不乏个性化的形式，使得批评随笔不断地进步。当理论的风向发生改变、思维的潮水在起伏变化的时候，它也必须依照风头改变航向，然而它一直在航行，只是随波逐流罢了。拿希腊人最为熟知的批评随笔、亚里士多德的《诗学》(*Poetics*)来说，它做出了这样的努力：力求建立美学批评的某些基本规范，比如史诗的规则和悲剧的性质。它分析了当时一些文学艺术作品的结构，检验了诗歌和戏剧在读者和观众的心中所产生的心理学影响，并制定了一些严密的规则来指导诗人。它与其说是一篇论文，不如说是一篇随笔，然而它绝不是蒙田（如果他是个希腊人的话）所写的那种随笔。它不是个人的、独立的、科学的。它的内容比较符合逻辑，它的洞察力比较敏锐，它是文学批评的典范。

亚里士多德的“规则”，虽然是建立在他所处的时代的人性和文学品格的基础上，然而赢得了文艺复兴时期人们的尊重，是当之无愧的。只是当人们尝试着机械而僵化地把它们应用于跟亚里士多德所熟悉的诗歌的时候，问题就来了。但是，正是在这种混乱和重新调整中，我们所说的“批评随笔”产生了。亚里士多德把“真理”作为他的追求目标。这样的真理，忠实于身体和心理的事实，忠实于美的规范（同时也是思维法则）。当文艺复兴时期的法国和英国新古典主义时代的批评家们面对新的事实、认真地试图调整亚里士多德的规则以适应塔索、莎士比亚和莫里哀等人的作品时，他们却把事情弄得很糟。他们尝试着同时坚持“古人的北极星”和“现代人当中法国戏剧的规则”，当代事实纷繁复杂自不必说了。这是一条非常难走的路线，批评随笔的历史虽然有多种多样的或勇敢或驾驶技术，然而，真理的灯塔一直就在那里，没有一个航海者成功地打败它，可是它对于批评随笔作家而言是足够的奖赏，只要他一直在不断地前进。

批评的传统与随笔

批评随笔的写作者注意到，他的航线，是他所承担的任务的性质决定的。单纯的随笔作家，就像我们之前看到的那样，可以绕弯子航行，从想象开始，也从想象结束。然而，把随笔作为批评手段来运用的人，则不得不使用航海图和罗盘，一定要从规定的起点出发，驶向一个确切的终点。假如他对前辈们的辛劳一无所知，不知道批评的目的与方法，他就不能从事批评。比如说，假如他在写有关诗歌理论的批评随笔，他就不希望停笔的时候问题仍旧没有解决。他渴望竭尽所能，对人类知识的这一分支做出自己的贡献。然而，对于这场古老的讨论，在他参与进来的时候到底已经走出了多远，如果他没有一个基本清晰的概念，他就不可能成功。当贺拉斯撰写那篇立意别致的诗体随笔，谈论诗人的技艺时，他没有模仿希腊理论家的规则。毕竟他在希腊上过大学，受过教育，当他写作的时候，那些老教授的魂灵就在一旁悄悄地看着他。许多年以后，当意大利人韦达和法国人波瓦洛开始撰写诗体随笔时，这位聪明的罗马人握住了他们手里的笔。西德尼和雷莱在创作他们雄浑有力的《诗辩》时，可能并没有明确地意识到，他们是在继续那场希腊人开始的、文艺复兴时期再次兴起的关于诗歌理论的讨论。但是，他们还是认同诗歌形式的信仰是文学批评过程中必要的环节。华兹华斯、柯勒律治和沃尔特·惠特曼的序言也是这样，他们都是理论和实践领域的革新者。

批评的类型

在各种努力当中，三个批评的趋势出现了。它们往往被称作“裁决性的”、“诠释性的”和“印象性的”。这些批评趋势之间的理论区别相当清晰。“裁决性”批评判断既定事实。它主要涉及规则和批评的“规范”，它的评价有可能是专制的。它不留情面地说（借杰弗里之口），华兹华斯的《远足》“不行”，他的《莱斯顿的白鹿》是“我们所见过的、印在四开本书里的最不好的诗歌”。它宣布（借丘顿·科林斯之口）：“对文学来说，批评就是法律和政府所要表达的意思。”另一方面，“诠释性”批评的目标，更多的并非评判一篇具体的作品，而是要解释它。它找寻并确立正确的文本；它澄清那些对于理解作品来说所依据的传记事实和历史事实；它发现而且揭示作品的意义和美；它指出文学作品的道德意义和社会意义。毋庸置疑，解释一部作品往往就是对它作出判断。因为，假如你论证了某部作品是下流的，那就是宣布这是一部下流之作的最好的方式。但是，“诠释性”或“欣赏性”批评家的关注点在于解释性的，他更倾向于让读者依据他所做的解释，得出自己最后的判断。他把重要的事实摆在陪审团面前，然后，他的任务就完成了。圣伯夫是这类批评的大师，就好像杰弗里是裁判型批评大师一样。最终，“印象性的”批评家不太强调标准。他把“普遍考量”和“大部分人的共识”留给他的竞争对手们。他关注是文本批评，对原则的考量使他觉得太过“科学”，在他眼中，搜集大量的传记和历史材料应该是历史学家的任务，而非批评家干的工作。他磊落地经营自己的“印象”，他的个人喜好和他的心理在伟大作品面前的经历。他把自己的感受和心境翻译出来，有很多是从作品的艺术中和大自然中获取的语言符号。他的竞争对手可能会认为他是一个喜好突发奇想的人，而不是一个有品位的人。然而他们无法反驳他，由于对于美的感受，每个人的反应是不同的，因此谁也不知道其他人的感受是怎样的。我们不得不相信他的话，除此之外，批评的语言总是有一种优美细腻的儒雅和清新，这使得其他的文学批评乍一看上去颇有冷漠、拘泥于形式的卖弄之感。

不同类型批评的融合

每一个人，只要读过现代批评大师的诸多作品，他都会注意到：所有这三种趋势经常以同一个名字、甚至在同一篇随笔中出现。一些著名的“印象派批评家”，比如兰姆、史蒂文森、勒梅特和阿纳托尔·法朗士，他们所运用的“标准”远比他们此刻主观上认可的多得多。他们很巧妙地运用批评的各种形式，是由于他们同样知道基本的原则。史蒂文森在他论述“风格”的随笔中使用过“科学的”批评，在他论述佩皮斯的随笔中曾用过“历史的”批评。杰弗里常常用圣伯夫的那种诠释方法来进行“民族性格”批评文章的撰写。科勒律治和爱默生，阿诺德和罗斯金，都是那么多才多艺的人，他们不可能把自己的文学随笔局限于某一种类型的批评。

就像我们之前努力证实的，实践中的折中主义，能够在随笔自身中找到其合理性。它是所有散文形式中最灵活多变、最具个性化的。但是，从它最初接触到批评理论的那时起，它就必须仔细考量种族历史上发展出来的不同的评判规范。之后它通常会变成“历史的”、“科学的”、“诠释的”、“裁决的”，就像我们之前说过的，它要依靠航海方向航行，而非由着个人喜好随意地绕弯子。就是在“随笔”与“批评随笔”的这一关系中，我们注意到了随笔写作的文学意义和社会意义。它在满足了个性需求的同时，也实现了社会功能。作为个体的读者，为了寻求愉快、刺激、抚慰而转向随笔作家。西塞罗、蒙田和梭罗会和他谈论友谊、书籍和行为，在随笔作家的身上，就像在抒情诗人身上一样，会找到了他自己的心情、品位和各种感受。在他们当中，就如同置身于艺术中，他深切地体会到了生活的丰满和幸福。至于整个社会，随笔作家建立了判断的标准。这些标准并不是个人的，具有稳定性。确实，文明在进步，随着世界各个种族在不同历史时期性情气质的变化，它们也会有所变化。然而不论对哪一代人而言，“标准”总是存在的。从起点到终点，构成了那一代人的审美活动和智力活动。扩大与缩小，研究人类，进而研究作为个体的人们，之后是一系列的常态化，接下来便是另一系列观念在生活中的具体应用——这就是文化的历史。虽然“随笔”时常维护所有精神的自由，然而“批评随笔”仍然以同样坚定的态度肯定并捍卫权威的主张。毋庸置疑，一代人认为，文学上的小型斗争必须站在自由的阵营上，但是下代人则觉得应该团结到维护规则的旗帜之下。至于我们这一代美国人需要的是通过阅读那些尊重文学标准、维护规则的随笔作家的作品而有所收获。

以随笔形态出现的诗歌理论

布利斯·佩里[①]

我们通过研究随笔的文学形式或品质已经发现，我们不可以奢求随笔作家写出长篇大论，他们所做的，多是对其主题的某些方面做出自由的暗示性探讨。完全彻底地探讨诗歌的一般主题，细致地阐述它的性质，它的美学和社会意义，还有它的技巧，那是一项完全不同的内容。然而，有几个诗人在不同时期透露过这种技艺的某些内幕，或者他们对这一技艺的欣赏。我们可以了解从伊丽莎白时代到维多利亚时代前后八位英美诗人的随笔，他们是：西德尼、德莱顿、华兹华斯、科勒律治、雪莱、爱伦·坡、惠特曼和阿诺德。这些人其中的四个，即德莱顿、科勒律治、爱伦·坡和阿诺德，是被公众认可的一般文学批评的高手；而西德尼、雪莱、华兹华斯和惠特曼对于他们自己的诗歌艺术，也做出了一些最有说服力、最有真实性的评价。

---

① 布利斯·佩里（1860—1954），美国学者和编辑家，1907—1930年执教于哈佛大学。主要著作有《沃尔特·惠特曼，其生平与作品》（*Walt Whitman，His Life and Work*，1906）、《美国精神》（*The American Mind*，1912）、《文学中的美国精神》（*The American Spirit in Literature*，1920）和《诗歌研究》（*A Study of Poetry*，1920）等。

菲利普·西德尼爵士

如同雪莱的同名作品一样，西德尼的《诗辩》也是为了回应一次抨击，然而诗人既不是非常愤怒，也不认为他的对手能给他造成伤害。雪莱的竞争者是他的朋友皮科克所写的幽默庸俗的随笔。西德尼则是间接地回应一位清教徒伙伴戈森，他的《荒诞派》（*The School of Abuse*，1579）抨击了古代诗歌与当代戏剧演出的道德局限。但是，西德尼“为可怜的诗歌所做的可怜辩护”，并非以一种狭隘的争论精神，而是用一种热情的语调撰写的。他除了用足够的常识来完成他的任务，还有对柏拉图和亚里士多德的诗学的认识和对意大利和法国人文主义批评家的精通。他对荷马和维吉尔，贺拉斯和奥维德也很了解，然而他并没有因为这个而贬低“珀西和道格拉斯的古老歌谣”。西德尼的高贵的音调和优美的措辞，就如同他的思想一样清醒。在一个接一个绵密的文字，他赞美诗人是导师和创造者，将诗歌与历史和哲学进行比较发现，如同亚里士多德在他之前所发现的一样，相比两者诗歌更加高贵。他探讨了不同类型的诗歌，考察了它们感动读者的能力。继而，在恰当地斥责了反对诗歌的流行之后，他如同一个真正的英国人一样，转向了本民族的诗歌，当时正值英国诗歌辉煌的时期，虽然西德尼没有预见到它的发展。比如，他斥责那种悲喜剧，“既不是合格的悲剧，也不是合格的喜剧”。如今这一观点被认为是不可取的，就如同西德尼的另一个想法一样：韵律对诗歌而言并不是不可或缺。但是每一个喜爱西德尼的人，都不可能以不同的观点跟他争辩。三百多年来，他的随笔有力验证了自己属于他所推崇的美的艺术，具有教益和愉悦的意义。

作为批评家的德莱顿

在西德尼英年早逝一百年以后，约翰·德莱顿成为英国的文学批评之王。他没有以王者自居：他“遥遵法度”。他充满了矛盾，反映了同时代不断变化的品位，在古典主义与浪漫主义之间折返，他总是随意地改变自己的观点，一直有可读性并保留着个性化，在最大程度上一直是“印象性的”，就好像克尔教授所说的那样，一直是“怀疑的、试验的、散漫的”。他初期的随笔《论戏剧诗》（*Of Dramatic Poesy*）洋溢着对莎士比亚和罗曼史的热情。后来，他变成教条主义者，主旨是“要让我所生活的时代快乐”同时论证这个时代广受欢迎的新古典主义品位是正确的。然而没过多长时间，他又转回到了“无与伦比的莎士比亚”，赞美朗吉努斯，不考虑押韵。接下来的那段时间，他变成了理性主义者，赞扬“较好的判断力”和“得体”。在他生命的晚期，他又对虚构文学投入热情；他翻译了尤维纳利斯和维吉尔，把乔叟现代化了；他“迷失在对维吉尔的赞美中”，虽然从他心底里他“更喜欢荷马”。就是在他作为批评家的最后时期，他写出了那篇著名的关于颂扬乔叟的作品，收录在《哈佛经典》中。这是随笔的巅峰之作。就像他在提到那位前辈诗人时惊叹的那样：“这里有上帝的赐予”。在乔叟那里，他找到了与自己志趣相投的朋友。的确，德莱顿并没有透彻理解乔叟的诗，要不然他绝不会知道它“不和谐”，但是他做出了尽可能多的补偿，因为他知道“乔叟的诗里有一种纯真的苏格兰情调的芳香，它是自然的、令人愉悦的，虽然不完美”。在他更早的《为英雄史诗辩护》（*Apology for Heroic Poetry*，1677）中，德莱顿极力颂扬“已故的《失乐园》的作者”，他认为弥尔顿的名篇是“我们这个时代和我们这个民族最高贵、最伟大、最卓越的诗篇之一”。

华兹华斯与科勒律治

简单来说，德莱顿最优秀的批评随笔使你必须同意他的断言：“诗人自己是最合适的批评家，虽然我并不赞同他是唯一的批评家。”华兹华斯和科勒律治的批评作品使我们坚信这个观点。就天赋来说，科勒律治是最优秀的文学批评家之一，他散漫而凌乱。然而，当这两个人把他们的最高水平集中在为浪漫主义的诗歌进行诠释和辩护时，他们就创作出了后来影响整个英国文学发展的文学批评。例如，科勒律治的讲稿《诗歌或艺术》（*Poesy or Art*）闪耀着深刻敏锐的光芒，展示出一个批评家的天资：艺术“是人性化自然的能量”，“激情本身就在仿效规律”，“美是外在的美与生命力的结合”，“为艺术作品选择的主题应该是真正可以在艺术的范围之内表现的主题”。华兹华斯为他具有划时代意义的初期诗歌撰写的“序言”可以和科勒律治在《文学传记》（*Biographia Literaria*）中的注释联系起来读，同时思考这两个年轻诗人在创作《抒情歌谣集》（*Lyrical Ballads*）时的分工合作。科勒律治计划把超自然事物处理得仿佛它们真实存在一样。华兹华斯希望在自然对象中发现有创新的内容，亦即日常生活中的浪漫传奇。这两种方法自然融为一体了。华兹华斯多次阐述他的构想，提出他使用了“中下层阶级当中所使用的语言”，就是一个诗歌用语的问题。继而，他又指出遵守于“我们天性的主要法则”的必要性，争论“兴奋状态下意识与联想”的美学问题。最终，他强调用语应该“选择人们正常使用的语言”。并且，诗人所处理的事件和情感应该有“一定的想象色彩”，从而对自己最初的看法作了修正。类似的文学批评，假如一同仔细研究华兹华斯在自己的理论修订之后，在其诗歌文本中表现出的文字变化，是最有收获的，也是最有吸引力的。

雪　莱

在雪莱的《诗辩》(1821) 中，一直能够看到科勒律治的影子。雪莱有着跟西德尼一样昂扬的斗志，弛马冲进了竞技场，为了打垮功利主义者的进攻，他与西德尼、德莱顿和阿诺德不同，对文学批评史并不很熟悉。他受柏拉图的影响很深，然而他是带着一种个性化的新观点来写作。对他而言，诗歌主要是表达想象力："它把人身上的神的圣灵从堕落中救赎出来"；"它记录的是心灵最美好、最幸福的瞬间"；"一首诗就是生命在永恒真理中的表达"；诗歌以"一种神性的、然而没有被理解的方式发挥作用，超越于意识之上"；"诗人参与了永恒、无限和唯一"。虽然研究诗歌理论的学者都知道，像这样一些话一般都是后科勒律治时代的，然而他们事实上是不受时代影响的，就如同雪莱本人的光辉精神一样。

埃德加·爱伦·坡

爱伦·坡的随笔《诗歌原理》(*The Poetic Principle*) 作于他短暂一生中的最后一年 (1849) 是一篇讲稿，表达了他的信念："真正有想象力的头脑一定是分析性的。"假如用在雪莱身上，这句话绝不能说是对的，然而它展现了爱伦·坡对他本身在逻辑分析上的卓越天赋和理想化。他是一个孜孜不倦地表达行业秘密的有技艺的人，虽然他的批评在质量上优劣俱在，不符合精确而高深的学术标准，然而他相当清晰地解释了某些重要规范。

在《诗歌原理》中，对科勒律治有些通俗化，在某种程度上属于"篡改"的某种混合物，他发现一个有名的概念："文字的诗歌就是有韵律地创造美。"就像爱伦·坡说的那样，诗歌通过提升精神而使人振奋。然而，根据心理学的原理，所有振奋都是短时间的，只有诗歌才是真正的。对这种不寻常的短暂动人的美而不经意的一瞥，就是“非凡之美的创造”，恰是诗人的挣扎，以及绝望。假如，爱伦·坡对诗歌的目的和方式所做的解释缺乏一般有效性的话，那么，对于欣赏他自己的那些韵律优美的抒情诗片段来说，这一诠释仍旧是一个关键。

惠特曼论美国和诗歌

如同爱伦·坡和科勒律治一样，在诗歌理论上，沃尔特·惠特曼也是颇具神秘主义和超验主义色彩的。与他们不同的是，在诗歌实践中，他是一个当之无愧的反叛者。《草叶集》（*Leaves of Grass*，1855）的序言不仅是一篇批评随笔，更是一篇宣言。它是大声呐喊的、激情澎湃的、时断时续的。后来它的有些段落就成了诗，表现出丰富的感情。美国当时这个时代给诗人提供了创作诗歌所需的主题。以往时代有其合适的诗歌表达，然而民主与科学的新世界现在要求类型丰富的诗人。所要求的资格十分明显：他一定要热爱大自然、热爱动物和人类，他是个能与宇宙万物融为一体的诗人，他的胸怀一定是宽广而能挣脱羁绊，他一定要感受到世间万物的神奇变化。诗人理应是新时代的祭司，是未来所有时代的祭司。在这篇序言中，惠特曼没有探讨他自己那种缺乏韵律的、狂想式的诗歌写作方式。然而这些诗歌，引起了两代人的注意力，并慢慢地获得了一致肯定，假如对这种诗歌的基础理论不了解，就无法理解这种诗歌。序言宣称：理论，假如每个字词都认真分析和推敲，就会使人疑惑，假如仅仅阅读而已，就会充分理解它的“主旨”。

马修·阿诺德

“我比不上沃尔特·惠特曼先生的力量和独创性”，马修·阿诺德在1866年写道，然而他确定下面这句警告作为补充：“在文学上，几乎没有人可以仅凭一己之力、不利用其他时代和民族已经取得的成就而支撑起整个行业。美国绝不能够以这种方式获得优秀的原创文学，它的知识分子一定同意在很大程度上加入到欧洲的运动中来。”阿诺德自己的随笔《诗歌研究》（*The Study of Poetry*）中提供了最有用的帮手，马上带我们进入了欧洲的这场运动中。这篇随笔是作为一本英语诗集的序言而创作的——“一条对世界诗歌的江河做出了巨大贡献的溪流。”阿诺德用他独特的方式，一直坚持认为一种感受最杰出的、真正优秀的事物的领悟力是必要性。他发现纯历史的和纯个人的评价中所犯的错误。他把大师们的诗句和表达方式作为标准，用来衡量诗歌的品质。他把亚里士多德的诗歌与历史对比所具有的“更高真理”和“更高严肃”所说的话为准绳，以此来检测英国诗人的“古典”问题和方法。

毋庸置疑，阿诺德那种乍一看踏实而熟练的方法中暗藏着一些陷阱，然而我们不需要对他的表现进行赞扬。他沉着而坚定地把我们带回到“欧洲的运动”，让我们始终坚持标准和法则。他还教导我们，生活和艺术有源源不断的资源。“诗歌的未来是无限的”，这是阿诺德随笔中的第一句，这也是一条已经被证实的绝对真理，每一个读者，只要他专心致志地理解诗人关于诗歌的见解，就会明确这一真理。许多年前沃尔特·白芝浩曾写道：“有一种很直白的观念，认为诗歌是一种深奥而满足说教的东西，稳妥而明智地提升了人间的事物，即便在现在，对于普通民众头脑来说，这一观念也几乎是未知的。……在我们的周围，某种诗歌的信念始终挣扎着想要挣脱束缚，然而它并没有挣脱。总会有一天，假如触及真实，整个混乱就会如同中了魔法一样马上停止，凌乱的、无形的概念会混合并结成一种明朗而真正的理论。”毋庸置疑，我们一直在等待那句终极真理。即便它被说出来了，那也非常有可能是从一个诗人口中说出的。

德国的美学批评

威廉·吉尔德·霍华德[①]

歌德曾说：艺术家要创造美的形式，然而不要单纯谈论美。毫无疑问，任何人不会通过研究“诗歌艺术”而成为诗人。语言是抽象的，但是艺术却是具体的；理解是渐进的，而情感是迅速的；理性能够使之信服，然而感觉不会被说服，品位不可改变。但是，我们明白，品位可以培养，理解不但能使品位变得高雅，还可以增加审美的愉悦。不论是艺术家，还是业余爱好者或哲学家，都应该不断提高这种理解力。

雕塑家或画家主要是通过造型和色彩来表达，当他把自己在技艺或理论上的研究成果交给他的“学校”来支配的时候，他就承担了老师的次要职能。有哲学思维的艺术爱好者钟情于思考美的构成，批评家大胆地解释规范，他的评价和分类就是建立在这样一些法则之上。诗歌可能是最古老的艺术，最早臣服于这种美学法则；然而，音乐、舞蹈、雕塑和绘画很快也被纳入了同样的法则之下，长久以来被看作诗歌的同胞姊妹。

---

① 威廉·吉尔德·霍华德（1868—1960），语言学家，1920—1927 年成为哈佛德语教授并担任德语系主任。主要著作有《拉奥孔》（*Laokoon* 1910）等。

美学批评的兴起

从十五—十六世纪学术复兴以来，连续不断的理论评述一直推动艺术实践的发展。文艺复兴时期的人，在他们面前不但有不计其数的希腊雕塑的典范，以及荷马和维吉尔的史诗，而且还有亚里士多德的《诗学》与贺拉斯的《诗艺》(*Art of Poetry*)，从古人的这些作品中能够看到人类成就的高度，以不同的方式试图用古代品位的规范来解决当代问题。于是，我们发现，在意大利，以及后来的法国、英国和德国，诸多阐述美学的作者仅仅是慢慢地把自己从一些古代的、被不假思索地认为是权威理论的束缚中解放出来。在亚里士多德那里，所有艺术都被看作是模仿的艺术——并非模仿真正的自然，而是模仿理想的自然，模仿美的自然，就像法国人所说的那样；而且，这一含糊不清、难以捉摸的观念往往没有留下任何富有启发性的界定。相同的是，依据西摩尼得斯的观点，画是无声的诗，诗是有声的画，而且一直重复贺拉斯那句被人误解的短语“如诗如画”。

之后的发展是，同化几种艺术，大多数评论不能透过现象深入本质。艺术家精确比例，并设计出技术过程的复杂规则。精于诗学的作者探讨语言词汇的修辞方法，然而在论述绘画和诗歌的专著中，三个“部分”——创意、结构和色彩——遵循了传统的划分。智慧和勤奋仿佛足够了，即便比不上古代的天才，但也可以沿着古人开辟的道路前进。但是，以他们现有的形式主义，大多批评家们坚信，艺术的宗旨就是要唤起情感，要给人教诲，而且还要让人感到快乐。现在，快乐是一种个人反应。我们或许会问，在一件艺术作品中，是什么让我们愉悦，或者问，有什么东西使我们能够感受到审美愉悦？现代理论所取得的进步超越了文艺复兴时期所达到的高度，这就是对第二个问题的回答。也就是说，我们的理论或研究是建立在心理学的基础之上的。

莱 辛

在莱辛的《拉奥孔》（*Laocoon*）中，作者在绘画与诗歌之间画出了一条非常明显的界线，看上去好像是用这两种艺术最客观的方面来衡量它们。并且更关注艺术表达的手段，而不是实质或目的。莱辛认为，假如绘画最适合表达静止的物体，而诗歌最适合表达动态行为。因此，要是走极端，力求在绘画中描述行动、在诗歌中表现静物，都是与绘画和诗歌的一般表达手法不符的。我们不应该忽视，莱辛为这一严格规范所设置的界线，也应该注意，这部计划中的专著，他只出版了其中的第一部分。他认为，绘画和诗歌的效果都是由于想象力。然而，他的本意是要通过艺术手法的差异建立确切的界线。他的《拉奥孔》是一部理性主义著作，它的基础是建立在对外部事实的认知和观察，并非是对内在反应的研究。

伯 克

在美学评论领域，莱辛的诸多前辈当中有两个人说并非哲学家，然而由于他们着眼于个人现象而倍受瞩目，而莱辛在这方面并没有研究很多。这两个前辈就是法国的杜博斯和英国的爱德蒙·伯克。杜博斯认为艺术的差别在于它们的表达方式，然而他根据它们对人的情绪的影响来比较和评判不同的艺术，这就为纯印象主义批评打下了基础。伯克不赞同这位法国人的观点，他也没有用任何方式来模仿杜博斯的著作。然而，他大体上赞同杜博斯对审美根源作用的观点，并且，就好像杜博斯在头脑需要得到刺激这一渴望中看到了艺术的动机一样，伯克在我们最强烈的两种感情——爱与恐惧——中找到了努力探究艺术的主旨：美与崇高。伯克并不随意被绘画所打动。他认为，这门艺术对我们的激情影响不大。然而他对诗歌很敏感，并认为它的影响不需要唤起可感知形象的力量，它可以凭借一种朦胧的崇高感引发激情，严格来说，它不是一种模仿的艺术。

鲍姆加登

虽然，得出结论的过程不同，然而伯克关于诗歌职能的结论，从他的消极的方面来看，跟莱辛有同样的看法：语言不适合以详细的叙述来生动地表现对象。美学研究，作为哲学的分支来说，伯克的《关于崇高与美的观念之起源的哲学探讨》（*A Philosophical Inquiry into the Originof Our Ideas of the Sublime and Beautiful*）是一部优秀的著作。但是，这一学科真正的创立者是亚历山大·戈特利布·鲍姆加登，他是一位德国哲学家，与伯克处于同一时代，是他创造了美学研究这个学术名词。

鲍姆加登坚持莱布尼茨和沃尔夫的一元论体系，是个思维清晰的思想者和诗歌热爱者，然而并非造型艺术的鉴赏家，他开始填补前辈们在感觉的逻辑中所留下的缺陷。他关于美的理论是通俗的，他把美界定为感官认知的，然而却坚信这样一句格言："如画，如诗"。在他的理论中，他把诗歌看作典型艺术，并没有走多远，如同伯克一样，认为它比绘画的层次要高。他认为诗歌是完美的、激发人们美好的言说。弥尔顿认为诗歌比散文更简单，更能激发美感，更富有激情。并且，对于诗歌定义的那种完美，是客体与精神层面之间的一种融洽的关系，思维能够感受到它，特别是，感官使我们能意识到它，对它的清晰留下深刻的印象。所以，一首诗之所以是一首诗，并不是由于任何"模仿"的精确性，而是因为其崇高的观念；不是因为其形式的优雅，而是因为具有很强的感染力，这种感染力通过人与环境的交融做出直接的反应；换句话说，是能够直观地感知到的真实。

席　勒

鲍姆加登的学说被莱辛的朋友门德尔松所认同，它为《拉奥孔》提供了一些基本假设，而且一直坚持到了康德和席勒的时代。作为分析家和理性主义者的康德，习惯于把理性、感觉和道德三者分开，认为这三者是主观判断。然而他的弟子席勒，虽然钟情于道德，但努力为美的理论寻找一个客观的理由，使美学成为科学与伦理学之间的过渡者，让美得到理性的头脑、心灵和意志的认可。与莱辛一样，席勒假设美学教育是这样一个过程：使人摆脱思想的束缚，引导他通过对文化的认知，达到完美的自然状态，在这种状态下，就如同在古希腊人当中，真与善理应披上美的外衣。文明是通过即劳动分工达到的，它于社会而言是一种收益，然而个人生活的和谐发展可能会有一些损失。美需要平衡。即便在现实世界中这种平衡不能够实现。在这种状态下，人可以自由地追求美的形象，并给予一切知识财富和善——并非为了不可公开的目的，而是为了服从一种本能的冲动。所以，诗人是唯一的和谐完美的现代代表，以他需要的智慧、感觉和道德来帮助理想实现。

批评的写作

欧内斯特·伯恩鲍姆[1]

在前面还没有探讨的批评随笔当中，非常重要的是雨果、圣伯夫、勒南、泰纳和马志尼的文章。这不但由于它们涵盖了有关文学的重要学说，更主要是它们自身就是文学作品。它们既让我们收获颇丰，也给我们带来乐趣。是它们的艺术构成，跟报刊书评和学术研究区别开来。那么，它们的艺术效果是怎样产生的呢？

占主导地位的观念

圣伯夫引用了一部作品的标题说明了文学批评不应该是什么，如下："米歇尔·德·蒙田，一组还没有被编辑的、很少有人知道的事实收集，关于《随笔集》的作者，他的这本书及其作品，涉及他的家庭、他的朋友、他的崇拜者和诋毁者"。圣伯夫、泰纳及其他学者从来没有为我们呈现过一本"收

---

① 欧内斯特·伯恩鲍姆（1879—1958），1907—1916 年在哈佛大学教授英国文学。主要作品有《敏感的戏剧》（*The Drama of Sensibility*，1915）、《18 世纪的英国诗人》（*English Poets of the Eighteenth Century*，1918）和《美国历史上朝圣者的地方》（*The Place of the Pilgrims in American History*，1921）等。

集”。他们把自己掌握的诸多事实整理成一套系统，用明确的思想来统领它们，不论这一思想多么复杂，都是条理清晰的。我们大多数人在熟读一位作者的作品之后，产生一大堆混乱的印象。然而，在一个真正的文学批评家的思想里，混乱会变得有序。勒南在他的《凯尔特人的诗歌》（*Poetry of the Celtic Races*）中，“让那些消失的种族重新发出声音”，让我们听到的不是不一致的议论，而是通俗易懂的、统一的民族诉说——悲伤、温柔而富于想象力。雨果在他的《〈克伦威尔〉序》中，探讨了非常复杂的浪漫主义运动，从中发现了荒诞与崇高的和谐统一。圣伯夫以简洁的界定，对“经典是什么”这个抽象的问题进行了回答：一部凭借美和个性化的特征昭示出永恒的真理或情感的作品。马志尼把拜伦刻画成主观个人主义者，而歌德是客观个人主义者。《英国文学史》（*History of English Literature*）的序言中，泰纳用“种族、环境和时代”这几把钥匙，解开了文学发展这个谜团。我们姑且不追究这些学说的真实性。对我们而言，能够用一句话来概括这些长篇随笔中的每一篇，这是最重要的。因为在每篇随笔中，都有一个坚定有力的思想统领并表达着一个观念。

当一个批评家构建其随笔的主要观念时，他仍旧处在模糊不清地表达这一观念的艰难中。他得到越丰富的信息，他也就面临更大的诱惑，而使他表达那些跟他的主导思想不一致的事实。然而，优秀的批评随笔作家往往可以抵挡这样的诱惑，让一切细节服务于整体设计。雨果在构思世界文学的发展框架时，只是选择了那些表现不同时期浪漫主义的部分。圣伯夫和马志尼在对蒙田和拜伦的生平进行文学处理时，只选择了那些可以证明作者观念的事件。

有秩序的组织安排

在组织材料上，同样能够发现有意识的艺术。在泰纳和勒南的随笔中，每一段都是下一个段落不可或缺的基础。勒南在描述了凯尔特人与外界隔绝的生活状态之后，才水到渠成地勾勒出了民族的性格特征，从这里，我们可以毫不费力地在智力上追踪凯尔特文学的各个不同的部分。甚至，泰纳的方法更具逻辑性。他告诉我们，要理解文学的发展，首先必须了解“看得见的人”，继而才是认识“看不见的人”，然后才是决定其性格的种族、环境和时代。最后是这些内容用何种方法安排它们的结果。就这样，我们穿越未知领域前行，既没有从一点跳向另一点，也没有原路返回，我们的向导引导着我们沿着他的路径一步步向前行进。

论　证

始终不变的、清晰论述的观念是每一篇批评随笔的基础，但是，如同所有抽象的概念一样，假如没有持继而生动地举例说明，这些观念看上去就是枯燥乏味的，或是很难理解的。符合逻辑的事物一定要在生动活泼的环境中开花。这一点，就连优秀的批评家有时也忽略，马志尼的作品中有一两个部分，假如更丰富地引用歌德的作品加以论证的话，就会令人更加信服；雨果的作品中，只有几页内容让我们有些扫兴，就是他阐述浪漫主义诗歌的特征但没有给出论证的那些部分。然而这样的失误非常少见。在这些人当中，泰纳是最有智慧、最少情绪化的一个。他恪守给理论的骨架填充血肉这一规则。为了表现他所说的“看得见的人”是什么意思，泰纳清晰地描绘了一个现代诗人、一个十七世纪的戏剧家、一个希腊公民和一首印度史诗。勒南为了表现凯尔特人热爱动物和自然，引用了库尔威奇和奥尔温的故事；为了说清楚凯尔特人的基督教，他描述了圣布兰丹的传说。圣伯夫简练地表达了他对古典主义的界定，而这篇文章其余篇幅给了具体的作者。

这些学者都有合适的天赋。圣伯夫引用了蒙田的“我赞赏一种流动、孤单而寂静的生活”，马志尼引用了歌德的“我允许客体安安静静地对我发挥作用”，以作者自己的话，证实和阐明批评者希望传达的内容。雨果那篇随笔的结尾非常出色，主要是因为他恰当引用和表达了亚里士多德和布瓦洛的观点，这些引用仿佛要说服那些伟大的古典主义者，支持雨果的浪漫主义。

论证不单是来源于文学作品。泰纳始终认为文学作品可以用来改变民族性格，使之变得优美雅致，就像物理学家的灵敏工具。雨果的比喻非常频繁而精致。他写道："如果用隐喻来阐释我们大胆提出的那些观念的话，我们会把初期的抒情诗歌比作一个平静的湖泊，它映照着天上的云朵和闪烁的星星；史诗是从湖泊中淌出的一条溪流，奔涌向前，映衬着两旁的堤岸、森林、田野和城市，一直汇入戏剧的海洋。如同湖泊一样，戏剧映照映着天空；如同河流一样，映衬着两岸的景色；然而唯有它有暴风雨般不可估量的深度。"他笔下的诗人"是一棵树，能够被四面八方的风所吹动，被每一滴露水所滋润，枝头上结满了他的创作的果实，如同古老寓言家的枝头结满了寓言一样。为什么要让自我去依附一个主人呢？或者说，为什么要把一个人移植到一个模式里呢？即使是做一棵荆棘，被养育在与雪松和棕榈的同一片大地里，也要高贵树木上的真菌或苔藓好"。马志尼把那些在暴风雨中勇敢翱翔的阿尔卑斯猎鹰和那些在激烈冲突的环境中依然安静的鹳进行对比，从而以此比较拜伦和歌德。一开始勒南便向我们描述了布列塔尼风景的典型画面，阐述了他对凯尔文学的看法，他坚定地构建出了轮廓、幻想和想象，再用生动明亮的色彩来描绘它。

观点的比较与冲突

一篇借助上述方式进行清晰表达的随笔，读起来心旷神怡，然而依旧缺少力量。为了使他能给予一个作者或一篇作品的观点以力量，技艺精湛的批评家常常运用比较来表现其对象的特征。马志尼那篇随笔的闪光点，主要源于它对拜伦和歌德所做的清晰比较。勒南着力突出法国人的《罗兰之歌》与凯尔特人的《佩雷德》之间的差异，以及优雅的伊索尔特与"斯堪的纳维亚的复仇女神谷德伦和克里姆希尔德"之间的不同，进而努力使人们认同他的关于凯尔特文学个性的学说。雨果通过对古人简单质朴的描述，从而使我们进一步确信现代生活的复杂品格。

假如一个批评家不恪守这一原则，我们或许会这样评论他的文章："的确，这些观点明确而使人舒畅，然而它们有何重要性呢?"优秀的批评家不会让我们冷静地无动于衷，有时候他们是一些好战的批评者。就连儒雅的圣伯夫也谴责那些"蒙田信徒"，他认为，这些人并没有领会蒙田的精神。泰纳认为十八世纪的方法并不完善，从而使我们看到了他的方法是新颖和重要的。马志尼责备了拜伦的敌人和误解他的人。雨果特别彰显了一个人的观点与其他人的观点之间的矛盾所产生的刺激性的价值。他把自己的随笔称为"应付古典巨人的投石器与石头"，他使自己的竞争者说出驳斥他的论点，从而给他的作品赋予了戏剧性的斗争精神。所以在那些清晰的基础上赋予了活力的批评随笔，常常给我们的头脑以警醒，使我们振奋。当我们发现它们是如何运用技巧把逻辑、想象和情感交融在一起的时候，我们就可以认识到，把所谓的批评与所谓的创造性文学作品区别开来的做法多么浅薄。伟大的批评的确是创造性的，那么写作就是一门独特的技艺。

航行与探险

sailing and adventure

简　介

R·B. 狄克逊

为了欣赏，为了体验，

为了看这广袤的大千世界。

大约从远古时代开始，这两句诗中所蕴含的精神就已经成为人类历史中有益的元素，猴子和猩猩具有极发达的好奇心，有人因此推测在人类出现之前，我们的祖先就去探索外面的世界，虽然如此，在人类的脚步踏遍地球之前，人类一定是已经有意识地进行了探险和旅行。随着人口的增加，食物开始供不应求，能够找到食物的地方越来越少，人类便意识到应该开拓土地和进行人口迁移，于是便去探索周围能够生存并有吸引力的地方，寻找条件好的地方迁徙。这并不是迫于战争或征服的迁徙。人类早期的迁移还是以自发为主；所以这些原始的侦查员和探险家是最早探险的倡导者，探险史也和人类历史一样古老。

史前的探险

人类真正意义的探险是发生在史前，因为早期的探险者对所探寻的地方一无所知，从未见到人类的足迹。当人类已经遍布大半个地球时，并不意味着探险的终结。寻找食物和渔猎的地方，在农业社会到来以后继续进行寻找适合生存的土壤的探索，无疑是一代一代传承下去。在人类文明发展的漫长历史中，随着人口的不断增加，不同的人群会对同一个地方进行一遍一遍地探索，可是这些大量的探险者却只留下很少的清晰的痕迹，在人类有记载的历史开始以后才有探险的记录。

虽然我们没有关于史前这些探险的记载，但是对当今世界原始部落的观察，我们可以大致了解史前探险家的特点。现在和过去一样，总有些不愿意活动待在家里的人，在狭小的世界里心满意足过完一生。他们所待的地方不过方圆几十里，征服和做生意的欲望都不能让他们走出那狭小的世界。但是现在与过去一样，也还是有一些具有强烈的探险精神的人，他们在家里会坐立不安，生来就有出去寻找食物、征服别人和做商贸的欲望；在这样一个部落，如因钮特部落，一个人所到的地方可能会有1000英里。不过总体来说，这样大范围的探险在原始部落里还是比较少见的。古老的波利尼西亚人为了寻找新大陆，他们乘着小舟南下，飘过充满阳光的海洋，最后到达满是大雾和薄冰的南极洲，他们的勇敢和航海技术就非常值得人们称赞。

征服的欲望

有史以来另一种支配人类力量的是战争和征服，探险家并不以增加财富为目的，而只是为了丰富的经历，他们需要来去自由，并不在乎世界归谁所有。而征服者需要占有，占有和复仇的欲望使野蛮人和文明人向遥远的异地进军。易洛魁人因为痛恨苏人，便成群结队或个人从哈得逊河向西1000里去密西西比攻打他们，匈奴王和其他部落的首领带领上万人从远东进军中世纪的欧洲。亚历山大征服了大半个古老的世界，科尔特斯人和皮泽洛人则征服了大半个新世界。征服者在不同时期的战争中或多或少成为探险家。对征服者来说，吸引他们的是一个国家的财富而不是美丽的风景。即便是他们对这个国家的人民感兴趣，也仅仅是为了欺压他们。

宗教的力量

驱使人们奔走他乡的另一个动机是宗教，受此影响，人类有了朝拜者和传教士，有些甚至成了历史上的伟大探险家。对所信奉的宗教圣地的向往，使朝拜者不辞辛苦长途跋涉，为了那个遥远的圣地，他们不惜孤身一人或成群结队走过千万里路程；他们憧憬着到达圣地的情景，无心欣赏一路的风景，只踏着一代一代朝圣者的足迹，像羊群一样跟随着彼此的脚步，走在蜿蜒曲折、充满艰辛的漫长的道路上，这也成为一种习性，一种传统，世世代代传承，成千上万的朝圣者一直艰难地跋涉着；从古代的中国和亚洲其他地方前往印度生物圣地，从欧洲的腹地前往中世纪的耶路撒冷；从伊斯兰世界的各个角落前往现在的麦加；他们寻觅的是对灵魂的救赎，所得到的是精神的奖赏；我们应该理解他们为什么一路对世界风光不感兴趣。

朝圣从某种意义上说是向心的，是吸引着朝圣者从已知的路线奔向那个中心的信仰，而传教士的传教是“离心”的，驱使传教士沿着从未走过的路去探寻未知的世界是中心的信仰，所以，传教士与朝圣者相比，更可以称为探险家。这些传教士带着信仰走过千山万水，激励他们的是火一样的热情，他们对未来不知道应有什么期待，因为他们每前进一步展现在眼前的都是一个新的世界。

商业的动机

宗教和征服的欲望虽然是驱使人们探险的重要力量，但是比此范围更大而且更具有广泛性力量的却是贸易和商业。从以前寻找外来产品和商品，到现在为国内产品出口寻找新的市场，人类的足迹遍布了天涯海角。十三世纪重大的探险、远征，还有十八世纪末科学探险的萌芽，都是商业的驱使。对探险的商人来说，了解一个国家及其产品，这个国家的百姓及他们的需求，远比对传教士重要。运输商品的快捷而安全的通道，新原料的来源和新市场的开辟，是商人成功的条件。了解当地人的性情和风俗习惯对商人至关重要。一条新的、更便捷的通道会让他在竞争中占有优势；开辟到达东印度群岛的新路径使人类迎来了探险史上最辉煌的半个世纪。在这一历史阶段，进入文明世界的欧洲所了解的世界比以往增加好几倍。

科学的激励

进入十八世纪末期，对科学单纯的好奇成为旅行的一个重要动机，但在更早一些时候，对科学的好奇已经成为一些人的重要驱动力。为了寻求知识，渴望对已知世界的拓展，哪怕只有一点点；因此说这不仅是现代人才有的品质，在这成为一个重要因素之前的一个半世纪里，对科学兴趣的拓展已经成为必然的发展趋势。对科学的爱好和科学探险互相促进，对科学的探险大大增加了人类的知识量，这些都为现代科学结构的建立奠定了基础。人类探索未知世界并追求理想，曾经是为了宗教，现在则是为了科学。

自从有了人类，探险就产生了，由于动机不同，从古至今探险者也各具特色。这些探险者他们留下了大量的资料文献，激起了后人无穷的乐趣。在收集事实和扩展新的知识外，这些文献还栩栩如生地记录了探险者的性格，面对困难的勇气和克服障碍的决心，还有他们屡次表现出来的最真实和高尚的英雄主义及自我牺牲的精神。可是，在这些探险者中，早期留下的记录和后期探险者相比非常少。从历史的角度来看，这些记录可以分为比较分明的几个部分或时期，所不同的不仅在于所发生的年代，更在于动机不同。

有记录的探险初级阶段

希罗多德十五世纪的旅行是有记录以来的第一个也是最早的阶段，他在埃及、巴比伦和波斯的游历留下了最早的对这些国家的准确记录，他也成为最早的科学探险家。他行走的路径广泛，而且认真收集了所到国家的实际情况和历史信息，就是一个准确而刻苦的观察家。同一时期，迦太基人安诺沿着非洲西海岸远到波斯湾的勇敢探险，是为了这个伟大的商业民族的商业不断发展壮大；他说明即使在早期，贸易就已经是驱使人们探险的最重要的动机之一了。有趣的是，人类在这些早期的探险中第一次发现了猩猩，并把它们当成全身长满毛发、凶猛强悍的人，安诺还抓获了几只猩猩，想把活着的它们带回迦太基，可是因为猩猩凶猛，只能把它们杀了，只带了猩猩的皮回去。大约一世纪以后，亚历山大扬帆远航，他是为了满足征服的欲望，当然也有探险的意图。他不仅带回了最早的关于印度的准确记录，还验证了从海上可以通行到印度。随着罗马帝国的崛起，这个早期探险阶段告了一段落。从那时起到四世纪或者五世纪，探险活动终止了。地中海世界的关注点也转移到了征服已知的世界，而不是扩展这个已知世界的边界。

第二个阶段——朝圣者和传教士

四世纪是探险第二个阶段的开始，而其延续了七八百年，这段时期探险的主要特征是以宗教为动力，因为探险者主要是朝圣者和传教士，还有在这个阶段末期以宗教为口号、从撒拉逊人夺回耶路撒冷的十字军战士。前面已经说过，朝圣者虽然是旅行者，但不是探险者，他们关注的是最终的目的。在布满荆棘的长途跋涉中寻找精神的奖赏。朝圣者多是地位低下、没受过什么教育的文盲，因此也没留下记录。不过，在欧洲各地前往巴勒斯坦的朝圣人群中，也有一些地位高、有学识的人，值得注意的是，朝圣者中并不都是男性。在这个时期，许多女人也走上了朝圣这条艰难的征途。如阿基坦的希尔维娅，就是有地位的女子。在公元三百八十年，她不但去了耶路撒冷和其他几个圣地，还去了阿拉伯和美索不达米亚的部分地区，在这几年的游历中留下了很有意义而又简洁的记录，因此被称为最早的伟大女旅行家。在七、八世纪中，朝圣者在增加，因此这一时期留下了更多的朝圣记录。一位来自肯特的名叫威利鲍尔德、很有地位的朝圣者留下了关于英国人探险的最早的游记故事，他生动地记录了从巴勒斯坦回英国的路上所发生的事情；他好像想从巴勒斯坦带一种香脂回英国，但是担心被海关没收，因为巴勒斯坦本国的贵重东西是不允许带出国门的，这是他们朝圣时的保证；威利鲍尔想到一个很聪明的走私办法，他把香脂装到一个葫芦里，再找来一根大小正好可以塞进葫芦里的芦苇，把芦苇的端塞住，往里面灌满汽油，然后把芦苇放进葫芦口里，将多余的一段剪掉，与葫芦口齐平，最后塞上塞子。到了阿尔切，海关检查他的行李，发现了葫芦，把葫芦打开后只闻到和看到汽油，就让他过了海关。这个故事说明古代和现代的旅行者都要受到海关规章制度的约束，但是人总会想办法规避这些约束。

在欧洲，朝圣者留下的记录和见闻不仅数量少，而且简短粗糙，令人失望。但在遥远的中国确是另一番景象，在那里，朝圣者数量很少，可是流下来的记录却很有价值。当时有两个很重要的朝圣者，他们从中国北方出发，前往释迦牟尼出生和圆寂的圣地，参考并抄写了一些圣典，他们留下来的不仅是有趣的游记记录，也是对当时印度和印度人们最有价值的记载。他们到了土耳其斯坦，穿过了帕米尔高原；法显在将近十五年的游历之后，从锡兰走海路回国，两人都留下了详细的见闻记录。与欧洲的旅行者相比，他们更懂得欣赏沿途的自然风光。无论是那时还是现代的旅行者，都有感到寂寞的时候，回家心切。法显留下的一个故事就表达了这样的心情，他在异国他乡生活了将近十五年，在锡兰，有一天他看见一个商人手里拿着一把从中国带来的白色丝绸做的扇子，思乡之情油然而生，他再也无法忍受孤独的漂泊，马上启航返回了家乡，虽然途中遇到了很多危险，但最终还是平安回到了故乡。

与满腔热情的传教士相比，欧洲朝圣者这一时期留下的记录就更少，这一时期传教士传教主要去往南边的阿比西尼亚和东方的中国及印度；关于阿比西尼亚的记录很少，关于中国和印度几乎没有任何记录，但是我们还是从不同途径了解到，当时传教活动在整个印度、中亚和中国是非常兴盛的。现在了解到，在七、八、九三个世纪中，基督教的传教行为非常活跃，传教士也是很了不起的旅行家，他们的足迹遍布了大半个中国和印度的大片海岸；可惜没有记录留下来。虽然阿罗本和景净两个传教士被载入中国史册，但大部分传教士名不见经传。令人惊讶的是，在世界的另一端——爱尔兰，这时期还活跃着其他游历的传教士。在爱尔兰，八世纪时留下了一些北方法罗群岛的探险记录，只是有价值的信息较少。

探险的阿拉伯人

这一时期很重要的探险家是一群阿拉伯人，七世纪伊斯兰教的兴起促使阿拉伯人开始远征，一部分人出于对传教的热情，一部分人出于征服的欲望；在伊斯兰教纪元以前，就已经有商人和其他探险家从阿拉伯前往锡兰、印度和非洲海岸，后来伊斯兰教的迅速传播带动了贸易的发展。这些传教者没有留下关于游历的记载，但之后的商人和旅行者则记录了这些行程。这是宗教冲突和征服欲望相结合的例证，激励很多人踏上征途，并为后人开辟道路。早期最有名的阿拉伯探险家应当是苏莱曼和马斯欧迪，苏莱曼是一个商人，他经商所经过的地方远至中国海岸；马斯欧迪则像一位地理学家和旅行家，他行走的记录不但有远东，还有非洲海岸。两个人特别是马斯欧迪留下的大量游记，让我们了解到许多关于那个时代的生活和环境的趣事，但是在很多方面，更有趣的是那些没有名气的旅行者留下的游记，比如《天方夜谭》中大家所熟悉的水手辛巴达的航行，就是来源于这些无名旅行家的部分游记。我们大概可以确认著名航行中提到的这个令人尊敬的水手所到过的地方有印度、锡兰、马达加斯加和中国，他所记载的印度半岛采集樟脑的过程，正是当地人采用的方式；那个著名的趴在辛巴达背上的海上老人提到的苏门答腊和周边的红猩猩，现在的人都相信是真的。阿拉伯人不仅成了伟大的探险家，他们发明的探险的方法使十五世纪和十六世纪探险的大规模发展成为可能。在与中国人的交往中，阿拉伯人学会了使用指南针，而且把指南针传到了地中海，因此给欧洲航海家提供了一个扬帆远航的工具，使他们更快地发现了新世界。

维京人和十字军战士

尽管宗教和宗教动机成了这个时期旅行的主要特点，但并不是唯一的因素，如果说在地中海沿岸地区，探险精神近于消失，可是在北欧却非常活跃，维京人，也叫“峡湾人”，起初向南边的法国和西班牙富庶的海岸发起海盗式的进攻，后来把关注点转向西方，开始以真正探险精神挺进神秘的大西洋。他们先到了冰岛，然后到格陵兰岛，最后在十一世纪到了美洲的北海岸。这些航海的记录在神话传奇中都保留下来了。虽然信息量不大，《红头发埃里克传奇》仍然是第一份关于新世界的记录。

古斯堪的纳维亚人在北欧这些探险活动之后就进入了一个新的历史时期，这一时期，在遥远的南方国家，探险的兴趣开始复苏，一部分是以前宗教探险的继续，并转变成十字军战士的征战。一部分是因为当时发生在遥远的古代中国的政治事件；还有一部分是因为贸易的迅速发展。

蒙古帝国的扩张

十三世纪是一个重要的时期，其主要事件是东亚蒙古势力在成吉思汗统治下迅速崛起。在稳定了东方之后，蒙古人把目光转向了西方，横扫中亚，进攻了欧洲。虽然在一二四一年欧洲人在莱格尼察战役中打败了蒙古人，但是欧洲人担心他们再次来袭击，教皇便派了一个外交使团到成吉思汗的首府，欧洲人才第一次见到这个古老中国的强大与富庶。商人和贸易也迅速兴起；威尼斯在当时是与东方进行贸易的“领头军”，威尼斯商人利用教皇使者去往中国的道路到达中国这个富裕的市场。在这一背景下，马可·波罗在这个世纪末开始了他著名的旅行。他在外游历二十年，在这期间他到过中国很多地方，还曾经以蒙古国指派官员的身份从中国海岸到了爪哇岛和印度。当时的蒙古国在成吉思汗的统治下达到了鼎盛。当马可·波罗最后返回欧洲时，却身陷囹圄，与他关在同一个监狱里的犯人记录了他的口述的旅行经历，他传奇的游记得以保存下来。他的叙述很准确，他对各种各样神奇事件的描述都有很强的可信度；而同一时期其他旅行者和商人的记录则没那么准确。很有名气但纯属虚构的约翰曼德维尔爵士的游历就是根据马可·波罗的一部分游记创作的。但是目前还有一种传说，认为《马可·波罗游记》是有一位从未离开家乡的内科医生所撰写的，看来编造游记绝不是现在才有的事。虽然马可·波罗和其他欧洲旅行家成就很大，但是一直到十五世纪还很活跃的阿拉伯人也很出色；甚至超越了他们。有史以来，阿拉伯旅行家中最伟大的是伊本·白图泰，丹吉尔的内科医生。他不断游走二十五年，不仅到过东方各地的印度半岛、俄罗斯南部的大草原，非洲赤道的东海岸，还穿过了撒哈拉沙漠到了延巴可图和西边的尼日尔海峡。

去往东印度群岛的路线

十五世纪，印度群岛贸易的快速发展成为探险的巨大推动力，指南针的引进极大地促进了航海的发展，陆上的东方因当时的政治事件而被切断，欧洲人只好从海上寻找新的路线。在航海家亨利王子的影响下，葡萄牙涌现出第一批络绎不绝、试图绕过非洲到印度群岛的旅行家和探险家；他们沿着西边的海岸一步步向南行进，六年以后，在哥伦布开始他伟大的航海之前，迪亚斯发现并绕过了好望角，十一年以后瓦斯科·达伽马也从这里绕过好望角一直向前到了印度，三年后，卡布拉尔也进军印度，但向西走得比较远，到了巴西海岸，发现了新世界的大部分地方。

所以葡萄牙说非洲南部是他们的旅行家发现的，但是最大的应该属于发现了新世界的西班牙人，伟大的热内亚的发现激励了更多的探险家，韦斯普奇就是其中的一个，他向西班牙航行时发现了委内瑞拉，后来又发现了葡萄牙，在南美洲探险时到达了拉普拉塔，所有的探险家都是以东印度群岛和到达这一地域的路线为目的。直到十六世纪二十年代，葡萄牙人麦哲伦奉西班牙国王的命令出行才最终取得了成功。在遥远的南部，麦哲伦发现了横亘在欧洲和东方诱人的市场之间的一面墙，他开始为了越过太平洋在 1521 年到达了菲律宾，但后来在与当地人冲突中丧生。虽然他自己没有到达航行目的地，他的航船载着剩余的人取道好望角返回了西班牙，因此麦哲伦成为最早环游世界的探险家。

美洲的探险时代

十六世纪的前五十年，各种探险与征服行动频繁，可以称为是人类探险史上最辉煌的时代。人们不仅在海上发现了新大陆，探险家像北方的科罗纳多和南方的奥雷亚纳还继续前行上万里路去探索新大陆的大片土地，奥雷亚是第一个越过南美到达亚马逊的探险家。墨西哥的科尔斯特和秘鲁的皮泽洛两个人目的不同，但是他们的足迹踏遍了新世界两个最伟大、最文明的国家。

这一段时期，意大利、葡萄牙和西班牙的探险家声名大振，北欧一些国家的探险者也在此行列，英国、法国、荷兰开始加入到探险者群体中，卡波特、卡迪尔和哈得逊这几个振聋发聩的名字证明了这几个国家在探险中的实力，所记载的罗利不幸的圭亚那探险之旅和德雷克航行环球的伟大成就是很有意义的，也让我们看到了英国人在那个动荡年代所担当的角色。德雷克和伊丽莎白时期海盗的主要目的就是要攻打和抢劫新世界西班牙繁荣的商业；

其他如罗利和吉尔伯特，他们则是为了占有和稳定已经发现的领土，但是人们仍然没有放弃走捷径到东方这一古老国家的愿望，费罗比舍，戴维斯，还有其他的人，不断地寻找西北通道。

十七世纪，法国出现了许多有史以来最伟大的探险家，塞缪尔、拉萨尔、马凯特、皮埃尔·高提耶和一些神职人员和普通的信徒是探险法兰西的先锋，所有的探险者都为他们的探险经历和生活的故事而感到自豪。

当法国人在美洲探险，在新西兰和澳大利亚也活跃着一些勇敢的荷兰探险家，十七世纪中叶西班牙人发现了澳大利亚，此后荷兰人效仿着葡萄牙人在非洲的行为，也沿着澳大利亚西海岸向南行进，最后以塔斯曼人的远征完美结束。塔斯曼人不但证明了澳大利亚是一个岛屿，还最先发现了新西兰。

科学探险时期

以库克船长的航行开始了探险史上最后一个最辉煌的时期，他在 1768 年从英国出发，第一个进行了科学探险。他的主要目的是在南太平洋中新发现的社会群岛上观测维纳斯凌日，这是当时科学家都感兴趣的一个天文现象。这支探险队伍中还有几位科学家，探险的任务还有采集标本、进行调查。从这以后，无论是大规模探险队还是单个探险者，都带着科学的态度和目的去世界各地观察自然现象或采集标本。一个个伟大的国家将科学探险的接力棒接过来，直到科学探险达到今天的巨大规模。达尔文著名的贝格尔号航行和华莱士在东印度群岛历时多年的游历揭开了科学探险新的一页，昭示了带有理想的探险会带来多么辉煌的成就。寻找极地的探险也是科学发展的重要内容，极地探险既是一个目标，也是一个理想，没有任何商业动机和实际价值。为了到达极地——未知世界的最后堡垒，人们不断地与各种艰险进行斗争，屡次遭遇痛苦和死亡的威胁。指引他们勇敢前行的不仅是科学理想的火焰，对很多人来说，也许科学理想之光焰微弱而执着，但对探险家来说，激励他们的还有真正内心的燃烧的熊熊火焰；真正的探险家更注重实践的过程，而不是结果，所以，探险是他们必须完成的使命。

对人类早期探险史的回顾证明了人类探险的兴趣与足迹是极其广泛的，在这些广阔的历史画卷中，我们看见了广袤的地形。尽管我们只能见到高耸的山峰，但并不意味着依偎在山峰脚下的沟壑就没有风景。虽然我们着重记录了那些著名的探险家和探险活动，但绝不是忽视那些探险范围相对较小的无名探险家。有许多默默无闻的探险家，虽然他们的足迹并没有踏遍千山万水，但是他们掌握了当地的丰富的知识、细致的客观观察、饱含深情的文字，令读者爱不释手。我们也会因此受到鼓舞，会利用任何机会去了解我们周围的人和世界。

探险的形式

我们在阅读不同时代探险家留下的记录，总会被他们探险的各种不同方式所震惊。很多探险家提到现代的探险，都认为是舒适便捷和安全的——至少在文明世界的广阔大道上，今昔的探险条件对比还是很鲜明的。早期的探险家往往孤身一人，有时只能靠伪装；与现代探险家相比，他们遭遇到更多的艰辛、危险和磨难，没有过多的准备，缺少专业的装备，他们探险的进度一般都比较缓慢，在路上的饥寒交迫是常有的事。沿途只能依靠并不可信或友善的人提供的信息，所以常常迷路；又因为没有正常和直接的通讯渠道，他们经常要走许多弯路才能到达目的地。现在的探险条件极大地改善了，无论是孤身一人还是精心组织探险队伍，都能避免很多困难和危险，各种不同的、轻便的专业设备和充足的物资条件使探险更为舒适和安全，并加大了探险成功的可能性。到人迹罕至的未知世界去探险，比在文明世界里探险进度要缓慢。而现在的旅行家好人探险家即使去遥远的地方也比过去方便得多，可以更迅速和安全地到达未知世界。

探险的乐趣与意义

对于探险的乐趣和益处不必要说了，因为实在是太明显了。新的地方，新的人和新的体验对探险者来说都是增长知识的机遇，通过这些可以无限制地扩大自己知识面。但是探险者也必须要记住："要把东印度群岛的财富带走，也一定要把东印度群岛的智慧也带走。"也就是说，他得到探险的结果要与他获取的知识成正比，这在别的领域也应如此。但是比知识重要的还有探险对人的思维习惯以及待人接物的影响和产生的实际效果。探险所能给予我们的还有更宽阔的胸怀，对生命价值更公正的判断和对人类命运更深刻的体会，以及对人类成就的惊叹和赞赏等，这些是最行之有效的。此外还有探险本身的乐趣也是令人向往的。前面已经说了，这对有些人来说是最终的目的或至少也是一个重要的动机。虽然这些探险家并没有说明探险的目的，但是对真正的探险家来说，探险乐趣的深刻与持久是其他乐趣难以比拟的，没有什么能比得上探险的吸引力，令探险者无法拒绝。他们经历这艰辛和危险，忍受着疲惫和饥饿，但是这些对他们来说都不重要，他们相信这些终将过去，甚至会在记忆中淡化或者消失。记忆中留下的只有探险的经历和永不褪色的神奇与美丽。回忆过去，他眼中的夕阳依旧灿烂，猎猎风声仍如音乐一样在耳畔回响；口鼻所嗅到的仍然是花朵的芳香。

我们不可能都成为探险家，很多人坐在安乐椅上读着探险家的探险故事，表现出悠然自得。只要读书方法得当，读他人的游记也同样能获得乐趣。我们会关注探险家自己没有意识到的问题，从他们的经历中选取最精彩的片段，由此了解到伟大探险家的生平事迹和他们的执着、英雄主义和坚强的毅力，从而受到鼓舞。从他们对神奇而美丽世界的描述，同情和理解那些世世代代对未知世界勇于探索的探险家，尤利西斯是这样来描写他们的精神：

> 我要乘坐大帆船，天涯海角走一遍，看看月亮的安乐窝，晚霞升起的地方。

希罗多德与埃及

乔治・蔡斯

希罗多德“历史之父”的称号为世界公认，（该词为西塞罗所造）。希罗多德在欧洲文献中最早使用“历史”这一名词，后来一直被沿用。他撰著了一部历史著作来实证“历史”的现代意义。在他之前，有一种文献近似于历史，即希腊所谓纪实家写的由“纪事”或“传说”构成的传记，用类似“史诗”的体式记录了建立了希腊城邦的一些故事，某些家族的谱系，或是发生在遥远异域的传奇故事；在希罗多德身上可以看出，他受到这种写作方式的影响，他写的历史颇有“纪事”的风格，对异国风情和地理状况表现出极大的兴趣。与前人不同并使他在文献史上占有独特地位的是他第一次以广阔的视野记述了一系列在世界范围内具有影响的重要事件，并记录追溯产生这些事件的原因。

希罗多德《历史》的主题

希罗多德的《历史》记录的是波斯人和希腊人之间决定后来历史发展的战争。书中虽然有一些离奇的内容，但主要内容还是围绕主题展开的。后来有学者把这本书分为九卷，前面几卷记载了波斯帝国的逐步扩张，吕底亚帝国、巴比伦和埃及的被征服，还有波斯人对锡西厄和利比亚的征伐。第五卷记录了爱奥尼亚的反抗斗争和萨迪斯被焚，最终导致波斯人进攻希腊的事件。第六卷讲述了爱奥尼亚诚实的反攻和第一次入侵，以雅典人在马拉松战役中获得胜利而结束。其他几卷记载了薛西斯率领波斯军队对希腊的再次入侵。

由此可见，希罗多德的灵感来自于他所处的时代，他出生于十五世纪早期，他的前辈亲历了波斯战争，他对当时参加过马拉松和萨拉米斯战役的人都很熟悉，并与他们交流；他的家乡——卡利亚的哈利卡纳苏斯就曾经被波斯所征服，因此他对波斯帝国心怀恐惧。命运和性格促使他成为一个伟大的探险家。他两次在家乡被放逐，在以后的很多年中他是一个“没有国籍的人”，最后在意大利南部的图里城才获得了公民身份。图里城是一个国际殖民地，443年由雅典人在意大利古城锡巴里斯的遗址上建立起来的，希罗多德应该在雅典有过一段时间的生活，再次其间与萨福克里斯及一些杰出的作家和艺术家建立了友谊，这些杰出的作家和艺术家使“伯利克里时代”成为希腊文学和艺术史上的“伟大时代”。希罗多德经常在雅典、奥林匹亚、科林斯和底比斯的公共场所吟诵，他对希腊的很多地方都非常了解。

希罗多德游历的地域和目的

希罗多德的游历不仅限于希腊和周边地区，从他自己的记录看，他从波斯帝国到过巴比伦，以致道路遥远的苏萨和厄克巴塔纳；在埃及，他沿着尼罗河向上遗址到了象岛，又漂洋过海到了提尔和利比亚；在黑海，他道路克里木半岛和科尔其斯国，他好像还到了小亚细亚内陆，沿着叙利亚海岸到了埃及边境。

大家关心的希罗多德为什么游历这么多地方，最简单和自然的答案是他在为《历史》做准备，也许还有其他的原因。有人认为他是一个商人，他的周游各国是为了经商；但是这个观点是靠不住的。希罗多德的《历史》里并没有商业味道，而且谈到商人时他与谈到其他人一样，没有表现出兴趣。也有人认为希罗多德的游历是为了寻找各地的信息资料，与他后来撰写《历史》没有关系。持这种观点的人认为他是一个学者型的吟诵者，就如同吟诵荷马史诗的古希腊吟诵者。不过他吟诵的不是英雄时代的伟大事迹，而是一些异域风情。总之，他是一个古斯托达德或博顿·哈勒莫斯式的人物。

这个观点的依据是：他在希腊不同的地方吟诵过自己的作品，在《历史》中也有大幅对异域风情的描绘，有些游历还带有政治色彩。希罗多德所到的国家中一些信息对十五世纪古希腊的政治家，特别是对伯利克里意义重大。人人都知道伯利克里建立雅典帝国的野心，有人说，雅典议会为了买希罗多德的一些吟诵作品不惜一万多美元的高价。但是也有人说这是为了奖励他对政治所做的贡献。所有这些观点都具有可能性，但是没有一个具有可靠的证据。希罗多德自己称：他写《历史》的目的是为了使“人们不要忘记那些英雄的事迹，然古希腊和鞑靼的伟大杰出的作品名留青史。”实际上我们现在看到的游记并不是他自己来组织整理的，但是他已经奠定了作为第一个历史学家的声誉。

希罗多德的诚信

对《历史》的成书年代有人提出质疑，他是否能胜任他所担当的重任也成为另一个议论的话题。希腊史学家普鲁塔克曾写文章《论希罗多德的邪恶》，已故的学者哈朴克拉底雄撰写了《希罗多德〈历史〉中的谎言》一书。在现代人们对《历史》的评价也颇有微词，甚至连最崇拜他的人也承认《历史》中有许多问题。与他同时代的人说：希罗多德智慧自己的母语，因此必须借助口语翻译或者说希腊语的本地人。希罗多德自己也很坦率地承认这一点，并也经常提供信息的来源，比如“这是波斯人说的”，“这是埃及的牧师告诉我的”。在叙述希腊问题时，他也经常借助口头留传的故事，而不是文献资料或碑铭等。所以认为他全盘照搬他人是不公平的。因为他自己也经常质疑他所记录的是否真实，例如他在讲述尼罗河洪水的时候。他与同时代的大部分人一样，还没有培养出批判性思维，因此作品就难免受到影响。说他是一个爱讲故事的人更合适，他记录的每一个故事都只是因为喜欢故事。他讲的很多故事，比如普罗托斯的藏宝屋，并不是历史，而只是民间传说而已。

希罗多德的宗教情感

他强烈的宗教情怀对于他写《历史》很不利，他所处的是信仰宗教的时代，人们认为上帝无所不在，希罗多德深受影响，所以《历史》中有很多描写神谕和神像的内容。在描写他国情形时，他常将野蛮人的神和希腊的神联系起来。《历史》的第二卷就在证明希腊神来源于埃及。这是《历史》宗教倾向的一个最典型的例子。

因此，作为历史著作，希罗多德的作品有很多问题，古今的批评家纷纷提出《历史》的问题并不奇怪。有一首牛津的诗文表达了许多批评家的态度：

轻而易举地
埃及的牧师欺骗了你。
但我们绝不让你再来骗我们，
希罗多德！希罗多德！

但是必须明确，尽管批评很多，但是大家并认为他是有意识的，而是认为他的民族和所处的时代造成的，其瑕疵并不影响他的影响力。有史以来，希腊人很少对野蛮国家持公正的态度。如果说他是爱讲故事而不能成为一个优秀的史学家，那他至少也应该是一名故事大王。他的风格简洁淳朴，通俗易懂；明显体现出“隐藏艺术的艺术”。如果说这是欧洲最早的文学散文，希罗多德就是一位了不起的作家。自古至今，很少有作家能在作品中成功地保留自己的个性，而打开《历史》，希罗多德就栩栩如生地站在我们面前。我们清晰地看到他手里拿着铁笔和记事板，跟着口译向导或者牧师穿过波斯帝国雄伟的城市或者是埃及的庙宇，认真探询着所到之处的风土人情与希腊有什么不同；他谦虚礼貌又满怀同情，时时注意着哪些内容可以成为他故事的题材。不仅记录了历史事实的价值，希罗多德的《历史》作为一本人物资料也很有味道。他记载了一个人在自己伟大民族在发展的黄金期的信念和随感。

伊丽莎白时代的冒险家

W·A. 尼尔逊

在欧洲文艺复兴时期，求知精神成为推动了地理探险的新动力，1492 年哥伦布新大陆的发现，给地理探险带来了新的开端。不久，西班牙又在美洲中部和南部征服和侵吞了大量土地。在十六世纪，信奉天主教的西班牙成为欧洲的统治力量，英国在伊丽莎白统治下与罗马彻底决裂以后，新的统治力量的地位，使他们的政治野心融进了宗教的动机，找寻与竞争对手共同享有美洲大陆的财富和统治。英国在伟大的伊丽莎白女王的统治下和平崛起，需要开辟更广阔的市场。他们不仅要掠夺殖民地的财富，商人和冒险家还要需求在海外发展的更大空间。出于好奇和对宗教的虔诚，加上爱国主义和贸易的动机，英勇的冒险家们开始踏上了艰难的旅途，走向天涯海角。

伊丽莎白时代英国的扩张

人们不会想象这些商人探险家走了多少路程，他们在西班牙大陆美洲追逐利润和冒险，1533 年，他们在寻找去中国的东北通道时，英国水手们发现自己已经到了白海，后来到了沙皇的宫殿，从此打开了去俄罗斯的贸易通道，不需要再走被汉萨同盟把守的波罗的海通道。

他们走进地中海，向黎波里和摩洛哥派遣探险队，并和希腊半岛开展贸易，他们还发展了和埃及、黎凡特的往来关系。他们进入阿拉伯和波斯，带着货物的样品从陆上到达了印度，还有人取道波斯湾，或者绕过好望角到达了印度。在印度，他们与葡萄牙人竞争，1600 年，英国建立了东印度冻死，开始了大英帝国在印度的统治。

西班牙大陆美洲

英国人是在与西班牙人发生冲突的地方开始远航的，这极大地激发了那个时代人们的想象，后人保存了对那些探险家诗意的描述。《哈佛百年经典》中，弗朗西斯·德雷克爵士的三次航行，汉弗莱·吉波尔特爵士的“纽芬兰航行”，以及沃尔特·罗利爵士圭亚那的发现，都是很好的有代表性的记载。这些半宗教、半科学的但也充满爱国热情的海盗式探险，以及这些探险的方式和结果，是最有吸引力的故事。书中有这些探险家的插图：与厄运进行英勇斗争，在海上和陆路经受最可怕的考验，还有他们的大度和善良，背叛和残忍。

德雷克里向西航行时，年纪还小，1572 年，他和同伴向诺姆布雷德迪奥斯海湾航行，几乎要搬空国王的宝库，书中叙述道：“借着这光线，我们看到了下面房子里靠墙有一大堆银棒，眼见这座银山有七十英尺长，十英尺宽，十二英尺高。每一根银棒的重量在 35～40 磅”——后来发现总共有 360 多吨。但是他们一心想着救他们受伤了的船长而动这笔巨额的财富。他们能克制这么大的诱惑，最后是如何对待西班牙人的呢？在叙述的结尾可以看到：“目前属于卡塔赫那的有诺姆布雷德奥斯海湾等和二百多艘护航舰……我们在里逗留时，拿走了部分零件……但是我们从不放火烧船或沉船，除非发现这些船是对付我们的军舰，或者是为了抓获我们的陷阱。”

对地理学的贡献

从这些冒险家的故事里我们获得了许多对美洲和土著居民的许多知识，他们给我们的信息虽然不能全部相信，因为里面有更多探险家的逸事，而不是科学地理资料，但是这些信息仍然很有价值，它反映了当时人们丰富的想象力。

在霍斯金第一次航海的记述中，我们了解了鳄鱼的故事：“它天性如此，如果要猎食，便就像基督教的小男孩一样抽泣，吸引猎物靠近，然后就一口咬住它们，于是就有了这个广为人知的词语——LachrymaeCrocodile，用来形容哭泣的女人。意为鳄鱼是骗人的，女人哭的时候通常也是骗人的。”在这一段叙述中，还谈到了香烟的妙处：“佛罗里达人旅行时，带着一种干草和一根一端有陶杯的管子，把火和干草放在一起，就可以从管子里吸烟，这种烟可以充饥，他们可以四五天不吃肉，不喝水。所以法国人吸烟都是为了不挨饿。但是他们不知道吸烟也能吸干胃里的水和痰。”土豆在探险家的记录中也是倍受欢迎的食品，它是根茎食品中最好吃的一种，超过了防风草和胡萝卜，它有两个拳头大小，表皮很硬，像菠萝一样，但是里面很软，像黄瓜，吃起来如同苹果，但它的美味超过了甜甜的苹果。

这些探险家和被征服的故事里除了对动物的描写外，还有很多关于探险家所遇到的土著部落和他们生活习惯的内容，但是有想象的成分。读者会为这些探险故事里的印度人所拥有的大量黄金和珠宝而惊叹。比如罗利在他写圭亚那皇帝的故事时，引用了别人对黄金国巨大财富的描写，听起来就像童话故事。据说黄金国的皇帝不但具有黄金白银的餐具，还不满足，还用黄金白银装饰娱乐园里的花草树木。

探险家的坚毅与残忍

大家都知道，我们这些故事都是从英国人的角度讲的，宗教的对立与政治、商业的竞争激起了英国人对西班牙人的仇恨，也由此产生了描写西班牙人残忍地对待本国人和英国俘虏的故事。当然这些故事也有一些虚构的成分。英国的冒险家并不是圣人，他们很多人就是海盗，还有一些人在从事非洲和东印度群岛的奴隶贸易。他们英勇和顽强的毅力、对同伴和女王的忠诚是值得我们赞赏的；但是他们对奴隶残忍的虐待，完全不顾黑人的人权，使我们的赞赏随之消失。他们与同伙签订合同，把非洲奴隶运往西印度群岛，把他们当成家畜和兽皮，如果在海上遇到危险，便把他们扔到了海里，就如同扔掉一捆捆的货物一样。

但是，在所有对黄金和征服的欲望所导致的暴行中，也有些感人的故事，例如对对手的豁达，对敌国人民的同情，对他们自己行为准则和游戏规则的遵守等，给当时的黑暗世界留有一丝光亮。

作品的叙述风格

这些航海作家并不是要创作文学作品，他们写作的目的是要歌颂他们的船长和国家，激发他们的人民向敌人作战的勇气和对他们冒险经历的怀念。他们在讲故事时从不考虑风格和词汇问题，所以他们的故事就如同日常的对话，表现出作者真实的性情和当时的时代风貌。那时一个热情高涨、野心勃勃的时代，人们的欲望就像天马行空，谋划各种伟大的计划，他们不顾一切，以所向无敌的勇气去实现自己的伟大计划。现代人虽然不会再相信海盗，但是当看到他们当年的勇气，仍然会热血沸腾。

英勇的心，

被时间和命运削弱，但意志依然强大，

去拼搏，去追寻，从不放弃。

这样的诗使我们无尽遐想！

发现的时代

W·B. 芒罗

欧洲中世纪的黑暗时代伴随着十五世纪的结束而终结，专政力量的发展与常驻军队的产生是使中世纪的封建系统变得多余，因此封建制度也在世界各地日渐瓦解。小国合并为大国——卡斯提尔和阿拉贡合并为西班牙王国，法国的各个省份在波旁王朝的统治之下达到了统一；英国也结束了内战，在都铎王朝的统治下实现了和平统一。领土的统一使人们国家意识和扩张愿望不断增强，人们对地理研究开始产生了兴趣，指南针也用于航海，给水手们扬帆远航带来安全和便捷。当土耳其人征服了地中海并关闭了地中海港口和东方之间的贸易通道时，向西边海洋进行冒险航行的时机也就成熟了。

哥伦布的航海

人类第一次向新半球的成功探险是在一个为西班牙皇室效忠的热那亚人的指导下完成的，热那亚是地中海最早的商业城市之一，而当时西班牙在欧洲的专政政权中是强大的，也是最先进的。哥伦布掌握着航海技术，他的本族人具有英勇的本性，加上西班牙的财政支持，如果在西方发现新世界，西班牙由于所处的特殊地理位置将会有巨大的收益；所有美国的小朋友都知道哥伦布的故事，他航行了三十三天才到了西印度群岛，他受到当地人的热情款待，他对新大陆表现出极大的赞赏。但是哥伦布的故事只有他自己讲才会更生动，有很多人也声称自己是第一个登上新世界海岸的人，据说在哥伦布从西班牙帕罗斯出发前 400 年，一些古斯堪的纳维亚人在雷夫·埃里克森的带领下从古斯堪的纳维亚在格陵岛的殖民地出发，到达了瓦恩兰海岸。这个瓦恩兰到底是拉不拉多岛，新斯科舍，还是英格兰，史学家至今也没有定论。目前多数人认为雷夫和他的追随者如果确实到了拉不拉多岛，也可能从没有到过拉不拉多半岛以南。但是无论怎样，这些古斯堪的纳维亚探险并未使殖民长久，后来跟随哥伦布的人才建立了新国家。

哥伦布带回来的关于伊斯帕尼奥拉岛的财富和资源消息使整个欧洲极度的兴奋，为了把发现新大陆的成果据为己有，西班牙王室立刻派哥伦布再次出海；其他国家的航海家也纷纷出动，都想瓜分新世界的战利品。其中就有佛罗伦萨的船长亚美瑞格·韦斯普奇，他于 1497 年跨越大西洋，并带回了地理信息。后来制作欧洲地图的人就以他的名字命名新大陆。此外卡波特父子于同年在亨利八世的资助下从布里斯托尔出发，沿着拉不拉多岛海岸行驶，为后来英国人发现北美洲大片地区奠定了基础。法国也不甘示弱，他们派遣雅克·卡蒂埃去探索新大陆，终于发现了圣劳伦斯谷地。

在美洲建立新国家

欧洲国家如果牢固占领新领土，不仅是发现新大陆，还要在新大陆居住和殖民，西班牙走在了前面，他们不惜代价来经营西印度群岛，中美洲和南美洲大陆西边的山坡，这些看起来是他最大的战利品。西印度群岛有一片肥沃的土地，在上面种植作物不需花费人力就可以增产，在内陆还有大片的金矿和银矿。葡萄牙紧跟它在半岛邻居，并进一步向南扩张，把巴西盛产稀有金属的海岸据为己有。英国的臣民约翰和塞巴斯蒂安·卡波特已经为英国开来个头，但英国行动缓慢，所以只得到了西班牙所占据的土地之南的领土——从佛罗里达到芬迪湾海岸线。不过那里没有吸引冒险者的矿藏。从长远来看，英国的这个选择是正确的；法国是最后才参与到新大陆的瓜分中，他得到了最北面的地方，阿卡迪亚一带、圣劳伦斯河与北美五大湖。欧洲其他国家，如瑞典与荷兰也加入了这场争夺。也在新大陆站稳脚跟。瑞典是在特拉华，荷兰在哈得逊河流域。但后来瑞典与荷兰都被排挤出去了。这些殖民地便都落入英国人手中。法国与英国进行了百年战争，英国夺得了新世界的领土。

弗吉尼亚和新英格兰

英国占领了大西洋沿岸地区，在不太长的时间内建立了两片居民区。早在1607年，大约有一百个英国移民在弗吉尼亚的詹姆斯小镇建立了第一个永久的英国人在美洲的殖民地。这群开拓者在经历了诸多不可避免的困难以后，终于定居下来。他们还带去了一个用当时法律术语写的皇室宪章，并很快建立了自治体系，包括自治区和殖民地弗吉尼亚议会，是英国国家古老行政体系的缩小版。在1607年，在向北靠近肯纳贝克河河口的地方，就有人试图建立定居区，但是没有成功。直到1620年，“五月花朝圣者”们在普利茅斯登陆，才建立起新英格兰。这些朝圣者本想从英国到荷兰，但是在荷兰他们发现自己是在一个陌生的环境中，于是便决定再次出发寻找可以建立自己的世界的地方。在登陆之前，他们内部签订了一个建立“公民政治团体”的协议，主要是为了保证所有成员以后为新社会制定公正的法律。在最初的几年里，建立定居区很艰难，人口增长缓慢。十年后，人口不过300人，凭借着执着的精神和努力，这片土地不断繁荣起来。

新英格兰另一个更重要的定居区是由约翰·温斯罗普和他的追随者在马萨诸塞湾建立的。1630年温斯罗普带领一千个移民到塞伦去；两年以后，这些移民建立了六个城镇，包括波士顿。普利茅斯殖民地和马赛诸塞湾殖民地在成立以后的大半个世纪中坚持独立发展，在1690年才合并为马赛诸塞省。

1630年，英国人在大西洋沿岸以北和以南地区建立了牢固的根据地，紧接着就是统治大西洋沿岸和南北所有地区。在马赛诸塞，有一些不愿意受严格宗教束缚的人移居到了南方的罗德岛和康涅狄格地区。威廉·佩恩、巴尔的摩勋爵人等纷纷表现出对建设殖民地的决心。在获得王室的认可后，他们建立了宾夕法尼亚和马里兰殖民地。他们打败了在特拉华的瑞典人和在哈得逊的荷兰人，并控制了他们的领地。在占领了从弗吉尼亚到马萨诸塞的所有地区之后，英国人的下一个目标就是把威胁领土安全的法国人赶到更北的地方去。

内陆的探险和贸易

殖民地的建设与内陆的探险是同时进行的。十七世纪，法国航海家横渡了北美五大湖和密西西比河，英国的皮货商进入了新英格兰内陆地区，随后传教士也紧跟上来。北美两大殖民力量英国和法国利用商人和传教士扩大了各自的势力范围，其实在阿利根尼山脉以西出现最早的定居之前，争夺地盘的战争就已经开始了。此后的漫长岁月中，战争不断，法国殖民者在数量上虽然不占优势，军事装备也比较落后，但是他们很英勇顽强，具有更大野心的探险家和“森林运动员”，比与他们为邻的占据南方的英国人更为坚强无畏。所以，英国人开拓和保卫疆土是很艰难的。到最后是数量决定了胜负，英国人暂时统治了从大西洋到密西西比河的整个地域。

达尔文贝格尔号之旅

乔治·霍华德·帕克

查尔斯·达尔文即使只发表了《贝格尔号之旅》。他作为一个杰出的博物学家的名声也会牢牢确立。在达尔文结束他的波澜壮阔的环球航行之前，当时的英国地理学家塞奇维克对达尔文的父亲——达尔文医生预言道：达尔文将来会成为一名顶级的科学家。他大概是看到了达尔文写给朋友的信以后做出的预测。果然如此，贝格尔号之旅为达尔文以后的伟大业绩奠定了基础，使他不仅在当时名声大振，而且青史留名。达尔文对传统的大学教育没有兴趣，从少年时代起，就对自然界中的各种物体感兴趣，他开始收集各种标本，矿石、植物、昆虫和各种鸟类都令他兴奋。后来他到了剑桥学习神学，在亨斯洛的鼓励下把这个业余爱好变为庄重的事业。

大约在 1831 年，英国海军决定建造一艘能装十门大炮的双桅横帆船——贝格尔号，用来完成在几年前就已经开始的对巴塔哥尼亚和火地岛的考察——视察智力海岸和秘鲁，包括大西洋中的一些岛屿，同时完成一系列的环球天文测量。人们一致认为这次航行需要一位博物学家参与。进过亨斯洛教授的推荐，菲茨罗伊船长说服了达尔文担任自己的私人旅伴和此次航行的博物学家。亨斯洛教授推荐达尔文时，没有说他是博物学家，只是说他是一位可以担任采集、观察工作的学者，他能够关注所有博物学中的内容。

贝格尔号经过了两次的失败，最后于 1831 年从英国的文波特港口出发，历史近五年的航行，最终在 1836 年 10 月 2 日返回英国法尔茅斯。他们航行的路线横跨了大西洋，直抵巴西海岸。并沿着南美洲东海岸到了火地岛，然后沿着智利和秘鲁海岸向北行进。在赤道附近，贝格尔号向西行驶，穿越了太平洋到达澳大利亚，从澳大利亚又横跨印度洋，绕过好望角以后，又横渡南大西洋向巴西行进。贝格尔号在巴西结束了环球旅行，原路返回了英国。当年达尔文踏上贝格尔号离开英国时，只有二十二岁，在贝格尔号上度过了他的最珍贵的成人生长期，他当时并不明白这会意味着什么？在离开英国时，他宣布，那一天将是他人生新的起点，一个新生的日子。童年时代，他曾梦想去热带雨林，现在，他的梦想终于成为现实。在信中，达尔文对贝格尔号航行的描述充满了青春的热情；在巴西，他在朋友福克斯的信中说道："自从离开了英格兰，我的脑子就像火上一样迸发着喜悦和惊奇。"在里约热内卢，他给亨斯洛写信道："在这里，我第一次看到了无比壮观的热带雨林，只有亲眼所见才知道它有多么奇妙和壮观。《天方夜谭》里的场景在这里变为现实。这些绝妙的美景让人欣喜若狂。这里人们在狂喜中寻找甲虫，因为不论走到哪里，都会看到以前没见过的许多甲虫。"这样的语言，只有热情洋溢，天生的博物学家才能写得出来。

贝格尔号对于达尔文来说，不仅是一次环游世界的机会，还是培养他成为一个真正的博物学家的摇篮。在海上度过的五年，使他学会了如何工作，如何在极其恶劣的环境下工作。贝格尔号狭小拥挤，达尔文想保存他所收集来的标本是很艰难的，在船上深受达尔文敬佩的负责维护贝格尔号外观的中尉对达尔文在甲板上堆积杂物很不理解，在他眼里，达尔文的这些标本不过是"口吃、可恨的怪物"。他还说道，"我如果当了船长，一定要把你的这些破烂东西扔到海里去。"达尔文迫于贝格尔号的狭小空间，他养成了有条不紊的工作习惯。在贝格尔号上，他学会了节省时间，每一分钟都不浪费，即是他所说的"生命是由五分钟的片段组成的"含义。

达尔文在贝格尔号上，学会了在物质条件很差的情况下争分夺秒地工作，养成了在身体状况不佳的时候仍然坚持工作的习惯。在开始航行的前三个星期，他虽然病得不严重，但是当船在海上剧烈颠簸时，他感到了极度的不适应；1836 年 6 月 3 日在好望角写的信中说道自己晕船生物感受："幸好这次航行即将结束，我现在晕船比三年前严重得多"，但是他仍然坚持工作。年轻时的这段经历使他晚年患了消化不良的毛病。

在返航时，达尔文已经没有了出发时的精神，在巴西布兰卡港，当贝格尔号启航时，他给姐姐的信中说道："这四天里我无精打采，已经到了极度痛苦的程度，即使现在走进巴西森林，我也不会兴奋了。"在他多年后完成的自传中回顾这次航行时说道："现在，热带雨林的茂盛植被常常在我的脑海中呈现，栩栩如生，超过任何记忆。"

贝格尔号之旅的现实收获

达尔文此次航行的价值只有他自己才最清楚，他后来写道："贝格尔号之旅是我人生中最重大的事情，""我所接受的第一次真正的训练和教育都来源于这次航行。它引导我时刻关注博物史的几个分支，尽管我在此之前已经有了相当的观察力，但是在这次航行中我的观察力得到了很大提高。"最后，在给菲茨罗伊船长的信中，达尔文说："无论他人在回忆贝格尔号航行时是怎样的感受，我现在已经忘记了所有不愉快的细节，命运选择了我做贝格尔号博物学家，这是我生命中最幸运的事了。我的脑海中经常浮现我在贝格尔号上举目眺望所看到的最生动、最让人愉悦的画面。假如现在有人每年给我两万英镑的价钱和我交换我的这些回忆及在贝格尔号上学到的关于博物史方面的知识，我也绝对不换。"

达尔文不但在贝格尔号上得到了很好的锻炼，还收集了一大批宝贵的标本，这些就足可以使博物学家搜寻好多年。达尔文让我们了解了遥远大陆和海洋的许多知识。在整理和描述这些标本时，达尔文又积极地投入到了工作中。在《达尔文生平及其书信集》中，有这样一段话："他慢慢才意识到自己的任务不仅是帮助博物学家收集标本，他有时还会怀疑他所收集的标本的价值。"在 1834 年他给亨斯洛的信中说："我现在真心认为自己收集的东西很贫乏，想必您看了也会感到困惑，不知道该说什么好。但这不能怨我，因为是您激发了我所有不切实际的幻想；如果努力工作可以使我不再幻想，我发誓一定拼命去工作。”达尔文在贝格尔号上的工作使他成为一名博物学家，并接触到了当时许多科学家。

贝格尔号之旅的理论成果

达尔文回国时，不仅带回来了在贝格尔号上的工作成果，即大量有趣的标本，还带回来了许多新的想法，他把其中的一个很快变为现实，即撰写《贝格尔号之旅》。在贝格尔号的后一部分航行中，他几乎都在研究珊瑚岛，他提出了关于这些沉淀物是如何形成的理论，是第一个在科学界受到普遍关注和认可的关于珊瑚岛形成的理论。这个理论即便是现在，认可度也是最高的。他研究的不仅是珊瑚岛，他还常常思考一个最难的难题，就是物种的起源，在《贝格尔号之旅》和那时期的信中虽然很少提及这个问题，但在他的自传中却谈到了。1837 年 7 月，他回国以后不到一年的时间，他打开了他的第一本笔记本，寻找关于物种起源的事实，这是他长久以来一直思考的问题。因此可以说，达尔文在贝格尔号度过的这几年，不仅有实地的考察，还有很多理论的思考。

确切地说，英国海军部对贝格尔号航行所取得的成果是满意的，有充足的理由可以证明投在贝格尔号上的钱与经历没有白费。贝格尔号航行的伟大成就不仅仅在于绘制了遥远海岸线的地图，也不仅是一系列的环球天文测量，而是在于把达尔文训练和培养成为一个博物学家。达尔文自己说过的一段话就是对贝格尔号的高度赞誉：“我在科学领域的一切成果都是与贝格尔号上的锻炼分不开的。”

教 育

education

总　论

H. W 赫尔姆斯

在对当代教育的全部有益的思考中，有一个重要的事实需要说明，即教育已经成为一项公共事业。如果仅仅从个人的利益和个人的发展——来评价教育，那就会忽略了教育对于推动和促进文明方面所取得的成就，那就是对所取得的进步的否定。公立学校的扩大是教育方面取得的突出成就，这已经被大多数人所肯定。这种肯定在很早以前就曾公布了，社区的每一个孩子都能接受教育就是最有力的证明。教育是人们最为关注的事业，因为每个孩子都需要接受教育。教育一般情况下不会很快取得明显的成效，因此，人们反倒对教育的成效并不那么关注。不仅是孩子，他们的父母也是这样想。从成效方面看，人们对教育是很宽容的。

现代理想的社会属性

随着城镇化进程的加快和新发明的不断出现，时空已经变得狭小，现代生活的一些特性已经越发凸显出来，人们不得不急切地采取行动以适应现代生活。现代生活的一个突出特点是人与人之间的相互依存性更加明显。更多的人认为，生活不只是为了个人，而是为民众的共同利益。这不仅是地球上人口不断增加，而且也是人类进步的基本条件——不仅对个人，也是对社会而言。如果现代社会不能提供一种强大的、服务全社会的功能，那所谓的文明就是落后而空泛的。一个现代人需要与他人乃至所有的人在正常的关系下和谐相处，共同生活，——不是遵循风俗习惯的方式，而是以超越个人利益的方式，为和谐的社会福利做出自己的贡献，甚至造福全人类。在教育学生的过程中，单纯强调共同利益有多么重要是不够的。教育的全过程就是使学生成为能与他人和谐生活的一员。所以，只说人类的共同利益是不全面的。教育的真正作用是培养孩子在生活中成为对他人有益的人。

这就是为什么大额的公共事业费要投到学校、图书馆、博物馆和其他教育机构的缘由。文明社会把教育作为它固定的一部分事业，它不是慈善，而是一项不可缺少的公共职能。学校有税费的支持，才能实行义务教育。国家拥有制定办学标准的权力与职责，还有对私立学校实行监督的职责，并号召公民全力支持发展培养人力资源的事业。国家认为，每个纳税人都应该通过支持教育事业来担负起改革社会的责任，就像通过其他公共事业直接支持社会改革一样。在关于教育的问题上，当个人利益与公共利益相矛盾时，应该更加关注公共利益。教育特别需要公共政策的支持。国家、政府社会秩序和公共事业发展方面政策的制定与实施都会对教育产生深远的影响。因此，教育问题是比较复杂的公共问题。

然而，现代生活导致个人的全面发展成为较难的事，与过去相比，当今社会孩子生活的范围在某些方面变得比较狭小，要保证学生的身体、智力、想象力、同情心和意志得到充分的锻炼，这本身就是一项艰巨的任务。这需要有洞察力、精力和多方面的协作，当然更离不开经费做保证。但是仅仅为个人的能力、才能和体能提供正规的培养，并不能解决教育方面的问题。而且如果只对少数人或某些人进行教育，是不完整的教育，是不应该提倡的。

教育问题客观存在，并不抽象

首先，有这样一个问题，在实际教学中不应使用“身体、智力、想象力、同情心和意志”这些名词，因为这些都是抽象的概念，经常会引发一些意想不到的、没有意义的争论，造成精力的浪费。没有哪个学生是所有教育工作者智慧的结晶，学到世界范围内都很难的知识。即使我们发现了哪个学生有可塑的特殊潜质，我们可以对他实施有效的教育和培养，也并不一定就能达到教育的效果。因为上述因素只是教育的一个方面，引导学生如何使用自己的才能也是教育中同样重要的问题。教育的内容应该是让学生了解社会的重要性和并向其指明社会的发展方向，这也是学校、课程、专业的主要方向。古代有句教育名言：“我不管你学什么，只管你学得好不好。”这句话曾经给人们误导——即有了一定的技能就可以造福于社会。其实并不如此，我们还要看他掌握的技能是否有利于社会和公共利益。无论什么“专业”，培养什么“能力”，基本就是信息、理念、理想、原则、观点、方法、兴趣、热情、目的和同情心。这些内容决定了教育的主要价值。这就是一个人接受教育后应该学到的东西，它能帮助人确定社会地位、职业、爱好和为社会提供某些特定服务的可能性。

基础课程的相关性

所以，教育方面存在的问题是比较多的，在所有儿童接受教育的前几年，他们都需要相同的智力体验，至少要到学校去上学。“基础课程”是每个学生必须掌握的学科。但是，在教育阶段，教育首先面临的挑战是面对每个儿童的差异性——有聪颖的、后进的、受到较好培养的、被遗弃的等等；在确立教育目标、教育方式、课程设置等，就必须考虑上述这些差异。在教育一线的教师和学生更应该知道每一学科学到什么程度，比如，每一个人掌握的算数和地理方面的知识都有哪些，还要与相关的考核标准，以便于老师对学生进行考核。

此外，随着教育工作实践的不断深入，每门学科都要根据社会对本学科的需求而进行适当的调整，要对学习每学科的目的掌握的不同情况做出新的规定。这些新的规定一定要根据公共服务和公众生活的实际需求而做出的。不能完全以掌握该学科的标准去规定。教育是为社会发展服务的，不是为单纯的学术研究而存在的。

还有一个重要问题，即不能把所有的学生放在教育的同一条快车道上，至少在童年时期，青春时期，和青年时代要进行分流，学生的天赋和家庭经济情况的差异也迫使学校在课程、班级等方面进行初次分流。随着教育的不断深入，应该设立更多的分流渠道，来帮助那些无法继续进行规定教育的学生实现后续教育。社会需要多元的教育，因为社会需要各个领域和各个阶层的人才。社会需要思想家，也需要优秀的劳动工人，没有哪一种“通识课程”可以提供全方位的教育。

在教育体系的设计中，需要为每个学生提供有利于社会公共教育的方法，只为儿童提供统一的一种方法和最少量的教育是不能实现公共利益的最大化的。把教育仅限制在阅读、写作、算数上，或局限在那些被公认的必修课和其他类似的所谓通识课上是不够的，公共利益不是只通过初等教育就能得到满足的。在初等教育完成之后，还应该为每个学生提供继续学习的机会，使他们能最大限度地发挥自己的潜能，实现最大的效用。是必须和必要的。只有公民在他自己能够发挥作用的领域具备一定的技能和职业素质，才可能实现教育的公共利益。国家需要工业、商业、艺术、科学、哲学、宗教、家庭生活等各方面的人才，对每一个公民的教育就是为上述各方面供应源源不断的合格的、高质量的人才。

教育仍然是较少能够永久消除危险政治的办法之一。对于民众来说，对教育机构的信任就是对教育的最大支持。而公众的支持是一个国家教育能够得到良好发展的重要和基本的条件。良好的教育又可以帮助公众获得知识并更充分地了解社会，而这些又是推动社会发展的重要动力。无论怎样，私人办学的积极性将会长期受到重视和鼓励，国家也会把特殊学校和中等学校留给私人去办，从而使政府自身的职能得到更好的发挥。

教育目标的社会性

教师和学校的管理者发现，接受教育的学生的个性、思想、行为、习惯、情感表达、家庭背景、宗教信仰等各方面都有巨大的差异性，即使这对同一个接受教育的学生，在不同的成长阶段，教师都会面临不同的挑战，因为这些还没长大的孩子，每天都在变化，最初，他们马马虎虎，后来因为熟悉就变得容易激动和不惧权威，他们昨天还很乐观，今天就变得敏感。怎样教育这些不同的孩子，让他们能找到自信，发挥自己的优势和特长，锻炼自己能力，实现社会价值，这的确是巨大的挑战。

为每一个普通人——不论他的天赋、性格、经历怎样——给予知识和能力的指导使他们获得自信，得到快乐，感受到自己的价值，从而生活得更有意义，这就是教育的目的。人们如何能获得公众利益所需要的技能和智慧？这些在学校能否获得？为了满足这些需要，办什么样的学校？开哪些课程？怎样上好这些课程？

假如教育是以社会公共利益为目标的，那么上述这些问题就非常重要，否则，这些问题就无关紧要了。无疑，如果我们只是关注个人利益，那我们就更应该重视个人理想，但并不是所有个人理想都是对社会有益的。有些人理想很崇高，但却没有社会价值；就如一个隐居的教士，他理想产生的社会价值就很小。教育只有与公共利益结合在一起时，才会成为社会的一个重要问题。例如，以前的社会要求女性学习舞蹈、手工刺绣等，而当今，社会要求女性掌握更多的能力和知识：如家庭经济、护理、慈善、办公文案、医学、法律等等。因此这些课程就成为女子大学的重要内容。

教育不能成为思想禁锢，从狭义方面看，教育主要是对技能和知识的传授；从广义方面看，教育还应该培养学生的美感、艺术感，对学生进行哲学、宗教等社会以及人类永恒的价值等方面引导和教育。我们不能只为社会培养大批工匠，还必须在培养工匠的同时，为人们精神世界的升华而不断努力。教育要二者兼顾，不能顾此失彼。

教育与自由

教育不能创造自由，但学习可以通过自主选择不同类型课程以及教育体系来获得自由，自由的可能性与延伸性是社会和政治改革的直接产物。

同时，坚持所有学校都应开设人文学科是没有用的，主张开设传统科目——经典名著阅读、科学、数学甚至历史——认为只有这些科目才能为自由提供需要的文化，这是错误的。学校一定要忠实地满足社会需求，扬弃反对实践性和职业性学习的偏见。车间工作可能比希腊语带给某个男生更多的提高——教育一定要因材施教。人文学科与职业教育的唯一差异就在一点：为了每个人都要面对生活。

对于一个技术性职业的从业人员，要进行足够的培训。一个人在家庭、社区、国家乃至教堂的生活都是一种教育，而且这种教育一点也不差。一个人如果要让度过的时间都有价值，那么他就需要文化教育。而有些教育，对于一个艺术家来说是职业教育，但同样的教育对别人来说就是文化教育。无论是职业教育，还是文化教育，都是有价值的。所谓全面教育，即使要为接受教育的人未来生活做好充分准备，他会通过自己所学到的东西建立一种关系，或者研究一些问题。教育就是为一个人以后的生活所需要的能量做储备。

我们对教育的目标已经非常清楚了，但教育仍然会在很多情况下失败。其原因是多方面的。为了社会的公共利益，我们要创建新的学校，开设新的课程，教授新的科目，但这并非易事。因为许多传统教学，尤其是中学、专科学校、普通高校的教学，已经偏离了轨道。他们创建时教育的目的就不甚明了，学生以为通过教育可以获得“学科知识”，但却没有。学到的东西也对成年生活没有裨益。对这样的教育机构，一定要大幅度的改革。

在任何科目中，都应该渗透品格、能力、价值观等的教育，并且让学生铭记于心。成年后，将这内容融入自己的实际生活中去。这是比任何单纯的职业教育都更加重要的教育内容，但是遗憾的是，在传统教育体系中却缺少这些内容。

道德教育主要是靠人的感染力，生活中所获得的正能量及正面的激励。因此，要严格地选用合格的教师，形成一套彰显道德感和价值观的教育评价体系，在家庭和社会中大力宣扬才能对学生产生全面系统的影响。可见，这并不是一件简单的事情。

需要关注，对于道德教育而言，有些科目更直接，有些科目可能更强调思维习惯，强调对客观事实的观察力，强调比较，分类和其他处理方法。这些科目强调独特的技巧，特定的信息，专业的观点，这种思维和处理问题的方法更有利于教育目的的实现。

教育还要全面兼顾，不同的科目有不同的实用价值，在历史课上学不到有关缝纫的技术，而科学课也没有农业知识。所以，对于不同发展方向的学生来说，要科学设立课程体系，以使学生受到完备的教育。

同一科目，由于教学目的不同，学生的年龄和学习动机及能力不同，教育所受到的效果显然也有差异。夜校讲授的文学课效果就与大学课堂上讲授的不同。

依照这样的教育理念，它要求为人的生活是所需要的基础做好准备，在已经设置好满足各个年龄阶段和班级需要的学校，科目一定要经过严格审核，内容要有创新。

职业教育

当今，职业教育已经比较成熟和完善，但仍有一些不足需要改善。

在以前一段时间里，有一些人担心会带来教育的物质化，降低教育的质量，其实，这种担忧是缺少依据的。职业学校已经取代了学徒制的作坊式教育，过去，医生、法律、建筑工程师等需要交学费跟着职业师来学，而现在，愿意在这方面学习的，只要进入相关的职业学校进行系统的学习就行了。

职业教育的出现，是社会变革的必然结果，社会需要大量的专业人才，而过去那种师徒制培养的模式效率极低，质量也不尽相同，这就导致了专业人才的不足，而规范化的职业教育，使人才培养的效率大幅度提升，教育的效果也极大提高，这是毋庸置疑的。

并且，社会也大力提倡职业教育，很多人通过公共经费的支持进入到职业学校学习，专门人才也越来越得到社会的重视，工匠已经像艺术家一样受到社会的青睐，农民像哲学家一样被看重。这就使很多人去大胆地选择职业教育，而不用再为以后的就业和生活担心。职业教育也因此前进了一步。

目前，一些职业学校还开始面向社会进行职业技能培训，为那些没有可能进入普通教育和职业教育的孩子提供了大量的机会。在培训中，他们可以得到教师的公正待遇，使他们摆脱自卑和压抑的心理状态，从而能学到一门手艺，能树立正确的人生观，养成良好的行为习惯和成熟的道德品质。这对他们步入社会将产生积极的影响。

职业学校的类型和数量多少一部分取决于社会经济发展和经济效益。从长远看，社会对一个行业或职业的要求，与这个行业或职业获得的回报是成正比的。比如人们为什么要花很多钱去学医学，是因为一旦获得了从医资格，那收入是很可观的。职业学校的建立，肯定是要受这些因素影响的。

但是，我们并不能要求职业学校都一定能为社会培养出所有需要的人才，或者每一个在职业学校毕业的学生都能生活得很好，职业学校其实是基础教育的一个重要补充，是帮助那些从基础教育中分流出来的学生能够以专门的技能服务来实现社会的公共利益。

公共利益要求教育者正确界定社会需求并修正社会需求，而不是仅仅满足这种需求。对职业学校体制的设计需要一个良好的秩序，在这种秩序下，个人利益与公共利益达到有机统一，人们在实现公共利益的同时，个人利益也得到了保护和促进。

然而，是否可以开办职业培训，或者说一所职业学校是否有存在的必要，还要考虑在此学习的学生毕业后是否具有了谋生的能力，如果不能使农业获得利益，那为什么要办农业学校和农业大学呢？国家需要培训工人，有人出钱的工作就应该纳入职业培训。

普教的必要性

普教问题是比较复杂的。

有人认为，雇佣童工是很省钱的，所以儿童不必进学校，在生产线上也可以受到教育。还有人认为，广泛开展职业教育，培养大量的普通工人和手工业者，这是很高效的教育。这些人认为普通教育没有必要。

上述这些观点都是不人道的，教育不仅是为了职业技能，而是为了培养高素质的公民。是为了社会的公共利益。而不是为少数群体和商人的利益，所以，普教不仅是必要的，而且是要尽力做到教育每一个孩子都树立健全的道德感。

普教要注重孩子的成长和发展，不只是传授知识，更要教育孩子的全面发展。小学阶段重点是手工劳动、园艺、缝纫、烹饪。童年时可以学农艺；因为儿童不仅从书本上学，还要接受这些科目的所提供的对身体、手和眼的训练。这些科目中还包含了对于勤奋、诚实、刻苦等品质的鼓励，还有领导才能、自律等的训练。这些内容即使到少年时期仍然实用。但是一般性的手工训练——使用真实的建筑材料进行的训练工作是毫无价值的。儿童玩具的制作，不缝合衣服的缝合练习，是注定要失败而且是没有价值的。纯粹的手工训练已经逐渐被有目的的劳动所代替。在中学的课程里，手工课程也一定是在劳动领域有实际价值的，进行手工技巧的训练，而不是只做样子。即便是大学生，也要上一两门手工课程。这样可以拓宽视野，增加劳动经历，得到专业的训练。

普教中的这种训练与职业教育不同，职业教育的目的是进行特定工作中的能力训练，如培训印刷工、速记员、缝纫工、木匠、机械师、医生、律师、牧师、记者、工程师等，这种训练是为了使学生能利用所学的技能谋生——艾略特校长称之为“生活——生涯动机”。教育的难点在于教育学生做合格公民，担负起在社会上生存和生育下一代的责任。学会休闲，学会诠释人生。

教育只能强调通识教育的价值，并尽可能地在课程中涵盖更广泛的科目，以有效的形式进行。这样也是为了抵制过早专业化的趋势出现。

教育方面的经济压力

教育承担着重大的社会责任，我们一定要为未来的社会状况制定出相应的教育规章——为不识字的人开办学校，为工人和售货员开办职业培训班——他们本该接受更长时间的普通教育，但因为各种原因未能实现，我们还要建立各类保障措施，使更多的年轻人接受教育，并且建立公共分配制度和奖学金，为有才能和有抱负的人提供继续教育的机会。

在教育领域，我们要保证公平和民主，坚决杜绝产生和使用特权，学校首先要坚决杜绝使用特权，不能拒绝那些在中学时期因为课程没有选对而需要进一步培训的人去补课。

每个人都有一种需求，有人指导他们接收最适合他们的教育，这种教育能使他们过上最好的生活。职业指导是“重新分配人才”中较大的一个方面(这话虽为一个教授所杜撰，但却有一定道理)。而且应该把教育指导作为一个重要内容来完成，这种指导既要考虑普通教育的需要，也要考虑职业培训的需要，当然，杰出的人才不会因为没有顾问或权威人士指导而被埋没，教育指导也不会发现许多沉默寡言、蓬头垢面的弥尔顿，也不会将许多不受欢迎的济慈送进药学院去。但是它会避免人误入歧途，这一点是大家公认的。然而如果一个人选择了不适合自己的路，教育指导也无能为力了。

如果学校能成为所有人的机会之门和向社会提供服务的便捷之路，那么投入学校的经费就会增加很多倍。我们必须清楚，系统的教育就是学校教育。

学校之外还有许多教育机构，如图书馆，为教育做了大量的工作——在社会公共利益得到保证的同时，如果能够组织利用社会上所有有价值的教育活动，那么对于建立健全社会教育体系无疑是大有裨益的。

教育发展路线图

对于学校教育，不能只考虑扩大规模，其实很多学校规模已经很大了，但是体制并不完善，这是不合理的。我们需要开办各种类型的学校，设置更加丰富多元的课程，学校规模不宜过大，班级人数也不宜多，这样老师和学生才有更多的机会进行面对面的交流。我们需要大量的教师，而教师也需要具有较高的学历并接受过比较好的培训——这些是教育真正需要的。

要达到这样的境地，学校和教师必须更新理念。如果我们还把教学想的过于模糊或者过于狭隘——我们把教师当作知识的传授者，那就太狭隘了。如果我们把教师看成是模糊抽象思维的一门学科的监工者或工头，那又是太模糊了。教师的任务必须重新规划并且要明确。教师必须成为学生的生活向导，不仅要教好自己承担的学科课程，还要让懂得学习这门学科的意义以及如何运用这门学科知识。要掌握学科的学习方法，了解学科的价值及未来的发展方向，让每一位教师都有更多的机会，特别是传统课程中的传统专业的教师。讲速记课程的教师只需把重点放在莫尔斯符号技巧的讲解和速度的训练上，而教拉丁文的教师要准确地使用时态。每个教师的首要任务是教好专业课。但又不能全让校长承担对社会的阐释与教育的应用课程，或者靠家长和小册子去完成。教师如果想使自己的工作得到公众更高的评价，那么就要使自己的工作更有价值。

要使自己的教学更有价值，就必须进行并发展教学科学和教学哲学研究，就像医生研究医生的问题，政治家要研究政治家的问题一样，教师就要研究自己的教学问题。教学问题是涉及人的命运及效能问题，任何学科都需要对教学方法进行科学的研究，对教学目的进行伦理研究。“我们如何才能教好”

其答案一大部分是取决于“我们为什么而教”，这些问题最终任何学科都没有给出答案。我们可以用不同的方式和语言向任一所学校或课程提出问题，“我们如何把这些问题处理好?”“我们为什么必须处理好?”所以说，教育实践中的任何问题既是学科问题，也是哲学问题。

小学教育

小学阶段，我们更需要好的训练方法——更为有效的习惯养成，像学习算术一样。要取得这样的成效，我们必须借助于心理实验和对算术学习进步的精准测量。近两年来，我们对什么是算术能力已经有了较多的了解，但是，我们仍然不能把握不同的教学方法对算术能力的发展变化是怎样的情形？每门课程的教学都缺少教学结果的准确记录。我们缺少标准、基础测试和对我们所教学科的充分而详细的心理知识。检测和实验主要适应于记忆性的工作和习惯的养成，这些不能及时向我们展示一门学科与其他学科的关系，或与学校以外的生活的关系，也不能给我们所教学科带来活力。更不能给学生提供独立于合作的机会。他们也不能教会我们如何把学来的知识变成生活之光。对小学的算术课，用社会哲学来指导我们对具体内容进行取舍，证明对逻辑概念的轻重区分、训练掌握计算能力或对真实问题的操练是可行的。因此，我们在教授每门课程时都需要再学习，既要精，也要广。

中等教育

在中学教育中，上述这种双重职责就更多了，我们需要把义务教育的时间尽可能多的延伸到中学生的学习中去，因为到中学，就会有一些学生选择就业谋生，但是我们不能轻易把继续接受普教的学生和去就业谋生的学生完全分开，因为那些想就业的学生也需要继续学习。我们应该开办多种形式的职业培训，让那些学生继续获得完备的教育。

政府颁布了一系列法律来保障年轻工人继续接受教育的权利，雇主们必须支持工人利用业余时间接受教育的和参加相应的培训。这样的教育计划已经开始实施，并且已经证实这样做既有效又人性化。在加大教育供给时，对这些工人也要增加技能教育的比重，并通过科学评估来测试这些人所获得的教育成就。我们需要带着新的目的，在这种新的尝试下，学会如何使用这些传统的教育方法（这些新的方式，如学习家庭卫生或个人卫生等这些新学科那样），把多种形式的职业培训作为自选辅修课。

但是，在以普通文化教育为目标的中学，需要认真思考和辩证地看待传统科目的教学目的和教学方法问题。现代语言如何有针对性的教学？为什么要教这种语言？教学方法如果能根据结合完善的心理知识来进行，并通过课外学习完整地检测，这样掌握语言会比运用传统的教学方法更有效。如果我们能从对普通学科的模糊认识中摆脱出来，那么就可以更清楚地认识该学科的基本价值了，并且能更直接地获取它。把语言作为表达思想和提高表达能力的工具来掌握——要达到这个目的，我们要对基础信息进行分析，制定检测学习的标准；把外国文明欣赏加到这门课程的教学目的里——要达到这个目的，我们需要精选教材，把对生活更有重要参考价值的材料加进去。在这门学科和其他传统学科中，教师连续不断地进行调整，从教师和心理学家及受教育的学生那里，我们可以寻求到进步与改革。

对于教学方法的科学研究，可以借助于心理实验室的实验，或者借助于课堂检测，或者借助于准确的统计记录。但是上述这些方法只能为课堂教学打基础；教育方面的领导对教学目的的研讨，只能用术语做出新的阐释，关键是教师的反馈——学校教师必须让所获得的新的教学理念起作用，否则就证明无效。如果还坚持采用传统的理念和陈旧的方法——就像很多人一样，尤其在私立学校——他们会阻碍进步。但是如果匆忙地或者考虑不成熟地使用新的方法，同样也会导致失败。教师必须掌握所教学科的科学和哲学，并成为批判性的实践者；思想一定要开发，有批判精神并能提出宝贵建议。

大学教育

持这种态度的小学教师和校长比中学的教师和校长更普遍。公立中等学校教师比私立中等学校的教师更普遍。而大学教师中持这种态度的却不多见。并且要求针对他们工作中遇到的问题进行专业训练和研究的呼声不断。大学教师需要考核教学效果，需要对教学方法进行修改和完善，重新确立教学目的，寻找新的方法，最终达到教学目的。在美国，大学一定是文化的代表，但是它必须把自己从所选择的知识领域技术专门化的陷阱中艰难地挣脱出来——专门化本质上就是职业化。大学教授一定是专家，专业术语称为学者。大学生从自身的角度来说都不愿意或不喜欢太专业化。很好地学习一个专业领域，从该专业领域中获取知识，走近知识的前沿，去感受获取知识的快乐，这些就是大学课程中最基本的构件。在大学，人们更注重对知识的反思能力的培养。

作为行为的典范，大学教师应该从科研中抽出时间审视一下自己的教学方法和教学效果，对教学目的进行客观的评论，这是在任何学校讲授所有学科都必须做到的。

弗兰西斯·培根

欧内斯特·波尔波母

弗兰西斯·培根是我们最为尊敬的现代科学的预言家和鼓动家，在阅读《新工具》最后几页关于建立现代科学的汇总表时，我们为此而震惊，他对现在已经广泛应用于现代医学、气象学、工程学、航空学等技术和设备的精准预测记录在预言的方法和成就中，而培根本人却谦虚地说：关于科学的起源，他只是“给了地球一点点振动”而已。他的确不是具体数字的伟大发现者，从哈维以至到赫胥黎等的科学家们曾嘲笑他的实验是无用的。就连他所坚信的新的快捷掌握环境的方法，现在也还被认为是不切实际的。但他的《弗兰西斯·培根》一书，却被视为科学进步史上的一座丰碑。这本书以服务于更崇高的目标，以一种新的敢于攻克一切艰难险阻、自信合作的精神，为科学家指明了方向，带领科学家们向前迈进。培根的作品给后人树立了一种信念：依靠大家共同的努力，很快就会认识和掌控那些曾经无视生命的物理能量，正是这些能量曾经使人类长期处于贫穷、疾病，或因自然环境造成的事故之中。狄德罗在他的《百科全书》的编写说明中说：“我们亏欠培根的太多，他当时就推出了一个计划——编撰一部全球科学和艺术辞典，应该说，当时还没有科学和艺术的存在，在一个写出已知的历史都不可能的时代，他却以超凡的天赋给我们写出了一本必须学习的书来。”无论从事实验调查的人们在哪儿发现了新的自然规律，他们都会越来越倾向于把物质世界划归给人类的福利，而培根的精神在其中起了不可估量的作用。

培根不是仅专注于自然科学

培根在其他方面的影响似乎被他在自然科学史上的地位所掩盖，他之所以致力于自然科学发展，是因为他所处的那个年代人类因为对自然科学的无知而处于无序的自由的状态，并不是他本人认为自然科学永远重要。纽曼本人也并没有像培根那样强烈地坚持自然科学这条真理，尽管是浩瀚无边，但并不能完全满足人们的需要。在《学术的进步》前言的第一部分中，培根请求将科学发现应用于生活，这不仅是为了纯粹的科学真理，还要为明晰的精神、道德理念、精神的福祉。宗教和人文学科都得到了培根的支持。在《新工具》书中，给我们展示的不仅是公共科研机构的模型，还有关于社会和个性的理念。他所勾画的理想王国，并不是人们所理解的那样，是一个工业文明的国家，而是一个有信仰、注重人的情感、家庭生活和艺术美的联盟。

培根的随笔与其他作品的不同之处

在《弗兰西斯·培根》和《新工具》的前言中，培根认为世界应该是他所想象的那样或将会变成的那样。他在《随笔》中曾假设：不幸误导过许多现代评论家，并且有可能掩盖他的著名作品的独特优势。他指出，我们已经有了许多热情描写道德理念的书，我们真正需要的就是这些理念，是在一定范围内得到了准确的言论，及有关方法的言论，这些方法在日常生活中是可以付诸实践的。培根在随笔中表达的是：人类的生活不是应该怎样，而是实际就是这样。他说："让我们了解自己和我们想要的生活。"

培根不是一个愤世嫉俗者

有一幅反映人类的画，在画的下端有培根题写的一句很有个性的话：“保持真诚真好！”这样一位严谨而公正的人类生活的观察家，自然地遭到感伤派的反对，他们说培根愤世嫉俗、缺少良心；例如他们无视培根的现实主义的目标，却去纠缠他对婚姻爱情的随笔，他们希望他高度赞扬婚姻和爱情的美好，结果却让他们失望和不解；甚至对培根随笔中的有些言词感到愤怒，他们甚至大声怒吼：“一个多么冷酷、小气的家伙！他认为所有夫妻之间的爱就是为了人类的繁衍。”这些责备是不准确的，每一位细心的读者只要是没有受到对培根作品错误解读的影响，都会发现培根在随笔中所说的那种“使人堕落毁灭、荒淫纵欲的情爱”，是对人们的都认同的说法的一种责难。至于家庭生活，（如我所提及的，他在《新工具》中把她理想化了）他在关于爱情的随笔中简略地提到，但并没有用嘲笑的口吻去评说。而他只是认为，作为一种客观存在的事实，婚姻可能会对那些具有雄才大略的优秀人才有所妨碍，但是他承认婚姻还是比单身生活要优越。他鄙视那些缺少亲情保证，仅仅把孩子作为当成“账单”的人，他把婚姻称为一门“人类学的课程”，就是说培根认为婚姻是一所善良的学校，一种人性的教育。以客观、公正的方法和手段去研究人类生活在不同情况下的优劣之分，以便明晰人类能力的所及与否，这才是培根的最主要目的。

培根是实践的倡导者

指出伟大而智慧的人生理念是一项崇高的任务，同样，能深入到人们所困惑的客观实际中去也是不易的，但是有用的。这两点培根都成功地做到了。他做过律师，法官和政治家，深深知道人生的悲欢离合和种种的人性。他用天才的眼光观察同事，以敏捷的思维来了解他们的动机，以科学家的严谨态度来记录他所观察到的事。岁月见证了他在一定社会和政治条件下所观察到的事情的变化，但是人性和人的交往是不会改变的，他对事实的准确判断和给人们留下的深刻印象是不会改变的。如今，他仍然在现实中指导着他的读者。如果还想说，那就是听从他的忠告的人不会犯错误。或者肯定地说，他们比那些不了解培根的人犯错误的概率要低得多。

培根训练思维的方法

培根不仅是以实用的格言来充实我们的知识，他还训练我们如何明智地思考所面临的各种情况。他的随笔就如同一个个专题讨论，涉及实际生活的方方面面。他针对不同的问题，在告诉我们怎样去思考，怎样去解决，各种不同寻常的方法，极为高效。孩子们喜欢用“好”与“讨厌”来判断所有的人，而年龄稍大一些的爱用“都好”与“都不好”来判断事物；培根告诉我们该如何系统地判断好与坏，努力在寻找起关键作用的原因。他在随笔中就是运用这种方法来推理的：“这件事在这方面是好的，可在另外一方面就未必是好的；它在这个范围内是有用的，在这个范围之外就是没用甚至是有害的。”

培根对现实的特殊贡献

我们绝大多数人在一定时间内是明智的，特别是在没有什么事物吸引时，但是要时时地表现出你的明智，那则是很少见的品德。每当我们面临错综复杂的问题时，我们往往表现的不是明智，而是极大的热情、渴望和自信。有史以来，人性的缺陷、社会由来已久的丑恶，阻碍了圣贤们的努力，我们渴望消除这些丑陋的存在。对那些需要处理的具体事情我们太没有耐心了，我们从内心厌恶那些干扰我们预期的事物。简单地说，我们不喜欢真理；但是培根告诉我们，知识分子是社会道德进步和人的发展不可缺少的部分，他教导我们：要把真理引向理性的轨道，并让它发挥作用。自培根那个时代，他从迷信中挽救了科学；在我们现在这个时代，他从感性中挽回了道德。

洛克与弥尔顿

H. W. 赫尔姆斯

十七世纪是教育史上最为丰硕的时期，这是一个思想真挚、品格高尚的时代，也是勤勉工作、成就卓越的时代。可是，整个世纪的教育进步却是零散的。对于教育，这是一个做准备的时代，这个时代的改革者们是经过大半个世纪的努力才取得了这些成果，这些成果几乎都是当时条件下所产生的必然结果。

改革者们所处的是宗教、政治生活、哲学和自然科学都在重组的时代，矛盾冲突的体现是欧洲三十年战争和英国国内战争，在此冲突中的痛苦和忧伤为现代宗教打下了宽容的基础。在美国，已经开启了殖民地，英国与斯图特王朝的战争保证了政治自由的结束。在欧洲大陆，尤其在法国，最终以不流血的方式实行了变革。在欧洲大陆，众多的专制统治得到巩固，对教育造成了直接影响。同时，在许多勇敢的知识分子和冒险家的努力下，现代科学得以诞生，从开普勒、天文学家伽利略，到生理学家哈维。

弗兰西斯·培根是反对经院哲学的先驱和记者，他用新的观察实验和归纳推理的方法揭露了中世纪的错误和迷信。笛卡儿和他的同僚们的作品开创了现代哲学；在一个精神和物质都比较混乱的时代，伴随着这些货真价实的成就的取得，在教育方面的努力受到这样大的鼓舞，还需要奇迹发生吗?

虽然一个新的领域已经得到了部分开发，但是教师们还没有进入到该领域，即便在后来几年中，科学也很少被用于实现教学目的中去。一种新的方法虽然已经被发现，但是当时的普遍认识是：寻求真理的方法不如获得知识的方法。一个新的普及教育的需求已经开始出现，可是对十七世纪的教师来说，民主还是乌托邦式的承诺；因此学校的课程范围仍然不宽，方法仍然是命令式的，教育的机会还是供特权者享有。

约翰·布利姆斯里和查尔斯·费尔等作家，很重视改进经典名著的课程教学，而并不是以教导和训诫的精神，或者以延长教育机会的方式对学习计划中的基础课程进行改革。

夸美纽斯与《伟大的教诲》

那个时代，有人开始构想建立这样一种教育体制：即属于国家的体制，有国家投资，是义务的、民主的教育；是一个服务于所有人不同需求的体制，目的是在对每一个人的教育中实现其社会价值。这种体制最终可以建立起庞大的研究机构和实验场所，建立相同的研究生院作为职业培训和教师培训基地。这种体制最终实现所有学科都以科学的思想、自由的方式来授课和学习，所有学校、班级和科目都以自然而有意义的方式去选择和管理。

产生这个构想并为之奋斗的人就是伟大的教育家——摩拉维亚大主教约翰·阿莫斯·夸美纽斯。

洛克与弥尔顿的著述领域

有个不能否认的事实，夸美纽斯的重要著作《伟大的教诲》是教育史上非常重要的作品，其重要性甚至超过了洛克的教育思想以及弥尔顿的教育文章。

虽然夸美纽斯的《伟大的教诲》受到广泛赞誉，但是在当时却很少有人了解，即便是后世的洛克和弥尔顿都没研读过。只是这并没有影响二人教育思想的提出。

在洛克的《教育思想》一书里我们读到了一篇关于一位绅士的儿子在家里受教育的论文，这篇论文是根据一位现代心理学家和一位道德哲学家的建议，结合当前的实际情况，做了一些改进。《教育论文》中也提出了一个方案，这个方案是遵照一位大诗人和热情的爱国者的（充沛心智）要求，在更好的班级得以实施。在以上这些著述中，我们找不到对科学新运动的同情，也看不到在教育方面以及整个过程中对民主的预见。我们只好无奈地承认，洛克的教育观已经落后了，但是作为文章，仍然具有可读性，仍然是有益的。作为教育史上一份重要文献，直到现在人们也没有忘记他。

弥尔顿论教育目的和方法

弥尔顿散文的影响力在于他开阔的视野，以及他在英国文学的历史地位；他的《教育论文》提出了许多对现实有针对性的建议。

弥尔顿在《教育论文》中提出的教育目标是宏伟的："为此，我把它作为有造诣而且宏大的教育，这种教育是要培养人能够公平熟练而且高尚地履行所有的职责，无论是公众的还是私人的，无论是和平时期还是战争年代。"可是在复杂的现代生活中，任何个人都无法实现这个理想，这是毋庸置疑的。然而也应该看到，弥尔顿的教育理念与当代教育理念——教育是社会的，是一致的。

每个人都应该做好担负生活责任的准备，而不是仅仅培养成只占有成就或知识的人。《教育论文》的核心思想是：知识是应用的。弥尔顿所要求的"范围更广、理解的更深、更好的教育的第一原则"，是强调教育内容本身而不是教育形式。

按照弥尔顿的一贯想法，教育首先是文学，从拉丁语法开始，很快过渡到所学的书籍的内容和意义方面——"美好事物的实质"，会成为人们所见的现实的首要目的。这一观点现在仍然有效，即便用得很少，但是还在应用。教学极容易受到形式上的概念或专门术语的干扰，我们不希望大声呼喊，不应该给学生灌输“粗糙的概念和模糊不清的语言，他们期望的是有价值的、令人感兴趣的知识。”

如今的知识来源有可能是弥尔顿未知的，许多他曾经非常珍惜的来源今天已经不重要了，但是有用的知识无论是现在还是过去，都源自现实生活；《列西达斯》和《科马斯》的作者不能因为忘记了格式的要求而受到责备。所以，我们要尽可能更多地关注他们，他们告诫我们不要向初学者使用“知识抽象”，例如只是学习词汇等一类的东西—这类东西最好别学。令人欣慰的是，这是现代教育做出的努力，从最开始教阅读、算术，到大学最高层次的学习，目的是让知识为生活服务，也让生活点燃知识。

洛克论绅士教育

洛克的《教育漫步》中，没有弥尔顿《教育论文》里那些详细的方案，但是洛克曾构想出了整个国家的教育体制，在《教育漫步》里他仅谈论了绅士子女的教育，这暴露出洛克重视家庭教育而轻视学校教育的保守思想。他对当时的学校表现出蔑视的态度，并提醒人们审慎地选择家庭教师。然而洛克当时学校已经发生了很大变化，所以他愿意修正自己的观点，就像他对其他方面的看法一样。应该看到，洛克当时还不具有现代意识的儿童心理学的学生，也不是学习儿童普通心理和生理发展的学生，他在教育儿童方面的想法主旨是好的，但却不能完全效仿。对于我们来说，洛克短文的主要意义体现在他的由孩子父母和教师实施的道德纪律教育的设想中。他成为一个善于观察、阅历丰富、原则性强、富于人类同情心的人以后，他这方面的论述更值得我们认真研究。

洛克向我们提出的忠告主要是：丢掉棍子，不到万不得已不可使用；抛弃责骂、威胁、奖励、规则、讨论和劝说。要通过给予认同和关爱来培养孩子正确的思想和行为。在孩子的行为得当时，给予一般的优待；当他做了错事时，对他表现出不赞同或不喜欢，并取消给予的娱乐和陪伴的优待。但是家长应该学会在运用这条规则训练时所要注意的道德方式，也就是说，要考虑孩子的动机和意愿，不能只是注意他的行为对外界的影响。洛克实际上是主张使用一种稳定的、一致的、同情的、心平气和的道德力量作为引导孩子养成好的行为的最佳教育方式。他想让孩子学会：懂得爱什么；恨什么，并把这个作为首要的习惯，并以此作为他们成熟的理由。他的想法是让孩子的行为不仅与外界的要求保持一致，还要以一种自觉采用那些表达清晰的行为标准来做事。随着时间的推移，这些标准也能被解释清楚。为了达到教育的目的，洛克把教育权威当成道德的代理人。

洛克的语言蕴藏着智慧，即使现在已经有了更多的关于儿童教育的现代理论，家长们几乎找不到比洛克所讲的在家中紧急情况下对孩子进行道德培养的基本原则；道德培养是不容易的，因为它要求好的品质和正确的判断，对家长的培训也如同对孩子培训一样艰难。虽然现代作品中有许多关于儿童生活方式的描写，这是约翰·洛克所不知道的。但是以他的方式提出的很现实的基本理论，后来以不同的方式得到了广泛的应用，收到很好的效果。

洛克赞同弥尔顿《教育论文》中关于学习的基本观点，对于拉丁文的学习，他反对过于强调语法学习，而应该以扩张性阅读为主，他赞成手工艺工作培训要与书面学习相结合。这一点与弥尔顿提出的在实践活动中向执业者学习的方案相同。不过洛克的观点是个性化的，而弥尔顿的观点是面向全国的，这是根据以下事实得出的结论。弥尔顿在公务中认真使用知识和技能，所以，是以实干家的姿态来教年轻的知识分子；而洛克则把手工艺看成是绅士们的业余爱好。

有一点洛克被完全误解了，人们一直认为他是一位典型的正规学科信条的倡导者——该信条信奉的是“学习是可以选择的”，不是因为客观有效性，而是因为在智力的培训中或者在培养一种只是定义就足以令人费解的（实际上是虚构的）“综合能力”的过程中，可以获得假定的效力。关于记忆培训的文章就是证明。其实在文章中，洛克并没有那些观点，完全是人们强加给他的。他的确主张知识和道德学科同样必要，但也只限于培养思维和意志力方面。

上述两篇文章记录了很多与现代思想迥异的风俗习惯、标准和传统，其中所取的人名与书名，许多现代读者未曾听过；文章的作者没有吸收当时最有远见的概念和理念。但是，其观点和理念也被公认。我们必须承认，这些文章对我们来说仍热是新鲜的和有价值的，我们一定可以从他们的智慧中受益的。

卡莱尔与纽曼

弗兰克·威尔逊·切尼·赫西

在维多利亚时代的早期，震撼英格兰的最强声音，是纽曼与切尼，前者是点燃中世纪教堂蜡烛的温和派牧师，后者是感情奔放、成就斐然的苏格兰农民。现在，我们仍然能听到他们的声音，看到他们在时的相貌、姿态、语气和方法，还有对他们那一代人的要求上的巨大不同。马修·阿诺德在牛津对纽曼的描写至今还铭刻在人们的记忆中："谁能抵御那个精神幽灵的魔力，在午后暗淡的光线中飘行，穿过圣·玛丽教堂的走廊，升上了讲坛，以最引人入胜的声音，用宗教的音乐，歌词和思想打破了沉寂，那宗教的音乐——低沉、悦耳、略带悲伤；我仿佛听到他在说'经历了狂躁的生活，饱受了疲倦和病痛，战斗与沮丧、厌倦与焦躁、奋斗与成功之后，在国家经历了动乱与危难的变迁和机遇后，最终不过归于一死，上帝的宝座上终会空位，最终归于天主。'"

我们在介绍另外一位（在凯若琳·福克斯的报道中写到）："不多时，切尼来了，他看上去似乎感觉到身着华丽的伦敦听众们几乎不能让他作为普通的演讲者走上讲台，他身材高挑而结实，面带坚毅与质朴，充溢这不屈不挠的力量；一双炯炯有神的灰色眼睛，在两道浓眉之下闪烁着智慧的光芒；他神采飞扬，风度翩翩；他的演讲让人心悦诚服，他要讲的话还有很多，但是无法讲给听不懂的人；这位英国人所讲的充满美感的真理得到听众的欢呼雀跃，而他会不经意地挥挥手，似乎在说，这并不是真理所需要的敬意。”

这个人突然振臂高呼：“我们不要这个混乱的世界，看在上帝的分上，工作吧！使出你身上最大的能量，使出来吧！加油，加油！无论你做什么，努力去做，工作就在今天白天，当夜幕降临，我们便无事可做。”

纽曼与牛津运动

纽曼与切尼所做的工作与他们的性格截然不同，纽曼的一生是在激烈的神学争论中度过的；他是牛津运动（1833—1845）的领导者，牛津运动精神力量的激发者；牛津运动自《大港的时代》问世以来，经常被称为牛津运动者运动。这是一场伦敦教堂内部为了复兴天主教义的运动。这些教义在祷告书中仍然可以找到。这些教义实际上就是使徒传统、祭司制度、圣礼制和耶稣现身圣餐会。他们认为，圣公会教堂需要热情。

《鼓舞心灵的口才》是纽曼献给牛津运动的礼物，随着时间的推移，他的说教和福音使人的精神得到升华，慕名的崇拜集于他一身。“在牛津大学奥利尔学院的巷子里，心情愉悦的大学生会大声呼喊着，‘纽曼在哪儿?’”在纽曼眼中，基督教堂就是“不可见的物质的具体代表”。为了把教堂的象征意义带入无限的想象中去，举行宗教仪式盛会是非常必要的。教义，不是《圣经》传说中的刑具，而是树立权威反对刑具的，是用来保护原始基督教精神的。

纽曼在罗马教会神学和加尔文神学教派之间选择了中庸之道，即保护英国国教。纽曼以及追随他的年轻人都渐渐相信，权威与永恒的天平是倒向罗马教会的。在第三十九章天主教义的第九十条，新教会的壁垒响起那教派的一阵反对声。最终在 1845 年 12 月 13 日的教士集会上，出现了戏剧性的场面，牛津运动被扼杀了。纽曼抛开了中庸之道而进入亚比古道，加入了罗马天主教。多年以后，1864 年，他卷入了一场与查尔斯·金斯利的论战。这期间，他写了自己的宗教自传《生命之歌》，这本著作，尽管不能说是对金斯利反对罗马教会罪名的有力反驳，至少也是对纽曼诚实与高贵精神的成功辩护。

切尼与他的信条

切尼对纽曼没有一丝同情心，切尼曾经说："约翰·亨利·纽曼的智商还不如一只大白兔。"切尼自己一生投入到对伟大运动历史的撰写，如法国大革命，以及伟大人物的传记，比如克伦威尔和腓特烈大帝；他批判社会的邪恶，关注用书籍、缄默、工作和英雄来鼓舞和教化人们的灵魂。"书中自由过去时代的精神。""缄默是男人永恒的天职"，"工作就在今天"，"全世界的历史，实际上就是曾经在那里做过事的伟人的历史。"这些信条被收集在爱丁堡的就职演说中。圣人切尔西在对乔治·梅雷迪斯的一段最著名的评论中说："切尼经常站在他所讲的永恒真理那边……预言家精神在他身上体现出来……他是大不列颠最伟大的人物，不但在他所处的时代，即使后来英国知名人物无人能与他相比"；他"是泰特尼克，不是奥林匹亚；是挑石夫，不是塑造家"。假如他的作品不够完美。他会以最快的速度提笔将那些作品毁掉，并添加上让人难以忘却的语言。

无意识的信条

维多利亚时代最大的悖论是：气质、语言方式、生活方式等方面完全不同的人会有相同的思想或信条吗？他们的灵魂，他们的信条来源和支点，是来自同一个主导性观点，同样的观点会引导一个人坚信衣服越旧越有价值；也会引导一个人将旧的抛弃。这种主导原则就是"无意识信条"。

切尼第一次在他的短文《特性》中阐明了他的信条，他说："思想坚强的人把信条看成智力、道德，或者反过来说，但绝不会和力量相联系；用健康术语来讲，就称为失去意识。"

在我们的内心，就像我们大外部世界一样，无意识的东西摆在我们面前，它们是既不是动态的，也不是充满活力的。我们的思维只是可以变成清晰思想的最表层的东西，在争论和有意识论述中，还存在着沉思；在我们宁静与神秘的内心深处，还蕴藏着强大的生命力。无意识的事物是可以创造的，它们不是被加工或制造出来的，因为制造是能理解的，但又是烦琐的；制造是伟大的，是不可理解的。我们必须弄清楚哪些是直觉的，哪些是无意识的；就比如对健康的理解，就是不合逻辑的，也不是善辩的，而是直觉的。表现正常的特征是自发性和潜意识的，“健康的人不知道健康，只是生病的时候才知道。”

面对这样的观点，切尼关于工作和英雄的信条基础已定，凭借着工作，自发性的自我游历表现的机会，英雄就是那些自发性的，诚实的伟人，时代的精英就是善于汲取众人的思想充实自己的人。

纽曼也是坚定而彻底相信潜意识威力的人，他在“论显性的与隐形的”讲演中，用“隐形的原因”指出“潜意识的沉思”——“推理是我们内在的一个活生生的、自发的能力，但不是艺术。”他后来又说道：“进步是一个成长过程，而不是一个机械装置，它的仪器是脑力活动，而不是学习语言规则和方法。既然每一个人在推理之前都有一个判断正误的本能，那么每个人也都有得出正确结论的本能。上帝在他奇迹般的启示录中把真理给予人类……这些真理就变为我们祖先的智慧。”这就是纽曼关于直觉、本能的坚定信念，所以他接受了这样的观点：人类的智慧比个人的推理更值得信赖。他相信，基督的真理不是根据个人的推理被保存下来，而是有赖于各种能力、洞察力和感觉，这些能力和感觉是在漫长的社会中找到的。所以没在纽曼看来，天主教不过是基督教信徒们身体发出来的声音——“无形物的代表”。

这两位伟人，互相并不了解，但他们的信条却建立在同一个原则上，即“无意识信条”，他们都能用有教养的恳求和充满激情的表达，来坚持这些崇高的道德真理；信任是自觉的，真诚是本性的，自觉与本性又同时服从于那些诚实的、能拯救世界而又天赋高贵的人。

赫胥黎论科学与文化

A·O·罗顿

赫胥黎在1880年英国伯明翰的马森科学院举行了论“科学与文化”的讲演，与其他科学报告会一样庆祝当地的大事件，并且回答了当时所提的问题，但是与大多数讲演不同的是，本次讲演内容成为英国教育发展伟大的历史性文件，具有深远的意义。讲演庆祝的事件是十九世纪围绕教育展开的“不懈的斗争，或者说是不懈努力中的一个风险。”这是关于十九世纪重要两项改革的论战。讲演者是为争取这两项改革顺利进行而努力的伟大领导人。讲演是以“一种艰苦而引人注目的展览会的方式进行的，其特点是赫胥黎的写作风格，因此而赢得了大家的支持。”

反对赫胥黎的人

“科学与文化”的意义是在它的历史背景中体现出来的。赫胥黎的观点已经被大家所接受；没有谁反对他的观点；科学是现代文化的基本元素，没有人否认“一个科学教育的延伸”是工业进步的基本条件。

可是，在1880年的英国，对于正在思考国家和其他管理的绝大多数人来说，这个观点是非常激进的。科学研究的倡导者遇到一个强大的、由商人和通识教育者组成的反对派。

科学的教育被商人所漠视，这对于经商者来说是有害的。英国的工业，在没有科学的指导下，奇迹般发展；工业大佬们因此相信“经验法则”，他们依靠这一法则而取胜，所以他们藐视科学研究与工业结合的重要性。然而德国却认识到了这个重要性，在以后的二十五年中，德国成为英国工业最强势的竞争对手，从而遥遥领先振兴起来了。

后来英国民众强烈要求运用赫胥黎提倡的培训方法。

在把科学引入到文化研究范围内时，也曾遭到强烈反对，把科学，像物理学、化学、生物学、地质学等作为文化基础，中小学教师和大学教授、专家学者们都持怀疑态度，甚至予以否定。只有赫胥黎坚信不疑，他提出：“要想得到文化，科学教育和识字教育具有同样的效应。”这在当时的学术界引起震动，就如一个由猎人组成的乐队出现时英国花园派产生震动一样。赫胥黎认为，1880 年，“英国大多数受过教育的人”所持观点与三个世纪之前通识教育一样，他说，“文化只能由通识教育而获取。通识教育与文化是相同的，它与文学教育及发展方向密切相连，并且以独特的形式存在，比如希腊和罗马的古代遗物的形式；他们认为，只有学习拉丁文和希腊文，才会有教养。无论你通晓多少其他领域的知识，也只能是一个值得尊敬的专家，但不能称为有教养。识别人有无教养就看是否懂得拉丁文或者希腊文。否则，即便有大学学位，也不能称之为有教养的人。”受到良好教育的大学生会采取更加自由的态度；中小学教师和一些大学者，虽不能说他们傲慢，但也常常表现出自高自大的优越感。

还有一类有教养的人，打着宗教的幌子来反对科学研究，特别是对生物学的研究。自 1895 年达尔文的《物种起源论》诞生以来，科学家与神学家就进化论问题“不断争论和摩擦”，不可想象这些人因为这一理论带来的不快，以及当时进化论和他们的支持者受到抨击的事实。牧师和虔诚的教徒们认为这个理论是在摧毁神学和动摇基督信仰的根基。以赫胥黎为首的维护进化论的科学家们，都被看作是病入膏肓的理性主义、唯物主义和无神论者，与宗教势不两立。当然，科学研究就是反宗教的，造就无神论，消除信仰的，因此遭到强烈反对。论争直到1880年才终止，但是因此而引起的不快并没有消除。尽管赫胥黎在《科学与文化》的讲演中并没有涉及那些反对者，但是在他回忆录中仍然有一些关于这场冲突的记述。

在这样的历史状态中，这场讲演，对年轻的读者来说，是一件很不寻常的事；这是一位维护科学的学者在科学论争的激烈时刻具有战斗性的讲演。

无疑，赫胥黎的这次演讲和其他激烈论争是为了两大问题：一是为产业工人利益和支持产业本身的科学教育的扩大和延伸；二是修改文学研究计划，包括现代科学、自然科学，还有传统的拉丁文与希腊文研究计划的修改。为了这些，他遭到了反科学研究的商人和通识教育者的攻击。

赫胥黎给商界的倡议

在赫胥黎的演讲报告里，我们看到赫胥黎面对不同人的方法，对于实实在在做事的人，他采取恳求的态度，归纳起来即："我不会强迫你们接受科学教育，但是，想到约西亚·梅森先生，为创办学校付出了一切，他和你们一样想干事业的，但是他相信科学教育，他准备用自己的一大部分财富，提供给进入伯明翰城产业的青年们接受科学教育，他的决定超过了任何人，这所大学就是对反对者的应答。我断定，没有比这更具说服力了。"

讲演临近结束，赫胥黎以科学对产业所具有的应用价值为依据，再次谈到科学教育，他说：只是作为文化来探讨，普通科学同样有应用价值，它可以提升人的品质，能提高工业产品的品位，从而满足不同的需求。

赫胥黎对文化与科学教育的结论

赫胥黎应对另一类反对者的办法与前一类有所不同，他提出推论式的请求，他从人们公认的文化定义开始，以他们反对的现实问题为答案，向反对者提出质问："文化是如何得来的？我们的分歧在那里？历史会回答我们。人们通常以为，文化研究是顺应时代的发展而变化，中世纪神学是文化的唯一基础，因为它所包含的理念和标准最适用于对当时生活进行批判。十五世纪西欧的文化主流是古典文学，神学也应运而生。因为它的理念和标准比较实用，特别是在文学、雕塑等方面，推理得到很好的应用。可是，十五世纪以来，文化发祥地不断出现，现代文学、现代音乐、现代美术，现代科学的大格局凸显出来。现代科学与自然科学相关的书籍使我们掌握了新的判断标准和观念；我很清楚我们的差异在那里，因为我们还停留在十五世纪的观念里。你可以不管那个时期知识方面的进步，但是一旦文化成为现代生活的评判标准，那么，这些新的知识所提供的理念和标准，就会成为整个文化的一部分，这是毋庸置疑的事实。"所以，依据这个定义和历史事实的推理，赫胥黎做出了具有说服力的、妇孺皆知的结论。

赫胥黎的魅力

这场演讲质朴而明了，这是赫胥黎作品的风格特色。读者会忽略演讲者前面的演讲稿，好像深入到了他的内心世界而非词语本身；就如同透过明亮的窗子在欣赏风景。

赫胥黎的演讲历来都是津津有味的，用一位评论家的话说："赫胥黎总能在一些乏味话题里加进一些人们喜爱的诗歌格律。"赫胥黎生动的语言和风趣的幽默，使他的反对者不再辩驳。

赫胥黎是英国最著名最突出的人物之一，读者打开他的《随笔集》，其中他儿子编写的两卷有关他的《生活与书信》，里面有一幅他的肖像，豪放中透着热情，这就是一个追求真理的肖像；面对艰难曲折，他没有退缩。他是一位无所畏惧的、豪放的、诚实的人，是一位有思想、有眼界、心地纯朴善良、富有名望的人。

自然科学

natural science

简　介

劳伦斯·约瑟夫·亨德森

自然科学是人类各种伟大成就中最新的一种。人类其他重大文明成就完全成熟的时间距今较为久远。很多人类智慧的艺术成果，比如文学与艺术，经过若干世纪的发展，已经成为人类共有的财富。即便是音乐这种现代的艺术形式也已经不再年轻。而科学是在十九世纪开始逐渐成熟，并在人类生活环境中发挥着各种不同的作用。在科学时代开始几十年后的今天，农业、交通、信息、食物、衣服和住房，以至于生、老、病、死等人类所有现实生活的经验和行动，都和以前有较大不同，甚至连人类生存的地球本身，都在发生着意想不到的变化。

同时，由科学导致的这些变化，把科学自身的创新与哲学的演变联系起来，引导了宗教思想的潮流。应该强调的是科学所带来的影响，有积极向上的，也有落后消极的；但无论哪一种，影响都是巨大而深远的。其中最值得称赞的是自然知识的积累，这是一切变化的源泉，对自然的认识带来了深刻而完整的变化。万物在接受自然的赐予时，对自然进行了挑选、衡量、计算、分析与归类。随着知识的更新和自然规律的显现，人们经过试验和数学分析的验证，直至实证知识能够揭示万物的起源以及所有的现象。人类已经对宇宙自然充分认知时，科学也即真正的成熟起来。

其实，从某种程度来说，科学的历史及对文明的影响是比较简单的，因为在深不可测的自然力量面前，它不是复杂的。科学来源于人们对自然的热情与兴趣，并成为人类文明史上最具魅力的重要部分。

科学因某些心理因素而产生，但它的历史更接近人类自然历史的部分。在人类近代发展史上，科学与自然环境的斗争始终存在，与人类战胜自然的能量和毅力息息相关，与人类在知识积累中所形成的知识结构息息相关。

人类学

人类生活在物质世界中，如食物以及服务于人类生存的生产和分配；为人类遮风挡雨驱寒的住房的建设等。所有人类的活动都是依赖于这些条件而完成。因此随着人类对世界不断深入的认知，人类对环境的控制促进了科学的不断进步，直到更好地进行物质生产与建设以及商品分配。这些进步也许并不是人类最为盼望的，但确实是人类生存不可或缺。

人类战胜自然的许多成就在史前业已完成。这主要是当时尚处于智力较为低下的原始人类不断积累丰富的生活经验和比较好的运气所致。从此人们学会了把泥土装进篮子里，再烤干以后铸成陶瓷。后来就把原木破开修理，加上一些小的发明创造，就造成了一艘小船或独木舟。

索福克勒斯在《安提戈涅》合唱中赞颂了这些伟大的成就：

生活的方式千千万，
几多精彩，几多奇妙，
都没有人类的表演——
更精彩与奇妙。
迎着凛冽的寒风
他，乘风破浪；
风云翻涌，砥砺前行。
前方迎接他的，

是古代地球上所有的神灵
永生而不朽的。
他，披荆斩棘，
奔驰着，踏出一条小路，
一天又一天，一年又一年。

鸟群在纷乱的飞翔，
野兽在原野中奔跑；
鱼儿在大海里畅游。
他撒网，他追捕
——都收入他的囊中。
人类学会了技艺，
精于艺术
野兽成了人类的网上之物。
汹涌的波涛，广袤的草原，耸立的山峰；
给马套上犁具，
把公牛赶上山峰，
一切都能驯服。

语言犀利、思维敏捷，
毫无怨言只为了更好地生活。
他学会了这些，学会了逃跑，
从寒冷中逃跑，
从暴雨中逃跑。
这就是无所不能的人类啊！

很多人把这当成人类成就自豪的表达，即是对人类战胜自然而获得文明的自豪。可是当我们在为原始人类所取得的成就而骄傲的时候，不要忘了这些成就的取得是人类文明发展之间存在很大差别。这是史前活动与伟大科学成就的差别。人类早期的成就有其独特性，例如驯养野兽，还有我们熟悉的火的使用，都是古人类自己创造出来的。实际上这些具有偶然性，它们的发生并未促进其他东西的产生。人类顺其自然地生活，等待着事情的发生，依靠事物本身的独创性，没有新的发现和发明的方法。人类还不能掌握系统的知识，还缺少知识的积累。每一项发明，还只是为了自身的功用，还不能带动其他成果的产生。巴斯德的自然界微生物空间却与此不同，他的这项发明突然间是人们对人类及动物得病的原因有了明晰的认识，很快人们就发现了疾病预防与治疗的方法。并且认识到了古老年代曾经发生过灾难的原因了。这些成就即是医药的发明。

如果说化学与农业方面也取得了成就，那么巴斯德的发明就影响到现代文明社会的每一个人。

显然，人类早期的实践成就并不能与自然科学混为一谈。他们属于人类发展的某一个阶段，为人类学家所关注。而我们现在讨论它是因为它能帮助我们认识什么是科学。

古代科学

在人类历史的早期只有少数真正的科学存在，比如人类对黄道和天文学知识的记载，在此基础上历法得到了完善。又比如三角形一类的相关知识，在人们调查尼罗河洪水方面起到很大作用。希腊哲学家也为古代科学做出了贡献，希腊的天才和思想使人类过于自信通过观察与试验进行无辅助计算的方法。结果希腊最鼎盛时期并不是科学最辉煌的时期。亚里士多德和他的学生泰奥弗拉斯托斯在动物学、植物学及岩石学方面做出了巨大贡献；但他们却没有以清晰的语言和精确的概念为基础的模糊的理论奠定正确的方向。

培根说："上层阶级（理性哲学学派）著名的代表人物亚里士多德，运用逻辑思维曲解了自然科学；他对世界进行了错误的分类，将其归入人类灵魂——世上最高尚的存在。”亚里士多德总是热情地解答问题，并从语言上肯定其积极的一面而忽略了事情的本质，结果与希腊其他哲学学派相比，他的哲学因为追求“完美”而最终失败。

阿那克萨戈拉的原子唯物论，留基波与德谟克利特的原子唯物论，巴门尼德的天地学说、恩培多科勒论冲突与友谊、赫拉克利特关于身体是怎样分解成客观物质后在重塑成固体的学说……他们所有人都涉足于自然哲学——有对物质、经验以及身体本质的观点。无论怎样，亚里士多德物理学中只有逻辑思辨，没有其他别的内容。没有别的内容。在他的《形而上学》著作中也是如此，只有一个比较好听的名字。作为一名并非唯名论而是现实主义者，他并没有采纳经验而形成完整的学说，而是凭主观想象来给问题定论。当他以主观想象界定问题时，他又诉诸经验了，与以前的观点没有差异。这是他顺从了这个过程，甚至于他比现代那些完全丢弃经验的追随者更加内疚。

很快，当亚历山大大帝成为希腊的中心时，形而上学的问题就变得更加凸显，积极的科学开始回归。人类经过一千年的发展，特别是阿里斯塔克、埃拉托色尼，西帕克斯，欧几里得，英雄以及托勒密，在亚历山大时期废寝忘食。他们实实在在的应用科学方法来收集天文学、几何学、三角学、光学、热学和解剖学等方面有价值的信息。这一时期最优秀的古代科学著作是阿基米德在希腊库扎创作的，他确立了静力科学。

依据迪斯雷力的定义，罗马人比较重视实务，因而重蹈了先辈曾经犯过的错误，限制了对科学进步的推动作用。当黑暗时代制约了科学活动，与当时其他领域比，人类所取得的科学成就就显得微乎其微了。

但是，可以肯定地说，真正的古代科学及古代科学方法已经建立起来了。对古代世界的一些不正确的解读，中世纪要比古代多。而人们过于重视亚里士多德的思想，致使文艺复兴以后第一个世纪科学的倒退。（但不可否认，如果古代科学，例如阿基米德的力学研究，欧几里得的几何学、亚里士多德的动物学，能给我们今天所了解的科学方法和特点以最好的注解，那么几乎所有现代科学的研究成果、人类生活和文明的进步在古代都不可能存在。）

古代科学在许多方面是无法传承的，现代科学才是今天社会进步的真正动力。

现代科学的兴起

公元十七世纪，现代科学有了很大发展，就如古代一样，人类的思想再次徘徊在想象与理智之间。在又一次全心投入于严谨的科学之前，许多学科领域产生了天才的著作，这些著作一直沿用至今，永远不会过时。

毋庸置疑，列奥纳多·达芬奇博学多才，他研究出机械难题的解决方法，完成了解剖学研究，在每一个领域他几乎都有建树。

他对事物现象与行为的观察力尤其突出，在这方面的造诣并不次于艺术方面——他的艺术著作仍然无与伦比。

出现在伽利略之前的两位现代科学家也非常重要，他们是哥白尼和维萨里。虽然哥白尼的著作在他逝世前才问世，它没有提供出日心说的证据，以至于在当时还没有给人们深刻的影响。

维萨里专注于解剖学研究，尽管这门学科并未对人类文明产生过深远影响。

十六世纪或更早时期，致力于把自然科学应用于工业领域的学者较多，但长时间以来，传统的观念、信仰的权威、迷信占卜术与炼金等伪科学的盛行阻碍了科学知识的进步，但是，有哥白尼，这些伪科学受到打击。到了公元一千六百年，焦尔达诺·布鲁诺被烧死时，日心说无论在听众面前，还是作为人类智慧自由力量的解说，都更加深入人心——对多数善于思考的人来说，真理已经明晰。

十七世纪爆发了史无前例的思想革命，这一革命的爆发有诸多因素，有少数伟人的引导，如牛顿、伽利略、哈维、开普勒、惠更斯、笛卡儿、培根、莱布尼茨等。代数学的进步，使笛卡儿解析几何的发明成为可能；还有牛顿以及后来的莱布尼茨，各自独立创立的微积分学；望远镜和显微镜的发明，有极大地拓展了人类的视野，总之，整个文艺复兴给人类带来了思维的现代化，这又一次促进了正确的科学思想成为现实。这要归功于首次发起思想革命的伽利略，他完全可以与阿基米德齐名。

牛顿与《自然哲学的数学原理》

从多方面看，十七世纪是科学史上最有意义的一个世纪，而科学也是人类历史上人类最感兴趣重要事情，这是伽利略的开创。现代科学是天文学之女，它沿着伽利略的斜面实验从天空滑向地面，因为现代科学是由伽利略、牛顿把自己的研究与后来者将开普勒的天文学联系起来的。自由落体实验与伽利略的代数几何法落体计算，加上开普勒的行星运动定律的伟大发现，经过哥白尼的假说启示，最终推导出牛顿的《自然哲学的数学原理》（英国人所著两本巨著之一）——如同莎士比亚话剧一样成为独占鳌头的旷世之作。

这一无可比拟的巨著，包含了力学方面的所有原理，自从一六八七年出版以来，后来许多科学家都虽然在此基础上进行一些补充完善，但没有谁能真正拓展其内容。在创作此书的过程中，牛顿无意间创立了微积分学，成为无数数学与科学成就的源泉，也成为编年史学习中矛盾争论的焦点。

牛顿的著作成为力学领域的奠基之作，当然该书还与十七世纪其他成就以及开普勒、伽利略的成就有关。特别重要的是力学领域的早期成就是以英国的约翰·纳皮尔和瑞士的乔博斯特·布尔吉独立发明了对数，以及笛卡儿发明的解析几何为标志。牛顿的著作还依赖于科学仪器和测量范围及精度的大幅提升。

从伽利略到牛顿，力学的发展就是科学进步的最好诠释。因为有了精确描述知识的广泛基础，又经过第谷·布拉赫及其他早期天文家得以确立。同时由于其高精度、广范围仪器测量，定量实验，以及半个世纪以来发明的数学计算推导特征，让经过专门训练的人类大脑思维更加聪慧敏捷，经受住了有史以来长达两个世纪的各种评价和考验。

哈维与血液循环

十七世纪生物学发展所取得的科学成就仅次于力学领域。一方面有维萨里为解剖学家的杰出工作所奠定的基础，一方面又受到迷信权威思想影响和希波克拉底与伽林曲解医学教义的阻碍。十七世纪早期，威廉·哈维发现了血液循环，后来经过长期的研究和反复的自我完善之后，他于一六二八年把这一发现公布于众。

中世纪错误理论方法与现代科学知识最明显的对比，没有比哈维的著作表现得更明晰而充分了；主要是因为哈维著作中几乎每一个观点都如同牛顿著作的观点一样富于现代气息。哈维著作在开篇引言中介绍了关于心肺生理功能的传统观点，之后又对这些传统观点进行了批判，认为传统观点是在玩文字游戏，继而是对观察与实验的简约明了的描述，以及运用科学知识进行严谨的推理，引导人们从梦境走向现实。

如同当时许多伟人的著作一样，哈维的著作没有得到学术界的认同。直到十七世纪中叶，才逐渐为人们所接受。在以后的发展中，显微镜和力学原理的支持，斯瓦默丹、格鲁、马尔波奇、雷迪、伯雷利、列文虎克等一些学者通过对生物学多个分支的研究，提供了许多重要的数据和信息。可是，自然历史尚缺乏天文学所拥有的精确描述和记载的夯实的基础与有序排列，经过了一个世纪，始于文艺复兴时期的伟大成果都遭到了破坏。十七世纪生物科学的盛宴：包括动植物解剖学的研究（尼希米·格鲁、马尔波奇、列文虎克）、胚胎学的发端（斯瓦默丹、哈维）、机械生物学（伯雷利），还有笛卡儿对反射动作本质的发现，几乎推翻了自然发生论的实验性研究（雷迪），以及中毒的生理学研究。

十七世纪，罗伯特·波义耳研究工作尽管很出色，却有点言过其实。因为指导理论有误差，他的化学研究一直没有进展。

相同的还有热量、电力和磁力的研究都变得无关紧要了，直到1600年伊丽莎白女王的医生威廉·吉尔伯特关于磁力的著作出版，这些研究才得到认同。

但是自然科学的另外两个分支——大气压力与光学的研究就比较幸运，托里拆利与维维安尼和伽利略的学生奥拓·冯·格里克、帕斯卡、波义耳对气压计与压强做了研究，而且得出了重要结论。

光学的研究当属牛顿与惠更斯，这项研究他们取得了实质性进展。然而，尽管牛顿沿着正确的研究方向提出了他的理论猜想，可是这门学科需要精妙的理论基础，时机还未成熟。

十八世纪

十七世纪科学研究最突出的成果就是昭示了自然界简单而精准的科学规律是可知的。在那个时代的各种发明中，伽利略的自由落体实验和牛顿的《自然哲学的数学原理》是其中最光耀的。这些科学成果的普及促进了人类对自然现象的迷信和反科学论调的批判。

应该明确，人类在知识领域迅速建立起来的信心并不是稳固的，是牛顿动力学和数学分析的成功，使十八世纪的哲学家相信，这些简单而科学、详尽而准确，还有让人满意的、关于复杂经济与政治等人类活动的阐述，与生物科学并无关系。十八世纪向着这个方向所做的努力都不仅是惘然的，而且浪费了人类优秀的智力劳动。而当一些简单、适度的问题出现时，这些失败又阻碍了科学知识的真正进步。

人类在十八世纪时期有三大任务：始于十七世纪的科学家组织，如伦敦皇家学会、巴黎科学院，需要进一步扩大规模；牛顿的研究需要借助灵活的数学工具进一步的推进和深入；随着科学基础的不断拓展，自然科学知识需要在各个领域不断发展，并进一步细化。莱布尼茨在推动科学组织发展方面做出了重要作用。在数学物理学的发展过程中，伯努利家族、欧拉、拉格朗日以及拉普拉斯都必须提到。博物学的发展历史上，林奈占据了主要地位，当然布冯也很重要。随着十八世纪的结束，现代意义上的生物学家开始登上了历史舞台。

十八世纪一项无法预见成就是在拉瓦锡、谢勒在普里斯特列的支持下创立了化学。在科学文明史上可以与牛顿、伽利略相提并论，这可谓是近百年来重要的科学进步。

十九世纪

十八世纪末和十九世纪初的十年间，社会的政治、经济与工业领域都发生了巨大变化，但科学领域的变化相对较小，科学领域的“文艺复兴”始于十七世纪，经牛顿培育而成。以后的时间里，牛顿成就了自己的事业，开展了一系列的科学研究。与此同时科学知识精神应用于蒸汽机和艺术领域，在不同方面影响了卢梭、伏尔泰、亚当·斯密等众多艺术家。但是他们之间又各有不同，他们感受到了新的力量，并对宗教、社会、历史和政治经济学方面的批评给予了有力的回应。

拉瓦锡以化学仪器和实验方法为武器发起了一场化学革命，其成就可以与牛顿的物理学相比，但化学在数学学科的应用上与物理学又有明显的差异，过去是靠试验建造了摩天大楼，到十九世纪后期，所有应用牛顿力学所做的事情都做得很好。何况原子理论需要发展，它与气体运动力学理论互相交叉——这一理论认为：分子在无止境的运动实现之前，是需要借助几何学来延伸的。当然，新的发展趋势已经来临，并已经成为科学进步最稳定的源泉之一。

继富兰克林和库伦以及其他一些人的工作之后，加瓦尼与伏达的发现，奥斯特与安培的发现，还有法拉第电流的发现，提供了电池和电流，揭示了电流到磁场、化学、光学、机械和热现象的关系，形成了另外一大趋势，这两大趋势都对艺术产生了深远影响。托马斯·扬与菲涅耳创立了光学，随着蒸汽机的发展，生理学和电子科学的进步，热量的研究就越来越重要。十八世纪中期，萨迪·卡诺、迈尔、焦耳、亥姆霍兹、开尔文男爵等人推动了热力学原理和能量保护与衰减定律的问世。

生物科学

在许多优秀的学者的努力下，显微解剖学再次焕发生机并向前发展；随着生物形态元素的被发现，细胞被承认。由此整个历史得到了系统发展。并产生了胚胎学与病理学。施莱登、施沃恩、冯贝尔以及威尔肖也因而扬名。

基于分类的僵化思想在拉马克、歌德、伊拉兹马斯、达尔文、圣蒂莱尔及一些学者的抨击下已经摇摇欲坠，在查尔斯·达尔文“物竞天择，适者生存”的生物进化论面前彻底衰落了——这或许是达尔文时期影响最深远的思想，人人皆知。遗传学就此诞生。这一部分功劳来自于达尔文的侄儿法兰西斯·高尔顿的努力，这是一个创新性的学说。

生物学的另外一部分是对消化、发酵、腐烂等的研究，他们讲过不同阶段在巴斯德发现微生物时达到了顶峰。雷迪和斯瓦莫丹提出的观点与学说确立了这一生物学的分支，同时对自然发生论给予了反驳。巴斯德的伙伴褒奖了他，把他的研究成果誉为“社会最伟大的福利”。这项研究促进了抗生素、免疫力、预防医学以及防腐、无菌、手术治疗等成果的产生。

研究机构组织

力学、光学、热学、电子学和化学领域的试验方法，现在被系统应用于生理学甚至心理学领域。在环流胞假说和胚胎学、进化、遗传、免疫力等的启发下，这些试验方法改变了生物学。

无论何种情况下，如果数学方法失败了，统计方法就能在合适的时机被使用。如统计学在人身保险方面就大有作为。

科学随时随地都在发挥着作用，现在教授的职位越来越多，社会团体也随处可见。学术期刊成为学者互赠的礼物；人们成立了科研机构，设立诺贝尔奖，许多人开始设计自己的生计，科学家们的研究质量也迅速提高。

军队被组建并得到管理，出现了许多以前不曾有的工作岗位。科学文献在各学科的专业期刊上被评论、阐述、有序分类，并得到了充分的利用。

科学的进步已经不可阻挡，就如同人类文明一样。许多人身在其中，不计收入成本，不关心自己的工作，对教会、国家和其他机构并不关心，但是他们依照规则行事，通过描述和衡量、试验、数学分析获取知识，也从身边的积极因素中学习知识。这些知识日积月累，不断丰富，在一些天才和伟人手里不断升值。但也有一些知识在庸人手里缓慢而坚定的增长。

科学与国家

科学发展的一个重要方面是与国家相融合，天文学家在皇室存在将近三个世纪，而如今我们设立的农业部门就有很多科研机构，我们还应该尽快设立公共卫生部门。技术性很高的知识急需增长延伸，这就要求政府行政部门和司法机关都必须掌握专业知识，并能提出相应可行的见解。

所以，专家必须受到重视，这是以前最有思想的天才也难以得到的现实。专家委员会、立法、司法专家顾问将成为未来国家不可缺少的重要组成部分。

专业化分工的加深

十九世纪的科学的科学潮流促进了更多的、程度比以往更深、类型更多的专业分工，比如哲学家笛卡儿，科学家兼数学家——十八世纪的伟人所精通领域都比较广泛。到了十九世纪，很多伟人也都广泛涉猎从科学到数学的各个领域。现在，环境改变了这一切，化学家也可能成为物理化学家，但是他们在数学领域兴趣是有限的。从另一方面看，数学家不会再像牛顿、欧拉和高斯那样成为物理学家。目前，估计没有一个人能够掌握所有学科领域的知识。在天文学领域工作的研究者基本是天文学家，他们就不会像物理学家使用光学仪器研究那样在行了。

在历史上，十九世纪至少有两项被后人铭记的科学成就：即关于物质、能量、生活和科学研究人员组织知识的统一性；新的科学发明已经成为整体科学研究的一部分，而不在依赖于个人，也不再于第一次就被系统完成。

科学的统一性

十九世纪中期科学领域有三项伟大统一被见证：能量守恒定律所发现能量统一、周期系统所发现的物质统一，以及达尔文所发现的生活统一。因为商业的需要，博尔顿和瓦特把马力引入能量衡量理论中，成为热量与机械功率研究的真正本质，并在还没被人以往时由萨迪·卡诺保留下来。最终迈尔·j. R 的推断、焦耳令人羡慕的试验，亥姆霍兹广泛深入的研究，以及其他能力守恒定律所确立的原则等，都体现了能量守恒的命题，而且以热量、光或电和其他形式存在。

前不久，在纽兰兹、迈耶和门捷列夫的研究发现了一系列特殊的相关联的、定期重复发生的属性及其组成部分，这些关系无法解释，只能通过一组数字简单的类比来表现其本质：

11	12	13	14	15
21	22	23	24	25
31		33	34	35
41	42	43		45
51	52	53	54	55

假设上面排列的数字没有误差，其数字 32 与 44 缺失，但表格中位置是空的。即是说，预测到缺失的两个数字的“特殊性”是可以的。同样的方法，

门捷列夫的研究体现了元素之间的必然联系，他说，这些元素将根据它们原子的重量排序，其特殊变化也具有规律定期复发性，但分类是又有间隔。判断这些间隔周围的元素时，门捷列夫预测到了特定情况下缺失元素的性质，而如今这些缺失元素通过化学实验能够找到了。从下面锗元素的一些数据可以了解到，这些结果是与这位俄国科学家的预测是相符的：

项　目	预　测	观　察
原子重量	71.0	72.3
比重	5.5	5.469
原子体积	13.0	13.1
氧化物比重	4.7	4.703
氯化物沸点	小于 100 摄氏度	小于 86 摄氏度
氯化物比重	1.9	1.9
乙烷基比重	0.96	低于水

由此可以清晰地看到，元素之间都是互相联系的，现在的问题是该如何解释它们之间的关联？它们可能是依据一种有序的排列方式从其他物质演化而来。但无论怎样，物质不仅是不灭的，还会形成一种一元系统，现在我们可以确定，宇宙中存在物质的稳定性，只是这些物质的排列组合千变万化，我们还不能完全知晓。

人们唯一熟悉的但又无法用物质与能量形式描述的就是生活，而生活的特性是具有意识和思想的。一八五九年生物界诞生了达尔文的统一观点，以前许多人曾经怀疑所有的生物都有血缘关系，而胚胎学家的发现证明了生物个体的相似性比我们所认识的更加广泛。达尔文的依据持续进化过程的观点，为复杂生物的发展做出了一个合理的解释，世界也因此支持转换假说的理论。达尔文的假说观点有些可能会被抛弃，但是在世界范围内，也不可能完全放弃生物进化过程的信念。许多形式或许在开始时都是一种简单的形式，到了十九世纪人们最终还是认识到了科学与文明的关系的变化，这就是新时代的标志。

人类第一次全面地把握了环境，社会主体的新的机构也发生了变化，如金融机构和军事机构的建立，恢复了与现代社会另一伟大机构的联系。

系统从很多方面代替了机会，例如人类的活动，生产制造、战争、医药、商业本身等，都变得具有科学性。无论人们是否知道，它们是稳定的，不受人们意志影响地向前发展着，并引导人类进步。

天文学

劳伦斯·约瑟夫·亨德森

天文学一定会把现代知识界从中世纪的枷锁中解放出来。它告诉人们地球并不是宇宙的中心，只不过是千万个恒星中的一颗恒星，这彻底摧毁了一些人的信念——他们认为宇宙自古以来就是围绕着自己旋转的，地球是为自己而生，为自己享乐的。这是对天文学的巨大贡献。也为人类文明进步提供了重要依据。还如精确的历法、时间的标准、时间的计量方法、航海和地理探测的方法等等，天文学建立的时间也比其他学科要早一些，它已经成为人类最景仰的学科之一了。

天文学较早地奠定了自己科学领导者的地位，这既符合于世界三角学的观点，也适用于数论与牛顿的力学。虽然天文学从未停止它的进步，但是其他学科的发展更加迅猛，第一是物理学，第二是化学，再后来就是生物学，它们的成就掩盖了天文学的辉煌。

天文学长期以来的重要地位，因为光谱分析产生的奇特效果而得到很好的诠释。现在星云和太阳物理学的研究是人类兴趣的热点，古代天文学的主要成果是以托勒密的名字命名的托勒密天动学说，但这应归功于西帕克斯的研究。

早在公元一百三十四年，当有第一星族星等新星出现的时候，西帕克斯就测定了一百五十颗恒星的精确经纬度。在这一卓越的成就鼓励下，他全身心地投入到天文测量的事业中，最终确定了一千余颗恒星的位置。可以肯定，这项精确定量数据的基础和这项测量工作带给他的对这门学科的精通，引导他最终走向成功。他发现并以极高精确度测量了岁差，他测量的每天的长度误差只有六分钟；虽然他最突出了成就是编制数学工具并且依次计算出太阳、月球和其他星球的位置。

这项数学工具的突出特点是设想太阳沿着圆周的轨迹运动，但是地球不是宇宙中心，这与古代天文学有明显的不同。这两项数学理念支持了西帕克斯关于实用性历法的研究，可是不久，在托勒密及以后的整个世纪，任意假说以至于纯粹的理论被禁止，教条主义盛行，人们只是迷信和盲从。随着天文学知识的缓慢发展，理论只能越发复杂，才能适应现实的认识。在哥白尼时代到来之前的一段时间，天文学理论进入到一个非常荒诞的阶段，这在其他时代是难以想象的。天文学家们都相信：地球是运动的，或者围绕自身的轴心旋转，或者是围绕太阳运动，或者是这两方面情形都存在。

哥白尼学说

哥白尼于一四七三年生于波兰的托恩，母亲是一位德国人，哥白尼早年学医，后来在维也纳学习天文，在一四九五——一五零五年文艺复兴时期，哥白尼的研究达到了顶峰，他回家以后，他在埃尔梅兰任主教的舅舅为他在弗隆堡谋得一份牧师的职位。

哥白尼在那里一待就是四十年，他全部精力投入到天文计算与天文观察中，并将它们融合在一起；当他对日心说深信不疑时，那本标志着现代科学迈出第一步的伟大著作终于出版了，遗憾的是他在一五四三年病危弥留之际才看到这本书。

哥白尼在书中阐释道：如果月球是地球的唯一卫星，那么现有星球运动中所呈现出来的难题就会迎刃而解。他还假设地球与其他星球都是围绕太阳转的，只是他还没有去验证，就意识到自己观点的局限性，他并没有去证明自己的假设，只提出了这一基本天文现象最可以解释的原因。

这一学说艰难地推动着新的变化出现，首先是遭到了天文学专家的反对，他们用历史的传统习惯干扰这一学说的推行；但他们却无法证实这一学说。之后就是来自伟大的第谷·布拉赫的反对声，他与这一学说斗争了许多年。再后来就是神学家的反对，这些对立面阻碍了新的学说的诞生，当是最有名气的是笛卡儿。直到普勒定律的出现，才彻底粉碎了托勒密的天动学说，最后说服了所有的学者，他们才真正承认到哥白尼学说是正确的。下面是这些著名的定律：

在相同的时间里，太阳和运动中的行星连线所扫过的面积是相等。

每一个行星都沿着各自椭圆形的轨道围绕太阳转，而太阳则处在椭圆的一个焦点上。

每个行星围绕太阳公转周期的平方和它们的椭圆轨道的半长轴的立方成正比。

伽利略与牛顿

太阳系科学知识的进一步发展是伽利略关于自由落体定律和在抛射试验中的裸体与投射两种运动。再进一步就是牛顿对重力的解释从地球延伸到整个太空，而且提出了引力的强度与物体之间运动的面积和距离成反比的假设与论证。

《自然哲学的数学原理》中观点与开普勒定律，推导出了行星运动理论及证据，行星运动就如同行星之间互相运动的合力惯性和受吸引向太阳运动的重力。这一问题产生丰富的成果，仅仅就相关的两个物体，是数学天才牛顿的发现。

关于这场太阳的地球革命并没有被更多天文学家所证实，其中有些人还在抵触。因为假设地球真是在围绕太阳公转，那我们从地球不同角度观察，各个星球之间的相对位置就不能是相同的。虽然观察者之间相距 180 英里，但他们所处的两个点的不同地方没有观测到任何不同。

詹姆斯·布拉德雷是研究这一视差问题并发现重要数据的第一人，还需进一步考证的是，他发现星球位置的周期性变化，可以用来解释这一悖论，但是位置的不同变化是没有预料到的。詹姆斯·布拉德雷称之为光行差，并且他认为这是源于地球运动的构成和来自星球本身的光线——即像雨水垂直而下一样，但如果坐在行进的车上，雨水就会落在前面。尽管如此，这也是一个地球运动的证据，它出乎所料，因而更有价值。到了 1873 年，贝塞尔终于测量出了恒星的视差，这一问题终于得以解决。其实，所谓的困难只因为我们距离即便是最近的恒星太遥远了。

光谱分析

开启天文学发展新的历史时期是基尔霍夫关于光谱分析的发现，太阳的化学成分早已暴露，很快恒星又被人所探究，接下去根据光谱给星球分类就成为可能。最后是光谱的变化在很大程度上归于太阳年龄的不同，所有恒星的化学与物理特性都很相近，我们的太阳也极有可能与其他恒星相似。这一地质学说的统一性观点延伸到整个天文学领域。

这使人们产生了重新对星云的假说和太阳系起源推测的强烈欲望，通过类似的方式，太阳的物理化学性质问题及其内部发生的过程也引起了人们的关注，因为宇宙是同质的，我们可以把地球上的发现应用于宇宙的空间。这些已经不是几年前所看到的那样不可以接近了。恒星光谱的一些特性让天文学家判断出恒星相对于地球及自传运动。变星的行为变量也可以有一些用独创的假设来解释。

由此可知，古老的科学也会永远年轻，而且会为人类认识世界做出贡献。

物理学和化学

劳伦斯·约瑟夫·亨德森教授

在古代物理学史上，卓有成效的研究成果很少，最早的科学器械单弦琴启发了人们认识到构成和弦音的要素，原始的几何光学开始萌生；希罗等人熟悉蒸汽和气压现象；尽管亚里士多德在这个领域的影响长达两个世纪，但从整体上来看，其过大于功，只是他获取了许多新奇有趣的知识。除了阿基米德在力学方面的突出成就外，古代物理学和化学很少有能够称得上天才之作的成果。那时的大部分知识都是不同行业积累起来的一些技巧，如染色工艺等。

阿基米德的成就

阿基米德开创了静力学，他发现了杠杆原理——重量不同的物体在杠杆支点的距离如果与其重量成反比就会保持平衡；他提出了重心的概念，并且发现了重心位置的规律；他还发现了物体在液体中漂浮和悬浮的规律，包括阿基米德原理。传说他曾运用这一原理计算出了叙拉古贺农王的王冠含金量，由此发现金匠在制作王冠时掺杂了其他金属。阿基米德的研究以及他在数学方面的杰出成就是他成为人类最伟大的天才之一。其地位不亚于希腊其他伟大的人物。

但是虽然阿基米德做出了巨大贡献，古代物理学从中世纪到现代的传播并不是持续的，而且后人也没有做出较大改进。十七世纪是有些许进步，主要是伽利略到牛顿等人在动力学方面的贡献。除了拉瓦锡的研究，十八世纪在化学领域几乎没有创新性的、有价值的成果。有“电学和热学康特·拉姆福德”之称的本杰明·富兰克林和本杰明·汤普森是十八世纪最有贡献的人。这是美国科学研究中最突出的成就。

拉瓦锡与现代化学的诞生

拉瓦锡发现了物体的重量在化学变化中不会改变，后来他曾多次使用精确的检验方法来验证，并在此基础上发展了化学研究的指导原则，即质量守恒定律。拉瓦锡把天平作为化学研究的重要工具，他选择了氧化还原反应进行研究并取得了成功。化学反应的是多样性和有强度的，氧气不但是地球表面最常见且最活跃的化学元素，而且最重要的化学反应就是氧气反应。

氧气可以将碳氢酸中的碳分离出去，同时从水中分离出氢，这是化学反应的第一步：即植物形成有机质、动物将氧气与植物相结合。拉瓦锡认识到这一点及其他现象，因此揭示了自然界中又一个神奇现象的本质。这些研究揭示了人类所利用的所有能源的主要来源。

植物体内储存的能量（经过阳光照射的植物绿叶，叶绿素又能将能量转化为植物）在所有的能源中都能找到，比如木材、煤炭、石油及各种油，酒精等，把这些能源与氧气结合，产生水和碳氢酸，能源就可以释放出来。就如人体里所发生的化学反应，又普遍为人类所利用，产生的水和碳氢酸又可以被植物所利用。拉瓦锡了解物质循环的本质，这也是人类所有工业和商业的基础。

光的波动理论

物理界第二大成就是托马斯·杨和菲涅耳的光波动理论。在十七世纪，惠更斯提出了光波动理论，多学科科学家胡克在他之前曾经提出过这个观点。惠更斯假定光以波浪形传播，对反射与折射定律做出令人信服的解释，而且成功地将这个理论运用到冰洲石双重折射的难题中。但是惠更斯却没有建立自己的学说，牛顿的微粒说也阻碍了光波动理论的建立。

牛顿并不反对光波动理论，他在自己的文章中还多次表达对这一理论的认同和支持。是牛顿的追随者在牛顿设想的基础上提出了光的微粒说。十八世纪的数学家欧拉相信光波动理论，他纯理论性的观点与牛顿的追随者产生了很大分歧和争议。

十九世纪初期，光的波动理论又一次被提出，而且是由英国多学科科学家托马斯·扬提出的，他是在对薄板颜色精确观测的基础上提出的，多数人接受了托马斯·扬严谨的理论，可是与他同时代的有些科学家却对此不以为然，致使这一理论在二十年后才被菲涅耳确立，才进入人们的视野。菲涅耳推动了光的波动理论的进一步发展，逐步完善了与此相关联的数学理论。在阿拉戈的支持下，他终于使科学界承认了光波和以太的存在，成人礼它们的神奇的特性。

法拉第的研究

迈克尔·法拉第的研究成果对认识能量不同表现形式之间的关联作用做出了巨大的贡献，认识这些关联是发现能量守恒定律的前提。而这些只是迈克尔·法拉第研究成果的一部分，法拉第被称为最高尚、最有创造性的科学家，是最伟大的科学实验家。

法拉第研究领域广泛，他对物理学各个方面都很有兴趣，只要他关注，就会有重大发现。他研究的起点是跟随他的老师大卫在化学领域的研究，他发现了新的碳化合物，并且第一次液化了几种气体，研究了气体的扩散、钢合金与不可胜数的玻璃类型。随后他又转向了电，于是电就成了他日后主要研究内容。他用伏打电堆分解了硫酸镁，在此基础上又提出来电化学的基本原理。他选择纯物理问题进行研究，第一次发明了电线和磁铁彼此围绕旋转的方法。1831 年，又发现了感应电流，他的卓越成就得到了最有权威的批评家克拉克·麦克斯韦的称赞。

克拉克·麦克斯韦说："他的大脑飞速运转，一个新的想法从提出来到成熟只用了不足三个月的时间，追溯他的发现史，才能评估他所取得的成就有多伟大和富于创造性。意料之中，他提出的新想法很快就成为整个科学界研究的内容。即使是最有资历的物理学家，在使用他们认为比法拉第更具专业性的语言时，也难以避免出现纰漏。直到目前，那些曾经认为法拉第所表述的科学原理不够精准的数学家，也没有能够创造出与法拉第有本质区别的新的公式，他们在表述两个没有物质存在性的物体相互作用的过程时，也要引用法拉第的假说，比如电流的产生不像水流从水源流出，但是可以沿着电缆流动，最后归于无形。在近半个世纪以后，我们就可以说，虽然法拉第科学发现的实际应用在数量与价值上还在增长，但是人们还没有发现不符合法拉第科学原理的其他新的内容。迄今为止，法拉第提出的科学原理经受了科学验证，他使用的语言是唯一以精确的数学公式为基本阐述方式表述现象理论的语言。"

生物科学

劳伦斯·约瑟夫·亨德森

在生物和科学医学的核心问题中，《哈佛百年经典》完整地呈现了其中巴斯德的细菌和病理研究。这是因为巴斯德在解释微生物生存条件和活动的影像时，补上缺失的生命科学部分，这也统一了我们对生物彼此依存的认识。在整个科学领域，巴斯德研究的问题是涉及面最广、也是最重要的问题之一。它涉及发酵和腐烂，自然发生和繁殖的所有问题，感染性疾病的起因、传播方式、免疫性质和机制（包括疫苗和抗毒素）及许多其他重要的问题。在巴斯德成果的基础上，利斯特发明了外科手术。现代卫生的多数内容都来自巴斯德的研究。但是在这个过程中，许多研究者为此献出了生命。巴斯德还发明了化学工业和农业新的方法，他的研究成果创造了难以估量的巨大财富，同时也挽救了无数人的生命。

自然发生的疑问

亚里士多德对星鲛的胚胎学知识的阐述很详尽准确，他认为体型较大的动物如鳗鱼的自然发生（也称偶然发生）是常见的现象，也就是说，在古代，有一点常识的人都会不以为然。十七世纪，人们受到科学研究新精神的鼓舞，积极寻找这个令人疑惑的答案，博物学家的头脑里也始终萦绕这个疑问。

在这个伟大世纪中，哈维、雷迪和斯瓦莫丹对自然发生进行的研究极为重要。但哈维的胚胎观察与他的血液循环研究相比要逊色。作为胚胎学家他似乎在任何方面都不能超越亚里士多德。但有一点可以肯定，即他的胚胎研究启发了后来者对这个领域的关注。尽管他低级生物自然发生的想法还不成熟，但他始终认为大部分生物属于卵生繁殖。

相比之下，雷迪的研究更为重要，也更有意义。他设计方案，精心研究鱼肉的腐败。他注意到苍蝇会在鱼肉上产卵，但如果用薄纱把鱼肉罩起来，苍蝇就会在薄纱上面产卵。他便观察苍蝇是如何在没有罩的鱼肉里长出蛆来，有薄纱罩的鱼肉则可以避免。而且他发现在鱼肉里可以长出不同品种苍蝇的蛆，同一种苍蝇可以来自不同的肉，他由此得出结论，苍蝇是卵生繁殖的，肉的腐败过程没有自然发生出现。

斯瓦莫丹是伟大的博物学家之一，他验证了雷迪许多观察和结论，他多次观察微小生物正常卵生繁殖的过程，纠正了人们把貌似生物自然发生的现象当作自然发生的误解。

同时，列文胡克用显微镜观察到在腐败的流质里存在许多微生物，到了十八世纪，自然发生问题转变为微生物起源，斯帕兰扎尼的相关研究对自然发生论进行了否定。他使用了新的研究方法，把肉放进了一个玻璃烧瓶里密封起来，然后把烧瓶放到沸水中，给烧瓶里的肉彻底加热，并不断观察肉的变化，烧瓶里的肉加热以后，肉眼看不到肉腐烂的迹象，鼻子也闻不到肉腐烂的味道，显微镜下也看不到肉里有任何微生物。但是把烧瓶打开，让空气进入，肉就开始腐烂了。斯帕兰扎尼便证明腐败发生并不是因为受热对培养基产生影响，威尔士因为加热致使原来存在的微生物被杀死的缘故，即所谓的杀菌。

细胞理论和发酵

十九世纪初期，就出现了对自然发生这个古老问题的两个重要贡献，一是所有生物是以细胞为最基本构成单位的观点；二是人们知道了像胃液中含有多种促进消化的酵素，现在已经明确是不含细胞的，但是可以发生类似发酵的过程，这一发现使人们懂得了什么是有机发酵和无机发酵。

经过德国生物学家贝尔的努力，细胞理论发展成现代胚胎学和现代病理学。鲁道夫·菲尔柯在病理学的地位可以和贝尔相比，对酵素和发酵的研究和对产生相同变化的简单化学试剂的研究提出来很多新问题，并发现了许多解决一些老问题的新的方法。

发酵过程与化学的渊源和巴斯德的发现密切相关，因而具有特殊的意义。巴斯德是一个受过专业培训的化学家，他把自然科学的方法运用到生物领域，解决了许多人以为无法解决的问题。巴斯德的研究使科学界相信了生物的起源不是自发的，细菌等微生物的活跃程度超过了人们的想象。除了消化性酵素，微生物在所有发酵过程中是核心因素，使我们能生产酒精、酸奶和醋。所以在有机循环中，由单细胞构成的微生物起了重要作用。微生物无处不在，它们是借助风四处行走的真正食腐者，因为无论多小的东西都逃不出微生物的掌心。微生物还不仅是食腐者，它们无论在哪里发现了可以维持生命的有机物质，不论死的还是活的，都可以落脚，都能把动物最主要的排泄物转变成植物的养料。它们可以在体形较大的生物体内生存繁殖，还可能在这个过程中使寄生主产生疾病。总之，微生物的活动肉眼看不到的，无处不在的，它们填充了有机循环中空隙，使之形成完整的循环。

巴斯德研究成果的意义

微生物使地球上所有生物的化学过程得到统一，生物能够形成一个群落，一个物质循环不息的天然实验室。巴斯德的发现和他发明的研究方法可能比拿破仑还要伟大，他是一个卓尔不群但又纯朴的人，在十九世纪的科学家中，他可以与法拉第的天才与美德相媲美，在二十世纪产生了具有划时代意义的伟大人物中，他与法拉第齐名。

巴斯德的发现对奥利弗·温德尔·福尔摩斯的观察结果做出了解释，即接种疫苗的神秘过程。巴斯德的追随者不断努力，揭示了许多疾病的神秘缘由——即都因某种微生物而起。

毒素、抗毒素与免疫力

但是这些发现只是疾病研究的开始，人们很快发现还有一种东西比细菌在人体里的生长能力更为重要，即细菌产生的有毒物质。如伤寒症状与肺结核症状是不一样的，因此人们开始研究这些有毒物质或毒素，这是医学研究一个富有成果的重要领域。人体内的毒素会有怎样的命运？对寄生主产生怎样的影响？这方面的研究让人们发现了抗毒素，建立了免疫学。

微生物学的另一方面发展也很重要，酵母不是因为有毒素存在而产生酒精，或者使糖产生碳酸；而是因为有酶和可溶解酵素的作用。酶和可溶解酵素存于细胞里，这个很像胃蛋白酶。假如酵母细胞能够在可溶酵素的帮助下完成化学反应，那其他的细胞为什么不可以？事实上，其他细胞的确无法借助可溶解酵素发生相关化学反应，单细胞微生物化学过程的研究解释了大部分发生在每种生物体内现象，也就是说，人类解决病理学和原生质物理化学组织的根本问题所取得的进步，主要应归功于对微生物的研究，微生物虽然是单细胞结构，但是生物体所有的生命活动都与它密切相关。

凯尔文论“光与潮汐”

W. 戴维斯教授

读者如果好学，可以将凯尔文爵士的科学论文多读几遍，每次都要从不同的角度去读；读第一遍是了解作者提供的信息；读第二遍是知道作者获取信息的方法；读第三遍则要注意作者的表达风格。在从不同的角度对凯尔文的文章进行品读之后，你的思维就会有明显的提高。

展示科学研究成果

凯尔文有许多独到的科学发现，如他发现光是波形的，光的振动频率最高可以达到每秒数千亿次，在行星间的传播速度每秒接近 20 万英里；但是光以这个速度传播在真空区（如太阳和地球之间的真空区），需要一个弥漫的、稀薄的、连续的传播介质，就是人们常说的以太。取得这些科学成就是很艰难的。当然在其他领域（如物理、几何、数学）也是如此。阅读凯尔文的文章，需要细细品味，有些段落至少要读两遍。有些内容可能不太好理解，因为在理论讲座时无法体现原文中生动的实验。还有些内容浓缩精炼的很简短，又没有注解，所以也比较难懂。但当你读完第一遍以后，你就会对文中关于光的阐述和结论有清晰的认识。读第二遍的时候，对许多数字运算要感到有些难度，假如读者不懂日潮不等原理也就罢了，达尔文对这个原理阐述的非常精炼。同样，不懂数学，不知道谐波分析也很难读懂凯尔文对信息密集的表述。

科学研究的方法

读第二遍的时候要注意作者运用的科学研究方法，第二遍读完时最大的收获应该是对“推理”的过程有了更深刻的认识。自然现象——光和潮汐等直接观察大现象是很显然的“事实”，聪明的人只要动脑就会知道观察所得到的现象只是大现象中的极小部分，还有许多未知的因素决定了我们头上的天是蓝色的。而在日出日落的时候，地平线的天空却是黄色或红色。一些未知的因素也决定了潮汐每天发生的时间和力度都在变化。为什么光的传播速度那么快？月亮是怎样引起地球海平面变化的？只有知道了这些答案，我们才能了解这些观察到的现象的背后不可见的现象。这些不可见的现象被称为“推论事实”，借此来区别“观察事实”。推理是为了发现推论事实，揭示与观察事实的关系，即是说理论是对推理事实和观察事实之间的关系做出的合理结论。如何取得结论？结论取得之后又怎样判断正确与否？单凭一个讲座是做不到的，只有一篇关于科学方法的论文才能回答这个问题。我们的目的是让读者对科学方法有一个基本了解，如果想了解科学发现的全过程，就把凯尔文文集中的科学论文精读两遍，便可以对科学方法有一个基本了解。

思维活跃的人总会产生推理的冲动，那些自称为从不推理的、很现实的人，往往在用并不安全和科学的方式去推理，因为他们想了解多方面的现象。我们不能制止推理的冲动，但是推理能力需要培养。而且推理的结果不能与观察的结果混为一谈。另外，在发现了一些观察事实之后，深入探究的人就会构想这些观察事实后面隐蔽的现象，亦即推论事实，并用逻辑或检验方法来判断是否正确，最后才能确认自己的构想是否正确，是否经受得住检验。光的研究多数是实验性质的，而潮汐研究则多数是靠计算的。一个人要构想出观察事实和背后隐秘的现象之间的联系和那些隐秘现象发生的过程，需要很高的条件：要有敏捷的科学思维，思维的过程不仅是判断观察事实的过程；丰富的想象力，构思出隐秘现象发生的过程；要摆脱固执己见，相信实验和计算的过程。不论结论怎样，我们要掌握更多的科学知识，正如凯尔文的光和潮汐的论文所说，由“推论事实”构成，不单纯是观测事实。

我们可以用一个寓言故事来说明潮汐问题，曾经有一个人住在海边，他缺乏想象力但是很善于观察，他住的地方常年乌云笼罩，遮天蔽日，潮汐会随着周期的变化不断涌现。这个人观察到了这些现象，但是对表面现象之后的推论事实却一无所知。与他同时另有一个哲学家住在一年四季充满阳光的内陆沙漠上，并不了解海洋和潮汐是什么，但是哲学家精通太阳和月亮的转动与天体运动相关的地心引力问题。他就以此为依据做了一系列推理或者演绎，最后得出结论：“这些遥远的天体对地球一定施加了不同的引力，只是地球太硬了，不会对这些引力做出反应。而地球如果大部分地方被水覆盖，太阳和月亮对水面的引力就能产生周期性的变化……”后来，住在海边的观察家去旅行，遇见了在沙漠的哲学家，哲学家问他：“你见过大片水域的水平面产生了周期性的变化吗?”观察家说：“我见过，我正想请您告诉我为什么是这样？您是怎么知道这些的呢?”哲学家说：“我并不知道有大片水域的存在，但是我知道如果有大片水域存在，水面就一定会有周期性的变化。”这个寓言给我们的启示是：一个有智慧的科学家会把故事中的二者结合起来，既是哲学家，也是观察家；他会像这两个人一样独立的观察和思考问题。即通过观察获得事实，通过想象和推理对事实做出正确的解释。

阐释的范例

读第三遍是了解作者陈述信息的方式，拉近作者与读者之间的距离。所以第三遍就不同第二遍是作者和他提出的问题之间的关系，但都与第一遍有区别。读第一遍时读者只把作者当成一个阅读的对象，这里主要是指凯尔文关于光的论文里几个主要的表述特点。可便于读者依样地分析他关于潮汐的论文。第一是文章在解释光的时候运用了容易理解的声音做类比，就如同作者拉着读者的手，领他走向一条轻松的到达山顶的路。第二是作者由浅入深，一步步从小数字过渡到大数字。并不断鼓励读者：“这些你们都可以理解。”作者还用茶壶来做类比，帮助读者理解宏观概念。当提到美国物理学家兰力的著名作品和牛顿的划时代的光谱发现时，便可见作者个人的风格。还有用鞋匠的鞋腊做类比，作者饶有兴趣地提到自己的出生地苏格兰。在阐释乙醚的震动时，作者虽然对复杂的数学公式得心应手，但考虑到读者，还是用了一碗红色小球的果冻来做比喻。

总之，读凯尔文有关光的论文，第一遍能激发读者对光进行继续探究的兴趣；读第二遍时更深刻地了解了科学方法；读第三遍知道了书后面的伟大作者。认真阅读一本书，可以激发读者对书的渴求，而这也是阅读所有图书的最大收益。

传 记
biography

概　述

人们把传记比喻为打开社会精英之门的钥匙，所谓的社会精英，不是那些拥有财富、享受特权，或者传承世袭的人，而应该是通过自己的努力，施展自己的才华在事业与人生中取得巨大成就的优秀人才；是那些通过职业生涯精心规划而发展起来的人，是那些具有独立人格而成名的人，那些从无人知晓到名声大震的人。我们从内心深处厌恶单调乏味。而文学则另辟蹊径，让我们认同4000年历史选择的智慧，我们要从不同的情性中去寻找快乐的精神。生活不仅只是快乐，快乐不是生活的全部，只是生活的动力和调味剂。

为了美好人生而提高技能，塑造自我品格，就像正在航行的船一样不断调整自我的航向，以使自己适应社会，去勇敢地面对和克服我们在人生海洋航行中遇到的风浪，从而确立一个远大的人生目标，并坚定不移地迎风破浪，向自己的人生目标勇敢前行。为此，传记就是最好的生动事例。

当我们可能会远离自己时，多数人会感到烦恼与沮丧，有时遇到其他的不幸：如遭受莫名的厄运打击，陷入道德沦丧的境地，濒临绝望的悬崖边上，随时可能坠入地狱。而传记能拯救我们，使我们不至于迷失于痛苦的人生旅途，在孤独中不再悲伤；那些因为犯了错误而深感孤独和痛苦的人，就像在忍受没有学问的苦恼一样，终于有力量来承受这一切了。

当然，好的作品，无论是悲剧、喜剧还是小说，都只有一个目的，即通过富有创造力的人物形象和生动的故事情节让读者产生身临其境之感。让读者感受到故事中人物感情的变化，并与其一起体会各种人生体验。我并不是要中伤小说，小说都是通过完整的故事情节和具有象征性的寓意来体现它的价值的，我还要讨论小说与传记的一些关系，小说以它贴近生活的特征而应该获得较高的褒奖。例如在帐篷里生气的阿基里斯、因为妒忌而精神失常的奥赛罗、误将风车当成大野兽的空想家堂·吉诃德、名利场中的靡菲斯特、新来的上校、织工马南，还有其他世界名著中栩栩如生的经典的人物形象，数不胜数。

但是生活中的小说并不是传记的源泉，只有生活本身才可以称为传遍的源泉。

传记并不是简单的葬礼悼词

说道大家的喜好，传记在与小说竞争中之所以失败，因为许多人都认为传记的作者只是按照主人公的悼词来写。传记作品中都是各种赞美和奇迹——主人公是没有任何缺点的道德模范。其实，我们大多数人的性情都是好坏都有的，每当读到那些光彩照人的人物形象时，让我们感到难以相信。当我们读着那些铭刻在墓碑上的赞誉之词时，我们就会容忍了上面小小的谎言。——正如约翰逊博士所说，宝石在庄严的誓词下璀璨生辉，因为我们已经把颂扬的话写在里面了，当这些小小的谎言和颂词写满了一册册的传记时，我们会情不自禁地把书扔掉。

当下，像这样的生活谎言已经很少在书中出现了，由于不真实会让读者感觉被欺骗了。出于政治及公共事务的需要一些竞选人更希望作品夸大其词，把自己写成阿波罗一样的优秀男子；但是，这些作品中的人物也会像卡通人物一样很快被人忘掉了。

以前，在英文读物中，下等的人对上等人的阿谀奉承也是人们常见的礼物。在君主、主教、贵族、将军、诗人、艺术家等少数权贵中，谦虚并不是没落的艺术，因为谦虚从来就没有作为艺术出现过。而近来有一位愤世嫉俗而又善于阿谀奉承的首相曾说，他没有办法满足君主的虚荣心。不过现在人们的普遍感觉到那些不把谦虚放在眼里而善于阿谀奉承的人几乎得不到认可。不过我们只要关注就会发现那些流传至今的传记大都喜欢使用演讲等艺术表现手法，都是注重写实的，当然也有一些不经意的记录，与当时特定时期的表现手法和写作语言不相适应。因此，自以为是的作者很少有能够在他们自己生活的时代蒙混过关了。

不会有人因为畏惧那些自以为是的作家而放弃传记本身的宝贵价值。它不需要人们特意去学习如何辨别真假，这种学习需要的是对未知事物的好奇心，就像侦探工作充满出乎意料，并且就在自己身边。

所以，难以避免，传记中往往体现出主人公性格的一面，很多认为传记的作者带有强烈的个人主观色彩，抒写出来的人物与其本人相比更加出色、善良、有勇气。虽然本韦努托·切利尼描述的所有事情都还没有被证实，但是他的“一生”已经给我们塑造了一个具有传奇色彩的切利尼；一个文艺复兴衰落时期的优秀人物，一个富有才华但又自暴自弃、玩世不恭、谨小慎微而又不合时宜、典雅的形象，尽心竭力地去追求奖牌的完美无缺，甚至会为了瞬间的想法而不惜杀害自己的邻居。他还写了最有艺术特征的传记《歌德》，重新构筑了自己的童年和青年的故事，使事件的重点和顺序更适合编撰成一部著作；哪怕他自己，作为一名奥林匹斯山的伪装者，并不能因此而如己所愿掩饰住真实的自己。

我们可以因此去除对传记的担忧。因为生活在我们所拥有的财富中占据最珍贵的位置；即使是寻常的默默无闻的生活也会给我们带来欢乐，这些都充满了传记所需要的、能呈现给读者的各种素材，就是一座可以不断挖掘的生活富矿。

传记的趣味

传记能带给人类最高境界的交流乐趣，并且漫无边际，这就是人类不可多得的享受。哪怕你对生活在不同时期的重要而有趣的人物非常熟悉，或每个人都如在目前，但是如果没有传记这一充满艺术魅力的文学形式把以前的一切重新搬上艺术殿堂，重现逝去的一切，那你曾经相知相熟的一切就只能停留在记忆中了。而现在，有了传记，你只要伸手从书柜上取下一本书，就能进入到拿破仑、俾斯麦、林肯和加福尔的世界，与他们交流。你不需要匆忙地找一个时机，用大块的时间与客户做访谈。他们会在那里高兴地等着你，不会因为其他工作日程而推迟；他们会侃侃而谈，你只需认真聆听；他们会敞开心扉，与你共同分享自己内心的秘密。托马斯·卡莱可能从没如此暴躁过，马丁·路德也从没如此坦率，乔纳森·斯威夫特的愤世嫉俗也从没有如此强烈过。但是他们一定会宽容你，因为在他们每个人面前都放着一面镜子，你可以由此看到他们的心灵深处。你会比他们的同龄人更了解他们，甚至比你了解自己的亲密朋友还要深入，如果你是一个善于反思的人，那会比你对自己的了解还要细致。

我们无法在自己身上揣摩的诸多愿望一旦放在他们身上，很快就得到解决了。在他们身上我们看到了性格的本质，是可爱的、还是可憎的。我们也由此看到了自己的性格本质。虽然他们在财富和才华方面超过了我们，但是性质上彼此并没有区别，只不过是程度不同而已。人类之间的彼此联系使我们成为一体。如果不是这样，他们的生活故事就不会这样吸引我们，就像我们对蜥蜴蛇怪、狮鹫和其他幻化生物不感兴趣一样。

我刚才随意提到了的几位宗教界和文学界的政治家领袖，直接进入他们的内心世界有些不现实。但是平凡的我们最终会通过传记多方面的了解他们。我们时时会为自己一些无意识的想法、经验、感觉而吃惊，但是这些想法、经验、感觉在被那些伟人分享时，突然就变得很正式，很受欢迎。当然，检验传记是否优秀的“试金石”并不是因其伟大，而是在于其趣味性以及它的意义。从这个意义上说，传记与其相连的肖像画是一脉相承的。最完美的画像与传记都采用同样的创作技巧。画家画的并不是国王或王公贵族的肖像，而是他们身上的性格与品质。列奥纳多·达芬奇尽管也曾画过维多利亚女王的肖像，但是它永远无法比蒙娜丽莎的微笑更能吸引世界人的目光，让世人如此着迷。第一幅画我们不到十分钟就能读懂，比较简单，缺少内涵；而400年过去了，人们仍然对第二幅画的神妙莫测、若隐若现的微笑神往不已。

所以，用国际标准和不朽的名声来衡量普通小人物，确实很不显眼，但有时他又独具魅力。比如理查德·杰弗里斯创作的《我心灵的故事》就是如此。你也许不喜欢它，甚至我推荐给朋友阅读，他觉得这本书太令人气愤一气之下扔进了火炉给烧了。但你必须承认，如果你是一位富于同情心的人，就会发现这是一个对真实的人最原始的描述。所罗门的传记也属于这种类型，它描述了一个残忍的等级制度束缚下的特殊的性格。约翰·斯特林富有才华，可惜去世太早，没有留下什么著作；幸亏卡莱尔那部充满生机的著作，让我想起伦布兰特的一幅画——流传至今，历历在目。

传记写作的难度（技巧）

这些故事说明，一部好的传记并不取决于人物原型，但是一定要有一个出色的传记作者。因为传记是一门艺术，一门相当精湛的艺术。假如我们对传记著作里的最出色的部分进行评判，我们就会得出结论，优秀的传记作家与诗人、小说家或历史作家相比，更难寻找。

人们大多有一种不正确的观念，就是谁都可以拿起笔来写几句记述生活的文章，就像谁都可以画一幅肖像或谱写一曲奏鸣曲一样。在已经故去的名人里，只有十分之一名人的夫人或姐妹、自己的儿女能提笔来写出他们的回忆录。但最好的结果是描绘出家庭不同人物的形象，可信度比不上国王或王后的正式传记。

而这个人物是因为在社会上的各种为他写传记关系，如果站在夫人的角度可能出于偏爱，而站在孩子的角度，可能出于崇拜，让我们看到的都是丈夫或父亲的形象。

融入了个人感情，甚至是爱慕，可能会妨碍书写的，这是作为家属的作者难以克服的。好比为自己的亲人动手术，多么优秀的医生也会缺少自信，传记也同样。

知识、想象力以及感同身受是传记作家必须具备的素质；还有对艺术的解析，一些直觉和道德情感，这些在个人情感面前都是无用的。可是英文传记作家的优秀代表博斯韦尔，面对所崇拜的约翰逊，写作时，就努力做到还原一幅真实的人物传记，而不是一个极尽恭维与奉承的角色。乔治·特里威廉先生是麦考利先生的侄子，写作时是很容易受家庭观念束缚的，但是如今所写的叔叔的传记，其成就超越了作为侄子的角色，传记中的麦考利与博斯韦尔对约翰逊的描写同样出色。

培养传记的品位

人们对传记的喜好，尽管不是天生，但后天很快就会培养出来。许多人在童年时读了《富兰克林的自传》，便对传记产生了兴趣。这本被人称赞的作品，在人生的各个阶段都使人痴迷——年轻时迷恋于其精炼而变化多端的故事；年老时沉湎于对自己智慧与机警的自我欣赏中。他的坦诚、智慧与幽默让人醉心不已。富兰克林为自己写的自传就像笛福的小说《鲁宾孙漂流记》一样，其境界达到了同样的高度。跟随着他的足迹，你会走进了历史，走进了重大事件中，在费城、在殖民地、在欧洲。当你愉悦地阅读完富兰克林的传记，就会对书中的人情味赞叹不已，如他对婚姻的认识，谈到道德水平时，他承认与想象的相比，真实的自己有很多不足，他承认自己留给人们谦虚的形象，实际上和现实的他有一定距离。而他报告中对布拉多克谈话的嘲讽，就不得不提到几个极富于个性的段落，是全书的摘要所在。每一位读者都有自己所喜欢的，读完整本书，只剩下只言片语时，读者就不忍心和这个知识丰富老师告别。正因为富兰克林逝世前描绘了1775—1785年自己所经历的一切，整个世界才会怀念这部精神盛宴。我们真诚的认为，如果华盛顿是国父，那富兰克林就是国家教父。

可能你会通过其他著作了解传记，比如《拿破仑的一生》或《恺撒大帝的传奇一生》，以及其他一些如画家、诗人、作家、发明家以及探险家等的一生，也许这些人的第一次感动了你，但是最终你会发现你结识了一个好伙伴，就像现实中朋友一样真实。但是这个伙伴比现实的更幽默更有智慧，更生动。他会静静地等待你打开他，去走进他的世界，他会向你尽情地倾诉，不会抛弃你，哪怕是在你毫无兴趣的时候，他也不会有丝毫的冷漠或厌烦。更不会因为你的冷漠而有丝毫不满。这是因为你们的关系是单向的，他的思想精神是融入书中的，就像酒瓶里的珍贵美酒，只会随着你的心愿来供你享受，或者游离你的心境之外。

他把自己的一切都倾注在书中，前提是你也能给予他完美的心灵默契，这样你才能读懂他。

逝去的人把自己的永恒注入书中，读者通过阅读而产生共鸣，这种关系是绝无仅有的。在他的作品中，读者于作者是相互的关系，性情上是互相影响的，道德与责任是互相渗透的；在传记于读者的关系中，作者会倾其所有，读者会尽自己所能照单全收。作者不求回报，读者也不必寄生虫的恶名。如果你身心自由，没有人会横在你与作者之间。作者会通过一种微妙的亲和力拉近你或推开你。非同寻常，甚或中的这种理想伴侣就应运而生了。

传记的多样性

由于作者和读者之间存在着特殊的关系，引起我们联想的圣人和罪犯一样多，而且不会因为他们的所作所为而影响我们的责任感。在生活中我们所有的人都不愿意亲身面对犯罪与堕落；但是透过他人的传记就不同了，如果我们愿意，尽可以从恺撒·博尔吉亚及其父亲的一生来衡量人性的黑暗边境；或者从埃泽里诺和阿尔瓦身上感受残暴；或者从犹大、贝内迪克特·阿诺德以及亚瑟夫身上了解间谍、背叛者、告密者；还可以从乔治·劳、卡里奥斯特以及近代的推销商身上见到奸商与恶棍，以及使人反感的职业骗子。

从长远来看，我们在结交一生的朋友，他们虽然普通但并不平凡，他们把身上的优点做到了极致，一般人难以企及；他们具备我们缺乏但是值得我们敬仰的特质。所不同的在于他们所展示的魅力各不相同。我想起一个瘦弱的老人，她是和平的象征，她甚至不忍心看到苍蝇被打死，她竭尽全力毁掉了有关拿破仑的每一本书，并且极其蔑视拿破仑发起战争的行为。但是，伟大的领袖不止一位，都是把精力集中在阅读自己所信奉的于宗教相关的一两本书上。

通过充满艺术魅力的传记了解到主人公的人生历程，但是如果短时间内无法找到与现实生活相关联的关键所在，在传记里发现朋友，但我们就不能深陷传记中。通过对他们了解，我们也可以了解自我。他们能平定我们紧张的情绪，能帮助我们解决问题，帮助我们确立生活目标，给我们增添动力；他们还会向我们传授与揭示人生的意义。总之，他们给予我们的活生生的实例，让我们学会了生活，并指引我们勇往直前。不然，我们的感情就会枯竭。但是他对旧世界顶礼膜拜的行为的确不值得赞扬。

逝去的王者，虽然深埋于地下，但是他们不灭的精神仍然在指引着我们。

不论他的人生信条是什么，没有人能够如此自信并且富有创新精神，他们不受任何影响，不管他们自己是否承认，作为逝去的国王，传记拉近了他们与读者之间的距离，并使他们的形象鲜活起来，从此使他们的教育意义更具有针对性。这些是传记带给我们的福音，但是由于任何健康的心灵都不能一直保持兴奋，因此与传记主人公相比，会有其他角色带来不同类型的情绪。我们需要放松，我们的智力就像精神世界一样如饥似渴，实在的娱乐自有其理由，传记为我们每一项爱好都提供了不同的选择。

约翰逊博士和他的圈子

要想得到长久的乐趣，其中最有效的方法就是让自己成为重要团体里的一员。比如博斯威尔为大家讲述了这样一位博士——约翰逊和他的团队。他有这样一种能力：不论是伟大的领袖还是平凡的普通人，只要在他的传记中出现，都能让读者对其的人生经历产生浓厚的兴趣。你会很迫切地想要了解约书亚·雷诺兹爵士、盖瑞克、戈德·史密斯以及伯克；读完你就会感觉于上述每个人的交往远远不够，都不能满足自己想深入阅读的冲动。当吉本出场时，你就会情不自禁地走进他的传记。查塔姆和福克斯、诺斯、谢里丹都是应该仔细阅读的人物，你会好奇为什么俱乐部的其他成员会联合起来一起宣布亨利一世是当时那个时代最有才华的国王，再深入挖掘你就会获得结论，原来是因为知之甚少，自己才不得不接受亨利一世是那个时代最强的人的观点。

随着社交范围的不断扩大，你就会理解范妮·伯妮，他的回忆录比《埃维莉娜》更容易读，斯瑞尔女士——永恒的女性类型，她们的使命是尊崇她们所信赖的男人，蒙塔古夫人——专制而又才华出众的女文学家，完成了一部文学著作，还有许多其他人，从科西嘉岛被征服的爱国者帕奥里，到乔治亚州的殖民者奥格尔索普。

约翰逊圈子的素材是极其丰富的，不仅包括正式的文献，如传记和历史记录，还有书信、回忆录、日记、奇闻逸事等席间漫谈——经常摘引历史记录和传记精髓的记录方式。没有一定的时间，你是无法读完这些珍贵的资料的。只霍勒斯·沃波尔，就超越了潮流。渐渐地你就会从各个方面来认识主人公一生的场景。你就会看到他的人生轨迹，或者掌握他的人际关系。你就会发现那些传唱的悲伤小调变成了现实。比如洛维特——值得信赖的仆人，比如于博士一起喝茶的老妇人，以及在咖啡馆里很少见到的对文学作品和政治话题乐于评论的客人，还有靠养老金艰难度日的可怜的被遗弃者。你就会体验到角色和舞台场景下弥补缺失角色的乐趣，或者发现隐藏在证据之间的关系，而最终能够融入那个集体。不论白天你得到什么优待，或遭遇什么样的折磨，到傍晚降临时，你就会进入一个神奇的城市，忘记了自己现在，展开想象的翅膀，进入久远时代主人公的经历中，生活在永恒的充满想象力的光明之中。经历这一神奇的探索之路，你对人性有了更深入的认识——隐藏在你内心深处神秘而原始的人性光辉。

除了约翰逊博士的圈子之外，你还可以选择其他很多人，比如湖畔派的诗人——拜伦、雪莱、济慈，比如维多利亚王朝中期的政治家和作家，再比如共和国的建立者——爱默生和他们的同伴们。利用相同的方法，你就会发现自己的兴趣在不断延伸，我们获得的并不是生活的表面，还会达到生活的深度与高度，我们可以通过多种方式去获取这种知识，这样就可以既能达到最高的顶峰，也可以潜入深不可测的水底。

自传的价值

自传是传记中的一种，而且是很重要而珍贵的一种，但是自传有一个共同的问题：因为自传的自我本位而使自传形式上势必冗长乏味，最终不被人认可。自我表达的冲动超越了所有的方式，这也是人类保护自己的本能。伟大艺术家通过才华表达自己，无论是绘画还是雕塑、文学还是口才。他这样刻苦的努力，想要做到完全的客观绝非易事。虽然还是那份工作，但是他主观上要为此添彩，纯粹的科学家尽可能地要对被污染过的材料进行消毒然后才进行试验，并发现抽象的道理。不过这只是个人的倾向而已。不会减少我们作为人类对他们的兴趣。

如果远离它，我们会更迫切地想知道人类社会是怎样成功的，想了解在激情与矛盾及在各种问题的限制下，怎样能探索出沉寂冰冷的太空世界和繁杂细微的电子世界。

我们高兴地发现，达尔文成为全新自然生态法则的先知者——一个强壮、安静、谦虚的人，在疾病的折磨下疲惫不堪，但是仍然耐心地忍受着并坚持真理，直到被认可，最终获得世人的赞赏。

或许有人在自传中表现的过于自命不凡，自负或盛气凌人，你应该学会宽容，你要认识到这是一个天才成长的必要条件，就像牡蛎产出珍珠必须有分泌物一样。只要产出了珍珠，就能弥补分泌物的过失。当然，自负是公开的，它没法欺骗我们。就像一个小孩一样年幼无知。正是这些试图想让我们相信他们比我们知道的更伟大，这种想法使我们很反感，更让我们了解他们是多么自负、多么可怜。但是由于自负的男性向来又很优秀，甚至可以说伟大，尽管他们身上的瑕疵让我们不舒服，我们也不应该，因此而无视他们其他方面所取得的巨大成就！对那些潜意识的幽默大师，我们也应该少一点嘲笑！当维克多·雨果隆重宣布："法国是文明的引领者，巴黎是法国文明的中心，而我是巴黎的大脑。"我们会因此而去反驳他吗？显然不会，我们只能会心一笑。还会被雨果的激情而感染，从内心感到满足。因此罗斯金在《普雷特利塔》中表现得很虚荣，但并不影响这本鸿篇巨制中所洋溢着的美感。这似乎更可以看作对真理的守护了。

无论你喜欢什么，如果真的要探寻自传的价值，就不会在传记这一领域偏离的太远，即使你对浩如烟海的英语自传文学世界并无兴趣。我刚才说到富兰克林的自传，吉本的传记可以说是姊妹篇。这部著作讲述了十八世纪一位卓有成就的、智慧于儒雅的、勤勉而完美的天才，他在感情方面却一直缺少热情；他在父亲的命令下违背了婚约，他说"我在爱情方面无所作为，就是一个乖孩子。"

还有约翰·斯图尔特·密尔，他既像富兰克林与吉本一样是纯粹知识分子，同时又是一个感情充沛的人。他早年形成的伟大思想并未泯灭自己对宗教的渴望和对生活的感悟。纽曼的《我的辩护》中绝大多数笔墨都化为乌有；比如试图给冷冰冰的《忏悔录》的另一端神学教义血管中注入热情的血液而努力，最终都变成徒劳。

与之相比，《约翰·伍尔曼日记》，是精简而求实的励志箴言，没有赘述中世纪神学家提出的诡辩谬论，而是有意识地面对神永生的存在。

我们关于伍尔曼的争论焦点在于他完全另类的物质欲，我们感兴趣的是他及他所处的那个时代的故事，而他却不屑与我们分享。

在其他方面，有些很多自传丰富多彩。许多士兵写的回忆录，都引用了格兰特将军的自传，仿佛回到了恺撒《高卢战记》中一样。作家、诗人、政客、小说家以及名人们主动向我们敞开心扉。从维多利亚女王的《杂志里的叶子》到布克·华盛顿的《超级奴役》，互相对照，跨越了历史，内容极其丰富。

在其他方面，也可以从自传中发现人类有关才能的精到事例。比如我曾经提到的《本韦努托·切利尼》的生活，艾法利、佩利科、达泽里奥、加里波第等其他经历过“自我启示”的意大利人。还有法国人，这里的每一个似乎都比其他民族的人更愿意把自己作为戏剧中的角色，因而产生了丰富的自传作品。其中有代表性的就是卢梭的巨著《忏悔录》，内容翔实，通俗易懂。小人物的卑鄙嘴脸跃然纸上。

传记与历史的关系

从大文学的角度来说，传记是介于史学与小说的一种文学形式。是历史学的一个分支，传记没有把想象束缚在一个时代或世纪的狭小空间，而是以千年为纪元，结果，失去了对生命个体的关注。

他们努力探求解释宇宙发展的规律，探寻共性的集体行为，观察组织结构的演变过程。在他们眼里，拿破仑也不过是历史长河中的沧海一粟。

我并不是在贬低这些学者的努力，我们大多数人都能体会到在浩如烟海的历史时空中穿梭的魅力，就好比航天员在太空中往返。

这是一次令人激动的旅程。这旅程没有任何风浪，稳坐家中，随时启航，随时靠岸。没有任何责任。即使是日常生活中的微小事情，经过我们的笔端也能让我们心满意足。但是我们不要过于重视从过程乐趣中得出的概括总结的价值。历经数十万年，人类个体被放在强大的显微镜下，变得极其渺小。

因此，我们不能在推测新石器时代与新世纪之间人类的进程时，忽视一两个无法计量的年代。当人类缓步走出地质时代创造自己的历史时，没有什么能比得上人类个体对群体推动所产生的作用更大。只要有两个人在场，我们就可以证实这一点，不可避免会有一个领导者。

由于人类生长于荒漠之地，个体不断增加，并且越来越呈现多样化。总的来说人类具有很大的可塑性，易于适应不断变化的新环境。就像能储存巨大能量的水池，总会有一个领袖人物在施展自己的才能，开创自己的事业。更多时候，优秀的人才不是规划出来的，但是他们总是具有让同时代人难以模仿的能力，如影响力、控制力、令人倾倒的魅力。有些人认为拿破仑是他那个时代成百上千的普通法国民众的集合体，这个理论是没有根基的。他的有些性格与普通人一样，他的身体器官也与其他人相同，胃口也与常人无异，而使他成为传奇拿破仑的恰是别人所不具备的特殊才能。

我们安心地学好传记，不仅仅是因为传记是作为历史的附属物，而是它可以成为汇聚历史长河的一个支流。传记的素材关乎特定历史时期的事件，我们可以从中探寻伟人导演历史事件的重大意义，并且乐在其中，因为在探寻中我们会发现历史发展的影子。从中了解伟人的生活琐事——博罗季诺严寒下拿破仑的窘迫，腓特烈二世在十字军发起东征时出现了晕船的情景，公牛跑第一场战役时麦克道尔感染了霍乱等历史人物的悬案，种种惊险的经历。我们会发现，男人、女人，都是现实中的人，而人类能有规律的进化发展，在于人本身的动机与行为。当然，单个人的异常或变故也可能会中断历史发展的进程，或然历史进入人们难以预料的轨道。

这些历史人物的生活——共和国的缔造者和共和国的守护者，以及共和国的先驱们，他们的生活具有双重的魅力：一方面鲜活地展现了那个时代的历史的面貌，通过他们的内心世界和思想动态，我们认识到了人类历史发展的特征和他们的工作状态。当一个历史人物具有如此大的影响力并在他们身上能融入一个群体的特征时，我们从他们的传记里看得更为真切。

传记与小说的关系

传记在很多方面与小说存在交叉，小说家们很早就青睐于当代以外的其他时代，因为“当代”总是被当作时间的替罪羊。人们对当代缺少想象。这个三条腿的板凳对于清教徒来说就是一条板凳。但是现在已经成为古普利茅斯或古塞勒姆的一部分，因为充满了富于想象力的联想，或许连布拉德福德市长和普里西拉·马伦斯都曾经坐在上面。那上面刻着历史家留下的话，现在仍然发挥着巨大作用，这样的情景，再一次还原了亲历者。

作为职业小说家，他可以根据自己的喜好接受或者拒绝，因此他碰到难解的历史事件，可能就回避或变更了。或者按照自己的兴趣像传记作家一样，重在对人物及性格的描写，最终写成了原貌的人物作品。但是，如果历史人物出现在小说里，就不可避免地被小说家修改了，他们已经不是原来的他们了。

当然，从更高层面看待小说与传记的相对价值，我们不能妄下定论。我们不能再为抬高传记而贬低小说，也不能刻意放大雕像的作用，而降低绘画的功能。如果那些才华横溢的传记作家与小说家在同样的水平上，说明在文学素养较高的读者眼里，传记与小说这两个文学分支的地位就会出现交集。正像我说的那样，小说的最高成就在于创作了一幅完美的画卷，使故事里的人物和情节如真实发生了一样。

换一个角度说，关于对现实的关注，小说家与传记作家的出发点不同，特别是在小说家善于驾驭较难梳理的故事情节的优势下，传记作家在选择故事人物的过程中会受到一定的羁绊。必须面对现实的是，假如十八世纪除了小说之外的文字记录都被销毁的话，此后五百年的时代后人就无法认识我们这个时代人类真实的生活。没有任何一种文学形式比小说更能加速这一粗俗话的进程。如今的小说不再标榜善良与伟大，最好的也只能算是平庸，不好的就会趋于堕落，而且小说正在走向堕落的边缘。

这种试图反映生活的艺术，宣扬以小说本身的各种样式来展现人类生活的各种姿态，却对最高境界的表现形式不屑一顾。因此而与更广阔的生活面隔离开来，无法进入真正的通用艺术之列，比如绘画、雕像、伊丽莎白时代的戏剧和传记。

自1850年以来，英文小说层出不穷，但都没能创造出一个能够与亚伯拉罕·林肯或加富尔相比的角色，缺少与加里波第相媲美的英雄浪漫气息。拿当代小说来说，即使是虚构的场景，哪一部小说能说自己创作出了西奥多·罗斯福或I.P.摩根这样的人物？就我本人而言，如果可能，让我从失事的船上选择营救乔治王时代的小说家还是博斯韦尔的《约翰逊传》，我会坚定地选择后者。

传记的艺术性

下结论之前，请允许我再次回到“传记是一门艺术”这一话题上，如果你不能为传记作者的千姿百态的风格与能力而惊叹，那就不能行进在这个领域。有的人会把一个鲜活的话题写得索然无味，有的人能把一个耐人寻味的话题写得干涩枯燥。而水平高超的传记作家会把一个平淡无奇的生活故事写得津津有味。你们可以开始研究艺术的写作规律，自己来决定传记有多少是依赖作家的，有多少是依赖传记主人公的；总之，主要是要对主人公生活的那些部分进行描述。请记住，如果生活有一百个片段，那没有哪一个片段是不能描述的。因此，传记作家必须进行精心选择。可是，那些个人的、意义重大的、引人入胜的故事情节，怎样组织？这都是出自传记作家之手。素材的选择和观点是所有艺术形态的太阳和月亮，除非他们能够为作者服务，否则作品就无从下笔。比如，当哈夫洛克的作家尽自己所能而致力于军事成就时，你就懂得了选择的力量。或者当另一位作家描写格兰特将军晚年的不幸遭遇，就像描绘被骗了的人对金融骗子的仇恨一样描绘维克斯堡战役时，你就找到了表达怨恨之情的最好例子。经过训练，你就能学会如何从饱经折磨的受害者身上发掘出真实的特征。

教你学会批评，会帮助你充实自己。我已经提议将约翰·伍尔曼、富兰克林自传以及弥尔顿的自传进行比较；这个过程可以从多方面推进。对于传记作家来说，只要认为是重要的，就可以寻找任何时期的资料作为自己创作的素材。比如普鲁塔克，给古代政治家和士兵们留下了长长的一条人物肖像画廊。其中，一个现代的普鲁塔克的方法和结果会与他有什么不同呢？如果是博斯威尔而不是色诺芬编写了苏格拉底的著作，他添加上什么呢？对于聪明机智的艾萨克·沃尔顿，生活中的沃尔顿，多恩和赫伯特，你们最留恋的是什么呢？

面对数百本拿破仑的书，我们对拿破仑的认识真的比恺撒更多一些吗？《瓦萨里的生活》千篇一律的共性模糊了多少他们的个性？这些还有其他问题诸多问题都会激发你阅读传记的热情，都指向三类深层次的问题：传记作家的写作技巧，对公众人物兴趣的视觉变化，人类自身缓慢变化带来的性格变迁。

传记的前景从来没有明朗过，传记作家们会一直不断地深入精益求精，不断前进。生活，生活的每一次冲动，包括连续不断的胜利的冲动，都显示着在个体生活中，自始至终都没有出现过宇宙哪怕是最微小的部分变得抽象的情况。在这个物质世界里，至少在动物和植物的有机生物世界里，现在以至于将来，无论哪里都是一个个个体形态物存在，小到原子，大至天狼星，无一例外。即使在万物千奇百怪的相互变化中，生命止于死亡，死亡诞生生命，每一个个体都在跟着时代的脚步前进。

因为个性化的历程是由低等到高等、从简单到复杂的循序渐进，历史上大家认可的伟人或者是某个群体中杰出的人物，他们或者具有非凡的品质，或者把普通的品质提炼到极致，最终使他们有更多的机会向外界展示自己：更大的能量、更广泛的兴趣、更深邃的魅力，这是传记成就他们永生的根本所在。小说家的创作来自于大师的大脑，传记的主题源于上帝自己，上帝创造的现实世界一定是永远超越于人类的想象。

普鲁塔克

W. S. 弗格森

普鲁塔克亲切而和蔼，在哲学与修辞学方面接受过很好的教育。他于公元 46—125 年生活在古希腊皮奥夏地区，凯洛尼亚的偏远小镇，他一生致力于演讲事业，与许多希腊和罗马志同道合的人相交往。他很幸运，生活在那个时代，吉本在《普鲁塔克》中说："如果让人去留意人类繁荣幸福的历史阶段，他会毫不犹豫地投身进去。"普鲁塔克著作中所描绘的中古世纪黎明之时，清晰地反映了他的魅力与倦意：他匆匆地脚步、朦胧的眼神、日暮黄昏的时光。

普鲁塔克的迷信

普鲁塔克精通多方面的才艺，几乎能对所有的未能知晓的事情做出预测。但是他的才华又找不到重心，他所学的东西没有和自己的能力相匹配。有关普鲁塔克的思维方式和他的自然科学一些情况，在他的著作《伯里克利的逸事》中有所体现。其中一段说：伯里克利从他的一个农场带来一头独角公羊，当预言家看到那头独角羊的脑门中间极其坚硬时，判断说当时城里分为两大利益团体，一个是修昔底德；一个是伯里克利，而政府只会倾向于这只命运之神所象征的一个，可是阿那可萨哥拉裂开的头骨在人们面前所显现的是大脑还没有填满的空间，就如同一个长方形的鸡蛋。把各部分装进容器里，羊角指向了自己起源的地方。修昔底德的势力不断膨胀；国家政府各部门都归入伯里克利手里。阿那可萨哥拉对预言家赞叹不已。两者皆为自然科学家和预言家，一个是通过事件产生的方式来判断其缘由；一个是依据事件的结果来推断发生的起因；这是他们的职责所在，事情发生的起因、发生的方式、发生的方向；预言的结局、最终预示的结果，都是应该找到的。

一些人自称要探究奇迹发生的原因，实际上是在毁坏奇迹发生的意义，他们在没有意识到应该挖掘奇迹发生的原因时，就在断送人类艺术发展的方向，例如，铁环的碰撞、火灯塔以及沙漏，这些现象都有形成的原因，可是这些原因与发明的初衷完全不是一回事。这些又都是研究的内容，或许会使有其他方面收效。

猎奇与爱国热情

普鲁塔克喜爱读书，他所生活的世界并不是眼睛看到的世界，而是以他丰富的想象描绘出来的世界。即是说他更多的是在对往昔的回忆中生活。他对身边发生的每一件事，都有很强的好奇心，就像异性的吸引力。那些被神化了的风俗习惯对他越来越有吸引力，使他产生了浓郁的亲切感。但是他并不盲从，年轻时性格奔放，充满了对古旧历史保护的热情，对与他一样热情的创新者提出来严格的要求。这些在别人看来有些不务正业，甚至被别人鄙视。但是这些都因他的博大胸怀而改变，他是一个忠诚的人，他忠诚于自己神圣的公民责任，忠诚于自己对家庭的责任；忠诚于自己的朋友，忠诚于自己的种族。

普鲁塔克是一名传记作家，他以对传记、职业的热爱、很轻道德意识而著称。他因为对别人发的忠诚而成就了他的传世名著《希腊罗马名人传》。

在创作中，他尝试着为罗马伟人和希腊伟人分别立传，让罗马人的光荣和希腊人的智慧产生了有趣的对比。

古代的科学与哲学传记

在古代，哲学和科学传记是各自分开的学科，科学传记重在记录这样一些事：人们各种才艺信息的组合；它主要以客观地描述细节为主，但也为个人展示自己留有可选择的空间。选择的内容可能有色情的、政治的、阶级的、哲学辩证法的，或者是单纯的爱情丑闻。这样的传记形式上可有可无，精力投入可多可少。评判的价值不大。再次出现在我们面前的失传已久的科学传记，出现在普鲁塔克同时代的苏维托尼乌斯所著的《罗马十二帝王传》中。

同时，我们在普鲁塔克的《希腊罗马名人传》里卡到了失传的哲学传记。在漫长的历史发展过程中它逐渐取代了我们，许多同时代的作家也出现这个过程。传记开始创作以后，前一本著作总被后一本所代替，而最后这些著作又被普鲁塔克的传记所替代。《希腊罗马名人传》中有一段记载：无数的书籍、画册、剧本、回忆录等都被洗劫一空，奇闻轶事和警句从文山书海中挑选出来，收录在普鲁塔克的著作中。他搜集了大量著作，许多原本的佚名前辈所编著的资料都被他所采用。可是他并没有对引用的资料进行核对，他始终忽略了这一点。结果他的《希腊罗马名人传》漏洞百出。但是他却得到了历史学家的谅解。因为书中与内容相关联的资料经过了比普鲁塔克细心的而又有时间得到人们的努力，其中有些素材甚至出于几个世纪前古希腊早期的文学里，现在已经失传了。

普鲁塔克对《希腊罗马名人传》的贡献

普鲁塔克的《希腊罗马名人传》，是集不同时代传记之大成、融百家思想之争鸣之作。犹如中世纪大教堂一样。这些传记形式统一，风格相近；这并不是哲学传记作家的创作，在很大程度应该是普鲁塔克知识水平的结晶。他并不是一个薄情寡味、没有立场的编撰者。他的《希腊罗马名人传》风格统一，贯穿始终的是他睿智精巧的个性特征；全书每一处带有批判性的言辞中都带有他的哲学观点。他掌握娴熟的写作技巧，独具匠心的幽默性描绘，无不是他的风格再现。希腊人的语言特点是尖刻，而普鲁塔克作为希腊人也体现了这一语言特点。他举止得体，就如同时代人一样，同样具有男女关系中亲密的自然的兴趣；更别提他戏剧风格。他的《尤里乌斯·恺撒大帝》，甚至超过了莎士比亚，克里奥兰纳斯、安东尼和克里奥佩特拉更具有戏剧风味。

然而，除了对他作品的优良品质进行褒扬外，也必须承认，与那些高水平的哲学传记作家相比较，便相形见绌；普鲁塔克长于写作技巧，让他来传承这些伟人的生平是一个不明智的选择，运用道德来解读，这些就显得比较苍白。人们在性格各异、才华卓著、坚定信念的激励下，像木偶一样，高扬美德，威慑罪恶。所以人只有在把自己与社会隔绝的情况下去写作，才能体现自己的本色。而且他们的个性也只有在那些不被人们所关注的环境下才能表现出来。书中对琐事的描写就是普鲁塔克的个人伦理的自画像，甚至比他对历史英雄胜败得失的描写更加真切。传统的道德问题衡量对政策与最终形成决议具有重大意义，但是并不会决定每一个历史环境。

所以现代历史学家和史学传记作家主要任务之一就是坚持毁灭“普鲁塔克的主人公”，由古代真正的政治家和军事家来取代。但他们以后就不可能尝试去除普鲁塔克为每一位主人公身上添加的素材。至于这一职责的不易之处在于容易出现像爱尔兰文盲农民马哈菲讲故事时所说的那样：从前有一个邻居很富有，“他就像普鲁塔克一样长寿。”

本韦努托·切里尼

钱德勒·拉分

意大利文艺复兴时期出版了很多著作，如关于人文主义辩证法，这些主题现在已经没有意义了。他们主要表现在对文化条件的阐释上，而并不重视内涵价值。那个时期的文艺作品，如雅各布充满浪漫主义气息的田园诗歌，源于塞涅卡、普劳图斯或特伦斯风格的作品，因其重要地位而成为古代文艺复兴的典范，为后来传世之作的萌芽。正如米开朗琪罗十四行诗中所说“这时期的著作虽然数量不多，但历史价值却超越了以往任何时代。”为数不多的还有马基雅维利的著作，其不同之处在于专注考古及自身，还有这一类的《本韦努托·切利尼的自传》（他生于1500年，卒于1571年，自传出版于1568年）那个时期只有这本书最能代表文艺复兴时期的发展趋势，最受广大读者的喜爱。其原因应该归结为以下两个方面。

切里尼是文艺复兴时期个人主义的代表

这是读者研究文艺复兴时期意大利生活的重要文献，其著作的特点与当时灵性运动密切相关。文艺复兴有两个主要特征：人文主义即投身于古代文化，个人主义即专注于个人发展。而本韦努托更注重后者。人们关注的焦点从自我逐渐转移到他人个性特点上，这一转变最终导致了传记文体的产生，其中比较杰出的范例是《传记集》，但乔尔乔・瓦萨里的《艺苑名人传》最负盛名。可是，自传愈加重视宣扬个人主义，作为现代文学史上这一类文学作品中的第一部巨著的作者，本韦努托是自己那个时代的一面旗帜。作者不在自传中体现自己的个性特征，不仅可能，而且确信。像特罗洛普那样努力限制自己，描述书中的人和事，并与之进行讨论，这并不是十六世纪的精神，但本韦努托已经超越了自己所处的时代。他内心坦荡，毫无保留地把自己的优缺点表露在众人面前。无论是公开的还是隐私的，喜欢什么，厌恶什么。他并未感到谦虚有什么必要，而是自然感情流露。他凭借着自己的魅力，激发了读者研究他的热情。解读他的品行。其中最典型的是关于西西里岛女孩安吉利卡的。

恰如其分的自我评价

的正确性切利尼凭借自己的魅力，毫不掩饰地表达自己的观点，态度颇为张扬，极具超凡脱俗的艺术气息。由于他的自负，表现出来的就不仅仅是个人主义，更是与人文主义共生的现象。这种从古罗马复兴的自我欣赏观念，在西塞罗那里并没有表现出多么和谐。因为他对自己艺术的过高欣赏，现代批判主义并不认同。作为铁匠，他的劳动很真实。现存的主要实例主要有法兰西斯一世的盐瓶，摆放在维也纳的皇家宫廷，创作一般化，文风也过于浮华。

在切利尼大量作品里，有一座是宾多奥托维特半身铜像。美国很幸运，拥有波士顿的约翰・L. 加德纳女士的许多著作，她没有像自己对手那样受到过多的影响，在十六世纪上半叶随着意大利艺术的衰落而没落。与早期文艺复兴时期或她同期的米开朗琪罗相比，加德纳女士更具有广泛的影响力和魅力，具有优秀的品质。她结束了依赖古代文化的传统，更关注与细节和精心布局，作为珠宝商，其作品与广泛意义上的永恒的雕塑艺术不同，她更趋向于招摇而奢华的装饰风格和致命的嗜好，结果在创作忽视了美学意义，所有被关注的细节和布局特点在她的书中都被放大了，这些在她自传里也有体现。技巧展示在珀尔修斯著作的描述中格外引人注意。整体统观其艺术形式几乎涵盖了十六世纪晚期的主要艺术，表现出一种消极敷衍的感觉，同时与他笔下的自发性互相映衬。这种感觉与他这个时期对自己的过度宣扬显得很不合时宜，使人们对他素为以勇气及成就为主题故事的真实性产生怀疑。其中有一些细节，如他因为经常恶心，便吐出蠕虫的部分，还有在罗马圆形大剧场看到恶魔的场景，实在让人难以置信。但是我们还必须认识这个人，他紧张而敏感，有些神经质，想象力使他的思想变为现实，还有一些，如毫无缘由的争吵，曾被怀疑是杀人犯，试图从圣天城堡逃走，这些在我们常人看了似乎难以发生。多数自传作品得到了那个时代其他作品的印证，文章的主要结构是可靠的，虽然存在过度渲染，但是艺术价值还是有所提升。而且充分利用了作品的中心人物。

本韦努托也是一位高产作家，他也是文艺复兴时期个人主义快速发展的产物，他多才多艺，仅位于诸位天才大家之后。如阿尔贝蒂、列奥纳多·达芬奇以及米开朗琪罗。他也是一位才华横溢的音乐家、金匠、雕塑家，还是一名剑客、神枪手，他的外交手段就像把自己当成小丑让大家开心的方法一样多。他今天是一名含情脉脉的情主，明天可能就是一个冷酷的刺客；他在被囚禁期间还精心策划，企图逃跑；他沉迷于神秘的宗教；他甚至可以为你呈现一首人们争相传诵的十四行诗或者较多的艺术研究文章；最后就是他留给人们的这本现存的最伟大自传著作。

切利尼的德行

切利尼还不能算是一名基督徒，本韦努托、阿雷诺克皆成为异教徒的典型，一是他全盘接受了所有古代的东西，甚至包括颓废的古罗马遗迹。一是不可避免地造成从自我发展到自我满足的退化。这些作家对文艺复兴时期的道德沦落过分地夸大，如约翰·西蒙兹，他们武断地下结论，只是依据对北方新教徒的认识和那时的中短篇小说，夸大并滥用了幽默手法。

十五世纪时，意大利伦理道德环境还比较健康，直到十六世纪，贬低人文主义和个人主义的思潮日益严重，最终贻害无穷。好在还没发展到人们认为不可收拾的地步。但是，在这本自传里几乎每一页都有违背当时道德标准的现象。切利尼可以抚养一个非婚所生的孩子，也可以像打猎一样随意杀掉一个敌人。他没有道德感，或者说并不清楚道德是什么，他信奉宗教，但是他的宗教感和道德没有任何关联。主要是来自于情感神秘主义和他自己的习惯与爱好。他其实已经摆脱了宗教的束缚，模仿异教徒的行为，放纵自己，古代的辉煌岁月已经逝去，留下的只是希腊与罗马的影子。

自传的价值

这本自传的历史意义不仅是因为描绘了当时的生活情景，还在于其中有对个人主义、多才多艺的文艺复兴后期异教徒的描写，其独具的内在价值风靡了十六世纪整个意大利文学领域。为同行专家所熟悉。本韦努托成功地发挥了自己的魅力并传播下去，他在人们眼里举止优雅，不仅是读者，就是他的朋友也喜欢聆听这些有趣的故事。其中最少有一般的吸引力和魅力来自于他的和蔼可亲的性格。很多时候故事就是以这样的形式在社会上传播的。他的演讲风格鲜明，托斯卡纳习语信手拈来，口头语生动活泼，挥洒自如，能熟练运用各种语法，是一个很健谈的人。这些特点都来自于他精于叙事技巧。他知道如何选择生动有趣的故事情节和细节，删减不相关的部分，很巧妙地避免往往会出现的高潮与细节的对比。他的伟大在于将各种技巧运用于无形之中，精于自由的表演。

富兰克林与伍尔曼

切斯特·诺伊斯·格里诺

在文学领域，传记是最杰出的代表，它具有的吸引观众的极强的号召力是其他作品无法比拟的。它既具有小说的情节跌宕的特点，又具有历史纪实的真实性。它对细节的刻画既不像历史纪实那样缺少感情色彩，也不像我们自己，只根据自己的生活制定生活规则，而且生活的规则还会随环境变化而进行调整。

自传尤其如此，我们高兴地看到，自传的文字既真实而又亲切；优秀的传记作家，需要广博的学识与才华，生动活泼而又富于哲理。能给我们提供历史的想象空间，这是一个优秀自传作品的精华所在。假如这样的自传能与当时的历史事实相结合，那就更具有历史价值了，从自传中可以理清历史事实的缘由与结局。如果作家专注于自己的人生，摆脱了自我意识，又喜好散文风格，那么即便他的生活历史的意义并不重要，但是我们也可以看到他记录自己生活的价值。如本杰明·富兰克林的自传就具有永恒的价值。（《哈佛百年经典》丛书，第一部 58 页（1706—1790），还有约翰·伍尔曼（1702—1772）的。

清教主义的瓦解

富兰克林和伍尔曼不是像文学作家那样在家里创作，他们提前走进了美国最重要的时代。伍尔曼是一名贵格会教徒，富兰克林以自己的口头评论表明了自己的立场：由于自己平时太忙，无暇去教堂，将会收到新英格兰地区的惩罚甚至驱逐，他们会默许将一些人流放，对一些人处以鞭刑，或将其他人都处死，由此使人们顺从创立者的神权政治理想。

但是到了十八世纪，发生了一些变化，人们对科学的兴趣逐渐增强，当时比较有影响力的作家有约翰·洛克，其他行业的地位日益比牧师重要了，商人也在不断崛起，对与母国的政治关系愈发关注，其他宗教教堂的建设超过了公理教会。这些变化的影响使十八世纪美国人的生活和文学与殖民地时期明显不同，他们自认为代表了美国思想的各个方面，但是这些思想在十八世纪后文学从英格兰和狭小的教堂里走了出来，才得以真正的繁荣。

富兰克林在文学与科学上的研究方法

富兰克林的经历有力地证实了这一点。他感觉到自己在波士顿极受约束，便搬到了费城。他认为应该为读者提供便利，于是便把精力投入到写作上了。

富兰克林在写作中运用了通俗的幽默与讽刺艺术，并对来自不同方面的感情冲突能包容。他关注积极的评论，通过不同的途径来完善机械性能，他在公共服务部门努力地组织工作，为民众谋取更多的利益。在长期的科学实验中，他的耐力、洞察力和逻辑性得到了极大的提高。他把自己在商业、科学和公共服务方面的精力都用在了关键的地方。

政治上的富兰克林

富兰克林在政治上也获得了巨大的成就，尽管还没有做到很完美。他料理政务，精于谋划，应对沉着；这使他对国外披露殖民主义的事实，传播美国民众的言论方面大有作为。他的干练与坚毅以及处事灵活的方法得到了法国人赞誉。所以作为殖民地的特使，为他开展工作提供了极大的便利；虽然他因为没有秉公用权，声誉受到了影响。但是他退休以后回到美国多年后仍然得到爱戴，一点不比在华盛顿时差。

富兰克林的道德观与宗教信仰

富兰克林能取得至今的良好成就，在于他有良好的管理水平。他的自传能如此深入人心，就在于运用一种系统的思路和方法规范自己的行为，培养自己的性格，用今天管理学的术语，我们称为“管理科学”，他像很多人那样，撰写了一份有关美德和格言的清单，尽管有人讥笑他的行为，但他并不会受到干扰，他保持着良好的习惯：每周运用表格来记录，每时每刻都在提醒自己在道德生活等重大方面能打多少分。

他一直严谨地奉行着自己的人生观，那些让清教徒深陷地狱的罪恶对于富兰克林来说是一件很遗憾的事。对他的伤害和所付出的代价让人们感到痛惜（遗憾）。他的优点是他获得支持的主要原因。清教徒在守夜和禁食期间得到了上帝的恩赐，富兰克林平静地等待着谨慎和美德所带来的生活成果。他给耶鲁大学主席斯泰尔斯的信中说：“我在漫长的生活中经历了美好，虽然从未奢求，但是我相信这种美好会一直延续下去。”

约翰·伍尔曼的宗教信仰

约翰·伍尔曼的生活目标在各方面都与众不同，他写道：“我一直坚持这样一种想法，我的一生要这样度过：没有谁能阻止我关注真正的牧羊人的声音。”这种生活原则在他的生活环境和他所获得的奖项中并不重要。所以我们不能称其为“事业”，继续发展下去，他会获得我们真诚的尊重。

在年轻时，伍尔曼就开始为自己错误和身边一些人放荡不羁的生活而苦恼，有时候他也想分享别人的生活方式，他时时关注自己的缺点，他发现“尽管自然是渺小的”“但每一次尝试都是对自己尽心尽力服务于上帝的激励。”看到伍尔曼谦卑的语言，人们毫不怀疑他的错误实际上比他自己感受的要少得多。他对别人的警告让人感到是真诚的，是真正的出于对别人的良苦用心。

伍尔曼奴隶制

伍尔曼当过裁缝的学徒工，他感到巨大的财富既是诱惑也是烦恼，皆为身外之物，于是，他抛弃世俗的对生意的追求，踏上征途，开始探寻前方真理的道路。他开始担忧奴隶制的罪恶，但是这一制度还是在贵格会信徒中实行，他开始无声地抵制奴隶制度，他认识到奴隶制对后代是很残忍的。从他抵制的理由里我们就可以写出某个贵格会教徒奴隶主。伍尔曼对这种雇佣关系以及对他人的侵犯感到极为遗憾。但是从深层次说，他更认为：“出于神圣的爱和真理于正义的名义，是一种与当前外在利益格格不入的手段，会因此招致人们的怨恨——尽管奴隶制开通了一条通向白银财富的路径和超过人类友谊之间的主仆关系。”

伍尔曼这种观点所带来的行为习性非常典型地表现在他的整个记事日记

中。人们坚信他所说的沉醉的宁静与端庄是极为少见的。因为比起单纯地拒绝罪恶，他们会更加快乐。伍尔曼对人的关心仅仅是出于“通往心灵深处的纯粹的精神真谛。”就像他那样，人们被教育得安静地等待，有时会等好几个星期，直到听见上帝的声音，这样就可以摆脱个人主义和自我吹嘘的表象。

对于这两本富有教育意义而且有趣的自传，如果人们认为：一本是纯粹的崇高精神，一本是单纯的利己主义的故事，那就错了。尽管伍尔曼的行为与态度高于世界的常理，但仍然无法使这个伟大的改革实践在这个世界上迈开——哪怕是一小步。假如说富兰克林的生活相对质朴，那就应该记住，不论他的动机怎样，都是为了给国家带来各种利益，比如科学领域、文学领域、外交领域、实用工艺和公共福利等方面，即使我们不承认他在艺术生活领域所定下的规则，也应该给他应有的尊重；如果我们身边有富兰克林这样的人，就需要遮蔽他的一部分优点，这样才能使伍尔曼的内心之火不会熄灭。

约翰·斯图尔特·密尔

O. M. W. 斯普拉格

《约翰·斯图尔特·密尔自传》前三章的内容是关于他与众不同的教育方法和结果的，是全书中最有趣的部分。在他父亲的教育下，他从三岁起就开始学希腊语，十二岁时已经达到英语大学数学和音乐毕业的水平了，在历史哲学方面更是远远超过了大学学科的要求。以后他仍然孜孜不倦地追求他的学业，更加专业和独立；与相同学历的毕业生相比，他所达到的程度能超过其他人十年。不到二十岁时他就编撰了一部法律专业的著作，这对成年的研究者来说都是极不容易的事，他二十岁时，比同时人完成正常教育要提前五到十年，而现在人们接受正常教育都可以达到他当时的水平，也就不奇怪了。

所谓早熟的优势

对于密尔自己来说，勤奋的童年与青年时代是最幸福的。他在自传的开篇表达了自己这样的想法；他认为自己人生经验表明早期只是没有浪费时间，尽管人们承认父亲对年幼的密尔实施的严格训练好似有成效的；值得欣慰的是，在这个敏感阶段，教育方法没有受到影响。与常规教育方法相比，他的教育只是在节约时间上显出了优越。他让年幼的密尔开始运用成年人的思维写作，但是他并未取得应该更早的成就。正常生活之外的特定五到十年间，对于密尔整体的发展并未起到唯一的作用。我们得出结论之前必须明确：身体的优势与精神的敏锐性在早期的学习训练中起重要作用，毕竟经过连续的建设性的智力开发。保持思想开放也是很重要的。在这方面，密尔比世界上的许多思想家都要突出，但是似乎与他的教育本质没有特殊的关系。

密尔教育的不足

密尔的童年时代没有享受到像其他儿童那样的快乐，青年时代倒没什么遗憾。作为一名哲学家和心理学家，他可能会意识到因为童年和青年时期所接受的专业性知识学习而减少了生活知识的学习；这影响了自己的日常行为能力和领导力的培养。密尔的生活态度在多数情形下，特别是在早期，有些过于自信，他夸大了推理性结论在个体行为上所起的作用，同时也放大了其对社会变革的影响。人们认为密尔所节省的、从书本上学习知识的那几年，也使他自己失去了对异性的冲动和动机方面知识的学习。

密尔教育的另一个不足还待商榷，虽然他比较幸运地避免了威胁性的后果，他的父亲是一个极有名望的功利主义哲学家，他把这一学科分支的原则应用于个体以及社会发展各个方面的问题研究中，也不乏教条主义倾向。他在孩子尚不具备批判分析态度的阶段，就把自己的观点传授给孩子，其实孩子还不能比较其他思想观点、也无人生经历，更无法对此有独立的判断。密尔早期的作品也因此更为自然，并超出他父亲对这个具有超高智商孩子的期望。

情感的期望

在功利主义哲学发展的历史进程中，父亲向孩子传授功利主义哲学时所采取的方式并不能满足这个感情丰富的孩子的需求，他对这套枯燥无味的哲学内容很失望，因此也失去对工作的乐趣和努力创作的能力，自传最有价值的部分或许就是对这一时期压抑与焦虑的诠释，扩大视野、人性化的思维等重要方面给他带来多方面的影响。作为一名作家，他只有在品味自己的个性方面寻求自我安慰。

华兹华斯的诗歌对他有很大影响，一个人刚出生时，在天赋还没显露出来的情况下，很有可能通过早接触和学习哲学的某一部分而获得思想上的满足，并指导今后的工作与生活。

密尔对功利主义及自由主义的贡献

这一贡献主要体现在对功利主义伦理的贡献，他坚持“幸福就是乐趣的简单相加”的观点，把高质量的乐趣和低质量的乐趣区分开，认为高质量的乐趣远比低质量的乐趣重要。不过，密尔的不同乐趣的分类标准并不完整，也不充分。知识的多样性，尤其是心理学和社会学并没有因为目的性而得到充分发展，关于本话题和相关的其他话题，由于主要的研究方法和途径比额外的数据还要多，密尔的工作目前已经被后人所取代，进化假说和意义较为深远的其他学说，如科学心理学，都与密尔时期的知识分析心理学不一样了。

密尔的著作影响最深远的是 1848 年出版的《政治经济学原则》，密尔撰写这部著作有两个目的：一是他希望把公元 1776 年自亚当·斯密的《国富论》以来人们所做的关于各个不同主题的原则融合在一起，在亚当·斯密基础上继续阐述他们的实际应用技巧；在这方面密尔获得了成功。近些年许多作家都想达到这个目标，但是都没有成功。二是密尔想把经济原则和现象与自己的社会理想及社会哲学联系起来，这些社会理想和社会哲学的本质在他的自传中都有论述。值得注意的是：他的思想对他的妻子、对科学社会学之父奥古斯特·孔德的影响。当然，密尔的努力还不能说获得完全的成功，他著作中的经济部分和社会哲学部分没有很好地结合起来，而以自身兴趣努力完成的著作，在为解决社会及经济问题上寻求更多办法方面，他与其他经济学家一样都在有序进行着。

自传中所体现的个性特征需要获得人们的尊重与仰慕，人们对社会以及个人的殷切希望是对人类自身思想进步的分析和对自己著作的评论。密尔在著作中叙述的各种改革细节只靠单一的演讲是不可能实现的；需要指出的是，希望从以下几个方面获得更理想的结果：排除思想和行动、教育、自由的障碍。现在已经明确，排除障碍是积极改善方法的必要前提，所有的机会不可能全部被利用。在获得各项资格后，十九世纪自由主义运动促使人类又向前迈进了一大步，约翰·斯图尔特·密尔的著作是这场运动发起的有力推动者。